한국자본주의 발전모델의 역사와 위기

—산업화 이념의 재고찰과 대안의 모색(I)

Economic Development in Korea II: Developmentalism and Beyond

이 책은 성공회대학교 사회문화연구소가 한국학술진흥재단의 지원으로 수행하고 있는 1999년 중점연구소 지원과제 〈한국자본주의의 발전과 사회구성의 변화〉(1999~2001, KRF-99-005-C00020) 가운데 제1세부과제(KRF-99-005-C00036) 〈한국자본주의 발전모델의 구조와 동학〉의 1단계 2차년도와 2단계 연구인 〈'위기구조'와 경제체제 이념 및 대안의 분석〉(KRF-2001-005-C20007)의 1차년도 연구 성과물입니다.

한국자본주의 발전모델의 역사와 위기

—산업화 이념의 재고찰과 대안의 모색(I)

Economic Development in Korea II: Developmentalism and Beyond

유 철 규 편

함께읽는책
COBOOK

'한국사회 재인식 시리즈' 두 번째를 내면서

성공회대 사회문화연구소가 학술진흥재단 중점 연구소 연구 프로젝트의 지원 속에서 〈한국 사회 재인식 시리즈〉 공동 연구를 시작한 지도 어언 4년의 시간이 흘렀다. 우리는 산업화, 민주화, 시민사회 발전의 복합적 과정으로서의 한국 현대사를 새로운 지평에서 재인식하고자 하는 목적에서 연구를 진행하였다. 한국 현대사에 대한 두 가지 연구 과제는 한편에서는 현대사에 대한 사실적 연구의 심화와 다른 한편에서는 현대사의 새로운 재해석 및 일반이론화라고 할 것이다. 우리는 특별히 후자의 관점에서 기존의 연구들을 뛰어넘어 한국현대사의 해석적 재인식을 시도하였다.

지난번 〈한국 사회 재인식 시리즈〉 발간 첫 번째 글에서도 밝힌 것처럼, 1999년 말부터 총 6년간에 걸쳐 진행되는 이 공동 프로젝트는 한국 자본주의 발전에 따르는 사회구성의 변화를 탐색하고 대안을 모색하는 것을 대주제로 하여, 다음과 같이 경제(자본주의) · 정치(민주주의) · 사회(시민사회)의 세 가지 세부 주제영역으로 구성되어 있다.

전체 주제 : 자본주의 발전과 사회구성의 변화—자본주의, 민주주의, 시민사회의 구조 변화
  제1 세부과제 : 한국 자본주의 발전모델의 구조와 동학
  제2 세부과제 : 한국 민주주의의 구조와 동학
  제3 세부과제 : 한국 시민사회의 구조 변화와 사회정책

이러한 전체 구성 속에서 우리는 공동 연구를 단계별로, 즉 '역사적 ·

구조적 분석' (1단계 2년), '담론 분석' (2단계 2년), '대안 분석' (3단계 2년) 등으로 진행하기로 했다. 그리하여 1단계 2년 동안의 연구 성과는 4권의 책―『한국 자본주의 발전모델의 형성과 해체』, 『한국 민주주의와 사회운동의 동학』, 『한국 시민사회의 변동과 사회문제』, 『국가폭력, 민주주의 투쟁, 그리고 희생』―으로 발간되었으며, 이제 2단계 2년 동안의 연구 성과 일부를 모아 다시 3권의 책으로 출간하게 되었다.

지난 2년 동안 우리는 '담론 분석' 의 방법을 통해, 한국의 자본주의 · 민주주의 · 시민사회에 대한 연구를 수행하였다. 그 과정에서 우리는 자본주의, 민주주의, 시민사회의 객관적 변화 과정은 동시에 담론의 변화 과정이라는 점을 확인할 수 있었다. 이런 점에서 우리가 1단계에서 분석한 한국 근현대 사회변동의 객관적 과정은 현실적인 정치 · 경제 · 사회적 이슈들을 둘러싸고 복합적이고 다층적인 투쟁이 전개된 과정이자, 동시에 '담론정치' (politics of discourse)의 역동적 과정―담론을 둘러싼 투쟁의 과정―이었다. 즉, 한국 현대사의 전과정은 집권세력을 포함한 지배집단이 자신들의 이해를 정당화하고 사회구성원들로부터 정당성과 지지를 확보하기 위한 정치적 상징과 가치, 의미체계를 생산하는 과정일 뿐만 아니라, 대항적 세력이나 집단들의 저항적 응전을 포함하는 복합적 과정이라고 할 수 있다는 것이다. 그리고 그것은 담론을 둘러싼 헤게모니적 길항 과정이라고도 표현할 수 있을 것이다. 결국 우리의 2단계 공동 연구작업은 1단계에서 분석하였던 내용을 '담론' 이라는 프리즘으로 '재인식' 하는 작업이 된다.

이상의 내용을 〈그림〉으로 표현하면 다음과 같다.

'조직화된 말' 로서 담론이라고 하는 것은, 한 사회에 존재하는 다양한 정치 · 경제 · 사회적 행위자들이 자신들이 추구하는 목표를 정당화하기 위해 창출하는 논리성을 갖는 언술체계 혹은 넓은 의미에서의 지식체계라고 할 수 있다. 이 담론은 모든 논리가 그러하듯이 '설득' 의 힘을 갖는

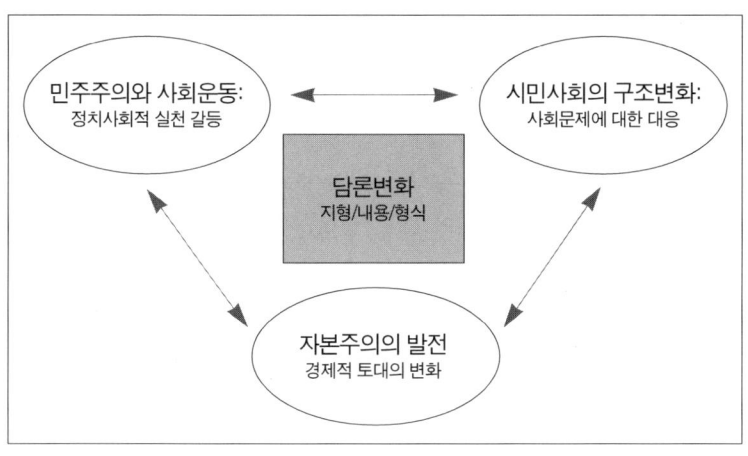

것이고, 타인의 사고와 인식을 자신의 논리 속에서 포섭화하는 성격을 가지고 있다. 그것은 논리에 의한 종속의 효과를 의미한다. 푸코가 권력의 이면을 지식으로 파악한 것도 바로 이러한 의미를 갖는다고 하겠다.

  이러한 문제 의식 아래 〈자본주의〉라는 문제영역을 다루고 있는 제1세부과제는, 산업화 시기 한국자본주의 역사를 국가와 계급관계를 중심에 두고 주제별, 제도영역별로 통시적으로 다룬 연구 성과들을 묶었으며(I부), 아울러 '한국 자본주의의 체제이념과 경제정책 담론'이라는 새로운 연구주제 아래 산업화시기 경제정책의 이념이 형성되는 과정과 대립을 다룬 연구 성과들을 일부 묶어서(II부) 이번 책(시리즈 ⑤)을 출간하게 되었다. I부에 실린 연구들이 한국경제를 연구하기 위한 방법론을 개발하고 연구의 기초인 시기구분의 문제를 해결하려는 목표를 가지고 제도변화의 측면에서 한국 자본주의의 구체적인 역사를 재구성하는 과정이었다고 한다면, 이와는 달리 II부의 연구는 산업화 시기 한국의 경제정책 이념이 어떻게 형성되었는가를 검토하려는 연구라고 할 수 있다.
  〈민주주의〉 문제를 '담론의 정치'라는 관점에서 다루고 있는 제2세부과제는, 해방 이후 한국 사회의 정치경제적 변동과 다층적인 계급적·사회적 투쟁에 상응하여 정치사회적 담론 구도가 각 시기별로 왜, 그리고 어떻게 변화하는지를 밝혀보려는 것을 기본 목표로 하여 공동연구를 진행하였다. 그것은 기본적으로 '담론의 동학'(dynamics of discourses)에 대한 구체적 분석이자, 동시에 한국 민주주의의 실체에 대한 규명 작업으로서의 의미를 지닌다고 할 수 있다. 지배담론 연구와 저항담론 연구를 연차별로 구분한 제2세부과제의 경우는, 먼저 정치사회적 지배담론—반공주의, 성장·발전주의, 국가주의, 자유민주주의, 지역주의, 국제경쟁, 가족주의—에 대한 구체적 분석을 이번에 책(시리즈 ⑥)으로 출간하게 되었다. 그리고 민주주의 논쟁, 파시즘 논쟁, 변혁주체 논쟁, 진보정치세력화 논쟁, 사회주의 논쟁, '전선' 논쟁, 자본주의 논쟁, 노동위기 논쟁, 미국/북한 논쟁 등으로 구성된 정치사회적 저항담론에 대한 연구 성과는 올 연말까지 시리즈 ⑧로 출간될 예정이다.

지난 2년간 '통합과 배제의 사회정책과 담론' 를 주제로 〈시민사회〉 영역을 접근해 온 제3세부과제의 경우, 이번에 한국 사회에서 전개되고 있는 여러 형태의 담론투쟁들을 분석하는 연구를 시리즈 ⑦의 단행본으로 출간하게 되었다. 여기서 다루는 담론투쟁들을 구체적으로 살펴보면, 사회정책, 대중문화, 언론, 교육, 정보화의 다섯 문제영역에서의 담론투쟁과, 여성노동자, 빈민, 이혼여성, 노인, 장애인, 화교의 여섯 가지 사회적 약자집단을 둘러싸고 벌어지는 담론투쟁들로 구성되어 있다. 책을 통해 제3세부과제는 "우리가 사회적 약자의 입장에 서지 못하는 한, '사회'에 대해 말하는 것은 모두가 위선일 수밖에 없다" 는 것, 그리고 "한국 사회에서 사회적 약자들에 대한 차별과 배제의 특수성은 한국 자본주의의 발전 경로와 밀접히 연관되어 있다" 는 것을 힘주어 강조한다. 이 책에서 특히 관건이 되는 것은, 다루어지는 여러 형태의 담론투쟁들 속에서 지배담론에 맞서는 대항담론들이 어디에까지 진척되었는지를 분석하는 것이다.

앞서 말한 것처럼 우리는 각 세부과제별로 1단계에서는 경제적 토대와 정치사회 질서와 사회문제에 대한 구조적 분석을 하였고, 2단계에서는 그동안 한국 사회에서 이루어져 온 '담론정치'의 역동성에 대해 다루고 있다. 이처럼 각 세부과제별로 수행되어 온 2단계의 담론분석을 통해, 우리는 한국 자본주의·민주주의·시민사회의 변화에 대한 구조적·역사적 분석이 제공하지 못하는 새로운 통찰력을 얻게 되었다. 이처럼 1단계와 2단계의 연구 성과는 이 연구프로젝트의 최종 목표라고 할 수 있는, 한국 자본주의·민주주의·시민사회에 대한 대안적 패러다임을 심층적으로 탐색하는 3단계 연구의 지적 자양분이 될 것이다. 아울러 이처럼 각 세부연구과제별 공동작업에서 얻어진 성과들은 3단계에서 '학제간 총합체계'로 종합적으로 정리될 것이다.

2단계를 마치고 3단계 연구작업으로 이행해야 하는 지금, 우리들의 작업의 부족함도 지적하지 않을 수 없다. 여러 가지 한계가 있겠지만, 특별히 담론의 내용 분석과 효과 분석에 있어 미시적인 작동양식에 충분히 심도있게 접근하지 못했다는 점이 아쉬움으로 남는다. 풍부한 현실 사례들을 통해서, 담론 분석을 풍부화해야 하는 과제는 이후의 연구 과제로 남겨놓아야 할 것 같다.

2001년 겨울부터 진행된 이번 2단계 연구 프로젝트에는 지난 1단계와 마찬가지로 각 세부과제별 2명씩 총 6명의 전임 연구교수들과 30명 가까이 되는 비상근 연구위원들이 공동 연구자로 참여하고 있다. 물론 성공회대학교 사회문화연구소가 이 연구의 주관 연구소이긴 하지만, 성공회대 외부의 관련 학자들과 연구자들이 대거 참여하고 있다는 점에서, 그리고 연구 성과라는 것이 한 대학교 캠퍼스 내에 머무를 수 없다는 점에

서 이 공동 작업이 단순히 성공회대만의 연구 프로젝트는 아니라고 할
수 있다.

끝으로 이 연구 프로젝트가 오늘에 이르기까지 성공회대 전임 이재정
총장과 현 김성수 총장 이하 여러 교수들이 성원하고 동참함으로써, 큰
무리 없이 원활하게 진행될 수 있었다고 생각하며 이 자리를 빌어 감사
의 말씀을 드린다. 특히 전임 연구소장이었던 이종구 교수와 이영환 교
수의 열성과 노력이 이 작업에 알게 모르게 큰 힘이 되었다는 것은 굳이
강조할 필요가 없을 것이다. 또한 각 세부과제를 책임진 유철규 · 조희
연 · 이영환 교수 등 세 명의 연구책임자, 지난 몇 년간 연구교수로서 각
분야 연구의 실질적인 진행을 묵묵히 수행해 온 경제영역의 오유석 · 이
경미 · 김태승 박사, 정치영역의 조현연 · 허재영 박사, 사회영역의 심상
완 · 강남식 · 이종영 박사, 그리고 그 외 많은 공동연구진과 연구보조원
들에게도 감사를 드린다. 아울러 여러모로 어려운 사정임에도 출판작업
을 맡아준 도서출판 〈함께읽는책〉 임직원들께도 깊은 감사를 드리면서,
아무쪼록 이 연구 시리즈가 한국의 비판적 · 진보적 사회과학이 한 단계
더 나아갈 수 있는 계기가 되었으면 하는 바람을 가져본다.

2003년 8월 1일
구로구 항동 연구실에서
성공회대 사회문화연구소 소장 유철규

한국경제의 구조조정과 대안: 국민대중의 삶의 요구와 역사적 경험의 발굴

1

한국 사회의 미래, 특히 경제적 삶의 공간이 어떤 모습을 갖게 될 것인가에 대한 깊은 우려감이 팽배해 있다. 사회 계층별로 이 우려의 내용은 다르겠지만, 임금 생활자를 중심으로 하는 절대다수의 국민에게 중요한 것은 현 한국의 자본주의 체제가 우리 사회에 필요한 수준의 안정적인 일자리를 창출해 낼 능력을 갖고 있는가라는 의문이라고 할 수 있다. 이는 곧 1997년 경제위기 이후 과거의 산업화 과정에 못지 않는 격렬한 사회적 변동과 대립을 낳고 있는 구조조정의 이념과 방법에 대한 의구심이기도 하다. 왜냐하면 이 과정에서 계약직으로 대표되는 불안정 고용이 급격히 확대됨으로써 고용의 안정이 크게 훼손되었고, 소득과 자산의 분배가 악화됨으로써 그렇지 않아도 취약했던 국민적 통합의 기반과 국민 경제의 자생력이 더욱 무너지고 있기 때문이다.

이렇듯 지난 6~7년간의 구조조정이 낳은 부작용이 점차 뚜렷해짐에 따라 구조조정 자체에 대한 자생적 반발과 저항이 거세지고, 이로 인해 지금까지와 같은 '위로부터의 개혁'은 대국민 설득력을 상실하고 있다. 고도 성장기에 누적되어 온 사회경제적 문제들을 풀어내고, 한국경제 체제를 전면적으로 고쳐야 한다는 국민적 공감대마저 쇠퇴해 버릴 위기에 처해 있다. 이러한 사태는 비전 없는 맹목적인 사회적 갈등만을 유발시킬 것이다.

앞으로 상당한 기간에 걸쳐서라도 국제통화기금(IMF)과 국제적 금융자본으로 대변되는 외부로부터의 처방과 압력, 그리고 이에 편승해서 국내의 개혁 대상이 오히려 구조조정을 주도하는 '위로부터의 개혁'은 하나하나 재검토되어야 한다.

1999년에 성공회 대학교 사회문화연구소의 한국자본주의 연구팀이 처음 모였을 때 확인했던 다음과 같은 관점은 지금도 여전히 유효할 뿐 아니라 점점 더 중요해지고 있다.

"진정한 사회 발전의 대안은 사회통합의 이념을 담고 있어야 한다. 이러한 이념은 다수 국민대중의 삶의 요구와 역사적 경험에 기반하여 그들의 동의와 적극적 참여를 끌어낼 수 있을 때 비로소 실현될 수 있다. 기득권의 관점에서 벗어나 '시민사회의 눈'으로 '국민 대중의 눈으로' 그리고 '노동자의 눈'으로 '아래로부터' 문제에 접근하려는 시도가 필요한 것이다. 강조하건 대 이것은 단순히 이데올로기적 필요 때문이 아니다. 대중의 민주적 참여, 즉 우리가 민주주의적 동원이라고 부르는 것에 의해서만 사회적 비용을 최소한으로 줄이면서 우리 사회의 발전을 기대할 수 있기 때문이다(김진업 편, 2001: 12)".

그러나 '글로벌 스탠다드'를 비판하는 것은 쉬우나, 그것이 빠뜨리고 있는 "국민대중의 삶의 요구와 역사적 경험"을 찾아내어 사회개혁의 과제와 접목시키는 일은 쉽지 않다. 최근 우리 사회의 역사적 경험에 대한 연구가 과거에 비해 현저히 증가하고 있는 일은 반가운 일이지만, 현재로서는 그 성과가 여전히 일천한 상태이다. 어떻게 보면 최종 연구결과라기보다는 연구 과정의 중간 정산에 불과한 보고서를 일부라도 우리가 책으로 묶기로 한 데는 이러한 문제의식이 반영되었다. 비판을 통한 논쟁의 계기가 마련되었으면 하는 소박한 마음을 표하고자 할 뿐이다.

2

'자본주의', '민주주의', '시민사회' 라는 세 영역에 걸쳐 좀더 유기적이고 통합적으로 우리 사회가 겪어 온 20세기 후반의 격렬했던 반세기를 재평가하고, 현재의 변화 속에서 다가오는 우리 사회의 모습을 민중적 관점에서 비판적으로 전망해 보는 일은 사회과학계의 지속적인 과제였으며, 앞으로도 그러할 것이다. 1999년 이래 성공회대 사회문화연구소는 '한국자본주의 발전과 사회구성의 변화' 라는 프로젝트 주제 하에 이 과제를 수행하고 있다. 이 책은 2001년 발간된 『한국자본주의 발전모델의 형성과 해체』에 이어 두 번째로 '한국자본주의 발전모델의 구조와 동학'을 연구한 성과를 담았다.

Ⅰ부는 한국자본주의 역사를 국가와 계급관계를 중심에 두고 부문별, 제도영역별로 나누어 통시적으로 다룬 연구 성과들을 묶은 것이다. 시기별로 접근했던 이전의 연구『한국자본주의 발전모델의 형성과 해체』(김진업 편, 2001)를 보완하기 위한 후속 연구이다. 앞의 연구가 한국의 성장 메카니즘이 고정된 것이 아니고 끊임없이 변화해 왔다는 점을 강조하여 분석의 관점과 방법론 그리고 시기구분의 문제에 주목했다고 한다면, 여기서는 재벌체제, 기업지배구조, 기업-금융 관계, 토지자본, 노동시장에 걸쳐 부문별로 제도변화에 관한 연구를 담았다. 연구자의 관심에 따라 차이가 있지만 대체로 1997년 경제위기를 통해 드러난 기존 체제의 모순과 변화들을 한국경제를 평가하는 잣대로 삼고 있다.

Ⅱ부는 '한국자본주의의 체제이념과 경제정책 담론'이라는 새로운 연구주제 아래 산업화 시기 경제정책의 이념이 형성되는 과정과 대립을 다룬 연구 성과들 가운데 일부를 묶었다. 이미 단행본으로 출간된 1999~2000년의 연구결과들과 함께 이 책의 Ⅰ부에 실린 연구들은 한국경제를 연구하기 위한 방법론을 개발하고 연구의 기초인 시기구분의 문제를 해결하려는 목표를 가지고, 한국 자본주의의 구체적인 역사를 재구성하는 과정이었다. 이와 달리 Ⅱ부의 연구는 앞의 연구 성과를 출발점으로 삼아 한국의 경제정책과 이념이 어떻게 형성되고 또 변화했는가를 검토하려는 연구이다.

Ⅰ부는 대체로 1990년대 후반까지 포괄하고 있지만, Ⅱ부는 1960, 70년대에 주목하고 있어서 시기적으로 보면 Ⅰ부와 Ⅱ부는 조응하지 않는다. 그러나 Ⅰ부는 제도의 형성과 변화를 중심으로 위기구조와 구조조정(제도개혁)의 과제를 드러내 보이고 있으며, Ⅱ부는 산업화 시기를 끌어 온 제도와 정책 이념의 형성을 밝힘으로써 '위로부터의 개혁'이 빠뜨리고 있는 '역사적 경험'의 뿌리에 대한 이해를 도모한다는 점에서 함께 묶었다. 아쉬운 것은 Ⅱ부에는 우선 마무리된 일부의 성과만을 먼저 실었기 때문에, 역사적·시기별 정책의 형성과 전략적 선택의 기저에 놓인 정책이념 혹은 체제 이념의 분석, 이에 대한 사회 계층별 이해의 형성과 대립, 그리고 국가에 의한 이데올로기적 동원의 방식과 그 역사적 결과라는 연구계획의 최종 목표를 실현시키지 못했다는 점이다. 앞에서도 언급했듯이 아직 일천한 한국 사회 연구의 일부라도 서둘러 보태고 싶어하는 편집자의 조급함은 비판받아 마땅하다. 독자의 비판을 기꺼이 기다리며 우리 사회경제의 대안에 대한 논의가 좀더 확산되기를 바랄 뿐이다. 이 책의 부제 "산업화 이념의 재고찰과 대안의 모색(Ⅰ)"에 굳이 "(Ⅰ)"을 붙인 것은 앞으로의 연구에 대한 우리의 약속을 표현한 것이기도 하다.

3

우리의 연구를 진행하는 데 물심양면의 도움을 주신 모든 분들께 이 기회를 빌어 깊이 감사드린다.

성공회대학교 총장님과 전교직원들의 이해와 지원 그리고 전임소장 이종구 교수와 이영환 교수의 지원과 헌신적 참여에 감사드린다. 연구교수로 2년 동안 이 연구를 위해 몰두해 준 오유석, 김태승 연구교수와 전임자였던 이경미 선생님에게 감사드린다. 연구소의 행정적인 일을 맡아 준 여순주 연구원과 교정과 교열을 맡아 주었던 연구조교 방진욱, 엄영선 군에게도 감사드린다. 이 연구를 함께 진행하고 있는 2세부, 3세부의 동료 연구교수들의 격려와 협조에 감사드린다. 끝으로 이 연구를 재정적으로 지원해 준 한국학술진흥재단 관계자들과 기꺼이 출판을 맡아준 〈함께읽는책〉 출판사 사장님과 편집진께 감사의 인사를 드린다.

2003년 7월 10일
연구책임자 유철규

차 례

서문
서문
한국자본주의 발전구조의 성격과 연구 방법론

유철규

1. 한국자본주의 구조변화의 성격
: 앵글로색슨형 자본주의를 대안으로 하는 경제구조조정의 평가

1960년대 이래 급속한 산업화 과정을 지탱했었던 기존의 한국경제체제는 민주주의의 발전과 세계화(globalization)의 압력 속에서 붕괴했다. 이 경제체제(혹은 발전모델)는 '수출과 외자에 의존하는 노동 억압적인 발전체제' 그리고 '재벌에 의한 경제력 집중체제' 라는 두 가지 현상석인 성격을 갖고 있었다. 특히 1980년대 중반 이후 재벌의 의사결정과 행위 하나하나가 더 이상 사적 기업의 범위에 그치지 않는다는 점은 누구의 눈에도 명확해 졌다. 즉, 재벌의 문제는 개별 기업집단의 문제가 아니고 곧 바로 사회적 문제인 것이다. 재벌의 영향이 미치는 범위도 경제적 영역에 머무는 것이 아니라, 사회적, 정치적 영역 등 전 사회적 영역으로 확대되었다. 노동계급에 대한 국가적(사회적) 동원과 금융적 이해관계의 억압을 통해, 산업자본이 국가적, 사회적으로 육성된 결과 재벌의 경제

적 생산력은 사회화되었다. 묘하게도 1990년대 후반 이후 기존체제의 붕괴는 가속화되고 있지만, 앞에 짚어 본 기존 체제의 성격은 지금도 여전히 나타나고 있으며 경우에 따라서는 강화되기도 한다. 기존체제는 명백히 붕괴했는데 왜 그 체제의 성격은, 비록 현상적이라고 하더라도, 지속되거나 강화되는 것일까? 이것이 한국자본주의 연구가 맞닥뜨린 근본적인 문제제기이다. 결국 현재의 관점에서 한국경제체제를 이해하려고 하더라도 여전히 대외의존의 문제, 노동억압의 문제, 그리고 재벌 중심의 산업구조가 갖는 문제들을 어떤 관점에서 보는가 하는 것이 중요한 역할을 한다.

한편 1997년의 외환위기는 한국자본주의의 성격을 '자본주의와 자본주의의 비교'라는 문제틀에서 새롭게 파악하는 중요한 계기가 되었다. 사회주의에 대비되는 이념형적 자본주의 분석이 아니라, 현실적으로 세계 각 국민경제들에 존재하는 다양한 자본주의 체제 간에 걸친 구체적인 비교와 평가의 중요성을 본격적으로 인식할 수 있게 된 것이다. 미국형, 일본형, 라인형 등 자본주의 체제 간의 차이를 비교한 연구 성과들에서 잘 드러나듯이 모든 구체적 자본주의 체제는 자본주의적 일반성과 그 사회나 체제에 고유한 특수성을 함께 갖는다. 1997년 외환위기 이후 국제통화기금(IMF)을 필두로 하여 국내외의 대다수 주류 연구자들은 한국자본주의의 문제점을 다룰 때 한국자본주의 체제의 일반성과 특수성을 무차별적으로 혼동하는 경향이 있었다. 특히 IMF는 미국에도 일본에도 있는 자본주의 체제의 공통적인 일반적 문제까지도 아무런 근거 없이 직접 한국 경제의 고유한 문제라고 강변하는 경향이 있었다. 미국과 다른 듯이 보이는 것이면 그것이 무엇이든, 제대로 되지 못한 한국 자본주의의 '고유'한 문제('낙후성')로 평가받았다. 많은 경우에 모든 자본주의들이 공통의 일반적인 체제적 문제를 안고 있으며 그것이 나타나는 방식이나 해결되는 방식이 다를 수 있다는 점이 철저하게 무시되었던 것이다. 이러한 견해에 따르면 한국의 경제 체제를 '제대로 된' 자본주의가 되지 못하게 만들었거나 혹은 특수(혹은 낙후)하게 만든 가장 중요한 요인으로 경제에 대한 정치의 개입과 사적 소유권 및 개인주의의 미발달 등을 제시하고 있다. 한국의 산업화 과정을 묘사하기 위해 많이 쓰이는 것으로 '국가 주도에 의한 압축 산업화'라는 표현이 있다. 즉, 한국의 산업 구조는 상당 부분 국가 주도에 의해 이루어졌으며, 따라서 한국의 경제구조는 '자연 질서'로서의 시장의 힘(혹은 자본의 논리)에 의해서라기보다는 정치적 의사 결정에 의해 '창출'된 결과라는 것이다. 또 산업화가 압축적으로 일어나는 과정의 배경으로 경제 주체의 행동 방식과 제도가 비개인주의적인 방식으로 형성되었고, 그 이면에는 비개인주의적이고 집체적인 이념적 성향이 존재하고 있었다는 것이다.

국가주도성을 인정하는가 여부는 동아시아의 고도성장을 둘러싸고 자유시장론의 친시장주의와 발전국가론의 국가주의로 나뉘어 진행된 서구 논쟁에서 가장 첨예한 대립이 있었던 부분이다. IMF 경제위기의 원인에 대한 논쟁에서 친시장주의가 갖는 논리적 모순이 부각되었다. 우선 친시장주의 입장에서는 기존에 고도성장을 설명하기 위해서 국가 개입 자체를 부정하거나, 개입의 효과가 극히 제한적이었음을 보여 주고자 했다. 그러나 연구가 진행될수록 현실적으로 존재했던 국가 개입이라는 현상을 부정할 수 없게 됨에 따라 최대한 양보한 결과가 '시장 친화적(market-friendly) 국가 개입'이라는 절충적 용어로 정리되었다(세계은행 World Bank, 1993). 한편 친시장주의는 1997년 IMF 위기의 원인을 국가 개입에서 찾으려는 태도를 취했다. 그러나 이러한 태도는 기존에 한국의 산업화가 시장의 힘에 순응한 결과라고 주장하면서도, IMF 경제위기의 원인으로 국가가 강하게 개입하고 있었다는 사실을 스스로 그것도 매우 적극적으로 인정한 것이기 때문에 자기 모순적이라는 평가를 피하기 어렵다.

2차 세계대전 이전의 구 식민지와 달리 외부적 힘뿐만 아니라 내부적 의사결정 구조와 계급·계층 간 구조도 한국경제의 구조와 성격에 결정적 영향을 미칠 수 있다. 한국이 세계경제의 압력, 특히 IMF 등을 통한 미국의 압력을 거부하기는 대단히 어려운 것이 사실이다. 그러나 이것만으로는 한국경제체제에 일어나는 구조적 변화를 이해할 수 없다. 예를 들어 미국의 압력은 개별 경제현안에 대해서는 매우 구체적일 경우가 많지만, 체제 문제에 대해서는 많은 경우에 상당히 추상적이며 가변적이기도 하다. 개별 경제현안에 있어서도 국가 개입 자체가 부정되는 것은 아니고, 때에 따라 국가 개입을 거꾸로 강요하기도 한다. 따라서 국제적인 외부 압력이 주권 국가 내부에서 구체적인 정책 형태로 실현되기 위해서는 반드시 국내적 파트너를 그 매개체로 확보해야 한다는 사실을 인정하는 것이 중요하다.

한국 내부에서 신자유주의를 가장 적극적으로 도입한 세력 분파는 재벌이다. 왜 기존 체제의 최대 기득권자가 기존 체제를 바꿀 개혁을 앞장서서 요구한 것일까? 김상조(1998)는 1997년 경제위기의 원인으로 계급 구조의 교착 상태에 주목한 바 있다. 이는 정확한 지적으로써 특정한 계급 관계를 전제로 형성된 기존 체제의 안정화 요소(예를 들어 국가 주도의 사전적·사후적 투자 조정)가 해체되었으면서도, 그것을 대체할 수 있는 구심적 체제가 형성되지 못했기 때문에 위기 직전 정책결정기구가 사실상 전면적으로 마비되었던(유철규, 1998) 배경을 설명해 주고 있다.

'독점 재벌'과 '노동 대중'의 이해관계가 어떻게 달랐던가를 검토해 보는 것 또한 산업화 이념을 축으로 한 기존 체제의 붕괴 이후 한국 자본주의를 새로이 지배해 오고 있는 새로운 경제이념이 갖는 한국의 특수적인 성격을 찾아내는 데 실마리가 될 것이다. 개발 독재기의 국민 동원 기제 중 이데올로기 측면에서 중요한 역할을 했던 것 가운데 '선성장 후분배의 논리'가 있었다. 이 정치적 약속(political commitment)은 노동대중의 분배 요구에 대한 지배계급의 대응 논리였으며, 동시에 경제에 대한 국가 개입을 정당화하는 역할을 했다. '훗날' 어느 시점에선가 정치적 약속으로서의 후분배를 실현하기 위해서는 선성장의 과실을 분배할 수 있을 만큼의 정치적 통제 및 영향력이 유지되어야 하기 때문이다. 이는 곧 자본의 사적 소유에 대한 국가적 간섭을 정당화해 줄 수 있다. 후분배의 시점은 사전적으로 설정될 수 없는 것이기 때문에 단순히 정치적 선전효과를 갖는 것뿐이라고 할 수도 있으나, 현재의 시점에서 뒤돌아보면 3저 호황기에(구체적으로는 1987년에) 표출된 노동대중의 요구는 분배의 실현을 요구할 수 있는 조건을 배경으로 한 것일 수 있다. 즉, 산업구조 및 수출구조상에서 중화학공업 부문의 비중을 볼 때, 70년대 중화학공업화가 최종적으로 그 성과를 실현한 시기가 3저 호황기이며, 이 시기는 한국 경제가 최소한 외형상으로 산업국가(industrialized country)의 면모를 갖춘 시기이기도 했다. 물론 노동운동이 활성화될 수 있는 계급역관계의 변화마저 이러한 경제적 조건을 시대적 배경으로 할 수 있는 것이다. 실제로 1980년대 후반의 분배욕구에 대해 국가의 정치적인 대응 논리가 대단히 빈약했다는 사실도 이러한 분석을 가능하게 해 준다. 즉, 산업화 시기에 작동했던 대국민 설득 논리는 더 이상 힘을 갖지 못했던 것이다. 1989년, 1992년, 1996년 등 여러 번에 걸쳐 독점재벌이 경제위기론을 제기했지만, 국가의 대노동정책은 과거와 같이 국민과 노동대중을 분리시킬 수 있는 논거를 갖기 어려웠다(정건화·김상조, 1996). 이데올로기적 영역을 장악하지 못할 때 정치적 역량은 약화될 수밖에 없었던 것이다.

결국 '선성장 후분배' 등 산업화 시기에 국민동원과 노동억압을 뒷받침했던 정치적, 이념적 논리들을 대체할 수 있는 새로운 경제적, 정치적 이념을 적극적으로 모색하기 시작한 것은 재벌이었다. 그것이 바로 앵글로색슨형 자본주의 모델의 창조적 수입이었다. IMF가 경제위기 이후 강압적으로 도입한 것도 사실이지만, 그 기본틀은 OECD 가입 등 1990년대 중반까지 이미 형성된 상태였다. 정치적 제약 때문에 국가를 통한 계급적 이익의 관철이 곤란해진 독점 재벌의 대응이 기존 국가기능의 해체와 후퇴를 도모한 것이라면, 노동대중의 이해는 국가와 정치적 공간의 해체에 있는 것이 아니라, 오히려 정치적 공간을 확대해서 재벌문제를 포함한 사회적 문제를 직접 드러내 놓을 수 있는 정치적 민주화와 비시장적 권력을 통해 경제 민주화를 관철시키는 것이 핵심이었다.

따라서 기존의 연구와는 다르게 우리의 관점에서 보면, '자본주의 체제'로서 한국 경제의 약점은 소유권의 불투명성이나 국가 개입 자체에 있는 것이 아니다. 문제는 사적 소유권의 범위와 한계, 그리고 국가 개입으로 표현되는 자본에 대한 사회적·정치적 통제의 범위와 내용 등을 둘러싸고 진행되는 계급·계층적 갈등을 처리하는 사회적 합의 기제(mechanism)가 형성되지 않았다는 점에 있다.

이 때문에 우리는 현재 정부가 추구하고 있는 앵글로색슨형 자본주의의 대안을 더 냉철하게 재고해야 한다. 앵글로색슨형 자본주의는 나름의 독특한 역사 속에서 형성된 하나의 경제시스템이지 지고지선(至高至善)의 체제가 아니다. 오히려 경제성과와 관련된 각종 지표는 안정성까지 고려해 볼 때 흔히 라인형이라고 부르는 시스템이 더 우월한 것으로 해석될 수 있는 여지가 많다(Hutton, 1995; Albert, 1993; Gordon, 1995; 정태인, 1998). 한국에서 앵글로색슨형 자본주의가 개혁적일 수 있는 부분은 그것이 국가-재벌체제의 일각을 무너뜨릴 수 있으며 재벌 내부의 투명성을 높일 수 있는 한에 그친다. 현재 장기침체의 징후마저 보이는 미국경제에서 보듯이 앵글로색슨형 모델은 국내적으로도, 국제적으로도 안정적인 체제일 수 없다. 금융자본과 정보통신산업에 대한 독점력과 시장에 의한 노동지배를 통해 경제적 성과를 유지하는 체제는 국내의 계급갈등과 국제적 마찰을 키우는 내재적 경향을 갖고 있기 때문이다. 한국에서 앵글로색슨형 모델의 도입을 통해 형성되고 있는 새로운 형태의 재벌체제는 과거의 국가-재벌결합체제에서 초국적 기업과 재벌의 결합체제로 변형될 위험성을 안고 있다. 이는 곧 이 글의 모두에서도 언급했듯이 국가로 표현되는 정치적 조정 공간이 해체된 상태에서 '외자의존적이고 노동억압적인 경제력 집중 체제'를 새로운 형태로 강화시킬 위험성을 일컫는 것이다.

우리 사회를 앵글로색슨형으로 개조하는 것은 사회불안의 심화 때문에 지속되기 어렵다. 이 때문에 현재로서는 시론적이지만 '이해당사자 사회(stakeholding society)', 또는 '국민참여경제'라는 체제를 대안으로 제시하는 일이 타당성을 갖는다. 이 체제의 세부적인 제도적 구성과 거시적 조절메커니즘은 아직 정립되지 못했지만, 효율적인 노동자참여기업, 거시 정책으로 생산성을 제고할 수 있게 하는 자산재분배 정책(Bowles & Gintis, 1995), 그리고 관계지향형 금융(Aoki, 1998; Hutton, 1995; Stiglitz, 1994) 등이 중요한 연구주제가 되고 있다. 여기에는 일본이나 독일 등 서구 사민주의 국가들의 비앵글로색슨형 자본주의 모델들이 역사적 사례로서 역할을 해 줄 것이다. 물론 이론상의 효율성과 현실의 효율성은 다르다. 다만 우리는 과거와 같은 위로부터의 동원이 아니라 민주적 동원에 의해서 국민의 힘이 끌어올려질 때 한국자본주의의 위기극복이 가능하며 글로벌 시대의 적응도 성과를 거둘 수 있다고 생각한다.

2. 한국자본주의 연구 방법론과 시각

우리는 신고전파 발전이론을 중심으로 한 국제적 논쟁과 국내 정치경제학계의 사회구성체 논쟁을 검토하면서 새로운 연구 방법론의 필요성을 절감하고, '역사'와 '제도'의 중요성에 주목한 바 있었다(김진업 편,

2001). 신고전파이론은 구체적인 현상을 개별적으로 따로 떼어 분석하는 데 뛰어난 성과를 거두고 있으나, 국민경제 전체나 동아시아현상과 같은 거시역사적 분석에는 한계가 크다. 또한 국내 정치경제학계의 사회구성체 논쟁은 현실의 복잡함을 몇 가지의 추상적 명제로 단순화함으로써 현실의 실제적 변화를 시야에서 놓치고 말았고, 결과적으로 실천적 학문이라는 정치경제학 고유의 장점도 상실하고 말았다.

우리의 연구는 세계은행(World Bank, 1993)이 펴낸 『동아시아의 기적(The East Asian Miracle)』에서 중요한 시사점들을 얻었다. 스티글리츠(Stiglitz)의 정보경제학과 거래비용 경제학 등 이른바 신제도주의 경제학을 의도적으로 응용한 이 저작은 동아시아의 조정 메커니즘을 명쾌하게 드러냈다는 점에서 기존의 논의를 한 단계 높인 것이었다. 그러나 그들은 동아시아의 제도배열의 순기능만 보았을 뿐 그 안에 담겨 있는 모순에 대해서는 눈을 감았다. 그러한 문제점은 "모든 제도는 효율적이기 때문에 존재하는 것"이라는 윌리엄슨(Williamson, 1975)식의 사고에서 기인한다. 결국 신고전파, 정치경제학, 그리고 신제도주의 경제학에 이르기까지 기존의 논의가 몇 가지 쟁점이 되는 명제를 둘러싸고 예단(예컨대 신고전파는 시장의 힘, 발전국가론은 국가의 능력, 신제도주의 경제학은 제도의 순기능적 조정 기제)을 증명하는 데 힘을 쏟음으로써 부분적 현상을 밝히는 데 '성공'했다고 할지라도, 경제위기라는 현실 역사의 역동적 진행은 바로 그 이론적 성과와 성공을 부정해 버렸다.

이 연구가 의존하는 제도주의 연구는 단순히 제도를 중요하게 여기고 특정 시기의 제도를 나열하는 데 그쳐서는 안 된다. 그러한 정태적 분석의 경우 특정 현상을 제도들의 효과로 설명할 수는 있지만 동학, 즉 위기와 모순을 설명할 수 없기 때문이다. 『동아시아의 기적』이 동아시아 경제의 효율성을 설명하는 데 성공하면서도 위기를 설명할 수 없었던 이유가 바로 여기에 있다. 또 흔히 제도주의가 현 상황을 합리화하는 경향이 있는 것도 그 때문이다. 각 제도들로 이루어진 특정 경제체제가 효율적으로 기능할 수 있는 조건에 대해서도 의도적으로 관심을 기울일 필요가 있다.

우리의 연구에서 한국경제체제를 묘사하는 중요한 개념은 '동원(mobilization)'이다. '동원' 내지 '사회적 합의(social consensus)'는 국가가 자본을 동원하고 노동을 억압할 수 있었던 다른 여러 개발도상국이 동아시아와 같은 경제성장을 이루지 못한 이유를 찾는 데 중요한 개념이다. 이 요소는 경제학에서는 흔히 간과되곤 하지만, 한국의 경우에 이 개념은 '반공규율사회' 및 '강성국가'와 같이 축적의 조건과 밀접한 연관을 가지고 있다. 다소 조작적이기는 하지만 단기간 내에 희망을 걸 수 없는 민주주의나 분배 대신에 '잘살아보세'라는 구호에 동의해서 물리적 노동통제나 사회통제에 순응하게 되었다는 것이다.

'동원체제'란 동아시아형 국가자본주의 체제를 일컫는 말이다. 동원(mobilization)이란 가장 느슨하게 말해서 "일반적으로 어떤 집단이 수동적인 개인들의 집합체인 상태에서 공공생활에 활발히 참여하는 상태로 움직여 나가는 과정(틸리 Tilly, 1995: 95)"을 말한다. 그렇다면 국가동원은 국가가 사회의 여러 자원을 끌어 모아서 하나의 방향으로 몰고 가는 것을 의미하게 될 것이다. 국가동원체제는 동아시아 자본주의 발전의 특징인 국가주도성이 어떠한 조건에서 가능했고, 어떠한 제도적 장치 속에서 어떤 기제를 가지고 있었으며, 자체의 동학에 의해 어떻게 제도 간의 마찰을 불러일으키고, 나아가서 위기에 빠지는가를 총괄하는 개념이다.

우리는 국가동원체제라는 말로 기적이라고 불릴 만큼 놀라운 경제성장이 어떻게 가능했는가, 그리고 그러한 성장은 어떠한 한계에 부딪히는가를 설명하려고 해 왔다. 국가동원체제는 경제체제 또는 축적체제와 그 조건으로서의 사회정치체제로 나누어 볼 수 있다. 한국에 있어서 축적체제의 축은 재벌체제이다. 재벌체제는 한국에서 국가가 금융관계, 노동관계, 기업 간 관계에 개입하여 모든 자원을 경제성장으로 동원하는 주요한 제도배열과 메커니즘을 표현한다. 발전국가론에서 말하는 국가의 자율성은 국가의 축적 조정능력으로 해석된다. 또 조희연(1999)이 주목하는 국가 자율성의 조건은 '국가동원체제'의 축적 조건이 되며 축적의 동학이 가져오는 변화가 국가의 자율성과 그 조건에 영향을 미쳐서 위기가 닥치게 된다. 그러나 이러한 경제외적 조건이 대단히 중요하고, 특히 세계적 요인이 외생변수로서 이러한 조건에 직접적인 변화를 줄 수 있다는 점에서 특별히 관심을 기울여야 하지만, 경제체제의 내적 동학에서 나오는 모순을 간과해서는 안 될 것이다. 우리는 국가동원체제가 과잉부채모델을 가져오는 경향에 주목하고 국가의 미시적 조정과 인플레이션이라는 거시적 조정이 이 체제의 유지에 필수적이라는 사실을 중요하게 여긴다. 예를 들어 국가가 성장 자체에 의해서 미시적 조정 능력을 상실하고 인플레이션이 일반 국민들의 반발에 부딪혀 더 이상 기능하지 못하게 된다면 이 체제는 위기에 빠질 수밖에 없다. 또 자본축적이 진행됨에 따라 재벌이 충분한 내부유보를 가지게 된다면 국가의 자본통제력은 약화될 수밖에 없다. 마찬가지로 자본축적은 노동자의 조직력 또한 성장시킨다. 이런 조건 속에서 국가가 새로운 조정양식을 발견해 내지 못한다면 과거의 조정양식은 마비되고 만다.

국민경제의 제도주의적 설명이라는 연구과제를 끌어가기 위해 필요한 몇 가지 연구 지침들은 다음과 같다.

첫째, 자본축적을 분석의 중심에 놓는다. 이것은 맑스주의적 전통, 그리고 축적 개념을 중심으로 미국경제를 설명했던 사회적축적학파(SSA)의 전통을 따르는 것이다. 축적은 단지 물적 자본의 누적이 아니라 사회관계(인간관계)의 재생산이기도 하다. 그러나 우리는 이 축적개념이 이윤율 및 그 구성요소와 같은 몇 가지 변수에 의해 충분하게 파악될 수 없다고 생각한다. 우리는 축적을 위한 하나의 체제를 상정하며 그 체제를 구성하는 제도 간의 관계에 주목한다.

둘째, 상부구조의 상대적 자율성을 설명하기 위해 경제, 정치, 이데올로기 심급이 각각의 시간표와 시간범위를 가진다는 가정을 도입한 알뛰세(L. Althusser)식의 시도가 유용하다. 축적체제를 구성하는 요소제도(factor institution)는 각각 서로 다른 시간표(time-schedule, 속도) 및 시간범위(time-span, 수명)를 가지기 때문에 각 요소와 제도는 '상대적 자율성'을 가지며 어떤 시대의 어떤 축적체제도 꽉 짜여진(compact) 닫힌 체제일 수 없다. 그것은 오히려 얼기설기 엮여 있는 존재이기 때문에 고유의 발전 논리에 따른 내부 변화나 외부 충격에 의해서 언제든지 서로 어긋난다. 즉, 각 요소제도의 발전은 시간적으로 경로 의존적인 동시에 상호의존하고 있는데 이들 간의 상호의존 관계는 언제든지 변화할 수 있다는 것이다. 이러한 사고는 구조를 이루는 모든 요소에 적용될 수 있을 것이다. 국민경제 체제를 이루는 제도에도 상대적 자율성이라든가, 탈구, 접합과 같은 알뛰세식 용어를 응용할 수 있다.

셋째, 국민경제를 이루는 각 요소제도 간의 상호의존을 주체의 인센티브 관계를 위주로 파악한다. 새로 도입되거나 내부에서 출현한 새로운 요소제도가 전체 축적에 순기능할 때 기존의 관계는 더욱 강화된다. 반대로 현재의 체제가 만들어낸 결과, 또는 제도환경에서 비롯된 변화를 현재의 상호관계, 인센티브 구조가 소화해 내지 못할 때 그 구조는 불안정한 상태에 빠지게 된다. 예를 들어 새마을 운동의 한계는 이런 방식으로 접근할 수 있다.

넷째, 역사의 시기구분이란 특정한 시대(시기)에 상대적으로 좀더 단단한 사회적 응집력과 요소제도 간에 좀더 강한 보완성이 존재하는 상태들과 그렇지 않은 상태들 간의 구분이다. 이러한 구분은 기본적으로 몇 가지 주요 변수(이른바 '펀더멘틀(fundamental)'을 이루는 거시 지표, 이윤율 및 분해 지표)의 시계열상 분절(꺾임)로 나타나겠지만, 구분의 유효성은 그 시기에 고유한 조정양식(mode of coordination)을 도출할 수 있을 때 비로소 확보된다. 축적과 직접 관련된 조정양식을 기본으로 하여 각 제도는 나름의 적응양식(mode of adaptation)을 발전시킨다.

다섯째, 하나의 시대에는 그에 고유한 신념체계(belief system)[1]가 존재한다. 그러나 그 신념체계가 반드시 각 제도 하나하나의 인센티브 구조와 일치할 필요는 없다. 말하자면 자신의 이해관계에 반하는 신념체계를 존중하는 경우도 존재할 수 있는 것이다.

여섯째, 제도를 연구할 때 특히 중요한 것은 법으로 공식화한, 그래서 문서상에 나타나 있는 제도뿐 아니라 비공식적 제도, 즉 관행이다(North, 1990). 특히 위기와 이행의 시기에는 법적 제도를 먼저 바꾸더라도 비공식적 제도나 관행은 여전히 과거의 행태를 답습하는 경우가 많다. 이런 경우라면 법(문서)상의 변화와 현실의 변화는 괴리를 일으킬 수밖에 없다.

이상의 시각을 바탕으로 하여 연구를 수행할 때, 국민경제의 기본 요소제도를 먼저 관찰하고, 각각의 제도를 둘러싼 인센티브 구조를 추출하는 것이 바람직하다. 화폐와 관련된 금융제도, 노동과 관련한 노자관계, 그리고 자연과 관계된 토지 및 환경관계의 의사(擬似) 상품화는 자본주의사회에서 언제나 제도화의 중요한 대상이 된다. 따라서 이 세 가지 문제에 주목할 필요가 있다. 한 자본주의 사회의 생산단위인 기업의 존재양식도 중요한 관찰 대상이 될 것이다. 한편 제도화 자체의 표면적인 주체인 국가 및 정책 역시 연구의 진전에 따라 분석에 들어와야 할 것이다.

이러한 제도들이 어떻게 연결되어 각 시대에 어느 정도의 성과를 올렸는지를 각 시대 분석의 목표로 제시해 볼 수 있다. 조정양식과 적응양식

---

1) 맑스주의의 이데올로기, 부르디외의 아비투스, 푸꼬의 지층에 해당되는 영역으로 생각할 수 있을 것이다.

이 조합되어야 한 사회의 축적양식을 그려보는 일도 가능하다. 다음으로 이러한 구조 속에 잠재되어 있는 모순은 어떠한 형태일 것인가에 대한 관심을 일정하게 유지해야 한다. 자본주의사회에서 계급모순은 언제나 '기본모순'일 수밖에 없지만, 특정 시대, 특정 사회의 위기 및 이행을 분석하는 데는 별다른 지침을 내려주지 않는다. 축적양식이 지니고 있는 모순, 그리고 그 전개를 예측하는 것이 제도주의의 관심사이다. 그러나 이것이 우리의 시야에서 계급관계를 배제해야 한다거나 배제를 정당화하는 것을 의미하지는 않는다. 오히려 계급관계의 해명은 모든 노력을 경주해야 할 목표이다. 특히 제도 간 마찰이 일어나는 이행기에는 계급 간 투쟁은 결정적인 변수가 된다. 다만 그들이 어떠한 제도배열, 또는 체제를 선택하는가는 그 이전에 형성되었던 행동양식의 특성, 그리고 신념 체계에 따라 한계를 그을 것이다.

이러한 제도분석은 연구의 목표와 밀접한 연관을 맺고 있다. 투자는 지난 한국의 축적체제에서 중심적 지위를 차지하고 있다. 따라서 투자 자금을 어떻게 조달하였는가, 또 높은 수준의 투자 증가율을 어떻게 유지할 수 있었는가는 금융제도의 문제와 밀접하게 연결되어 있다. 정태적으로 볼 때 저축은 소비의 희생이다. 당장의 희생이 어떻게 가능했던 것일까, 그리고 생산에서 노동의 통제는 또 어떠했을까라는 문제는 노동관련 제도의 문제일 것이다. 나아가 우리는 제도와 동원이라는 개념에 의해 사회정치적 분석으로 들어가는 통로를 마련할 수 있을 것이라고 생각한다. 특히 제도의 도입과 시행이라는 관점에서 발전국가론을 우리의 논의에 통합할 필요가 있다.

끝으로 한국경제의 시기구분 문제를 다시 언급해 두고자 한다. 역사기술에서 시기구분은 언제나 논란의 대상이 된다. 1950년대, 1970년대 …… 식으로 나누는 것은 가장 무난한 방식이지만(김진업 편, 2001 참조), 시기구분의 핵심, 즉 상대적으로 좀더 단단한 사회적 응집력과 요소제도 간에 좀더 강한 보완성이 존재하는 상태들 그리고 고유의 신념체계와 조응하는 상태들을 구별해 내는 것은 어렵다. 물론 약 10년에 한 번씩 산업순환상의 위기가 온다는 점을 생각해 보면, 그러한 방식이 그리 불합리한 것은 아니라 할 수 있다. 문제는 어느 시점을 결정적인 전환점으로 보느냐에 있을 텐데 다수의 이 연구 참여자들이, 비록 연구성과에 명시적으로 제시하지 않은 경우가 있다 하더라도 1973년경, 1979~1980년경, 그리고 1987년경의 세 시점을 중요한 전환점으로 보았다. 1973년은 중화학공업화를 시작한 해이다. 우리 경제의 성장에서 '국가주도'라는 말의 핵심은 국가에 의한 지속적인 투자 확대에 있다. 산업의 특성상 국가 총동원식의 투자는 중화학공업화와 맞아떨어진다. 따라서 1973년 이래 국가동원체제의 요소제도들, 특히 투자를 위해 자금을 총동원하는 제도들이 본격적으로 형성되며 동시에 노동에 대한 통제도 군사적 성격을 띠게 된다.

　1979~1980년경을 한국경제의 가장 중요한 전환점이라고 보는 것이 현재 학계의 일반적 견해이다. 무엇보다도 박정희 시대의 마감이라는 점에서 그 중요성은 결코 과소 평가될 수 없으며 또한 경제 이데올로기상으로도 물가안정이라든가, 개방이 처음으로 등장한 시기이기도 했다. 그러나 이 연구 참여자들의 다수는 1987년이 더 중요한 시점이라고 판단한다. 그것은 제도주의적 사고의 귀결이다. 국가에 의한 신용할당이라는 중요한 금융제도와 역시 국가에 의한 통제라고 하는 노동제도가 한계에 이른 시점이 바로 80년대 후반이기 때문이다. 또한 6월항쟁과 노동자 대투쟁이 있었고, 일반인들의 삶에 극적인 변화가 온 것도 이 즈음이었다.

　이러한 인식에 따라 우리는 새로운 시대구분의 가설을 갖고, 이를 이 책 이후의 연구에서 계속 확인해 나갈 것이다. 1945년부터 1972년경까지를 국가동원체제의 형성기로, 1972년경부터 1987년경까지를 국가동원체제의 성숙기로, 그리고 1987년 이후 현재까지를 국가동원체제의 해체기로 설정하는 것이다.

각각의 시기는 다시 둘로 나눌 수 있다. 첫 번째 시기에서 우리는 1965년경에 주목한다. 1965년경은 한국경제에서 수출이 차지하는 비중이 높아지면서 '국가동원체제'의 한 요소로 수출드라이브가 자리잡은 시점이다. 제1차 5개년 계획에서 수출은 그리 큰 역할을 부여받지 못했으며 수출이 급증한 것은 의도하지 않은 결과였다(김진엽 편, 2001). 수출이 기존 경제계획에 되먹여지면서(feed back) 다른 제도들도 자리를 잡아갔다. 예컨대 수출 실적이라는 명확한 수치는 투자의 사후 검증에 확실한 근거를 제공하게 되었다. 또 1965년 금리자유화가 이후 실패하고 경제위기가 닥치자 신용통제로 돌아서면서 신용할당제의 효과에 대해 확신을 가지는 계기를 제공한 시기이기도 하다. 1945년 이후 해방공간에서 1965년경까지는 국가형성기로 설정하고, 1965년부터 1972년경까지는 국가동원체제의 기본틀이 마련되는 시기로 자리매김할 수 있다. 특히 우리는 이 시기에 국가가 국민의 생존의지를 성장이데올로기로 동원하는 데 성공했다는 점에 주목한다.

국가동원의 성숙기 가운데 중요한 시점은 두말할 나위 없이 1979~1980년경이다. 대규모의 설비투자가 이루어진 가운데 제2차 오일쇼크가 닥쳐와서 중화학공업은 당장 위기에 빠졌고 국내적으로도 1976~1978년의 호황으로 실질임금이 최초로 상승한 뒤끝이었다. 오랜 기간 동안 억눌려 있던 노동계가 처음으로 반기를 든 것도 이 시기였다. 그러나 국가는 과거와 똑같은 방식으로 위기를 벗어나게 된다. 전반기는 본격적인 중화학공업투자를 위해 각종 자금동원 및 신용할당제도가 자리를 잡은 시기였고 후반기는 투자의 사후 조정을 본격적으로 시험한 시기였다. 우리가 1980년대 중후반까지를 박정희 시대와 연속적인 시기로 보는 것은 여전히 국가가 우위를 차지하는 국가-재벌체제였기 때문이다.

그러한 체제가 붕괴되기 시작한 것은 1987~88년경부터였다(김진업, 2001). 국가동원체제의 각 요소제도들이 각각 붕괴되었다. 특히 국가가 투자의 조정자로서의 역할을 포기한 채 자본시장을 개방한 것이 결정적이었다. 국가동원체제는 그 성격상 과잉투자와 국제 평균을 훨씬 넘는 기업의 과잉부채를 체제 내에 구조화하고 있다. 김영삼 정부 시기 민간의 해외 자본 차입을 허용한 것은 한국의 축적체제에 외국 금융자본이 끼어 들었다는 것을 의미한다. 결국 1994~1996년 사이에 외국의 민간자본을 한국의 은행과 종금사가 들여와서 장기투자를 하는 과정에서 과거의 조정방식은 그 근거를 잃게 된다. 이러한 사실은 왜 이 시기에 거시 지표가 과거에 비해, 또 외환위기를 겪은 다른 나라에 비해 그다지 나쁘지 않은 상태에서 위기가 촉발되었는가를 설명하는 데 기여할 것이다. 즉, 과거에는 폐쇄된 울타리 속에서 가치를 잃고 만 돈(인플레이션에 의한 감가)이 이번에는 빠져나가 버린 것이다(평가 절하). 체제내화해 있는 담보대출관행 역시 급속한 기업-은행 도산을 부채질했다. 결국 기본적으로는 기존 체제 자체의 모순이 폭발하면서 외환위기의 형태를 띠게 된 것으로 보아야 할 것이다. 그것은 체제위기를 해외시장 개방으로 해결할 수 있다는 시장주의의 믿음이 어떤 결과를 가져오는가를 여실히 보여주었다. 이 책 이후 계속될 우리의 후속 연구에서는 이러한 시기구분의 타당성을 검증하고 각 시기의 제도배열과 그것이 가져오는 동학을 추출하는 데 집중할 것이다. 역사와 제도의 중요성을 축으로 해서 한국경제를 연구하려는 우리의 방법은 이미 경제사나 사회사에서 흔히 사용되었던 여러 가지 조사, 분석방법과 본질적으로 다르지 않다. 실제로 상당한 연구성과를 내고 있는 프랑스의 조절이론이나 미국의 축적구조학파는 참고할 만한 중요한 모델로 평가할 수 있다.

3. 책의 구성과 내용

이 책은 I부와 II부로 구성되어 있다. I부는 한국자본주의 역사를 주제별, 제도영역별로 통시적으로 다룬 연구 성과들을 묶은 것이다. 이들은 1997년 IMF 경제위기에 이르기까지 분야별로 주요 제도들의 변화과정들을 연구대상으로 하고 있다.

제1장 「재벌체제의 발전과 모순」을 쓴 김기원은 재벌체제를 형성·발전시키고, 위기로 몰아간 객관적인 경제적 원리에 관심을 두고, 재벌체제의 발전이 자신을 뒷받침한 은행중심 시스템과 제도적 비정합성을 초래한 과정을 밝히고, 궁극적으로 첨예화된 모순의 실체를 '재벌총수의 이익≒재벌기업의 이익≒국민경제의 이익'의 상태라고 표현한다.

김상조는 제2장 「기업지배구조의 변화: 금융구조와의 관계를 중심으로」에서 기업의 자금 조달에 대한 제약이 기업의 전략적 의사결정구조, 즉 기업지배구조에 어떠한 형태로 반영되었는가를 통시적 관점에서 분석하고자 한다. 이 분석은 동시에 관치금융현상이 왜 초래되었고, 그 배경과 조건은 어떤 것이었나를 기업자금조달상의 제약이라는 측면에서 찾고자 하는 시도이다.

송홍선은 「기업-금융 관계의 변화: 부실기업정리제도를 중심으로」(제3장)에서 1969년부터 시행된 기업합리화조치부터 외환위기 이후 구조조정촉진법에 이르기까지 부실기업의 정리방식과 제도를 정리·평가하고, 부실기업 정리방식이 갖는 경제적 효율성과 실행상의 용이성을 기준으로 외환위기 이전의 시기와 외환위기 이후의 시기를 비교하고 있다. 그 결과 "1980년대까지 우리나라 부실기업의 정리가 효율성 면에서는 반드시 열등하다고 할 수 없다"고 주장하고 이해당사자 간의 조절 기제의 중요성을 강조한다.

김태승(제4장 「토지자원의 동원과 국가개입 방식의 변화」)은 국가가 토지자원의 동원과 관리에 개입하는 방식과 과정을 살피고, 국가 주도의 개발이 토지 자본의 집적과 자본이득(capital gain)의 획득에 직접적인 영향을 줌으로써 국가가 원시적 축적에 준하는 과정에 적극적인 역할을 했음을 밝히고 있다. 그는 한국자본주의의 축적위기는 토지자원 동원 기제의 애로와 일치한다는 흥미로운 결론을 제시하고 있다.

제5장에는 1997년 경제위기 이전 노동시장의 발전 경향으로써 (기업체 규모 30인 이상의 정규직 근로자에 한정된 것이긴 하나) '내부노동시장'의 강화 경향에 주목한 전병유의 연구 「국가와 노동자변화」를 담았다. 그의 연구는, 1997년 경제위기 이후 내부노동시장의 강화라는 기존의 경향은 현저히 약화되고 노동시장은 유연화되었는데, 이러한 최근의 경향은 기존 시스템의 내재적 발전에 의한 것이 아니라는 점을 시사하고 있다.

1부가 1997년 경제위기에 이르기까지 주요 제도영역들에서 발견되는 변화의 방향과 내용을 검토하고, 위기를 계기로 표출된 새로운 변화를 이해하기 위한 시사점을 찾으려는 것이라고 한다면, II부는 다시 원점으로 돌아가 산업화 시기 한국경제체제를 관철하고 있었던 경제 이념을 재고찰해 보려는 시도를 담고 있다. 산업화 체제의 형성기에 나타났던 정책이념과 방향을 둘러싼 갈등과 대립이 기본적인 연구 대상들이다. II부의 연구들이 다루는 주제들은 비록 부분적이기는 하지만 한국경제의 대안을 모색하기 위해 반드시 통과해야 할 것들이다.

제6장에 실린 박태균의 연구 「1950·1960년대 경제개발 신화의 형성과 확산」은 경제개발의 필요성에 대한 사회적 공감대가 형성되는 역사적 경과를 다루고, 그 필요성에 대한 담론들은 어떻게 형성되었으며, 산업화를 추진하는 데 있어서 그러한 인식과 담론의 역할은 무엇이었는가를 주제로 삼고 있다. 서구의 경제개발 이론들이 한국화되는 과정과 성장제일주의로 귀착되는 과정이 흥미롭다. 그 과정에서 개발의 방식에 대

한 무수한 담론과 이견들이 정치분파별로 제출되었으며, 결국 '경제개발 제일주의', '성장 제일주의', '수출입국' 등 산업화 체제의 신화들이 형성되고 그것이 하나의 강박관념으로 한 시대를 지배하게 되는 역사가 탐구된다.

제7장 「농지개혁과 한국자본주의」에서 조석곤은 한국의 농지개혁에 관한 기존의 논의, 특히 90년대 이전의 논의가 갖고 있는 한계를 주로 지적하면서도, 한국의 농지개혁이 세계적 비교나 훗날의 자본주의 발전에 비추어 볼 때 성공적인 것이었다고 평가한다. 요컨대 한국의 농지개혁은 자본주의적 착취의 제거에는 실패했으나 반봉건적 착취는 확실히 제거할 수 있었다. 그러나 상품시장, 금융시장, 노동시장에서의 사적 관계는 그대로 온존함으로써 진정한 농업개혁으로는 나갈 수 없었다. 그는 농지개혁이 훗날의 한국 자본주의에 미친 영향으로 자본축적의 측면에서 지가증권을 매개로 지주자본이 산업자본으로 전화했다는 점을 첫 번째로 든다. 물적인 측면에 덧붙여 말한다면 한국전쟁을 거치면서 지가증권이 휴지조각으로 되면서 '지배계급로서의 지주계급'이 사실상 소멸했다는 점도 매우 중요하다고 볼 수 있을 것이다. 방법론에서 밝혔듯이 모든 제도의 창설이나 변경은 격렬한 계급 간의 갈등을 불러일으키는데, '의도하지 않은 결과'로 지주계급이 무력화되었다는 것은 산업자본주의를 위한 제도 형성에 결정적인 의미를 지닌다. 한편 그는 노동공급의 측면에서는 농지개혁을 통한 유산자화가 농촌의 인구담지력을 증가시켜 잠재적 노동자층을 형성시켰을 뿐 아니라 담보대부를 통한 '과잉교육'은 양질의 노동자군을 형성할 조건을 마련했다고 평가한다. 또 그는 제도주의의 적용과 관련해서 중요한 언급을 하는데, 한국에서 농지개혁이라는 제도변화가 어떻게 가능했을까라는 질문을 하면서 당시에 압도적이었던 '경자유전' 이데올로기를 지적한다. 좌우 모두 이 이데올로기를 거스를 수 없었다는 점을 들어 노스(North)가 말한 비공식적 제약의 중요성을 강

조하고 있는 것이다. 이러한 파악은 신제도주의 연구에 대한 비판이다. "지주들이 시장에서 농지를 매각한 까닭은 거래비용의 증대로 인하여 소작제가 비효율적으로 변했기 때문"이며 따라서 "농지개혁이라는 제도 변화는 정부의 주도하에 이루어진 것이라기보다는 시장의 압력에 의해 정부가 수용한 것으로 보아야 한다"는 신제도주의적 주장은 '존재하는 모든 제도는 합리적'이며 '태초에 시장이 존재했다'라고 하는 신제도주 의의 오도된 역사인식의 연장이다.

이상철은 제8장에 담은 「1960~1970년대 산업정책의 형성: 화학섬유산 업을 중심으로」에서 신흥공업국으로서 한국이 후발성의 이익을 취하고, 후발성의 불이익을 극복하는 과정에서 형성된 위계구조를 분석한다. 이 위계구조는 경제개발과정에서 시장을 대체했다. 그의 연구는 화학섬유 산업이라는 구체적 사례를 중심으로 한 연구이다. 1960~1970년대 한국 의 화섬사업의 발전추세 속에서 나타난 정부개입의 양상은 무엇인가, 외 자와 기술 도입, 공장의 운영과정에서 정부가 수행한 역할은 무엇인가, 수입대체산업으로서 화섬산업을 지원하는 법규와 제도의 정비과정과 지원정책의 양상은 어떠했는가 등이 그가 연구대상으로 삼은 문제들이 다. 결론적으로 그는 시장 기능의 철저한 왜곡과 정부에 의한 가격 기제 의 통제를 발견하고, 주류의 시장중심론 접근 방식이 역사적 사실과 크 게 어긋난다는 사실을 밝히고 있다.

신정완이 쓴 「박정희 시대의 안보정치: 1970년대 방위산업 육성정책을 중심으로」(제9장)는 경제학뿐 아니라 사회과학에서 잘 다루기 힘든 방위 산업을 연구 대상으로 삼았다. 그는 경제발전 프로젝트와 자주국방 프로 젝트의 상호의존성을 전제한 위에, 1960년대의 성공적 경제발전에 기초 하여 어느 정도 확보된 경제적, 기술적, 행정적 기반을 최대한 효율적으 로 활용하여 박정희 정권은 불과 몇 년 내에 재래식 기본 병기의 대부분 을 국산화하는 큰 성과를 보였으며, 그런 점에서 방위산업 육성정책은 남한 안보-발전국가의 자원동력능력과 조직능력을 절정에서 보여준 사례이자 남한 안보-발전국가의 국가 프로젝트 수행방식의 특징을 여실히 보여준 사례라 할 수 있다라고 주장한다. 방위산업과 함께 박정희의 핵심 프로젝트였던 새마을 운동과의 공통성과 차별성에 대한 분석이 흥미롭다.

제10장 「농촌근대화전략과 새마을운동」에서 오유석이 다루고 있는 새마을운동은 박정희의 최고 지배담론으로써 조국근대화와 쌍벽을 이루지만, 분석 방법상이나 사료상의 문제 등으로 잘 다루어지지 않는 주제이다. 새마을운동에 대한 기존의 부정적, 긍정적 연구들을 검토하고, 저자는 새마을운동이 '유신'이라는 박정희 체제와 분리될 수 없으며, 따라서 근대화전략과 새마을운동 간에는 '주민들의 자유권 행사가 거부되고 창조적인 진취성을 기대할 수 없는 집체형 동원'이라는 전략상의 밀접한 유사성이 존재한다는 점을 주장한다. 이로 인해 협동에 기반해야 할 사회운동이 농민들 간, 마을 간의 오랜 횡적 유대관계를 오히려 파괴하는 상치된 결과를 가져왔다. 이러한 횡적 유대관계의 파괴는 박정희 체제하에서 국가와 국민간에 형성된 수직적 관계의 구체적인 내용으로 평가할 수 있으며, 운동이 지속적일 수 없는 이유였다. 진정한 사회운동의 요건을 다시 생각하게 해주는 논문이다.

정건화의 「민족경제론의 재검토: 민족경제론의 형성, 발전과 한국민족주의」(제11장)는 최근 몇 년간 집중적으로 발표된 민족경제론에 대한 논쟁과 평가 논문들을 재검토함으로써 과거의 대항담론으로서 뿐만 아니라 현재의 사회발전 대안으로써 민족경제론이 가질 수 있는 의미를 다시 발견하려고 한다. 민족경제론에 대한 사회구성체 논쟁 과정에서의 평가나 비판은 정당했는가, 21세기 새로운 대항담론의 형성을 위해서는 민족경제론의 어떤 논점이 교정되거나 정정되고 어떤 논점이 계승·혁신되어야 하는가, 나아가 사회의 변화를 주체적이고 목적의식적으로 만들어

내려는 사회운동적 실천과 비판적 사회과학 이론의 관계는 어떻게 새롭게 정립되어야 하는가 등이 이 글이 붙들고 있는 문제다. 저자는 이러한 방식의 재평가작업이 갖는 의의를 다음과 같이 지적한다. ① 민족경제론이 박정희 모델에 대한 대항담론으로서 역사적 존재 근거를 가졌으므로 민족경제론에 대한 재평가는 우리 사회의 지난 반세기 동안의 급속한 경제성장의 '신화'를 만들어낸 이른바 '박정희 모델'에 대한 평가와 맞물려 있다. ② 우리 사회에서 '거의 호흡이 정지된' 대항담론과 비판 사회과학의 '소생'이 있으려면 새로운 대항담론의 준거와 쟁점을 정리하는 작업이 반드시 필요하다.

이미 학술대회의 발표를 통해 학술지에 게재된 논문들은 다음과 같다.
김기원의 논문, 「재벌체제의 발전과 모순」은 『동향과 전망』 2001년 가을호(한국사회과학연구소 편, 박영률출판사)에 게재되었으며, 박태균의 「1950·1960년대 경제개발 신화의 형성과 확산」, 정건화의 「민족경제론의 재검토」, 그리고 오유석의 「박정희식 근대화 전략과 농촌새마을운동」은 2002년 12월 9일 '한국의 산업화와 민족경제론: 세계화 시대 대안적 국민경제 발전이념의 모색'이라는 주제로 열린 학술대회(한국사회과학연구소 주최)에서 발표되었으며, 『동향과 전망』 2002년 가을호에 게재된 것이다.

| 참고문헌 |

김상조, 1998, 「김영삼 정부의 개혁 실패와 경제 위기」, 이병천 · 김균 편, 『위기 그리고 대전환』, 당대.

김진업 편, 2001, 『한국자본주의 발전 모델의 형성과 해체』, 1999-2001 교육부 학술진흥재단 중점연구소 학술지원사업 1차년도 보고서, 성공회대학교 사회문화연구소 연구총서 2, 나눔의 집.

유철규, 1998, 「금융 자유화와 외환 위기, 그리고 IMF 금융 개혁」, 이병천 · 김균 편, 『위기 그리고 대전환』, 당대.

정건화 · 김상조, 1996, 「신 경제정책 하 한국 경제와 1996년 판 경제위기」, 『동향과 전망』, 1996년 겨울호, 한국사회과학연구소.

정태인, 1998a, 「한국경제위기와 개혁과제」, 『동향과 전망』, 1998년 여름호, 한국사회과학연구소.

_____, 1998b, 「재벌체제의 역사적 한계」, mimeo. 요약은 「재벌체제의 개혁을 위하여」, 『한국사회과학연구소 제11회 사회과학포럼 자료집』.

조희연, 1999, 『한국의 국가 · 민주주의 · 정치변동』, 당대.

알베르(M. Albert), 1993, 『자본주의 대 자본주의』, 김이랑 역, 소학사.

틸리(C. Tilly), 1995, 『동원에서 혁명으로』, 영길현 외 공역, 서울프레스.

Aoki, M., 1998, *The Role of Government in East Asian Economic Development: Comparative Institutional Analysis*, Clarendon Press.

Bowles, S. and H. Gintis, 1995, "Escaping the Efficiency-Equity Trade-off", G. Epstein et al., *Macroeconomic Policy after the Conservative Era*, Cambridge University Press.

Gordon, D. M., 1995, "Growth, Distribution and the Rules of the Game", G. Epstein et al., *Macroeconomic Policy after the Conservative Era*, Cambridge University Press.

Hutton, W., 1995, *The State We're in*, Jonathan Cape.

North, D., 1990, *Institutions, Institutional Change, and Economic Performance*, Cambridge University Press.

Stiglitz, J., 1994, "The Role of State in Financial Markets, Proceedings of the World Bank", *Annual Conference on Development*, Washington, D. C.: World Bank.

Willamson, O. E., 1975, *Markets and Hierarchies: Analysis and Antitrust Implications*, New York: Free Press.

World Bank, 1993, *The East Asian Miracle*, oxford University Press, World Bank.

제1부

산업화제도: 변화와 성과, 그리고 정합성의 붕괴

제1장
재벌체제의 발전과 모순

김기원

1. 머리말

재벌위기↔금융위기↔외환위기로 인한 IMF사태는 이제까지 한국경제의 압축적 고도성장을 이끌어온 경제운영방식의 시효소멸을 알리는 신호탄이었다. 그리고 그것은 선진경제로의 전환을 재촉하는 통지서이기도 하였다. 그런데 그런 과거 경제운영방식의 핵심고리가 다름 아닌 재벌체제였다. 김대중 정부가 출범과 더불어 재벌개혁에 전례 없이 역량을 집중한 것도 그 때문이었다.

그러나 그럼에도 불구하고 저항세력의 거센 반발과 개혁에너지의 미결집, 그리고 개혁전술의 과오로 말미암아 재벌개혁은 중도하차하고 말았다. 그 동안 재무구조, 사업구조, 지배구조 면에서 부분적 개선이 없지는 않았으나 재벌체제 자체가 선진적 대기업체제로 환골탈태하는 데는 실패하고 말았던 것이다.[1] 그리고 2001년에 들어와서는 출자총액제한을

---

1) 이에 관해서는 김기원(1999b) 및 김기원(2000b)을 참고할 것.

형해화하고 재벌금융·계열사의 의결권제한과 은행에 대한 소유제한을 완화하는 등의 조치를 일정에 올림으로써 아예 개혁에 역행하는 흐름이 나타나고 있다.

이런 상황에서 재벌체제는 향후 어떻게 움직여 갈 것인가? 제2의 IMF 사태와 같은 또 다른 위기가 발발할 때까지는 현재의 재벌체제가 그대로 온존될 것인가? 아니면 점진적으로라도 선진적 대기업 체제로 변모해 갈 것인가? 그 향방은 물론 정치경제세력들의 주체적 노력에도 의존한다. 하지만 재벌체제를 생성·발전시키고 결국 위기로 몰아간 객관적 경제 법칙이 여기에 크게 작용할 수밖에 없다. 이 글에서 밝혀보려는 것도 바로 이 객관적 경제법칙이다.

사실 한국경제의 고도성장과정에서 기업들이 위기에 직면한 일은 과거에도 없지 않았다. 1960년대 말~1970년대 초와 1980년대 초·중반의 부실기업 정리가 그 대표적인 경우이다.[2] 그러나 IMF사태는 30대 재벌의 절반 정도가 부도위기에 내몰리고 최상위의 대우와 현대그룹마저 파탄지경에 이르렀다는 점에서 규모와 심도가 이전과는 차원이 다른 체제위기였다.[3] 재벌체제는 생성·발전과 더불어 간헐적인 위기가 반복되다가 IMF사태에 이르러 마침내 그 모순이 폭발해버린 셈이었다.

물론 재벌체제는 모순으로만 가득 찬 것이 아니라 우리 경제의 고도성장모델이기도 했다. 민주성은 어쨌든 적어도 효율성 면에서는 한동안 개

---

2) 1969~1972년 사이엔 부실 차관기업 중 30여 개가 제3자 인수, 통폐합, 공매처분의 방식으로 정리되었으며, 1980년대 초반에는 발전설비, 선박엔진 등 중화학부문의 투자조정이 이루어졌고 1985~1988년의 부실기업정리에서는 건설업과 해운업을 중심으로 한 80여 개 업체가 그 대상이었다(강철규 외, 1991: 145-152). 그런데 이 경우들에선 상위재벌의 부실화는 극히 일부였고 대체로 중견기업들이 문제였다는 점에서 IMF사태와 차이가 난다.

3) 1996년부터 우성그룹 등의 부도가 발생하고 1997년에 들어와선 한보, 삼미, 진로 등 9개 그룹이 위기에 처하였다. IMF사태를 전후하여 위기에 직면한 재벌사례는 유승민(2000: 123-124 및 157)을 참조할 것.

발도상국의 모범사례로 칭송되던 것이다. 이러한 과거와 오늘의 상황, 즉 재벌체제의 빛과 그림자를 통일적으로 파악하고, 재벌체제의 그림자가 점차적으로 빛을 압도해 가는 역동적 논리를 해명해야 재벌체제의 미래를 전망할 수 있다.

그리하여 여기서는 재벌을 하나의 체제로 인식하고 이것이 생성 · 발전 · 소멸해 가는 역사와 논리를 추적해 보고자 한다. 모든 사물이 그렇듯이 재벌체제가 발전하는 과정은 동시에 그 모순이 발전하는 과정이다. 이 글의 의도는 그러한 모순이 가족경영의 모순을 중심으로 선단문어발 경영의 모순과 재벌친화적 환경의 모순으로 발현됨을 논증하려는 것이다. 이하 2절에서는 재벌체제의 의미를 정리해보고 3절과 4절에서 각각 재벌체제의 발전과 모순을 고찰해 본다.

2. 재벌체제의 의미

재벌체제란 '재벌'이 대내외적으로 구조화된 하나의 '체제'인데, 재벌이란 용어는 이중적 의미를 갖고 있다.[4] 원래 이 용어가 생겨난 일본에서도 재벌은 주로 재벌기업을 지칭하지만 때로는 재벌총수(와 그 일족)를 지칭하기도 하였다(『經濟學辭典』, 1979: 495). 그런데 우리나라에서는 그러한 양의성(兩意性)이 더 심화되어 재벌은 두 경우에 골고루 쓰이고 있다.

재벌개혁 전술의 과오가 초래된 데에도 이러한 용어혼란의 영향이 작지 않다.[5] 재벌개혁에서는 재벌기업과 재벌총수를 분리사고하고 '약한 핵심

---

4) 일상어법에서는 단순한 부호(富豪)를 재벌로 칭하는 경우도 있지만 여기서는 그 경우는 제외하기로 한다.
5) 정치를 맡기면 무엇을 가장 먼저 하겠느냐는 질문에 대해 공자가 '필야정명(必也正名)' (논어, 子路편)이라고 한 것이 바로 이 경우에 적용되지 않을까 싶다.

고리' 인[6] 재벌총수 쪽에 개혁역량을 집중해야 한다.[7] 그런데도 재벌개혁을 기치로 내세운 지금까지의 어떤 정부도 제대로 분리타격 전술을 구사하지 못했던 것이다(용어혼란→사고혼란→전술혼란). 과거 정부에선 재벌개혁을 업종전문화 정도로 인식하였고 김대중 정부에 들어와 비로소 총수의 책임문제를 따지기 시작했을 뿐이다. 하지만 김대중 정부조차 재벌총수와의 협의 틀 내에서 개혁을 진행시켰으므로 그 한계는 자명하였다.

이러한 과오를 시정하려면 우선 재벌이라는 용어를 그 발상지인 일본의 통상어법에 따라 재벌기업을 의미하는 것으로 한정하는 게 좋을 듯싶다. 그럴 때 재벌 '체제'란 재벌이 대내적으로는 소유-지배-경영 면에서 나름대로의 독특한 구조를 갖추고 있고, 대외적으로는 재벌기업과 국민경제 사이에 일정한 관계를 구축하고 있음을 나타낸다.

그런데 재벌체제는 한국에만 특유한 괴물은 아니고 "가족이라는 본능적 군거집단(群居集團)이 사회조직의 기본원리로 되어 있는 전통적 사회가 선진공업국과의 국제경쟁하에서 강력한 공업화를 급속히 추진하려는 경우에, 그 후진국공업화의 경제주체로서 필연적으로 발생하는 다각적인 기업집단"(中川敬一郞, 1969: 190)에 의해 형성된 체제이다.

즉, 재벌체제는 '가족경영＋다각화된 독점' 체제로서 압축적 공업화를 추진한 후진국에서 흔히 볼 수 있는 현상이다(伊藤正二, 1983; 安岡重明, 1985; 梅津和郞, 1992). 이 후진국에선 단시일 내에 대기업이 성장하므로 소유와 경영이 미분리된 가족경영(family business)이 일반적이며 이들이 다각화를 추진하면 독점적 자본의 하나인 콘체른의 후진국적 형태로서 재벌이 등장하는 셈이다.

---

6) 青木昌彦・奧野正寬(1996: 12)식으로 이야기하자면 개혁도미노를 유발할 수 있는, 근간에 존재하는 제도적 틀이다.
7) 이는 2차대전 이후 일본의 재벌해체 과정을 보면 이해할 수 있다. 즉, 기업그룹의 해체는 의도대로 진행되지 않았지만, 총수의 지배체제는 완전히 해소되었던 것이다.

이리하여 재벌체제는 재벌 내부적으로는 가족경영에 의한 총수의 왕조적 독재체제(이른바 황제경영)가 자리잡고 있고, 재벌 외부적으로는 다각화된 독점(부정적 표현으로는 선단문어발경영)에 의해[8] 재벌이 국민경제를 독점적으로 지배하는 이중적 독재체제이다. 그리고 이러한 지배체제에는 당연히 국가·금융기관과 재벌이 맺고 있는 일정한 관계도 포함된다. 발전국가의 은행중심시스템(나쁘게 표현하면 정경유착하의 정치·관치금융)과 같은 것이 바로 그 예이다.[9]

이렇게 본다면 재벌체제는 전근대적 독점과 근대적 독점의 결합체이다. 공정거래위원회에서 기업결합 등을 규제하는 것은 근대적 독점을 문제삼는 것이며, 시민단체 등에서 경영세습이나 정경유착을 규탄하는 것은 전근대적 독점을 문제삼는 것이다. 전근대성과 근대성이라는 재벌체제의 이런 양면성을 인식해야 재벌체제가 생성-발전-소멸하는 논리를 이해할 수 있고 개혁방향도 바르게 설정할 수 있다.

3. 재벌체제의 발전

1) 발전요인

한국에서 재벌체제가 발전한 기본요인은 압축적 자본주의화이다. 선

---

8) 물론 선단문어발경영은 재벌의 내부 체제적인 측면도 지칭하고 있다.

9) 금융시스템은 크게 '은행중심시스템' 과 '시장중심시스템' 으로 양분할 수 있는 바 우리의 경우는 전자에 해당한다고 할 수 있다(村賴英彰·村賴安紀子, 2000. 4 참조). 물론 우리의 은행이 일본·독일만큼 기업에 대한 자금공급뿐만 아니라 감시·견제의 기능을 제대로 수행했다고 할 수는 없고, 차라리 국가중심시스템이라고 지칭하는 게 적절할 지 모른다. 하지만 국가의 견제·감시도 은행을 매개로 해서 이루어졌으므로 넓은 의미의 '은행중심시스템' 이라고 할 수 있을 것이다.

진국에서 수백 년 소요된 공업화 · 자본주의화를 불과 수십 년 동안에 뒤따라가려는 과정에서 탄생한 것이 바로 재벌체제인 것이다. 후진국의 압축적 공업화에서는 그 압축성으로 인해 조기에 독점화와 중화학공업화가 진전된다(中川敬一郞, 1981: 57). 반면에 그 압축성은 필연적으로 발전의 불균등성을 수반한다. 즉, 구래의 가족경영체제나 시장의 변화발전 속도는 상대적으로 낙후되었던 것이다.

이리하여 형성된 재벌체제를 그 요소별로 나누어 고찰해보면 첫째로 가족경영이 바뀌지 않은 것은 우선 창업주의 통치하에 기업이 급성장했기 때문이다.[10] 창업주는 그 자신이 전문경영인(professional manager)이므로 여기선 소유와 경영의 분리란 있을 수 없다. 재벌창업주는 정치권 로비능력이나 노동자 억압능력이라는 나쁜 의미의 능력까지 포함하여 기업성장과 관련해선 어쨌든 남보다 우수한 능력을 보유했던 전문가였음이 틀림없다.

게다가 기업공개가 부진했고 공개가 이루어진 후에도 계열사출자관계를 통해 총수는 여전히 지배권을 유지하였다. 재벌총수와 정계 · 관계 사이의 유착관계도 총수체제의 존립근거였다.[11] 또 모방단계의 공업화에서 요구되는 경영전문성도 그리 높지 않았고, 총수의 강력한 리더십, 즉 독재경영이 그런대로 유효하였다.[12]

---

10) 선진국들의 기업도 물론 출발 시에는 소유주가 경영권을 행사하는 가족(개인)경영기업이었다. 그러나 오랜 시간을 두고 기업이 발전하면서 이는 경영자기업(managerial enterprise)으로 변모한다(Chandler, 1977 및 1992). 따라서 선진국에선 '가족경영 + 다각화된 독점'의 재벌체제가 성립할 계제가 주어지지 않았던 것이다.

11) 정관계(政官界)와의 불법거래를 위해 비자금을 조성하려면 회계를 조작해야 하고, 이렇게 회계가 불투명해진 상황에서 총수가 경영일선을 떠나긴 힘들다. 예컨대 액수가 큰 뇌물은 총수가 직접 배달하지 않을 수 없다.

12) 한편 총수체제의 지속요인으로 유교나(신유근, 1992: 175-177) 혈연에 대한 애착과 같은 문화적 요인을 거론하는 경우도 있다. 물론 이러한 문화적 요인이 총수체제의 변화속도에 영향을 미칠 수는 있다. 그러나 그렇다고 이 때문에 재벌체제의 근본적 개혁이

그런데 이러한 가족경영은 창업주가 나이 들어 판단력이 흐려졌어도 지속되었고, 나아가 2, 3세의 세습경영으로까지 이어졌다. 세습경영의 문제점에 대한 사회적 인식이 박약했고, 최고경영진의 지위가 제공하는 이득에 총수가 연연했기 때문이다.[13] 아울러 기업경영이 불투명했기 때문에 전문경영인(salaried manager)을 신뢰할 수 없어 총수가 경영권이양이라는 결단을 내릴 수 없었다.[14] 이리하여 가족경영 상태에서 기업의 규모와 범위가 급격히 확대되었던 것이다.

둘째로 그룹경영 즉, 통합다각화경영의 발전을 고찰해보자.[15] 우리나라에서 재벌의 통합경영이 발전한 것은 시장의 미발달에 기인한다. 자본시장과 노동시장이 미발달한 상황에서 시장에 전적으로 의존하기보다는 계열사 사이의 내부자본시장과 내부노동시장을 통해 시장을 대체·보안하는 것이 더 효율적이었던 것이다.

공업화 초기에는 정보의 비대칭성으로 인해 기업외부에서 기업의 투자전망을 제대로 판단하기 힘들다. 이런 상황에서 기존 계열사가 출자하고 지급보증을 제공함으로써 신규투자자금을 조달할 수 있었던 것이다. 또 필요한 인력, 특히 관리직을 시장에서 즉각적으로 충원하기 어려웠기

불가능하다고 결론짓는 것은 오류이다. 문화도 사회변화에 따라 바뀌어 가는 것이다. 유교문화권인 일본에서도 이미 오래 전에 재벌체제가 해체되었다.

13) 이를 흔히 통제이윤(profit of control) 또는 통제의 사적편익(private benefits of control)이라고 부르는데, 그 예로는 내부정보의 이용, 개인비용의 기업비용화, 관련업체에의 특혜제공 등을 들 수 있다(Perlo, 1988: 137-142; Shleifer & Vishny, 1997: 742). 여기에다 재벌총수라는 사회적 지위의 의미도 만만치 않을 것이다.

14) 역으로 총수체제가 경영의 불투명성을 초래하는 요인이기도 하다.

15) 통합다각화경영의 부정성이 긍정성을 압도할 때를 지칭하는 표현이 선단문어발경영이라 할 수 있다. 여기서 문어발경영은 다각화와 관련된 것이고 선단경영은 다각화된 계열사들 사이의 통합관계를 지칭한다. GE와 같은 경우엔 과도하거나 무리한 다각화가 아니므로 문어발경영도 아니고, 계열사들의 자율성이 높고 비효율적인 계열사는 즉각 정리한다는 원칙이므로 선단경영도 아니다.

때문에 그룹의 비서실과 같은 조직이 이를 적절히 배분하는 게 효과적이었다. 일부 업종의 불황 시에 계열사 사이의 생산직 이동도 인력조정을 용이하게 하였다.

한편 재벌의 다각화는 범위의 경제, 산업구조 변화에의 적응, 위험의 분산, 거래비용의 절감을 의도하였다.[16] 기존의 보유자원을 다른 사업에서도 활용하고, 중화학공업화와 같은 산업구조변화에 신속하게 적용하며, 재무구조가 취약한 상황에서 특정부문의 불황에 대비하고, 전후방기업 간의 수직적 통합효과를 추구한 것이다. 게다가 선진국에 비해 전문화와 규모의 경제를 충분히 향유하지 못했으므로 더 적극적으로 다각화에 매진하였고, 또 기업의 한 업종이 발전하기 위해 필요한 연관 업종의 미발달로 그것을 그 기업 스스로 창출해야 할 처지에 놓이기도 했다.

흔히들 산업분류기준으로써 관련다각화와 비관련다각화를 구분한다. 그런데 재벌의 발전과정에서 핵심적으로 요구되는 자원과 능력은 마케팅, 기술과 같은 산업고유의 자원과 능력이 아니었다. 왜냐하면 모방단계의 공업화에선 수요가 공급을 초과하였고 기술은 라이선스를 통해 쉽게 구입할 수 있었기 때문이다. 오히려 자금력, 관리능력, 정부보조를 획득하는 능력, 즉 일반적이고 유연한 자원과 능력이 핵심이었다(박철순, 2000). 이렇게 볼 때 재벌발전과정의 상당 기간 동안 모든 다각화가 사실상 관련다각화였던 셈이다.[17]

셋째로 국가에 의해 제공된 재벌친화적 환경이 재벌체제를 성립·발전시켰다. 먼저 국가는 자신이 장악하고 있는 은행중심시스템에 의해 특

---

16) 다각화의 근거에 관한 교과서적 해설로는 셰퍼드(W. Shepherd, 1990: 379-383)가 있고, 한국재벌의 다각화에 관한 구체적 연구사례로는 김영욱(1993 및 1998) 및 김기원(2000a) 등이 있다.

17) 다만 재벌들 간의 미묘한 차이는 존재한다. 1970년대까지 삼성과 현대의 다각화과정을 비교해보면 상대적으로 삼성은 일반적인 능력에서 앞섰고 현대는 산업고유의 능력에서 앞서지 않았나 싶다.

혜적으로 자금을 집중 공급하여 단기간에 재벌을 육성하였다. 해외자금 역시 국가의 통제하에 배분되었다. 국가가 창출한 기업을 민간에 불하함으로써 국가독점을 곧장 민간독점으로 전환시키기도 하였다. 그리고 이 기업들의 독점을 유지·발전시키기 위해 인허가권과 수입규제정책을 이용하였다. 노동운동의 억압을 통해 독점이윤축적을 보장한 것이나 가족경영체제가 유지되도록 주식시장에서 경영권보호장치를 마련한 것도 같은 맥락이다.

한편 국가는 재벌을 육성하는 산업정책 속에서 재벌에게 특혜만 일방적으로 제공한 것이 아니라 일정한 규율도 요구하였다(조영철, 1999; 장하준·박홍재, 2000). 가급적 생산적인 투자로의 자금사용을 강요하고, 외환부족을 타개하기 위한 수출촉진정책에 부응토록 하였다. 중화학공업화 과정에서 보듯이 특정산업에의 투자를 요청하는 일도 적지 않았으며 과잉투자의 조정을 강요하기도 하였다. 이처럼 국가는 전근대적 및 근대적 독점이윤이라는 당근과 더불어 나름대로 채찍도 구사함으로써 압축적 고도성장하에서 압축적으로 재벌체제를 만들어낸 것이다.

2) 시기구분

강철규 외(1991)에 의하면 재벌체제는 1950년대까지의 원초적 축적기 →1960년대의 토대형성기→1970년대의 확대성장기→1980년대의 심화안정기를 거쳐왔다. 그리고 이재희(1999)는 재벌의 발전을 자본의 성격면에서 1950년대까지는 상인자본적 성격이 농후한 산업자본, 1960~1970년대는 산업자본, 1980년대 이후는 독점자본으로 파악하고 있다.

그리하여 이들에 따르면 1950년대까지는 귀속재산불하와 원조 및 무역이 축적의 주된 계기였고, 1960년대에는 외자도입을 통한 기간산업 육성과 노동집약적 경공업제품의 수출촉진정책을 통해 재벌이 성장하였다. 그리고 1970년대에는 중화학공업화와 해외건설이 커다란 영향을 미쳤으며, 1980년대엔 재벌들은 한편으로 과잉투자조정을 경험하면서 다른 한편으로 금융업에 진출하고 해외로 뻗어나갔다.

재벌체제의 발전에 대한 이상과 같은 연구는 자본축적의 중요한 계기들을 잘 정리하고 있고 서구경제사의 이론을 한국에도 적용해 보려고 노력한 점에서 충분히 참고할 만하다. 그런데 고작 몇 십 년밖에 되지 않는 기간을 10년 정도씩 잘라서 성격을 달리 파악하는 것이 얼마나 큰 의미가 있으며 얼마나 엄밀할까. 게다가 산업자본의 시기를 20년 정도의 짧은 시기로 한정할 수 있을까.[18]

필자의 가설로는 압축적 공업화에서는 자본주의 발전단계가 중첩된다. 즉, 원초적 축적이나 상인자본, 산업자본, 독점자본의 단계가 질서정연하게 차례로 등장하는 것이 아니라 이들이 한꺼번에 동시 출현한다. 따라서 서구식의 단계구분은 별로 의미가 없다. 그리고 재벌들은 처음부터 독점자본으로 나타나고,[19] 다만 시간이 흐름에 따라 전근대적 독점과

〈표 1-1〉 재벌 부가가치생산의 GDP대비 비중

	1973	1978	1983	1989
상위 5대집단	3.5%	8.1%	10.0%	8.4%
10	5.1	10.9	13.0	10.4
20	7.1	14.0	16.0	13.5

자료 : 服部民夫(1994: 111).

---

18) 만약 원초적 축적을 경제사의 본원적 축적(primitive accumulation of capital)과 같은 개념으로 사용했다면, 해방 후 1950년대까지를 원초적 축적기로 설정한 것 역시 서구의 발전도식을 무리하게 적용한 것으로 보여진다. 재벌의 원초적 축적은 식민지시대 하에서부터 시작되고 1960~1970년대에도 계속되지 않았나 싶다. 이런 발전단계 규정문제와 관련해서는 김기원(1991) 참조.

19) 이재희 교수가 산업자본의 시기로 파악한 1970년에서도 시장집중(제조업 출하액 비

근대적 독점의 배합비율을 비롯하여 독점의 내실화 정도가 달라진다.[20]

그렇다면 재벌체제의 발전과 관련하여 결정적으로 중요한 시기구분은 10년 단위로 성격을 규정하는 것 보다는 재벌체제가 도대체 언제쯤 확립되었는가 하는 문제이다. 재벌체제의 확립기란 재벌체제의 발전이 정점에 달하고 동시에 내재되었던 모순이 발현되기 시작하는 시기이다. 시기구분에 대한 이런 관점에 입각할 때 비로소 재벌체제의 생성-발전-소멸의 변증법도 이해할 수 있다.

그런데 원래 시기구분은 칼로 두부 자르듯 명확하게 이루어질 수 없다. 양적 변화가 질적 변화로 전환하는 시기를 찾아내는 것이 시기구분인 셈인데, 사회변화는 화학반응과 달라서 임계점을 쉽게 확정할 수 없다. 이런 한계를 전제하고 재벌체제가 확립되는 시기를 찾아본다면 대체로 1980년대 전반이 아닌가 싶다.

우선 재벌이 국민경제에서 차지하는 비중의 변화를 보면 〈표 1-1〉과 같다. 즉, 1970년대를 거치면서 재벌의 비중이 두 배 이상으로 증대하였고 1980년대 이후로는 그 수준을 오르락내리락하고 있다.[21] 그리고 30대

중)의 상황을 보면 독점($CR_1 \geq 80\%$)이 8.7%, 복점($CR_2 \geq 80\%$)이 16.3%, 과점($CR_3 \geq 60\%$)이 35.1%로서 1980년의 수치가 각각 11.0%, 4.7%, 50.9%인 것과 크게 다르지 않으며 이런 수치는 1998년과도 별로 차이나지 않는다(윤창호·이규억, 1985: 248; 정갑영, 2001: 119-122). 그리고 100대 기업의 제조업 일반집중도 1970년에 이미 40.6%였는데(윤창호·이규억, 1985: 251), 1990년대에도 40%대였다(황인학, 1997: 108).

20) 이렇게 해야 산업자본의 재벌(이재희, 1999: 39-41)이라는 형용모순이 해소되지 않을까 싶다. 왜냐하면 재벌은 그 정의상 독점자본이기 때문이다. 통상 중화학공업화와 독점자본을 연결시키는데 한국에선 압축적 공업화로 인해 이미 경공업화 과정에서도 독점이 성립했다고 보아야 하지 않을까. 다만 이 당시 독점은 아직 생산력적 기반을 갖추지 못한 형식적 독점이라 할 수 있을 것이다.

21) IMF사태 직전인 1997년에도 5대 재벌과 10대 재벌의 비중은 각각 비슷한 수준인 8.5%, 10.5%였고 IMF사태 이후에도 별로 달라지지 않았다(최승노, 1999 및 2000 참조). 다만 이 통계들의 정확성에는 의문이 없지 않으나(한국개발연구원, 1999: 181-182), 적어도 1970년대의 급격한 변동을 부인할 수는 없다.

<표 1-2> 30대 재벌 계열기업 수의 변동

년도	1970	1979	1982	1985	1987	1989
총수	126	429	402	404	474	513
평균	4.2	14.3	13.4	13.5	15.8	17.1

자료 : 강철규 외(1992: 115)

재벌의 계열사 숫자도 <표 1-2>에서 보듯이 1970년의 126개가 1979년에 479개로 급증한 다음 한동안 정체상태였고 그 후 1990년대 후반에 크게 증가하였으나[22] 1970년대의 증가속도에 미치지는 못하였고 2000년에는 567개로까지 하락하였다.

아울러 중소기업을 저변으로 하는 국민경제에 대한 재벌의 지배체제도 1980년대 전반을 거치면서 공고화되었다. 중소기업 중 하청업체의 비중이 1978의 18.2%에서 1987년엔 48.5%로 급증하였던 것이다(이재희, 1999: 56). 나아가 1980년대엔 재벌의 시장지배 원천이 제도적 진입장벽으로부터 기술적 요인으로 변화해갔다(이재희, 1999: 60-61). 기술적 우위성을 바탕으로 한 근대적 독점이윤이 확보된 것이다. 또 이러한 독점이윤이라는 물적 기초를 바탕으로 1987년 노동자대투쟁을 매개로 하면서 재벌기업과 중소기업의 임금격차가 심화되었다(최상철, 1992; 김장권, 1999: 247).

산업구조 차원에서는 1970년대의 중화학공업화가 재벌체제의 확립을 뒷받침하였고 이를 통해 재벌들은 비교적 안정적인 축적기반을 마련하였다. 1960년 이후 10대 재벌의 순위변동을 조사해보면 1960년→1972년→1979년→1987년→1996년 사이에 탈락한 10대 재벌은 각각 6개→4개→1개→1개였던 것이다(이재희, 1999: 43). 게다가 재벌체제의 국민경제 지배력에 대한 정부의 인식도 1980년대 전반의 의미를 확인해 준다. '독

---

22) 1994년엔 616개, 1997년엔 819개였다. 다만 1997년의 급증은 위장계열사의 적발에 기인한 바가 크다.

점규제 및 공정거래에 관한 법률'을 제정한 것이 1980년이고, 30대 재벌에 대해 출자총액제한 등의 조항을 신설하여 실질적인 규제에 착수한 것이 1986년이었던 것이다.

4. 재벌체제의 모순

이상과 같은 재벌체제의 발전은 그 자체에서 이미 모순을 내포하고 있었다. 즉, 재벌기업의 규모 및 범위가 확대되고 정치·경제가 국가적으로 성숙하면 이는 기존의 재벌체제와 비정합적(非整合的)으로 될 수밖에 없다. 가족경영체제가 그러한 모순의 핵심에 위치하였으며, 정치적 경제적 민주화라는 시대적 변화와 글로벌화, 정보화에 따른 시장의 발전이 선단·문어발경영의 모순을 드러내고 재벌친화적 환경의 기능이상을 초래하였다. 이리하여 대체로 1980년대 후반을 고비로 재벌체제는 사회경제발전의 질곡인 구체제(ancien régime)로 전환되었다고 보인다. 즉, 재벌총수의 이익과 재벌기업의 이익 및 국민경제의 이익이라는 3자가 상호 불일치하기 시작한 것이다.

1) 가족경영의 모순

재벌기업도 출발은 당연히 개인기업 또는 가족기업이다. 그런데 기업의 규모와 범위가 급격히 확대됨에도 불구하고 여전히 재벌기업이 가족기업 형태를 벗어나지 못한 점에 재벌체제의 근본모순이 존재한다. 선진국들에선 나라별 편차는 나타나지만 오랜 자본주의 발전과정을 통해서 대기업은 자연히 가족기업 형태를 탈피하였다(Chandler, 1977 및 1990). 반면에 한국처럼 단기간에 압축적 자본주의화를 경험하고 있는 경우엔 생산력은 선진국 수준에 육박하고 있음에도 그 생산력을 담보하는 소유·경영구조(맑스 식으로 표현하면 생산관계)는 낡은 가족경영체제에 머물러 있는 것이다. 일본의 경우에도 이런 모순은 1930년대부터 표면화되었고 마침내 2차대전 후의 재벌해체조치에 의해 일거에 해소되었다(柴垣和夫, 1974). 우리에게선 1980년대 전반에 재벌체제가 확립되면서 모순이 첨예화되어갔고 IMF사태는 누적된 모순의 폭발이었던 셈이다.

재벌체제의 가족경영이 내포하는 모순은 재벌총수의 무능과 부패의 문제로 집약된다. 먼저 재벌총수의 무능 문제는 단순 명쾌한 생물학적 차원의 문제이다.[23] 생물학적으로 보건대 어떤 인물이 죽을 때까지 경영능력을 유지할 수는 없고, 또 경영능력의 유전자는 존재하지 않는다. 그런데도 재벌체제에서는 총수가 죽을 때까지 계속해서 최고결정권을 행사하며, 그 혈족은 단지 혈족이라는 이유만으로 경영을 세습한다. 따라서 이와 같이 전근대적인 왕조적 독재체제하의 재벌에선 최고경영진의 안정적 재생산과 기업 내 합리적 의사결정이 불가능하다.

사회전체가 전근대사회라면 그다지 변화가 없어서 대체로 전례를 답습하면 충분했으므로 왕조체제라도 무난하였다.[24] 그러나 생산력의 급속한 발전과 치열한 국내외 경쟁으로 사회변동이 격심한 근대자본주의에 들어오면 전례의 답습이란 있을 수 없다. 글로벌화와 정보화가 급진

---

23) 구미선진국에서는 이 글에서 정의한 바의 재벌체제가 존재하지 않았기 때문에 무능총수의 문제를 이론화한 경우를 찾아보기 힘들다. 따라서 재벌체제 문제와 관련해서는 한국 고유의 접근이 필요하며, 다만 재벌체제가 존재했던 일본의 역사연구가 부분적으로 참고가 된다. 그리고 총수의 무능이라는 것은 어디까지나 상대적인 개념으로서, 일반인보다 무능하다는 게 아니라 최고경영자로 선임할 만한 훨씬 더 유능한 인물이 존재한다는 의미이다. 한편 총수무능에 관한 이하의 서술 일부는 김기원(1999a)에서 이미 언급한 바 있다.

24) 하지만 전근대사회라도 대외관계의 변화와 같은 커다란 충격이 발생하면, 이는 우리 역사에서 보듯이 전례를 답습하는 왕조체제 원리로선 소화하기 힘들었다. 그리하여 이 경우에 역성혁명(易姓革命)이나 식민지화라는 사태가 발발했던 것이다.

전하는 오늘의 현실에선 더 말할 나위가 없다.

일본의 가업전수에서 보듯이 자영업 차원에서는 비전(秘傳)의 노하우 (know-how)만으로 충분한 경우도 있고, 그렇지 않더라도 중소기업 경영은 상대적으로 단순하며 소유경영자의 애착과 성의가 중요하므로 왕조적 경영계승도 일면의 합리성을 갖는다.[25] 하지만 기업의 규모와 범위가 확대될수록 애착과 성의보다는 능력이 더 결정적이다. 따라서 선진국에서 보듯이 기업발전과 더불어 소유와 경영이 분리된 전문경영인체제를 필요로 하는 것이다.

창업자가족은 인재의 모집단으로서는 범위가 극도로 제한되어 있으며 "변동하는 경제환경하에서 대규모로 계층화한 경영조직을 움직일 수 있는 인재를 가족 중에서 발견하는 것은 아주 어렵다"(森川英正, 1996: 57). 그러므로 재벌체제하에선 소유주이지만 비전문가인 최고경영자가 등장할 확률이 대단히 높아진다. 그리하여 이 총수들은 기업의 발전잠재력을 훼손하고, 심지어 기업을 파산으로까지 몰아넣는다.

우리 재벌의 경우 많은 창업주의 2, 3세가 1980년대를 전후하여 경영을 세습하였고,[26] 그렇지 않더라도 창업주가 고령화된 경우가 적지 않았다. 따라서 현대그룹에서 보듯이 1980년대 이후 창업총수가 경영판단상의 과오를 범하거나,[27] 삼성·삼미·쌍용 등에서처럼 2, 3세의 무리한 경

---

25) 그러나 중소기업에서도 2세 경영이 실패하는 것은 다반사며, 성실한 2세가 이른 시기부터 가업을 현장 학습해온 경우에 한해 실패확률이 낮다고들 한다. 다만 중소기업은 원래 끊임없이 생성 소멸하므로 중소기업 경영세습의 문제점을 별도로 파악하기는 곤란하다. 또 중소기업은 대체로 규모도 작고 개인재산이므로 몰락하더라도 큰 사회적 문제가 아니다.

26) 1980년대까지 재벌의 절반 정도에서 경영권이 상속되었다(어운선, 1999: 78-79).

27) 1980년대 이후 신규사업 진출과 관련하여 현대그룹 총수가 내린 주요한 의사결정들은 거의 실패였다. 현대전자, 현대석유화학의 설립을 비롯하여 현대종합목재의 신규사업 등이 그 대표적인 예이며 대통령출마가 그 실패의 정점이었다.(대선출마는 미국의 페로처럼 정주영 씨 일개인의 문제였던 게 아니라 현대그룹의 인력과 자금이 막대

영이 추진된 것이다.[28] IMF사태는 이렇게 누적된 과오의 총결산이고 재벌체제의 모순을 일시에 전면화시킨 셈이다.[29]

다만 재벌총수의 의사결정 행태는 그룹별로 약간씩의 차별성이 존재하였다. 근대기업의 필수조건인 경영위계제를 얼마나 체계적으로 도입하였는가, 그리고 그에 따라 총수가 하부에 경영권을 얼마나 이양하였는가가 각기 달랐던 것이다. 그리하여 비록 같은 재벌체제하에서일지라도 경영근대화를 도입한 정도에 따라 경영성과가 차이가 났던 것으로 보여진다.[30]

하게 투입된 신규사업이었음을 간과해서는 안 된다.) 그 후에도 대북사업이라든가 이른바 왕자의 난에서 보는 정주영씨의 의사결정 행태는 현대그룹의 위기를 심화시킬 따름이었다. 현대그룹의 발전과 모순에 대해선 김기원(2000a)을 참고할 것.

28) 삼성총수가 실패한 신규사업으로는 자동차 · 영상사업 · 유통업 · 석유화학 등이 있으며, 삼미총수와 쌍용총수의 경우엔 각각 캐나다 제철소 인수와 자동차사업을 들 수 있다. 무리한 사업을 추진한 2, 3세 총수는 이밖에도 적지 않다. 그리고 대외적으로 드러나는 신규투자뿐만 아니라, 무능총수는 대외적으로 나타나지 않는 인사관리 등 경영 전반에 악영향을 끼친다.

29) 소유경영자와 전문경영자의 우열을 가릴 수는 없다는 식의 이야기를 우리 학계 일각에선 아직도 계속한다. 물론 창업주는 소유경영자임과 동시에 유능한 전문경영자(professional manager)이며 중소기업에선 선진국도 소유경영이라는 점에서 이들의 주장이 얼핏 그럴싸하기도 하다. 그러나 우리는 정태적으로 소유경영자와 월급쟁이 전문경영자(salaried manager)의 효율성을 비교하는 게 아니다. 동태적으로 재벌체제가 소유 비전문(non-professional)경영자, 즉 무능총수를 등장시킨다는 점을 강조하는 것이다. 이에 관한 좀더 자세한 서술은 김기원(1999a: 203-204) 참조.

30) 조직체계가 상대적으로 근대화된 삼성그룹과 그렇지 못한 대우 · 현대그룹의 차이를 보라. 일본의 경우에도 1920년대 금융공황에서 살아남은 三井, 住友, 三菱과 해체에 직면한 鈴木商店, 久原의 차이도 바로 이 부분이었다(橋本壽朗, 1992: 128). 그리고 만약 이런 식으로 재벌총수의 권한이양이 발전하여 마침내 총수가 최고경영진의 자리에서 물러나 지배권, 즉 최고경영진의 임명권 행사에만 주력하는 경우를 기대해 볼 수도 있다(지배와 경영의 분리). 이렇게 되어 소유(또는 지배)는 집중되었으나 경영이 전문화되면 그것도 선진 대기업의 한 유형이며, 스웨덴의 Wallenberg 같은 그룹이 그 대표적인 예이다.

다음으로 재벌총수의 무능 문제에 이어 부패, 즉 도덕적 해이의 문제를 검토해 보자. 재벌체제는 총수권력에 대한 감시·견제가 제대로 작동하지 않는 체제이다. 일반주주들의 권리는 IMF사태 이전까지는 전적으로 무시되었고, 채권자인 은행 역시 관치금융하에서 대출에 대한 사전심사와 사후감독에 소홀하였다. 그리하여 총수의 무능에 대해 손쓸 수 없었음은 물론이고 나아가 부패에 대한 감시·견제 장치도 부재했던 셈이다. 이런 상황하에서 재벌체제가 발전하여 기업이 거대화되면 총수부패의 문제는 더욱 심각해진다.

재벌기업은 규모와 범위를 확대하기 위해서 막대한 외부자금을 필요로 했고 따라서 기업재산에 대한 총수의 출자비중은 줄어들 수밖에 없었다. 총수일가의 실질지분은 주식의 경우 1983년의 29%에서 계속 축소되어 1999년에는 10%에 이르렀고,[31] 부채를 감안하면 그룹자산 전체에 대한 총수의 출자재산은 3% 정도로 하락하였다. 결국 총수는 소액주주(minority shareholder), 소액이해관계자(minority stakeholder)에 지나지 않으면서도 마치 100% 지분을 소유한 것처럼 독재권력을 행사하는 지배적 소액주주(controlling minority shareholder)로 되었다.

이리하여 재벌의 공적(공공재산으로서의) 성격이 강화되는 것과 반비례해서 기업에 대한 재벌총수의 애착과 성의는 감소하였다. 그 결과 총수는 기업에서 사적 편익을 획득하는 데 더 주력하게 되고,[32] 기업 이익과 총수 이익이 점점 불일치하게 되었다.[33] 이는 경영일상에서의 부패뿐

---

31) 유승민(2000: 76)의 표에서 필자가 계산한 것임. 예컨대 1999년 현재 30대 재벌 총수일가의 지분은 5.4%이고 계열사지분은 54.1%이므로 총수일가의 실질지분은 단순히 계산하면 5.4%/(1-0.541)≒10%이다.

32) 계열사들에 대한 총수일가의 지분이 균등분포되어 있지 않을 때에는 지분비율이 낮은 쪽에서 지분비율이 높은 쪽으로의 부당한 재산이전도 일어날 수 있다.

33) 그렇다고 모든 재벌총수가 부패행위에 몰두했다는 이야기는 아니다. 다만 재벌체제의 모순으로 총수부패의 확률이 크게 높아졌다는 것이다. 재벌총수의 무능이나 부패

만이 아니라 비효율적인 신규투자를 유발하고 퇴출시켜야 할 사업이나 계열사 처리를 지연시킴으로써 재벌을 더욱 심각한 위기로 몰고 갔다.

총수의 부패추구에 의한 이런 비합리적 투자행태를 기호로 설명하면 다음과 같다.[34] 어떤 사업의 총가치 V는 주주전체에게 귀속되는 이익 S와 총수에게만 귀속되는 사적 이익 B의 합으로 구성된다. 따라서 총수에게 귀속되는 총이익은 S에 대한 총수소유지분 몫 αS와 B를 합친 것이다(α는 총수지분율). 그리하여 두 사업 X와 Y 중 총수는 Vx와 Vy를 비교하는 것이 아니라 '$\alpha Vx + Bx$'와 '$\alpha Vy + By$'를 비교한다. 즉, Vx $<$ Vy이더라도 ($\alpha Sx + Bx$) $>$ ($\alpha Sy + By$)라면 Y가 아니라 X를 선택하는 것이다. 따라서 α가 작을수록 투자선정에 대한 B의 영향력이 커지며, 총수의 이익을 위해 기업의 이익이 희생될 수 있는 것이다.

2) 선단문어발경영의 모순

1980년대 전반을 경과하면서 재벌그룹의 통합다각화경영은 대체로 그 부정성이 긍정성을 압도하는 선단문어발경영으로 변질되기 시작하였다. 통합다각화에 의한 재벌의 수익성이 저하하고 때로는 파탄에 직면하기까지 한 것이다.[35] 그리하여 마침내 IMF사태와 같은 대마몰살(大馬沒

문제는 절대적인 필연성은 아니고, 발생확률의 급상승을 의미할 뿐이다. 물론 개인이나 사회의 선택은 항상 확률적 선택이므로 절대적 필연성이 아니라 확률적 근거만으로도 재벌체제를 지양해야 하는 당위는 충분히 성립한다.

34) 이에 대한 더 상세한 수식설명은 벱 척 등(Bebchuk et al., 1999: 11-12)을 참조. 그리고 이하에서 만약 V가 아니라 S를 사업의 가치로 간주한다면 총수 부패의 악영향은 더욱 크게 나타날 것이다. 한편 퇴출지연의 경우도 마찬가지 논리로 설명 가능하다.

35) 1980년대 중반 이후 재벌다각화의 비효율화와 관련해선 향후 본격적인 실증연구가 필요하다. 다만 현재까지의 연구에선 조동성(1990: 366) 등이 지적하고 있고, 황인학(1999: 93-103)도 부실재벌의 경우 과잉다각화가 경영실패의 한 요인일 수 있음을 시사하고 있다. 물론 우리 기업회계의 불투명성으로 인해 이런 실증연구에는 한계가 있

殺)의 비극이 초래되었다. 선단문어발경영은 선단경영과 문어발경영의 결합인 바, 우선 과도한 다각화를 지칭하는 문어발경영의 모순부터 검토해 보자. 그런데 다각화 자체에는 3절에서 서술했듯이 나름대로의 합리성이 존재할 수 있다. 따라서 문제는 어떻게 해서 이 다각화가 과도하게 되었는가 하는 점이다.

여기에는 첫째로 가족경영의 모순이 영향을 미쳤다. 무능하거나 부패한 총수의 독단에 의해 비합리적 신규사업이 전개된 결과로 문어발경영이 초래된 것이다. 판단력이 흐려진 창업주나, 경영능력이 뒤떨어진 2, 3세의 과도한 다각화가 기업을 위기로 몰아넣었다. 둘째로 1980년대 이후의 개방화와 민주화로 정부의 과잉투자 조정능력이 크게 약화되었다. 그리하여 과도한 다각화를 추진하는 재벌의 투자를 자금 면에서건 행정지도 면에서건 통제하기 힘들었다. 1990년대에 시행된 정부의 업종전문화 정책도 비주력기업에 대한 제재보다는 주력기업에 대한 지원을 중심으로 운용되면서 과도한 다각화를 저지하는 데에선 실효를 거두지 못하였다(김상조, 2000: 112-113).

셋째로 재벌들의 문어발 진출로 한 산업 내에 재벌들 간의 과당경쟁이 발생할 때 이를 스스로 조정할 능력도 재벌들은 갖추지 못하였다. 과점시장하에서 이른바 상호존중적 경쟁(corespective competition)이 실현되지 못하고 파멸적 경쟁(cutthroat competition)이 도래한 것이다.[36] 파멸적 경쟁은 살아남은 기업에겐 독점이윤을 보장하므로 해당기업 차원에선 합리적일 수도 있으나 국민경제적으로는 손실을 초래할 수 있다. 그

다. 한편 다각화와 관련해선 많은 연구자들이 다각화 업종 수와 경영성과를 비교하는데, 정작 중요한 것은 다각화의 양이 아니라 질이다. 즉, 한두 업종이라도 그룹 역량이 대거 투입된 투자가 실패하면 그룹 전체가 위태로워지는 것이다.

36) 과점기업들 간에 경쟁과 협조가 병존하는 상태를 상호존중적 경쟁이라고 하는 바 이 개념의 자세한 내용에 대해선 크로티(Crotty, 2000: 16-26)를 참조.

런데 개발독재체제하의 강제적 정부조정체제에서 기업들은 자율적 조정력을 배양해 오지 않았을 뿐더러, 황제경영은 합리적 조정을 더욱 어렵게 만들었다.

넷째로 만성적 초과수요 상태가 해소되고 우리 경제구조가 점차 고도화됨에 따라 마케팅, 기술, 브랜드 등 산업 고유의 자원과 능력이 갖는 중요성이 크게 증대하였다(박철순, 2000). 이전처럼 자금력, 관리능력, 정부지원획득능력 등의 일반적인 능력만으로 다각화해서는 성공하기 곤란해진 것이다. 다시 말해 산업 고유의 진입장벽이 발생한 셈이다.[37] 그런데 재벌들은 기존 영위산업의 고부가가치화를 통해 선진국과 동등한 경쟁력을 확보하는 데 필요한 시간, 자금, 위험성을 감당할 자신이 없는 상태였다. 그리하여 종래와 같이 신규사업진출 쪽으로 투자방향을 설정했지만 이미 그 산업에 구축되어 있는 고유의 진입장벽으로 인해 어려움에 처한 것이다.

다음으로 문어발경영에 이어서 선단경영의 모순을 고찰해 보자. 3절에서 서술한 대로 일정한 존재근거를 가졌던 그룹통합경영이 왜 모순을 드러내고 위험의 분산이 아니라 위험의 통합을 초래하였는가. 첫째로 통합경영이 지속되는 가운데 자본의 유연성이 크게 훼손되었다. 계열사 사이의 출자와 지급보증 등 복잡한 관계로 연결된 통합경영은 부실계열사의 적기퇴출을 곤란하게 만들었다.[38] 또 총수의 가부장적 경영은 마치 부모가 여러 자식 돌보듯이 계열사문제에 대처케 하였다. 경제의 성장속도가 둔화하고 특히 수축기에 들어설 때 자본의 이런 경직성은 구조조정의 결정적 걸림돌이었다. 그리하여 상시적 퇴출 메커니즘이 작동하지 못

---

37) 예컨대 삼성의 자동차진출이 실패하고 현대의 반도체진출이 고전하고 있는 것이 그 대표적인 사례들이다.
38) 예컨대 도산으로 인해 드러난 대우그룹 계열사 사이 및 대우자동차와 해외현지법인 사이의 복잡한 출자·보증 관계를 보라.

하고 위기발발에 의한 연쇄도산을 불가피하게 만든 셈이다.

둘째로 그룹 내 노동통합도 문제를 야기하였다. 1980년대 후반 민주화에 의해 노동자들의 조직화가 급진전되자 통합경영은 노동자들의 단결력을 강화시켜 경영을 압박하였다. 그런데 황제경영하에서 이런 노동자들의 요구에 대한 합리적 대처는 용이하지 않았다. 그리하여 재벌기업에선 격렬한 노동쟁의가 발발하고,[39] 기업은 상대적 고임금으로 노동자들의 요구를 무마하기에 급급하였다. 게다가 통합경영은 각 계열사의 경영상태를 충분히 고려하지 않은 임금수준을 그룹에 통일적으로 적용케 함으로써 경영에 부담이 되었다.[40] 아울러 그룹 내 계열사에서의 잉여인력을 다른 계열사로 이동시키는 관행으로 인해 과잉인력에 대한 노사 간의 합리적 처리원칙이 자리잡지 못하였다. 이 때문에 그룹 전체적으로 경영이 악화될 때에는 고용조정이 독립기업에서보다 오히려 더 힘들어졌다.

셋째로 통합경영을 정당화하였던 시장의 불완전성이 점차적으로 개선되어 갔다. 우선 직·간접금융시장이 양적 질적으로 발전하였다. 기업간의 시장거래도 활성화되었으며, 정보화와 글로벌화가 여기에 촉매역할을 수행하였다. 따라서 개별기업이 독자적으로 시장에서 평가받고 시장을 통해 필요자금과 물자를 조달할 수 있는 가능성은 확대되었는데, 선단경영은 이런 시장발전에 걸림돌로 작용하였다.[41] 노동의 경우 역시

---

39) 예컨대 현대그룹의 경우 울산에 계열사 공장들을 집중시키는 것에 대해 일본측 인사들은 노동문제와 관련하여 우려를 표명하였다. 그런데 공장건설 당시는 독재정권 치하였으므로 현대총수는 집중의 경제(economy of concentration)만을 고려하고 집중의 불경제(不經濟)로서의 노동문제는 무시하였다. 1987년 노동자대투쟁 이후 이를 크게 후회한 것은 너무나 당연한 귀결이었다(1996년 정세영씨의 증언).

40) 물론 계열사들의 임금수준이 완전히 동일한 것은 아니다. 하지만 같은 그룹 소속이라는 점이 야기하는 임금균등화 효과를 무시할 수는 없다. 예컨대 생산직 노조는 항상 동일업종과 동일그룹을 준거틀로 삼아 요구수준을 제시하였다.

41) 내부시장, 즉 일종의 준시장(準市場)인 그룹의 선단경영체제는 통상적 시장, 즉 외부시장과 대체관계에 있다. 또 선단경영은 시장의 공정경쟁과 주주의 이익을 침해할 수

관리직이건 생산직이건 외부시장을 통해 충원할 수 있는 가능성이 크게 약화되었다.

넷째로 산업구조가 중화학공업에서 지식정보산업으로 이행하고 모방 학습만으로는 불충분해짐에 따라 자본과 노동도 안정성(commitment)보다 유연성(flexibility) 쪽의 중요성이 증대하고 있지 않나 싶다.[42] 즉, 투자의 회임기간이 길고 누적적 숙련형성이 필요한 모방단계의 중화학공업에선 자본의 인내와 노동의 안정성이 중요하지만, 기술이 단절적으로 발전하는 혁신적 지식정보산업에선 자본과 노동의 유연성이 더 중요해지지 않나 싶다. 이처럼 우리의 산업구조와 경제발전단계가 변화하면서 통합경영의 부정적 측면이 점점 증대하고 있는 셈이다.

3) 재벌친화적 환경의 모순

개발독재시스템하에서 고도성장을 견인해온 국가-은행-재벌의 삼각 동맹을 중심으로 한 재벌친화적 환경 역시 1980년대 전반을 경과하면서 점차 기능이상을 일으켰다. 첫째로 1980년대 후반의 민주화에 따라 재벌 체제에 대한 규율, 즉 감시(monitoring)와 제재(sanction)가 제대로 작동하지 않게 된 것이다. 과거의 독재정권하에서는 국가가 재벌로부터 상당한 자율성을 갖고 재벌에 대해 규율을 부과할 수 있었다. 그러나 민주화로 인해 이것이 어려워지고 오히려 이제는 국가가 금권정치의 강한 영향 하에 놓이게 되었다(조영철, 1998: 167). 국가와 재벌의 역관계가 역전되

있다. 일본의 경우 재벌해체 후 성립한 기업집단의 선단경영이 적어도 우리보다는 빠른 속도로 해체되어 온 데에도 시장의 발전이 영향을 미쳤다고 보여진다. 다만 그렇다고 여기서 시장의 완전성을 주장하거나, 통합경영의 필요성을 전면적으로 부정하는 것은 결코 아니다.

42) 이는 아직 가설 차원에 지나지 않는 것으로 앞으로 본격적인 연구를 기대하는 바이다.

어 재벌이 국가의 정책수단인 것이 아니라 국가가 재벌의 정책수단으로 전락한 것이다. 따라서 국가는 종래와 같은 강권적 산업정책을 실시할 수 없고 고작 재벌들에게 과잉투자조정을 권고할 수 있을 뿐이었다.[43]

그리고 개방화의 급진전에 따른 재벌들의 활발한 해외투자나 해외자금조달에 대해서 국가가 개입할 수 있는 여지가 현저하게 축소되어 갔다. 개방화로 인해 국내시장에 대한 재벌의 독점적 지배를 이전과 같은 방식으로 국가가 유지·보호해 주는 것도 곤란해졌다. 경제의 규모와 범위가 확대됨으로써 기업경영과 산업발전에 대한 국가의 판단능력 자체도 한계를 드러냈다.[44] 이리하여 국가의 후퇴, 즉 재벌에 대한 국가의 통제능력상실과 통제포기라는 사태가 도래한 것이다. 반면에 국가는 규율기능은 행사하지 못하면서 지원기능은 다소 축소되기는 했지만 여전히 지속하는 정책의 비대칭성을 나타내었다. 그 결과 가족경영과 선단문어발경영의 모순심화로 규율의 필요성은 오히려 증대했는데 반해, 국가의 규율기능 상실과 대안적 규율장치 부재로 마침내 재벌체제의 모순이 폭발한 것이 IMF사태였던 셈이다.

---

43) 예컨대 삼성과 현대의 석유화학산업 진출이나 삼성의 자동차산업 진출과정에서 국가는 조정능력을 발휘하지 못하고 재벌들 간의 세력다툼을 사실상 방치하였다.

44) 장하준·박홍재(2000: 488 493)는 관료의 능력도 동시에 향상된다고 하여 여기에 반론을 제기한다. 하지만 관료의 능력발전속도와 산업의 발전속도를 동일시할 수는 없다. 예컨대 IMF사태 이후의 빅딜 과정을 보라. 빅딜은 국가의 자율적 판단에 의거했다기보다는 재벌들의 로비경연장이었고 자동차, 반도체, 석유화학 등의 실패에서 보듯이 부작용이 더 크지 않았나 싶다(이영렬, 1999 등 참조). 장하준·박홍재는 구래의 산업정책 부활을 강력하게 주장하고 있는데 이는 가능하지도 바람직하지도 않다. 물론 이들의 주장처럼 일본 등 일부 선진국에서도 산업정책이 실시된 바 있다. 그러나 이 국가들의 산업정책과 우리의 산업정책은 상당히 다르다. 이 나라들의 정치권과 관료는 우리보다 훨씬 덜 부패하였으며, 투자조정은 불황카르텔에서 보듯이 기본적으로 업계 자율이다(김세원·안세영, 1996: 370-376). 게다가 이런 정도의 산업정책조차 오히려 과당경쟁을 조장한 요인이었다고도 한다(小宮隆太郎外編, 1984: 225).

둘째로 은행중심의 금융시스템에 이상이 발생하였다. 우리의 은행중심시스템이 일본·독일 등의 선진국과는 달리 그 기능이 불완전하여 모순이 심화되어간 데다 은행중심시스템 자체의 한계도 노정된 것이다.[45] 1980년대를 거치면서 제2금융권이 발전하고 주식시장이 활성화됨으로써 금융에서 차지하는 은행의 비중이 급격하게 저하하였다. 따라서 은행을 매개로 한 국가-재벌 관계가 약화될 수밖에 없었다. 그렇다고 국가-재벌 관계를 재강화하기 위해 이 제2금융권을 과거 은행처럼 국가의 강력한 통제하에 두는 것도 불가능하였다. 한편 우리 산업의 단계변화도 은행중심시스템의 모순을 드러내고 있었다. 우리의 산업은 모방단계(catch-up)로부터 점차 혁신단계(front-runner)로 나아가고 있지 않았나 싶다.[46] 반도체 등 일부 기술분야에선 선진국과 어깨를 나란히 하고 있고 경영방식에선 글로벌화에 따라 모방학습단계를 벗어나고 있어서 재벌체제를 뒷받침한 은행중심시스템과 제도적 비정합성을 초래하기 시작한 것이다.

혁신단계의 투자는 모방단계와 비교하여 자금조달자의 이니셔티브의 중요성, 아이디어나 노하우 등 자산의 무형성, 시행착오의 필요성, 투자에 필요한 정보의 분산화, 투자수익에 대한 예상의 다양성이라는 성질을 강하게 띠게 된다. 그런데 이는 은행중심시스템과 정합적이지 않다(村瀨英彰·村瀨安紀子, 2000-2001). 왜냐하면 은행중심시스템은 우선 정보공시와 가격신호의 결여로 자금조달자에게 강력한 인센티브를 명시적으로 부여하는 계약작성을 곤란하게 만든다. 또 은행중심시스템은 자금회수를 담보에 의존하므로 혁신투자로의 자금공급에 장애가 된다. 은행과 자금조달자 사이의 고정적 관계는 사후적으로 유망하지 않다고 판명된

---

45) 따라서 우리의 과제는 이중적이다. 즉, 은행시스템을 정상화하는 일과 더불어 시장시스템을 발전시키는 일이 동시에 필요한 것이다.

46) 박철순(2000)을 참고할 것. 물론 이에 대해서는 앞으로 좀더 깊은 연구가 필요하다.

투자의 신속한 퇴출을 어렵게 한다. 끝으로 소수 은행이 자금공급의 의사결정을 전담하고 있으므로, 투자수익에 대한 사람들의 다양한 예상이 자금융통과정에 반영될 수 없는 것이다.[47)]

그리고 1980년대 이후 경제안정화정책에 의해 인플레이션이 진정됨에 따라 은행-재벌 관계가 더 이상 종래와 같은 방식으로 지속될 수는 없게 되었다. 과거에 인플레이션은 재벌의 실질부채와 실질이자율을 낮추고, 은행의 담보자산가치를 증대시켜 재벌축적과 은행중심 시스템을 발전시켰다(정태인, 1998: 166). 그런데 고율의 인플레이션이 사라지자 더 이상 이런 메커니즘이 작동하지 않게 되어 재벌 차입경영의 부담이 심각해지고[48)] 은행의 담보중심시스템도 이상을 일으킨 것이다.

셋째로 전술했듯이 다른 사회경제부문의 변화로 재벌체제의 모순이 심화되었지만, 그와 동시에 재벌체제가 다른 부문의 발전을 저해하는 질곡으로 작용했음도 간과할 수 없다.[49)] 우선 재벌체제는 시장의 미발달과 실패에 대한 대응으로서의 성격도 갖고 있지만, 이는 역으로 시장의 정상적 발전을 저해하고 있기도 하다. 즉, 선단경영의 모순과 관련하여 이미 지적한 대로 재벌내부의 자본·노동시장으로 인해 외부의 자본·노동시장 발전이 억압당하였던 것이다. 그리고 재벌의 독점이윤과 그에 편승한 재벌기업 근로자의 상대적 고임금체계로 중소기업이 크게 압박받

---

47) 거듭 강조하지만 은행기능도 결코 경시할 수는 없다. 우리 경제는 아직도 많은 부분이 모방단계이다. 따라서 그 동안 부실해진 은행시스템을 재정비하는 게 어쩌면 더 중요할 것이다. 또 경제가 전면적으로 혁신단계로 이행한 뒤일지라도 은행시스템과 시장시스템의 적절한 배합이 필요한 것이지 은행시스템을 도외시해도 좋은 것은 아니다. 다만 혁신단계로 이행해 가면서 구래의 은행-재벌 관계는 변화하지 않을 수 없다.
48) 정책금융과 일반대출의 금리차가 1980년대 이후 소멸한 것도(조영철, 1998: 154), 차입경영의 부담을 가중시켰다.
49) 이는 재벌체제의 폐해를 재벌의 외적 환경 탓으로만 돌리는 논자들이 무시하고 있는 역방향의 작용이다. 그리고 이는 생산력 발전이 생산관계의 기능이상을 야기하지만 동시에 구래의 생산관계가 생산력 발전의 질곡이 되는 것과 마찬가지이다.

고 있는 데다,[50] 총수일가의 간섭으로 하청기업 간의 공정한 경쟁조차 보장받지 못하는 경우가 적지 않다.

공기업개혁이나 은행의 소유구조개혁을 가로막고 있는 결정적 걸림돌도 다름아닌 재벌체제이다.[51] 정계 · 공기업개혁이나 유착관계에서 점차 재벌이 치르는 대가에 비해 제공받는 이득의 중요성이 감소되어 갔음에도 여전히 재벌체제는 그런 유착관계를 지속시키고 있고 그리하여 정계 · 관계의 선진화를 제약하였다. 나아가 재벌체제는 언론계 · 학계 · 법조계 등 사회전반을 오염시킴으로써 근대시민사회의 발전을 저해하고 있다.

5. 맺음말

재벌체제는 생성-발전-소멸의 과정을 밟고 있다. 후발 자본주의화 속에서 등장한 재벌체제는 개발독재 하에서 고도성장의 견인차 역할을 수행하였다. 그러나 그 모순이 점점 첨예화하면서 '재벌총수의 이익 ≠ 재벌기업의 이익 ≠ 국민경제의 이익'이 되고 IMF사태로 재벌체제의 조종이 울려 펴졌다. 그러나 조종의 울림으로 재벌체제가 곧바로 붕괴 · 소멸하지는 않는다. 비록 재벌체제의 소멸이 역사적 대세일지라도 주체의 노력여하에 따라 소요되는 희생과 시간이 달라진다.

---

50) 이는 또 거꾸로 재벌기업의 경쟁력향상을 저해하기도 한다. 예컨대 자동차산업에서는 중소하청기업이 생산하는 부품의 낮은 경쟁력이 자동차 재벌 모기업의 경쟁력 향상에 질곡이 되고 있다.

51) 재벌체제가 지양되어 있다면 공기업민영화 문제나 은행소유제한완화 문제는 훨씬 쉽게 풀릴 것이다. 즉, 이들에 대해 비록 지배주주가 등장한다 하더라도 재벌체제에 편입되는 것이 아닌 이상 커다란 논란거리가 될 리 없으며, 금융전업기업가의 출현 역시 용이해진다.

이 때문에 IMF사태 이후 우리 사회에선 재벌개혁이 핵심 화두였다. 그러나 결국 재벌개혁은 중도에서 멈추고 개혁전선은 소강상태 내지 후퇴 국면에 접어들었다. 말하자면 재벌개혁은 공세의 기동전에서 수세의 진지전으로 전환된 셈이다. 그리하여 이제는 개혁의 전열을 재정비하고 그동안 재벌체제를 둘러싸고 백가쟁명식으로 전개되었던 개혁론과 반대론을 차분히 점검해 볼 시점에 온 것이다. 이 글의 의도는 바로 그러한 점검을 위해 재벌체제의 역사와 논리를 해명해 보려는 것이었다.

재벌체제는 '가족경영＋다각화된 독점'의 재벌기업으로 형성된 이중적 독재체제이다. 재벌 내부적으로는 총수의 왕조적 독재체제, 그리고 재벌 외부적으로는 국민경제에 대한 재벌의 독재체제인 것이다. 따라서 재벌체제는 전근대적 독점과 근대적 독점의 결합물이라고도 할 수 있다. 국가-은행-재벌의 삼각동맹도 이를 보완하는 구조를 이루고 있었다. 역사적으로 이는 1980년대 전반 무렵에 확립되고 아울러 그 시점을 계기로 모순이 첨예화되기 시작한다.

원래 재벌체제는 한국 자본주의화의 압축성과 그에 수반된 불균등성의 산물이었다. 이는 시장이 미발달한 상태에서 모방적 공업화를 단기간 내에 국가주도하에 달성하는 데엔 일정한 성과를 거둔 체제였다. 그러나 재벌체제에는 생산력은 고도화하는데 소유-지배-경영구조(생산관계)는 낙후되어 있다는 모순이 내포되어 있었다. 그러므로 시간이 흐름에 따라 생산력과 생산관계의 이런 불균등성을 해소하려는 노력이 필연적으로 발생하지 않을 수 없고, 이것이 재벌체제의 지양을 유도하는 힘이다.

재벌체제의 모순은 우선 가족경영체제가 기업의 규모 및 범위 확대와 상충된다는 점이었다. 이는 1980년대를 경과하면서 창업주의 노령화와 2, 3세의 경영세습으로 인해 점점 심각한 양상을 띠어 갔다. 게다가 정보화와 개방화를 비롯한 시장의 발전, 그리고 1980년대 후반에 급진전된 민주화로 인해 선단문어발경영의 모순도 첨예화되고 재벌친화적 환경도 변화하기 시작하였다. 요컨대 기업의 거대복잡화, 정치적 경제적 민주화, 시장의 대내외적 발전이라는 3중적 계기가 재벌체제를 시대착오적으로 만든 것이다.

IMF사태 이후 재벌체제는 부분적으로 변화하고 있다. 그러나 투명성, 책임성, 전문성을 갖춘 선진대기업체제로 환골탈태하려면 아직도 갈 길이 멀다. 또 선진대기업체제라 하더라도 그것이 영미식일지 아니면 유럽·일본식일지는 알 수 없다. 다만 재벌체제에 대한 올바른 이해에 입각한 개혁전략이 수립되고 개혁역량이 제대로 결집된다면, 선진대기업체제로의 길도 단축되고 나아가 효율성과 민주성을 조화시킨 우리 나름의 체제를 창출할 수도 있을 것이다.

| 참고문헌 |

강철규 외, 1991, 『재벌-성장의 주역인가 탐욕의 화신인가』, 비봉.

김기원, 1991, 「서평-한국에서의 자본주의 발전」, 『사회경제평론』 4, 한울.

_____, 1999a, 「재벌체제의 지양과 책임전문경영체제의 구축」, 『한국재벌개혁론』, 나남출판.

_____, 1999b, 「IMF사태 이후의 재벌개혁」, 『경제와 사회』 1999년 봄호, 한울.

_____, 2000a, 「한국 재벌의 성장과정에 관한 연구-현대그룹을 중심으로」, 『한국방송통신대학교 논문집』 제30집.

_____, 2000b, 「김대중정부의 구조조정정책」, 서울대학교 민교협주최 심포지엄.

_____, 2002, 「재벌개혁도 끝났는가」, 한울.

김상조, 2000, 『재벌과 금융-그 진정한 개혁을 위하여』, 대한발전전략연구원.

김세원·안세영, 1996, 『산업정책론』, 박영사.

김영욱, 1993, 『삼성의 다각화과정과 지배구조에 관한 연구』, 서울대학교 박사학위논문.

_____, 1998, 「챈들러의 기업사관과 한국재벌」, 『경제사학』 제25호.

김장권, 1992, 『한국노동경제론』 2, 한길사.

박철순, 2000, 「한국재벌의 경쟁력과 전략적 과제」, 『한국재벌 미래는 있는가』, 매일경세신문사.

신유근, 1992, 『한국의 경영』, 박영사.

어운선, 1999, 『한국경제발전모형의 위기와 재벌체제』, 연세대학교 박사학위논문.

유승민, 2000, 『재벌, 과연 위기의 주범인가』, 비봉.

윤창호·이규억, 1985, 『산업조직론』, 법문사.

이영렬, 1999, 『빅딜게임』, 중앙일보 J&P.

이재희, 1999, 「재벌과 국민경제」, 『한국재벌개혁론』, 나남출판.

장하준·박홍재, 2000, 「한국의 대기업정책에 대한 대안적 모색」, 『한국재벌 미래는 있는가』, 매일경제신문사.

정갑영, 2001, 『산업조직론』, 박영사.

정태인, 1998, 「한국경제위기와 개혁과제」, 『동향과 전망』 1998년 여름호, 한울.

조동성, 1990, 『한국재벌연구』, 매일경제신문사.

조영철, 1998, 「국가후퇴와 한국 경제발전모델의 전환」, 『위기, 그리고 대전환』, 당대.

최상철, 1992, 「한국의 재벌기업과 비재벌기업의 임금격차에 관한 연구」, 경희대학교 박사학위논문.

최승노, 1999, 『1999년 한국의 대규모기업집단』, 자유기업센터.

_____, 2000, 『2000년 한국의 대규모기업집단』, 자유기업원.

한국개발연구원, 1999, 『독과점시장구조 조사·분석』

황인학, 1997, 『경제력집중, 한국적 인식의 문제점』, 한국경제연구원.

_____, 1999, 『재벌의 다각화와 경제력집중』, 한국경제연구원.

青木昌彦·奧野正寬編, 1996, 『經濟システムの比較制度分析』, 東京大學出版會.

伊藤正二編, 1983, 『發展途上國の財閥』, アジア經濟研究所.

梅津和朗, 1992, 『發展途上國の財閥と商社』, 晃洋書房.

『經濟學辭典』, 1979, 岩波書店.

小宮隆太郎外編, 『日本の産業政策』, 東京大學出版會.

柴垣和夫, 1974, 「財閥解體と集中排除」, 『戰後改革 7』, 東京大學出版會.

中川敬一朗, 1969, 「第二次大戰前における産業構造と企業者活動」, 『三井文庫論叢』 第3号.

中川敬一朗, 1981, 『比較經營史序說』, 東京大學出版會.

橋木壽朗, 1992, 「財閥のコンツェルン化」, 『日本經濟の發展と企業集團』.

服部民夫, 1994, 「韓國財閥の將來」, 『岐路に立つ韓國企業』, 名古屋大學出版會.

村瀨英彰·村瀨安紀子, 2000-2001, 「變革期の金融入門」, 『經濟セミナー』, 日本評論社.

森川英正, 1996, 『トップ·マネヅメソトの經營史』, 有斐閣.

安岡重明, 1985,『財閥の比較史的研究』, ミネルヴァ書房.

Bebchuk, L. et al., 1991, "Stock Pyramids, Cross-Ownership and Dual Class
    Society", *NBER Working Paper* 6591.

Chandler, A., 1977, *The Visible Hand*, Harvard University Press.

_____, 1992, *Scale and Scope*, Harvard University Press.

Crotty, J., 2000, "A Keynes-Marx-Schumpeter Analysis of Neoliberal
    Globalization", 『세계자본주의시대의 한국경제발전의 전략과 전망』,
    한국경제발전학회·한국사회경제학회 공동 심포지엄.

Perlo, V., 1988, *Superprofits and Crises*, International Publishers.

Shepherd, W., 1990, *The Economics of Industrial Organization*. Prentice Hall
    College Div.

Shleifer, A. and R. Vishny, 1997, "A Survey of Corporate Governance", *The
    Journal of Finance* vol. 52 no. 2.

제2장

기업지배구조의 변화
─금융구조와의 관계를 중심으로

김상조

1. 서론

　기업 활동을 대차대조표의 관점에서 보면, ① 차변의 자산 구성, 즉 기업 규모 및 다각화 정도 등과 관련된 사업구조(business portfolio structure), ② 대변의 부채·자본 구성, 즉 재무구조(financial structure), ③ 차변과 대변을 연결하는 전략적 의사결정구조, 즉 기업지배구조(corporate governance structure) 등으로 나누어 볼 수 있다. 기업 활동의 전체 모습을 조망하기 위해서는 이 세 가지 측면에 대한 종합적 고찰이 요구되나, 이 연구에서는 우선 재무구조와 기업지배구조 사이의 관계 및 그 변화를 추적하는 데 한정하고자 한다. 좀더 구체적으로는 기업의 자금조달 과정에서 자금의 이용가능성 및 조달 형태에 대한 제약이 기업의 전략적 의사결정구조, 즉 기업지배구조에 어떠한 형태로 반영되었는가를 통시적 관점에서 분석하고자 한다.

　그런데 표준화된 신고전파 경제이론에 따르면, 기업은 이윤극대화를 위해 생산요소를 산출물로 전환하는 단순한 생산함수(a production function)로 취급될 뿐이다. 이러한 접근법은, 기업이 다양한 경제주체들 사이의 거래를 (이러한 거래가 시장교환을 통해 달성될 수 있음에도 불구하고) 비시장적 또는 위계적인 방식으로 조직하는 하나의 제도(Coase, 1937)라는 사실로부터 발생하는 많은 논점들을 외면하게 한다. 거래의 조직 방식과 관련하여 기업을 시장에 대한 대체물로 인식할 때 기업은 이윤극대화라는 단일한 목적을 추구하는 단일한 경제주체(a single agent)가 아니라 경영자, 노동자, 주주, 채권자 등 다양한 경제주체들의 상이한 이해관계가 충돌하고 조정되는 하나의 제도이기 때문이다. 이 것은 기업지배구조에 대한 분석의 중요성을 부각시키는 요인이 될 것이다.

그러나 기업지배구조의 측면에서 한국 자본주의의 발전 과정을 통시적으로 분석하는 작업은 매우 초보적인 수준을 벗어나지 못하고 있다. 무엇보다 먼저, 기업을 구성하는 다양한 이해관계자들의 미시적 행동원리, 특히 정보(information) 및 유인(incentive)의 문제를 부각시킨 이론 자체가 비교적 최근의 경향일 뿐만 아니라, 이들 서구의 이론이 전제하고 있는 사회적 인프라스트럭처(제도 환경)와는 근본적으로 성격이 다른 동아시아 경제, 나아가 한국 경제에 대한 함의를 도출하는 것은 결코 쉬운 일이 아니기 때문이다.[1] 특히 이른바 동아시아 발전 모델의 핵심 요소인 국가의 경제 개입을 기업지배구조라는 미시적 측면의 분석과 결합해야 하는 지난한 작업을 요구하고 있다. 또한 동아시아 발전 모델을 기적(miracle)에서 정실자본주의(crony capitalism)로 한순간에 전락시킨 1997년의 아시아 경제위기는 이론적 혼란을 더욱 가중시키는 현실적 요인이 되고 있다.

---

1) 동아시아 성장 메커니즘에 대한 기존 연구를 정리한 것으로는 전병유(1998) 참고.

이 연구 역시 이러한 한계를 벗어나지 못하고 있다. 즉, 기업을 둘러싼 다양한 경제주체들의 이해관계 충돌 및 그 조정 과정을 직접적으로 분석하는 데에는 이르지 못하고, 다만 정부, 금융기관, 기업(의 소유경영자, 특히 재벌총수) 등 주요 경제주체들의 행동유인을 금융구조의 변화(특히 급속한 자본축적의 핵심 조건인 설비투자 자금의 동원 및 배분체계의 변화[2])를 통해 추적하는 데 그치고 있다.

2. 금융구조에 따른 기업의 유인구조에 대한 기존 논의[3]

이 절에서는 기업의 자금조달 방식이 기업의 행동유인에 미치는 영향에 대한 기존 논의를 정리하고, 이것의 한국 경제에 대한 적용가능성을 검토하기로 한다.

1) 자본과 부채

기업을 이윤극대화를 위한 단순한 생산함수 또는 단일한 의사결정 주체로 가정하면, 기업의 자금조달 문제에 관한 한 모딜리아니-밀러 정리(Modigliani & Miller, 1958; Stiglitz, 1974)는 필연적인 결론이 된다. 즉, 완전경쟁적 자본시장, 정보비대칭성의 부재, 그리고 과세차별의 부재라는 조건하에서 모든 기업과 개인이 자본시장에 대한 동일한 접근가능성(equal access to capital market)을 가지게 되면, 기업의 자금조달 방식은 기업의 경영성과에 아무런 영향을 미칠 수 없다. 물론 이러한 결론은 현

---

2) 1960~1980년대 설비투자 자금의 동원 및 배분체계의 변화에 대해서는 김상조(1993) 참조.
3) 이 절의 논의는 에드워드와 피셔(Edwards & Fisher, 1994: Ch. 2)에 주로 의거하고 있다.

실의 경험과 상치되며, 결국 모딜리아니-밀러 정리가 입각하고 있는 여러 가정들을 현실에 맞게 수정할 수밖에 없다.

한편, 기업을 다양한 이해관계를 갖는 여러 경제주체들의 조직으로 이해하게 되면, 기업의 자금조달 방식은 다양한 경제주체들의 행동유인 변화를 통해 기업의 경영성과에 영향을 미치게 된다.

저축자는 기업이 자신들의 이익을 위해 최선의 노력을 다할 것인가에 관심을 가지게 된다. 문제는 저축자의 이익이 무엇인가 하는 점이다. 이윤극대화 또는 기업의 시장가치 극대화가 저축자의 이익과 일치한다는 것이 일반적인 가정이지만, 이 가정은 기업이 자본시장을 포함한 모든 시장에서 가격수용자로 행동할 때에만 타당한 것이다(Kreps, 1990: Ch.19.1). 그러나 이 가정이야말로 개도국 일반, 특히 한국 경제에서 현실적으로 충족되기 어려운 가정이다. 정부의 금융 개입을 통해 암묵적 카르텔이 유지되어 온 자본시장은 물론 재벌을 중심으로 한 최종 생산물시장, 부품 하도급시장, 노동시장의 독과점 구조는 한국 경제의 가장 특징적인 요소이기 때문이다. 독과점화된 시장 간에 존재하는 상대가격효과 및 소득효과의 복잡한 상호작용으로 인해 저축자들 스스로가 자신의 이익이 무엇인지 분명하게 확정할 수 없게 되고, 이것이 결국 정부의 금융 개입을 정당화하는 배경이 되었다.

다른 한편 이윤극대화가 저축자의 이익과 일치한다고 가정하더라도 기업 구성원들의 행동을 저축자가 정확히 감시할 수 없다면 이들의 실제 행동은 저축자의 이익으로부터 괴리될 수 있다는 문제가 남는다. 이러한 문제의 전형적인 형태는 기업의 생산 및 투자를 결정하는 경영자의 이익이 저축자의 이익과 상충된다고 가정하는 것이다. 그리고 이것은 기업의 자금조달 방식과 관련하여, 자본-부채의 결합을 통한 효율적 유인계약(efficient incentive contract)의 가능성에 대한 논의로 발전하였다(Jensen & Meckling, 1976).

외부자금이 주식, 즉 자기자본의 형태로 제공되었다면 기업의 경영성과를 제고하기 위한 경영자의 노력의 결과 중 상당부분은 경영자 자신이 아닌 주주들에게 귀속되고, 따라서 경영자의 노력은 최적 수준에 미달하게 된다. 반면, 외부자금이 부채의 형태로 제공되었다면 부도를 회피하고자 하는 경영자의 유인은 최적 수준의 위험 선택을 방해하게 된다. 결국 경영자의 노력과 위험선택 사이의 상충관계를 최적화하는 수준에서 기업의 자본-부채 비율이 결정된다는 것이다.

그러나, 자본-부채의 결합을 저축자와 경영자 사이의 효율적 유인계약의 문제로 이해하는 이상의 논의는 많은 문제점을 안고 있다. 우선, 자금조달 형태에 따라 경영자의 행동유인이 영향을 받는 것은 분명하지만, 경영자 유인의 측면에서 좀더 직접적이고 효과적인 경영자 보상계약이 존재한다는 것이다(Hellwig, 1989). 특히 다양한 형태의 산업정책적 조치를 통해 직접적 · 선별적 유인체계를 가동하였던 한국의 상황에서 자본-부채의 경영자 유인효과는 부차적일 수밖에 없다. 또한 개별기업에 대한 규제의 법체계를 넘어 현실적으로 다수의 계열사가 통할 경영되고 이들 계열사 간에 광범위한 교차보조 관행이 존재하는 재벌구조하에서는, 개별기업의 경영에 대해 효율적 유인을 부과하고자 하는 저축자의 유인 자체가 희석될 수밖에 없다.

다른 한편, 효율적 유인계약 모형은 기본적으로 일기간 모형(single-period model)이라는 한계를 가지고 있다. 일기간 모형에서는 현재의 경영진을 축출할 여지가 없지만, 기업에 대한 의사결정이 시간의 흐름에 따라 반복적으로 이루어지는 다기간 모형에서는 무능한 경영진을 교체하는 기업 통제권의 문제가 발생하기 때문이다. 기업의 자금조달이 갖는 동태적 중요성은 조달 형태별로 기업 통제권의 행사 조건 및 내용이 다르며, 이에 따라 경영자의 행동유인에 미치는 영향이 다르다는 데 있다(Hart & Moore, 1989; Aghion & Bolton, 1992). 주식금융 제공자(주주)는 기업의 잔여수익에 대한 청구권을 가지며, 부도 상황이 아닌 한 지분 비율에 따라 의사결정권을 행사할 수 있다. 반면 부채금융 제공자(채권자)는 원리금 상환에 대한 확정된 권리를 가지며, 이 권리가 충족되지 못할 경우, 즉 부도 상황하에서만 기업에 대한 통제권을 이양받는다.

주주총회를 통한 주주의 통제권 행사 효과는 주식소유의 분산 정도에 의해 결정적으로 좌우된다. 주식소유가 분산된 경우 무임승차의 문제로 인해 주주에 의한 경영자 감시유인은 사실상 작동하기 어렵다. 이 경우에도 적대적 기업인수(hostile takeover) 위협이 경영진에 대해 강력한 유인 역할을 할 가능성이 있지만, 그 유효성에 대해서는 이론적[4]으로 뿐만 아니라 실증적(Journal of Economic Perspectives, 1988; Hughes, 1991; Scherer & Ross, 1990)으로도 많은 논란이 있다. 한국의 경우 1997년 경제위기 이전에는 외부주주나 적대적 기업인수에 의한 통제권 행사는 사실상 존재하지 않았다.

이러한 관점에서 주목되는 것이 바로 채권자에 의한 통제권 행사의 유효성 여부이다. 채권자에 대한 원리금 지불 약속을 이행하지 못하여 파산하는 경우 경영자는 기업 통제권 및 이에 따른 유무형의 편익을 모두 상실하므로, 파산 위협은 경영자에 대해 강력한 규율 효과를 갖는다.

그러나 부채비율이 높은 것이 반드시 채권자의 이익과 일치하는 것은 아니다. 우선, 부채비율이 높은 기업은 재무위기(financial distress) 상황에 몰릴 가능성이 높다. 이 때, 파산하면 어차피 모든 것을 잃게 되는 경영자는 안전한 투자보다는 극도로 위험한 투자를 선택하게 되며, 이로

---

4) 적대적 기업인수의 유효성을 제약하는 요인들을 살펴보면, 첫째, 주가상승을 기대하면서 주식을 팔지 않으려고 하는 소액주주의 무임승차 문제, 둘째, 인수대상 기업을 탐색하는 비용을 스스로 지불하지 않으려는 인수자(raider)의 무임승차 문제, 셋째, 인수자역시 기업임을 감안할 때 인수기업 내부의 경영유인 문제, 넷째, 피인수 대상 기업의 방해 수단(poison pills) 등이 있다.

인해 채권자의 손실을 가중시키게 된다(Myers, 1977).

또한 파산 절차는 경영자에게 뿐만 아니라 채권자에게도 상당한 비용 부담을 강제한다. 채권자는 기업을 청산할 것인가 아니면 재조직화할 것 인가를 결정해야 하는데, 채권자가 다수일 때 채권자 간 협상 · 조정 비 용이 크게 증가한다. 이러한 법률적 · 행정적 비용 이외에, 기존 거래관 계의 단절 및 투자기회의 상실 등으로 인한 경제적 비용도 파산관련 비 용을 구성한다.

결국 파산 위협을 통한 채권자의 경영 규율 효과는 부실기업의 재무위 기 상황을 조기에 탐지함으로써 경영자의 도덕적 해이를 제어하고, 부실 기업의 처리에 따른 제반 비용을 효율적으로 관리할 수 있는 공식적 비 공식적 파산 절차의 존재 여부에 의존한다고 할 수 있다.

2) 금융중개기관, 특히 은행의 역할

효율적 유인계약 모형의 또 다른 한계는 경영자에 대한 유인체계를 설 계함에 있어 외부금융 제공자들(이것이 주주이든 채권자이든 간에) 사이 의 협상 및 조정 비용을 고려하지 않았다는 데 있다. 그러나 기업의 거대 한 자금소요 규모 및 위험회피를 위한 저축자의 분산투자 경향을 감안할 때 개별 저축자의 자금공급 비중은 미미한 것이 현실이며, 따라서 다수 의 저축자 사이의 협상 비용 및 무임승차 문제가 심각하게 제기되지 않 을 수 없다.

이러한 문제를 해결할 수 있는 유력한 대안 중의 하나가 바로 다수의 저축자를 대리하여 경영자를 감시하는 소수의 의사결정자, 즉 금융중개 기관을 설정하는 것이다. 자금공급 대상 기업을 선별하고 이들의 경영성 과를 감시하는 정보획득 과정에 규모의 경제가 존재한다면, 금융중개기 관에 정보획득 역할을 위임하는 금융구조는 자금배분의 효율성을 높여

줄 가능성이 있다(Diamond, 1984).

또한, 금융중개기관의 효율성은 기업 통제권 문제에도 확대 적용할 수 있다. 즉, 금융중개기관이 상당한 비중의 주식 및 채권을 소유한 경우에는 재무위기에 직면한 무능한 경영자를 조기에 교체하고자 할 때, 그리고 파산 상태의 기업을 청산 또는 재조직화하고자 할 때 발생하는 무임승차 및 제반 비용의 문제를 상당한 정도로 완화할 수 있기 때문이다.

그러나 정보획득 및 기업 통제권 행사를 금융중개기관에 위임하는 금융구조의 효율성 제고 가능성은 금융중개기관과 저축자 사이의 유인문제를 해결할 때에만 현실화될 수 있다. 정보획득 및 기업 통제권 행사 과정에서의 금융중개기관의 우월적 지위는 기업에 대해서만 적용되는 것이 아니라 저축자에 대해서도 적용되기 때문이다. 일반 기업과 마찬가지로, 금융중개기관 역시 상이한 이해관계를 갖는 다양한 경제주체들의 조직체이다. 특히, 전술한 바와 같이 저축자 스스로가 자신의 이익이 무엇인지 확정할 수 없다는 사실을 논거로 정부의 금융 개입을 정당화한 개발금융체제의 경우에는 정부-금융중개기관-저축자 사이의 유인문제를 해결하는 메커니즘의 성격에 의해 그 유효성이 좌우된다고 할 수 있다.

한편, 정보획득 및 기업 통제권 행사 측면에서 금융중개기관 일반의 효율성을 인정한다고 하더라도, 은행과 비은행 금융중개기관의 업무특성 차이에 따른 차별성이 또 다른 관심대상으로 등장한다. 여타 비은행 금융중개기관과 구별되는 은행 고유의 특성은 은행 부채의 일부가 교환의 매개수단으로 사용된다는 사실에 있다. 기업의 자금 지불 및 수취 현황은 해당 기업의 경영상황에 대한 주요 정보를 담고 있기 때문에, 은행은 비은행 금융중개기관에 비해 정보획득 측면에서 상당한 장점을 가질 수 있다. 즉, 결제서비스 제공과 정보획득 과정 사이에 범위의 경제가 존재한다는 사실이 비은행 금융기관에 대한 은행의 상대적 효율성을 가능케 한다. 물론 이러한 범위의 경제 효과는 각 기업의 결제서비스가 특정은행에 집중화된 정도에 좌우된다.

　이상 금융중개기관의 효율성에 관한 논의는 상당한 정도로 금융중개 활동의 자연독점적 성격에 의거하고 있다. 즉, 정보획득 및 기업통제권 행사를 소수의 금융중개기관에 위임하는 것은 이들 활동에 수반되는 고정비용을 절감할 수 있도록 한다. 또한 어느 한 금융중개기관이 여타 금융중개기관의 투자심사 결과를 관측할 수 없을 때, 금융중개기관 간의 경쟁은 역선택의 문제(adverse selection problem), 즉 자금공급을 요청한 기업이 사실은 다른 금융중개기관으로부터 자금공급을 거절당한 불량기업일 수 있다는 문제를 낳는다는 사실 또한 금융중개의 자연독점적 경향을 강화한다(Broecker, 1990).

　그러나 독과점구조가 금융중개의 효율성을 자동적으로 보장하지는 못한다. 금융중개기관의 독과점적 지위는 정보획득 유인을 오히려 약화시키며 신규투자가 독립적 평가를 받을 기회를 저하시킴으로써 우량 투자에 대해 자금공급이 이루어지지 않을 가능성이 있고,[5] 금융중개기관과 저축자 사이의 유인문제를 악화시킨다. 일반적으로 정부규제가 이러한 문제에 대한 해결책이지만, 한국의 경우처럼 독과점적 금융구조를 창출·강화한 주체가 다름 아닌 정부인 상황에서 독점적 금융중개의 효율성을 유지하는 동시에 그 폐해를 교정하는 것은 결코 쉬운 일이 아니다. 이러한 모순이 바로 1980년 이후의 이른바 금융자율화 과정에서 집약적으로 표출되었다고 할 수 있다.

---

5) 독점적 금융중개기관은, 다수의 금융중개기관이 존재하는 경우에 비해, 우량한 투자에 자금공급을 거절할 가능성이 높은 반면, 불량한 투자에 자금을 공급할 가능성은 낮다.

3. 관치금융의 배경: 재정자금 조달의 한계 및 금융의 재정화

여기서는 한국의 금융구조를 특징짓는 이른바 관치금융, 즉 정부의 직접적 금융통제 현상의 배경을 자금조달, 특히 재정자금 조달의 한계라는 관점에서 살펴본다.

후발자본주의국, 특히 19세기 말의 러시아와 일본은 산업화 과정에서 정부가 매우 중요한 역할을 수행하였으며, 또한 정부는 주로 은행부문을 통해 그 영향력을 발휘하였다는 점에서 한국과 유사하다. 당시 러시아와 일본 정부는 금융위기시에 (금본위제도의 제약에도 불구하고) 중앙은행에 대한 영향력을 통해 자유롭게 대부하도록 하였고, 직접 차주로서 또는 은행에 대한 지급보증을 통해 외자를 유치하는 데에도 주도적인 역할을 하였다. 그런데 19세기 말 러시아와 일본의 경우 정부의 영향력을 뒷받침하는 중요한 요인 중의 하나는 정부가 자체 여유자금을 은행에 예탁 · 운용함으로써 산업자금의 상당 부분을 직접 조성하였다는 데 있다.[6]

반면, 한국 정부는 경제개발 초기부터 자체 재원에 의한 경제활동의 확대에는 한계를 가질 수밖에 없었으며, 더 나아가 사적자본의 직접적인 축적자금은 대부분 외자도입 및 민간자금의 동원에 의존하게 되었다. 결국 사적자본의 축적자금을 동원하여 배분하는 과정에 정부가 직접적으로 개입 · 통제함으로써 이른바 관치금융 현상을 초래하게 된 것이다.

1) 재정투융자 추이

재정투융자는 ① 정부지출 중 인건비 및 소모적인 물건비(경상지출)를 제외한 자본지출과 ② 재정자금 및 각종 융자기금 등의 유상자금을 중심

---

6) 러시아 및 일본에서 정부의 역할 및 산업자금 조달 현황에 대해서는 크라이스프(Crisp, 1967: 213-213); 패트릭(Patrick, 1967: 266); 캐머런(Cameron, 1967: 306) 참조.

<표 2-1> 재정투융자 추이(1962~1988)　　(경상금액 기준) (단위: 억 원)

년도	GNP (A)	고정자 본형성 (B)	재정규 모(C)	재정투융자 금액 (D)	D/A %	D/B %	D/C %	재정융자 금액 (E)	E/A %	E/B %	E/C %	E/D %
1962~ 1966	34,184	5,267	7,357	1,697	5.0	32.3	23.1	314	0.9	6.0	4.3	18.4
1967~ 1971	110,682	26,405	26,017	7,698	7.0	29.2	27.6	1,451	1.3	5.5	5.6	18.8
1972~ 1976	409,803	99,881	88,678	30,164	7.4	30.2	34.8	6,084	1.5	6.1	6.9	20.2
1977~ 1981	1,542,050	468,234	353,681	115,654	7.5	24.7	32.7	34,002	2.2	7.3	9.6	29.4
1982~ 1988*	5,818,289	1,705,373	1,303,975	410,304	7.1	24.1	31.5	218,492	3.8	12.8	16.8	53.3

자료: 재무부, 1989.
* 재정투융자금액 및 재정융자금액의 포괄범위가 다르기 때문에 1962~1981년 및 1982~1988년의 계수
를 직접 비교할 수는 없다.

으로 정부가 민간사업이나 정책사업에 대해 출자 또는 융자의 형태로 대
차관계를 맺는 지출, 즉 금융적 투융자 활동을 합한 것을 말한다. 이러한
재정투융자는 경제개발을 위한 정부의 활동을 가장 직접적으로 나타내
는 부분이다.

〈표 2-1〉을 통해 재정투융자 추이를 살펴보면, 1962~1981년간 네 차
례의 경제개발계획기간 중 재정투융자의 대GNP 비율(D/A)은 계속 증가
하였다. 이 가운데 재정투자를 제외한 재정융자의 대GNP 비율(E/A) 역
시 계속 증가하였다. 이것은 재정투융자를 통한 정부의 경제개입이 1970
년대 말에 이르기까지 계속 증대하였음을 보여준다.

그런데 재정투융자 전체가 국내 고정자본형성에서 점하는 비율(D/A)
은 네 차례의 계획기간 중 대체로 감소경향을 보이고 있다. 이것은 재정
투융자의 대GNP 비율 증가에도 불구하고, 사적자본의 투자가 더 급속하
게 확대되었음을 의미한다.

반면 재정융자가 국내 고정자본 형성에서 점하는 비율(E/B)은 오히려 증

가경향을 보이고 있다. 이것은 재정융자가 재정투융자 전체에서 차지하는 비율(E/D)이 꾸준히 증가하였다는 사실에서도 확인할 수 있다. 또한 재정투융자의 재정규모에 대한 비율(D/C)은 1970년대 후반에 하락하였지만, 재정융자의 재정규모에 대한 비율(E/C)은 계속 증가하여, 재정투융자 중 재정융자의 중요성이 상대적으로 증대하여 왔다는 것을 보여주고 있다.

통계자료의 시계열 불일치로 인해 직접적인 계수비교는 무의미하지만, 1982~1988년간에는 당시의 재정긴축을 반영하여 재정투융자 및 재정융자가 GNP와 국내 고정자본 형성에서 차지하는 비율이 하락하였지만, 재정투융자 전체 중 재정융자의 상대적 비중증가 경향은 계속되고 있음을 확인할 수 있다.

이와 같이 1960년대 이후 1980년대 말에 이르기까지 한편으로는 재정투융자 전체가 국내 고정자본 형성에서 차지하는 비중이 저하하면서, 다른 한편으로는 재정투융자 중 재정융자의 비중이 지속적으로 증대하여 왔다는 사실로부터 다음과 같은 시사점을 얻을 수 있다. 첫째, 일반적으로 인식되는 바와 같이 1960년대 이후 정부가 경제에 강력히 개입하여 경제개발을 주도하였음에도 불구하고, 자본축적의 주체는 사적자본이었으며, 자본축적이 진행되면서 이러한 경향은 강화되었다는 점이다. 정부는 초기에 대규모 자본이 소요됨으로써 사적자본이 경쟁력을 가질 수 없는 분야에 직접 투자주체로 참여하였다. 그러나 일정한 경쟁력을 갖추게 되면 곧바로 사적자본에 불하하는 조치를 취하였다. 1960년대 말, 1980년대 초, 1980년대 말에 이루어진 대규모 민영화조치가 이를 반영한다.

둘째, 정부의 경제활동을 강화하는 데 수반되는 재정자금 조달상의 문제점이다. 초창기 재정투융자는 주로 대충자금특별회계 및 귀속재산특별회계에 의하여 재원을 조달하였으나, 미국원조의 감소에 따라 재원조달에 커다란 어려움을 겪게 되었다. 특히 1980년대 초에 이르기까지 지속적으로 재정적자를 시현한 정부로서는 자체 재원을 통한 재정투융자의 확충을 기대하기 어려웠다. 그 결과 정부는, 특히 광공업 분야에 대한 지원의 경우, 자금의 고정을 가져오는 재정투자 대신 자금의 회수가 가능한 재정융자의 비중을 높이지 않을 수 없었다. 1970년대 이후 강화된 제반 융자기금에 의한 재정융자는 이러한 경향의 직접적인 표현이다.

2) 정부관리 융자기금에 의한 재정융자

재정융자가 시행되는 경로로는 제반 융자기금에 의한 융자, 특별회계에 의한 융자 및 정부 차관자금의 전대가 있다.[7)]

기금은 정부예산과는 구분되는 자금을 조성하고, 이를 정부 또는 공공단체가 계속적으로 운용함으로써 특정의 공공사업 수행을 목적으로 하는 자금이다. 기금은 운용·관리 주체에 따라 정부관리기금과 민간관리기금으로 구분한다. 또한 운용형태에 따라 융자기금, 적립성 기금, 사업관리기금으로 구분할 수 있는데, 이 중 융자기금은 특정부문에 대한 융자 기능을 주로 수행하는 기금이다.

정부관리기금에 의한 융자는 1973년 이후 본격화되었는데, 특별회계 융자나 재정차관의 전대와는 다른 성격을 보이고 있다. 특별회계 융자나 재정차관 전대는 기본적으로 사회간접자본의 확충을 통해 사적자본의 축적을 간접적으로 지원하는 역할을 담당하였다. 그리고 1980년대 중반 이후 특별회계 융자의 경우를 제외하고는, 주로 원조 또는 차관을 통해 재원을 조달하였다.

반면에 정부관리 융자기금을 통한 재정융자는 금융시장에서 조성된 민간자금을 정부가 직접 장악함으로써 중점 지원대상, 특히 1970년대에는 국민투자기금을 통한 중화학공업 분야, 그리고 1980년대에는 국민주

---

7) 좀더 자세한 내용은 김상조(1993: 제3장 참조).

<표 2-2> 정부관리 융자기금의 융자금액 및 산업별 배분 비중(1973~1988년)

(단위: 억 원, %)

		1973	1974	1975	1976	1977	1978	1979	1980
	총융자금액	230	816	1,282	1,822	2,369	4,351	5,030	5,985
산업별 비중	농수산	99.1	34.1	25.7	22.3	16.4	16.7	13.5	22.3
	광공업	0.0	65.7	74.3	77.7	81.8	80.9	84.6	76.1
	사회간접자본	0.9	0.2	0.0	0.0	1.9	2.5	1.9	1.6

		1981	1982	1983	1984	1985	1986	1987	1988
	총융자금액	9,619	12,631	15,836	24,628	30,678	25,672	25,754	26,197
산업별 비중	농수산	22.1	17.7	16.6	10.9	12.5	14.6	26.2	30.6
	광공업	54.8	57.5	45.1	22.6	19.3	27.9	27.4	28.4
	사회간접자본	23.0	24.8	38.3	66.6	68.2	57.5	46.4	41.0

자료: 재무부, 1982; 1989.

택기금을 통한 주택건설 등의 노동력 재생산 분야에서 사적자본에 대한 직접적 지원수단으로서의 역할을 수행하였다.

그리고 1988년 말 현재 융자기능을 수행하는 정부관리기금의 총 재원 조성액 중 정부출연금은 16.2%에 불과했다. 반면에 장기차입금 및 채권 발행수입은 각각 30.0%와 39.3%에 이르고 있으며, 운용수익으로 10.0%를 충당하였다. 좀더 구체적으로, 정부관리 융자기금 중 1970, 1980년대에 가장 중요한 비중을 차지하고 있었던 국민투자기금과 국민주택기금의 재원조성 현황을 보면 다음과 같다. 국민투자기금의 경우 1974~1988년간의 총 재원조성액 2조 6,275억 원 중 정부출연금은 전무한 대신 국민투자채권 1조 605억 원, 금융기관 예탁금 1조 5,123억 원, 그리고 당기순이익 548억 원으로 구성되어 있다. 국민주택기금은 1981~1988년간의 총 재원조성액 3조 2,462억 원 중 정부출연금 3,130억 원(9.6%)을 포함한 자본금으로 5,562억 원을 조달하였을 뿐, 나머지 2조 6,899억 원은 장기차입금(그 중 국민주택채권이 2조 925억 원)으로 조달하였다.

이와 같이 정부관리 융자기금을 통한 재정융자는 1970년대에는 광공업 분야, 1980년대에는 주택건설 분야에 대한 지원에 치중하면서, 이에 필요한 재원조달은 기조성된 민간자금을 정부통제하에 둠으로써 재정 자금화하는 구조를 갖고 있었다.[8]

3) 관치금융: 금융의 재정화

경제개발계획 시행 이후 정부는 경제에 적극적으로 개입하였으며, 재 정투융자는 그 주요한 수단 중의 하나였다. 그러나 재정투융자는 사회간 접자본 확충에 치중하였기 때문에 사적자본의 축적자금을 양적으로 지 원한다는 측면에서 보면 그 의미가 상당히 제약된 것이었다. 또한, 사적 자본의 축적과 좀더 직접적으로 관련을 갖고 있는 정부관리기금(특히 1970년대의 국민투자기금)에 의한 재정융자는 자체 재원의 한계로 인해 민간자금을 재정자금화하는 편법을 동원하지 않을 수 없었다. 결국 사적 자본의 축적자금은 대부분 외자도입 및 민간자금 동원에 의존하게 되었 으며, 이 과정에 정부가 직접 개입함으로써 이른바 관치금융 현상을 초 래하게 되었다.

이상의 결론은 예금은행 대출금의 자금별 구성에서도 확인할 수 있다. 〈표 2-3〉에서 보는 바와 같이, 예금은행의 총 대출잔액 중 재정자금의 비 중은 1960년대 초반 30% 수준에 달하였으나, 이후 급속하게 하락하였다. 그 결과 1970년대 이후 1980년대 말에 이르기까지 예금은행의 총 대출잔 액 중 국민투자기금을 포함한 재정자금의 비중은 6~7% 수준에 머물고 있다.

1960년대 이후 경제에 대한 정부의 개입은 지속적으로 강화되었으며,

---

8) 대개의 선진자본주의국에서 복지재정과 관련하여 엄청난 재정적자를 시현하고 있었던 것과 비교하여 보면, 한국은 조세 이외에 기금이라는 새로운 재원을 확보함으로써 재 정위기를 연기시킬 수 있었던 것이다.

〈표 2-3〉 예금은행의 자금별 대출 추이 (년도말 잔액 기준)　(단위: %)

년도	자금별 구성 비중				외화대출	년도	자금별 구성 비중				외화대출
	원화대출						원화대출				
	소계	금융자금	재정자금	(국민투자기금)			소계	금융자금	재정자금	(국민투자기금)	
1964	100.0	71.8	28.2	-	-	1977	90.3	82.3	8.0	(3.8)	9.7
1965	99.7	78.1	21.6	-	0.3	1978	85.7	78.1	7.7	(3.7)	14.3
1966	99.8	82.6	17.2	-	0.2	1979	83.9	77.3	6.6	(3.4)	16.1
1967	85.5	73.5	12.0	-	14.5	1980	82.5	76.3	6.1	(2.7)	17.5
1968	85.8	76.9	8.9	-	14.2	1981	85.2	78.8	6.4	(2.6)	14.8
1969	89.4	81.0	8.3	-	10.6	1982	86.5	80.0	6.4	(2.7)	13.5
1970	87.7	78.8	8.8	-	12.3	1983	88.5	81.4	7.1	(3.0)	11.5
1971	85.4	77.8	7.6	-	14.6	1984	89.9	82.7	7.2	(2.9)	10.1
1972	92.1	84.7	7.3	-	7.9	1985	91.1	84.3	6.9	(2.6)	8.9
1973	92.5	86.5	6.1	-	7.5	1986	91.4	84.5	6.9	(2.5)	8.6
1974	92.6	86.9	5.6	(0.8)	7.4	1987	88.6	82.0	6.6	(2.2)	11.4
1975	89.5	83.6	5.9	(1.6)	10.5	1988	89.5	83.0	6.5	(2.0)	10.5
1976	91.5	84.7	6.8	(3.0)	8.5	1989	90.6	84.5	6.1	(1.5)	9.4

자료: 한국은행, 『경제통계연보』, 각 년도.
주: 재정자금대출은 일반회계, 특별회계, 각종 기금으로부터의 차입 · 예탁금에 의한 대출금과 예금 은
　　행에 의한 전대차관의 합계임.

이를 반영하여 예금은행에 대한 정부의 통제 역시 강화되었다는 것이 일
반적인 인식이다. 그런데 예금은행의 총 대출잔액 중 재정자금의 비중은
오히려 감소추세에 있다. 정부의 금융적 활동, 즉 재정융자가 전체 자금
의 흐름에서 차지하는 비중이 결코 높았다고 할 수 없는 것이다. 이러한
사정은 정부가 경제개발 과정에서 재정자금 이외에 예금은행의 금융자
금에 대한 통제를 필요로 하게 되었으며, 이것이 결국 예금은행에 대해
금융자금에 의한 정책금융을 강제하는 구조, 즉 관치금융을 낳은 배경이
라고 할 수 있다.

　정부가 은행의 경영 전반에 대해 강력한 통제력을 유지할 수 있었던
것은, 개발기관 및 특수은행뿐만 아니라 (1980년대 초 은행민영화 이전
까지) 시중은행의 대주주로서 사실상 은행의 경영을 지배하는 위치에 있
었기 때문이다. 특히, 정부를 제외하고는, 시중은행 대주주의 의결권을

총주식의 10%로 제한하였다는 사실(「금융기관에 대한 임시조치법 시행령」제4조)을 감안하면 더욱 그러하다.

또한 정부는 은행감독권만으로도 은행경영을 통제할 수 있는 수단을 갖고 있었다. 은행감독원장은 일반은행의 주주총회에서 결의한 임원의 선임 또는 개선을 승인하고, 또 업무감사 결과 공익위배의 정도가 현저한 경우에는 금융기관의 임원을 파면할 수 있는 권한을 갖고 있었다.

주식소유를 통한 통제나 은행감독권 이외에도, 금융단협정을 통하여 은행 간 경쟁을 제한하고 통일적인 은행경영을 행함으로써 사실상의 단일 은행제도가 실현되었다고 할 수 있다. 1964년 12월에 체계화된 금융단협정은 은행경영의 모든 측면에서 정부가 개입할 수 있는 통로를 열어 두고 있었다. 우선 금융단협정은 은행 간 경쟁요인이 될 만한 부분, 즉 실행이자율, 이자계산방법, 각종 요금, 중도해약예금 이자계산방법, PR 규제, 특정일 경과 예금 이자계산방법, 공공예금 쟁탈 금지 등을 규정하였다. 또한 업무개선을 위한 부분으로 각종 예금의 거래절차, 내국환 집중 교환 결제, 은행점포를 통한 세금 및 요금의 자동 불입, 연체대출금 정리 등을 규정하였다.

금융단협정 및 결의사항을 위반한 때에는 제재금을 부과할 수 있는데, 협정 위반 여부와 제재 금액은 은행감독원장이 결정하도록 되어 있었다. 따라서 금융단협정이 은행감독원에 의해 규제되었음을 알 수 있고, 나아가 은행카르텔을 정부가 조장하였다고 보아도 무방할 것이다.[9] 이것은 은행부문 전체가 실질적으로는 하나의 정부은행이었음을 의미한다.

이와 관련하여 특히 주목되는 것이 연체대출금 정리에 관한 금융단협정의 내용이다. 금융단협정에 의해 한국은행 은행감독원 부원장보를 의

---

9) 공정거래법 개정에 따라 금융기관도 이 법의 적용대상이 됨으로써, 사실상 은행의 카르텔협정이었던 금융단협정이 1984년 폐지되었다. 그러나 중요한 사항은 금통위 규정이나 한국은행 총재지침으로 흡수되었다.

장으로 하고 각 금융기관 담당임원을 위원으로 하는 '연체대출금 정리 대책위원회'가 설치되어 있었다. 연체대출금에 대하여 모든 금융기관이 공동보조를 취하도록 되어 있었고, 그 공동보조는 은행감독원의 규제하에 있었던 것이다. 그런데 연체대출금 정리대책위원회는 대출금이 연체된 원인의 규명과 재발방지책에 대해서는 관여하지 않는다. 단지 사실화된 연체대출금에 대하여 개별 금융기관이 책임을 지우지 않고, 이를 연체대출금 정리대책위원회라는 제3의 기관을 만들어 금융기관과 은행감독원이 함께 책임을 회피하였던 것이다. 저축동원이라는 한정된 목적에 봉사하는 정부주도적 개발금융체제, 즉 관치금융의 성격이 분명히 드러나는 부분이다.

관치금융은 정부의 산업정책을 실현하는 주요한 수단으로서 일면 급속한 경제성장에 기여하였다고 할 수 있다. 그러나 그 비용 또한 적지 않았다. 특히 2절의 논의와 관련시켜 볼 때, 재정자금은 물론 금융자금으로까지 확대된 자율적 대출심사기능의 제약, 암묵적 카르텔에 의한 경쟁 제한, 부실채권의 효율적 처리에 대한 제약 등은 금융기관의 정보획득 및 기업통제권 행사 유인을 약화시키고, (정부)-금융기관-저축자 사이의 유인 문제를 악화시키는 요인으로 작용하였던 것이다. 즉, 관치금융은 기업지배구조 측면에서 금융기관의 역할을 제한하고 그 발전을 저지시키는 결과를 가져 왔다.

이러한 관점에서 다음 절에서는 기업의 설비투자 자금조달 현황 및 설비투자 동기의 변화 추이를 살펴보기로 한다.

4. 기업의 설비투자 자금조달 및 동기의 변화

투자는 경제성장의 동력이라는 점에서 설비투자자금의 조달 형태 및
그 동기의 변화는 관치금융을 통한 정부 산업정책의 효과 및 이것이 기
업의 경영유인에 미친 영향을 가장 직접적으로 나타내줄 것이다. 분석
자료로는 산업은행의 『설비투자계획조사』보고서를 이용하였다.[10]

1) 제조기업의 설비투자 자금조달 형태 변화

기업이 투자에 필요한 자금을 조달한 방식은 크게 내부자금과 외부자
금으로 나눌 수 있다. 그 추이를 보면, 1960년대 중반까지는 외부자금 의
존도가 50%대의 비중을 보이다가 이후 크게 상승하여 1970년대 말까지
70~80%의 높은 수준을 유지하고 있다. 수출주도산업화와 중화학공업
화라는 산업정책의 기본 전략에 따라 외자를 적극 유치하고 또 모든 금
융기관을 개발금융기관화하였던 정부 개입의 결과이다.

반면 1980년대에는 내부자금의 비중이 상대적으로 증가하는 모습을
보여주고 있는데, 특히 1980년대 후반에 비해서는 1980년대 전반에 내부
자금 비중이 높은 것으로 나타나고 있다. 이것은 1980년대 초반 경기침
체로 인해 제조업의 설비투자가 크게 위축된 것을 반영한다. 1970년대에
비해 1980년대에 한국 기업의 내부자금 의존도가 증가하였다고는 하나,
일본 기업의 경우 1970년대의 60% 수준에서 1980년대 말에는 70% 수준
으로 상승한 것과 비교하면, 여전히 매우 낮은 수준을 나타내고 있다.

---

10) 산업은행의 『설비투자계획조사』보고서는 매년 상ㆍ하반기별로 계획치와 실적치를
　　조사ㆍ수록하고 있는데, 여기서는 상ㆍ하반기 실적치 합계액을 계산하여 년도별 분석
　　을 하였다. 동 보고서는, 비록 조사대상 사업체의 수는 적지만(약 2천여 업체), 일정 규
　　모 이상의 대기업에 대해서는 전수조사를 하기 때문에 설비투자 금액을 기준으로 하

외부자금 중에서는 금융기관차입금(원화차입금 및 외화차입금)과 해외로부터의 외자조달이 중심을 이루고 있다. 금융기관으로부터의 '원화차입' 은, 모든 금융기관을 개발금융기관화하였던 정부의 조치에도 불구하고, 1970~1980년대에 걸쳐 평균 20% 정도의 비중을 차지하고 있다. 장기자금 조달상의 한계와 상대적으로 손쉬운 외자도입의 확대 때문이었다. 또한 금융기관 원화차입의 비중은 상대적으로 큰 변동성을 보이는데, 이것은 투자촉진, 경기부양, 유동성관리, 경제력집중 완화 등과 같은 특정 시기의 주요 정책목표를 달성하기 위한 수단으로 정부가 은행을 통제하고 있었음을 보여주는 것이다.

그런데 금융기관으로부터의 원화차입 비중만으로 은행(개발기관 및 예금은행)이 설비자금 공급에서 차지하는 역할을 판단하는 것은 잘못이다. 1980년대 들어 종합금융회사와 리스회사 등을 통한 외자도입이 증가하고 또한 기업 스스로 외화표시 외화증권을 발행하는 등 외자도입 창구가 다양화되고 있지만, 후술하는 바와 같이, 은행을 통한 외화대출은 1980년대 들어 차관을 능가하는 가장 중요한 외자조달 경로로 등장하였다. 이처럼 은행, 특히 예금은행을 통해 원화 설비자금과 외화 설비자금의 공급을 결합함으로써 1980년대 이후 이른바 금융자율화의 외양에도 불구하고 정부가 금융부문을 통해 산업정책적 목적을 추구할 수 있었던 것이다.

한편, 외부자금 중 '외화자금' 의 비중을 보면, 1970년대 40% 이상의 수준에서 1980년대에는 20%(특히 1980년대 말에는 20% 이하)로 하락하였다. 외화자금 비중이 1980년대 초에 급감한 것은, 당시 설비투자가 극히 부진하였다는 사실과 함께 1970년대 말을 기점으로 국내외 금리차가 크

면 그 포괄범위가 결코 작지 않다. 제조업의 설비투자 금액을 보면 동 보고서 자료는 이론적으로 전체 투자액을 포괄하고 있는 국민계정상의 제조업 총고정자본형성의 80 ~90%를 설명하고 있다.

〈표 2-4〉 제조기업의 설비투자 자금조달 형태 (1985년 불변가격 기준)

(단위: 억 원, %)

년도	금액	외부자금												내부자금
			직접금융			원화차입	외화차입						기타	
				주식	채권			합작투자	상업차관	간접차입				
											국내	기타		
1964	593	54.8	3.2			17.0	29.3						5.3	45.2
1965	655	35.4	9.4			9.9	13.3						2.9	64.6
1966	1,412	55.6	1.4			20.5	24.1						9.6	44.4
1967	2,499	56.3	6.1			17.8	29.5						2.9	43.7
1968	3,167	72.2	10.8			26.0	17.9						17.4	27.8
1969	1,940	80.6	1.8			23.8	45.6						9.4	19.4
1970	1,423	74.1	0.5			35.6	36.1						1.0	25.9
1971	998	71.4	0.3			29.9	38.0						3.3	28.6
1964 ~ 1971	12,686	65.9	5.0			23.6	29.0						8.3	34.1
1973	14,665	74.4	6.9	6.3	0.6	30.6	35.2	2.3	26.8	6.1			1.6	25.6
1974	14,825	72.8	5.8	4.3	1.5	22.6	42.8	6.0	31.4	5.4			1.5	27.2
1975	17,375	73.1	6.5	4.7	1.5	19.6	44.5	0.7	22.5	21.3			2.3	26.9
1976	21,636	74.4	7.9	4.8	3.1	23.0	42.4	1.3	33.3	7.8			1.1	25.5
1977	32,334	74.4	10.3	7.2	3.1	19.8	42.8	1.4	30.9	10.4			1.3	25.6
1978	43,973	78.3	13.9	10.3	3.6	18.5	43.3	1.0	27.1	15.2	11.7	3.4	2.5	21.7
1979	41,573	76.5	15.0	8.4	6.6	22.0	33.7	0.3	13.6	19.8	16.4	3.3	5.7	23.5
1973 ~ 1979	186,380	75.5	11.0	7.4	3.6	21.4	40.4	1.4	25.4	13.6	14.0	3.4	2.7	24.4
1980	24,087	74.7	11.9	6.3	5.6	19.1	41.4	1.1	23.5	16.8	14.1	2.7	2.2	25.3
1981	16,008	63.5	10.4	5.0	5.4	29.4	21.0	1.1	4.0	15.9	13.4	2.4	2.7	36.5
1982	17,512	65.8	11.8	6.3	5.5	29.0	22.0	1.0	6.9	14.0	11.6	2.5	2.9	34.2
1983	21,879	62.4	11.4	5.0	6.4	25.0	18.6	0.4	3.4	14.8	10.9	3.8	6.9	37.6
1984	34,192	60.3	11.3	5.6	5.7	19.5	23.9	0.3	7.6	16.0	13.0	3.0	5.5	39.7
1985	48,964	63.6	11.2	4.1	7.1	22.8	24.7	1.6	10.2	13.0	10.7	2.2	4.8	36.4
1986	71,036	67.4	10.0	5.3	4.7	28.8	24.0	0.5	11.7	11.8	9.2	2.5	4.6	32.6
1987	84,290	67.6	12.9	5.4	7.5	24.3	25.9	0.1	7.1	18.7	15.9	2.8	4.5	32.4
1988	100,218	65.1	17.5	8.2	9.3	20.6	18.7	0.1	3.9	14.7	11.7	2.9	8.3	34.9
1989	112,706	66.9	23.2	9.6	13.6	17.1	16.8	0.0	1.8	14.9	12.9	2.0	9.7	33.1
1990	126,234	66.1	21.3	4.5	16.8	18.4	15.1	0.1	2.2	12.8	12.0	0.8	11.3	33.9
1991	140,962	73.0	23.7	5.4	18.2	18.3	15.4	0.1	0.0	15.3	11.6	3.7	15.6	27.0
1980 ~ 1991	783,281	67.2	17.5	6.2	11.3	21.1	20.0	0.3	5.0	14.7	12.2	2.5	8.6	32.8

자료 : 한국산업은행, 『설비투자계획조사』, 각 호.
주: 1) 1972년 자료는 누락.
  2) 1964~1971년간의 '외화자금'은 차관만 포함.
  3) '원화차입'은 국책은행, 시중은행 및 지방은행으로부터의 원화차입임.
  4) 외화자금의 간접차입 중 '국내'는 bank loan 및 정부보유 외환을 재원으로 한 국내 금융기관으로
     부터의 외화표시 차입금이며, '기타'는 국내 금융기관으로부터의 전 대차관(ADB, KFW, IBRD 등
     으로부터의 차관자금 등)과 외국은행 국내지점 및 종합금융회사로부터의 외화표시 차입금임.
  5) 외부자금의 '기타'는 보험회사, 상호신용금고, 단자회사, 리스회사 등으로부터의 차입금 및 사채
     등을 포함.

게 축소되어 적어도 금리 측면에서는 외화자금 조달의 유인이 없어진 것
이 크게 작용하였다.

그러나 1980년대 후반에는 이상의 요인이 모두 사라졌음에도 불구하
고 외화자금의 비중이 1970년대에 비해 크게 낮았다는 점에 주목하여야
한다. 국내생산이 불가능한 생산수단을 수입하는 데에 외화자금의 질적
인 중요성이 있다는 점을 감안한다면, 1980년대 이후 외화자금 비중 저
하는 상당한 정도로 1970년대의 중화학공업화 그리고 1980년대의 부품
산업 육성에 따른 시설기자재의 국산화효과(수입대체효과)를 반영한다
고 할 수 있다.

물론 〈표 2-4〉의 외화자금 항목이 기업이 시설기자재를 수입하는 데
필요한 외화자금을 조달하는 방법을 모두 포괄하는 것은 아니다. 특히
기업이 수출대금으로 영수한 외환을 외화예금 형태로 예치해두었다가
수입결제자금으로 사용할 수도 있다. 1980년대 중반 이후 급격한 수출증
가를 반영하여 예금은행의 부채 중 국내 외화예수금이 크게 증가하였다.
즉, 3저 호황기 이후 기업, 특히 대기업은 외화예금의 형태로(즉, 내부자
금으로) 외화자금의 상당 부분을 조달하였다고 할 수 있다.

외화자금의 절대적 비중이 하락한 것에 못지 않게 중요한 것은 그 조
달 경로상의 변화이다. '합작투자'는, 1970년대 중반 일부 업종을 제외
한다면, 외화자금 조달 전체에 비해 그 비중이 극히 미미하였다. 반면,
1960년대 중반 이후 1970년대 말까지는 '차관'이, 1980년대 이후에는 외

화대출을 비롯한 '간접차입'이 외화자금 조달의 주요 형태로 부상하였다.

간접차입 중에서는 국내은행의 외화대출이 특히 제조업의 설비투자를 위한 재원으로 주요한 역할을 하였다. 즉, 제조업의 경우 외화자금의 간접차입에서 국내은행의 외화대출(전대차관 제외)이 차지하는 비중이 1970년대 말 이후 계속 80% 이상을 유지하고 있다. 이것은 두 차례의 석유파동을 거치는 과정에서 외화조달 경로를 다양화하기 위해 국내은행이 뱅크론(bank loan)을 통한 외화대출을 확대하였기 때문이다. 또한 1980년 후반에는 국제수지가 흑자로 전환되면서 한국은행이 보유한 여유 외환을 국내은행에 예탁하여 이를 외화대출 재원으로 적극 이용하였다.

마지막으로 외부자금 중 '직접금융'(주식과 채권)과 '기타'(비은행 금융중개기관의 설비자금 공급, 특히 그 중에서 리스전업사 및 종합금융회사의 리스계약이 중요한 역할)의 비중이 1980년대 후반에 이르러 크게 증가하였음을 알 수 있다. 이들 경로는 은행에 비해 상대적으로 정부의 통제로부터 자유로운 대신 관련 금융기관 대다수가 재벌의 계열회사라는 점에서 1990년대 이후 금융구조 및 기업지배구조 변화의 단초를 보여주는 것이라고 할 수 있다.

2) 제조기업의 설비투자 동기

산업은행 『설비투자계획조사』 보고서에 의거 제조기업의 설비투자 동기를 시기별로 정리한 것이 〈표 2-5〉이다. 설비투자 동기는 생산량 확대를 위한 '생산능력의 증가', 생산원가 절감을 위한 '합리화투자', 그 외 독립적인 투자항목으로서 '연구개발투자', '공해방지투자' 및 '기타' 등으로 구분되어 있다.

〈표 2-5〉 제조기업의 설비투자 동기 추이 (1985년 불변가격 기준)

(단위: %)

년도	생산능력의 증가					합리화투자				연구개발투자	공해방지투자	기타*
		신제품생산	기존설비확장	국내수요	수출수요		유지보수	자동화생력화	에너지절약			
1974	86.4	21.1	65.3			10.3						4.9
1975	89.9	19.4	70.4			7.8						3.2
1976	90.4	25.7	64.7			7.9						3.2
1977	90.5	26.9	63.6			5.7						1.7
1978	88.8	27.9	60.9			8.1						3.7
1979	85.8	30.6	55.3			10.2						3.1
1974 ~ 1979	88.5	26.6	61.9			8.3						3.3
1980	81.1	18.5	62.6			12.9						3.9
1981	71.4	24.2	47.2			21.9						6.0
1982	58.4	19.3	39.1	36.2	22.2	31.0	19.3	6.5	5.3	2.4	1.8	6.4
1983	64.1	20.1	44.0	38.6	25.4	22.5	15.7	4.2	2.7	4.4	0.8	8.2
1984	69.2	24.2	44.9	38.5	30.7	19.6	11.7	5.6	2.3	4.3	1.1	5.9
1985	68.9	25.2	43.7	38.5	30.4	18.8	11.0	4.6	3.1	4.8	1.2	6.4
1986	74.3	20.8	53.5	39.2	35.1	14.8	8.4	3.7	2.8	4.1	0.8	6.0
1987	72.1	14.8	57.3	37.0	35.1	15.0	9.1	3.5	2.4	3.6	0.8	8.4
1988	73.2	19.7	53.5	45.3	27.9	15.0	7.6	5.1	2.3	4.5	0.8	6.5
1989	69.7	24.1	45.6	44.6	25.1	16.5	7.9	7.2	1.4	3.9	1.1	8.8
1990	68.5	31.0	37.6	48.7	19.8	16.1	8.3	6.4	1.4	4.5	1.6	9.3
1991	66.5	29.1	37.4	47.6	18.9	17.6	9.4	6.9	1.3	4.8	1.9	9.2
1980 ~ 1991	70.0	23.8	46.2	43.5	26.2	16.9	9.3	5.6	2.0	4.3	1.2	8.0

자료: 〈표 2-4〉와 동일.
* 1974~1981년간의 '기타' 항목에는 연구개발투자 및 공해방지투자 포함.

〈표 2-5〉에서 가장 특징적인 현상은 설비투자의 대부분이 생산능력의 증가를 위한 투자였다는 점이다. 특히 1970년대에는 전체 설비투자의 약 90%에 달하는 부분이 생산능력의 증가를 위해 이루어졌다. 외자도입을 통해 표준화된 생산기술을 체화하고 있는 자본재를 수입하고, 또한 모든 금융기관을 개발금융기관화함으로써 규모의 경제만을 추구하였던 것이다.

1970년대 생산능력 증가를 위한 투자 중에서는 기존설비의 확장을 위한 투자가 가장 큰 비중을 차지하고 있었지만, 비중 자체는 감소추세였다. 반면 신제품의 생산을 위한 투자(기존 업체의 경영다각화를 위한 투자와 신규사업체의 투자를 포함)의 비중은 계속 증가하였다. 이것은 1970년대가 특히 중화학공업 분야에서 새로운 산업구조를 형성하는 시기였으며, 새로운 투자는 곧 그 기업에게 해당 분야에서의 독과점적인 지위를 보장하는 것이었음을 말해 준다.

이처럼 규모의 확대를 주목적으로 하는 설비투자, 그리고 이것이 가져온 독과점적 산업구조는 대기업 위주의 중화학공업화 정책이 낳은 필연적인 결과로서, 결국 중화학공업 분야의 부실·과잉투자를 통해 축적위기를 야기하였다.

축적위기는 정부의 산업정책과 자본축적구조에 일정 정도 변화를 강제하였으며, 이는 기업의 설비투자 동기에도 반영되고 있다. 1980년대 초반 장기 불황을 거치면서 생산능력의 증가를 위한 투자의 비중은 급속하게 하락하였다. 이후 3조 호황기에 약간의 비중 증가를 보이기는 하였지만, 1970년대 수준에는 훨씬 미달하는 것이었다. 반면 원가절감을 위한 합리화투자의 비중은 1970년대의 8% 수준에서 1980년대 초반에는 20% 이상으로 상승하였고, 1980년대 중후반 이후에도 15~18%의 비중을 보이고 있다.

또한 1980년대 말에 이르러 합리화투자 중에서 자동화·생력화 투자의 비중이 증가한 것은, 근로자 후생복리시설에의 투자 증가를 반영하여 기타 항목의 비중이 증가한 것과 함께, 1987년 노동자 대투쟁 이후 임금 상승 및 노사분규 증가에 대한 기업의 대응전략을 보여준다. 즉, 기업의 대응은, 한편으로는 복리후생시설에 대한 투자 증가를 통해 노동자의 불만을 완화시키면서, 다른 한편으로는 자동화·생력화를 통해 노동의 자본으로의 대체를 추진하는 양면성을 동시에 가지고 있다.

1980년대 주요 기업의 설비투자 동기에서 나타난 문제점을 살펴보면 다음과 같다. 우선 합리화투자의 비중이 1970년대에 비해 높아졌다고는 하나, 일본 등의 선진자본주의국에 비해서는 여전히 낮은 수준이다. 또한 기술개발을 위한 연구개발투자의 절대적 규모는 크게 늘어났으나, 전체 설비투자에서 차지하는 비중은 답보상태이며 그 수준 역시 선진자본주의국에 비해서는 크게 낮다. 이러한 요인은 제품의 고급화는 물론 생산성의 제고를 가로막는 주요한 원천이 되었고, 1980년대 말 이후 해외시장에서의 판매조건이 악화되었을 때 국내 제조업의 국제경쟁력이 크게 위축되는 결과를 가져 왔다.

또한 합리화투자 · 연구개발투자 · 공해방지투자 등과 같이 경기변동에 상대적으로 비탄력적인 성격의 설비투자 비중이 낮고 생산능력의 증가를 위한 설비투자의 비중이 여전히 높음으로써, 설비투자가 경기변동의 진폭을 더욱 크게 하는 요인으로 작용하는 것도 문제점이다.

5. 금융자율화 이후 기업지배구조의 변화— 내부자본시장의 형성

전술한 바와 같이 관치금융을 통한 정부의 직접적 개입은 정보획득 및 통제권 행사의 측면에서 금융기관의 역할을 극도로 제한하였고, 이것은 기업의 경영 유인 측면에서 외부자금을 통한 생산능력 확대에만 치중하는 결과를 낳았다. 이러한 개발금융체제의 한계가 1980년대 초 축적위기를 통해 극명하게 드러나면서 금융구조 상에 일정한 변화가 나타나기 시작하였다. 금융자율화의 추진이 그것이다.

1980년대의 금융자율화는 산업지원제도의 개편 및 국내외 경쟁촉진정책(수입자유화와 공정거래제도 강화)과 함께, 축적위기에 따른 경제운용 메커니즘의 변화라는 자본의 대응전략의 '한 구성요소' 로서 추진되었으며, 총자본의 입장에 선 국가가 그 현실적인 추동력이었다고 할 수 있다.

따라서 1980년대의 금융자율화는 곧바로 국가를 시장으로 대체하지는 못하였다. 1980년 산업정책의 기조는 시장에만 의존할 수는 없는 것이었기 때문이다. 구조불황산업·사양산업의 합리화, 중소기업 육성, 부품·소재산업 육성 및 기계류 국산화, 기술개발 지원 등으로 표현되는 1980년대 산업정책의 과제는, 과거로부터 누적된 구조적 문제로 인해 그리고 자본주의적 시장의 불완전성으로 인해, 시장의 결정에 대한 국가의 조정 및 통제를 필요로 하는 것이었다. 이를 위해서는 자금의 동원 및 배분체계에 대한 국가의 통제력이 요구되었으며 은행은 (민영화에도 불구하고) 여전히 그 중심에 위치하고 있었다.

1) 은행부문의 소유와 경영의 괴리— 계열기업군 여신관리제도

1980년대 금융자율화의 본질을 보여주는 대표적인 예가 바로 계열기업군 여신관리제도이다. 계열기업군 여신관리제도가 한국 특유의 제도라는 사실은 여러 가지 함축의미를 가지고 있다. 기본적으로 여신관리제도는 정부 주도적 개발금융체제의 부산물이라고 할 수 있다. 산업정책의 목적을 달성하기 위해 정부는 은행의 신용배분에 직접적으로 배분하였고 이것은 자본축적에 크게 기여하였다. 그러나 동시에 기업이 외부 차입금에 과도하게 의존하게 함으로써 재무구조의 악화와 대외경쟁력의 약화 그리고 경제력의 불균등 분배를 초래하였다. 여신관리제도는 이러한 정부주도적 개발금융체제의 부작용을 개선하기 위한 제도적 장치로 출현하였다.

1974년 7월 대기업의 재무구조 개선 및 과도한 간접금융의존의 시정을 목표로 「계열기업군에 대한 여신관리협정」이 금융단협정 형식으로 제정·시행되었다. 이것이 개별기업 특히 대기업에 대한 본격적인 여신관리제도의 시초가 되었는데, 기업의 자발적 참여를 유도하는 등 직접적 통제의 성격이 약하였다.

그러나 1978년 6월 제정된 「주거래은행의 여신관리협정」에서는 기존의 규제 이외에 기업신설·매입·출자, 차관지급보증, 부동산 취득에 대한 주거래은행의 사전승인권, 과다한 배당 억제를 위한 결산협의 등이 추가되었다. 이 협정은 특히 부동산 취득이나 기업투자(기업신설·매입·출자)에 대해 강도 높은 규제를 가하고 있다. 이는 1980년의 「기업체질강화대책」, 이른바 9.27조치를 그 배경으로 하고 있는데, 당시 정권교체기의 혼란 속에서 재벌들의 방만한 계열기업 확장과 부동산 취득을 억제하고자 하는 의도를 담고 있다. 특히 동 협정의 12차 개정(1983년 10월)에서는 부동산 취득과 기업투자의 금지 및 제한 사유가 강화(차입금 비율 추가)되었으며, 부동산 취득 및 기업투자에 대한 자금조달규제(예외 인정 승인시 자구노력[11]에 의한 자금조달 의무)도 부과되었다.

한편, 1980년대 초 개정된 공정거래법에 의해 금융업도 그 적용대상에 포함됨에 따라 사실상 은행들의 카르텔협정인 금융단협정이 폐기되었다. 이에 따라 1982년에는 「은행법」의 개정을 통해 그 법적 기반을 마련하는 한편, 1984년 7월 종래의 「주거래은행의 여신관리협정」을 폐기하고 이를 한국은행의 「금융기관 여신운용 규정」에 흡수하여 동 규정에 의한 「계열기업군에 대한 여신관리 시행세칙」으로 전환하였다.

새로운 체제에 의한 여신관리제도는 그 기본 골격 측면에서 「주거래은행의 여신관리협정」과 큰 차이는 없다. 다만 종래에는 개별 계열기업을 대상으로 금융기관 차입규모나 자기자본비율 등을 규제하던 것에서, 이제는 계열기업군 그 자체를 여신관리의 주된 대상으로 삼고 있다는 특징을 보여주고 있는데, 여신바스켓비율관리 등 각종 규제의 목표치를 5대

---

11) 계열기업 처분, 보유 부동산 처분, 유상증자를 지칭한다.

재벌 또는 30대 재벌 전체를 단위로 하여 설정·운용하는 데서 전형적으로 나타나고 있다. 이것은 1980년대 후반 경제민주화에 대한 사회적 관심이 팽배한 것을 배경으로, 경제력 집중 억제와 편중여신의 완화 등이 여신관리제도의 주요 목표로 등장하게 되었음을 의미한다.

또한 재벌의 문어발식 확장에 대한 비판여론이 높아지자 1985년 3월에는 계열기업군으로 하여금 비주력업종을 신고토록 하고, 비주력업종에 대한 기업투자 및 부동산취득을 금지하는 등 주력업종으로의 전문화 유도가 새로운 목표로 추가되었다. 그리고 신규업종을 영위하기 위한 경우에는 기업투자액 또는 부동산취득액에 상당하는 규모의 비주력업체의 처분만을 자구노력으로 인정하였다.

이처럼 1980년대 이후의 여신관리제도는 기본적으로 부동산투기 억제, 경제력집중 억제 및 편중여신 완화 등에 대한 정치·사회적 분위기를 크게 반영하고 있다. 또한 여신관리제도는 정부가 성장주도산업을 중심으로 재벌의 합리화를 강제하는 주요 정책수단으로서 기능하고 있다. 이것은 여신관리제도가 단순히 은행여신의 총액한도관리라는 차원을 넘어서, 재벌의 재무구조를 개선하고 독점자본의 자금사용 용도를 통제하는 수단으로서의 중요성을 강조하고 있는 사실에서 알 수 있다.

물론 여신관리제도가 계열기업군의 재무구조를 개선하고 문어발식 확장을 억제함으로써 실제로 재벌의 합리화를 유도하는 효과를 낳았는가는 별개의 문제이다. 우선, 1986년부터 1990년간 30대 재벌의 평균 자기자본 비율은 17.4%에서 20.8%로 높아졌다. 그러나 이것은 1987~1989년 간의 증권시장 호황을 배경으로 한 것으로, 여신관리제도가 직접금융에 의한 은행대출금 상환을 강제한 효과는 있으나, 여신관리제도 자체가 재벌의 재무구조 개선에 기여하였다고 보기는 어렵다. 1989년 하반기 이후 증시침체로 유상증자가 어렵게 되자 자기자본 비율은 다시 악화되기 시작하였다. 또한 1986~1991년간 30대 재벌 중 23개 재벌이 계열기업 수를 증가시킨 것으로 나타나, 여신관리제도가 자구노력의무 부과 등의 조치에도 불구하고 재벌의 확장을 억제하는 데는 기여하지 못한 것으로 평가된다.

한편, 1991년 4월에는 여신관리제도가 대폭 개편되었다. 대출금 규모상위 30대 계열기업군별로 3개 이내의 주력업체를 선정토록 하고 이에 대해서는 여신한도관리 규제에서 제외하고 자구노력의무를 일부 완화하였다. '국제화추세에 대응하여 국내기업의 국제경쟁력을 강화'시킬 목적으로, 재벌의 업종전문화를 유도하고 산업구조조정을 촉진하기 위한 조치이다. 주력업체제도로 인하여 여신한도관리 대상에서 제외되는 대출금 규모를 살펴보면, 1990년 4/4분기 평잔 기준으로 5대 재벌의 경우 총대출금 106,246억 원 중 40.0%인 42,528억 원, 30대 재벌의 경우 총대출금 212,427억 원 중 44.5%인 94,568억 원이다. 따라서 재벌의 은행차입금을 규제한다는 여신관리제도의 원래 취지는 상당한 정도로 훼손되었다.

여신관리제도를 제조업 경쟁력 강화와 업종전문화를 지원하는 수단으로 이용하는 경향은 김영삼 정부 들어 더욱 강화되어 1994년부터는 기존의 주력업체제도가 주력업종제도로 바뀌었다. 10대 계열기업군에 대해서는 3개 이내, 11~30대 계열기업군에 대해서는 2개 이내의 주력업종을 선정토록 하고, 주력업종에 속한 계열기업 중 주력업종의 매출액 비중이 70% 이상인 기업을 주력기업으로 선정할 수 있도록 하였다. 주력기업에 대한 혜택은 크게 3가지로 나뉘어진다. ⅰ) 주력기업을 여신한도관리 대상에서 제외하는 등의 여신관리상 규제완화, ⅱ) 출자총액제한 상향조정 등 공정거래법상의 혜택, 그리고 ⅲ) 공업입지 및 기술개발에 대한 규제완화 등이 그것이다. 1994년 1월 현재 30대 계열기업군 각각이 총 69개 업종에서 112개의 주력기업을 선정하였다. 이것은 기존의 주력기업 78개사(주식분산 우량업체 포함)에서 18개사가 제외되고 52개사가 새로 추가된 것이다.

1990년대 여신관리제도의 변화는 여신관리제도가 국내기업의 국제경쟁력을 약화시켰다는 독점재벌의 불만을 반영하고 있다. 1980년대 중반 이래 여신관리제도의 두 축을 이루는 것이 경제력 집중 억제(편중여신 완화)와 제조업 경쟁력 강화(업종전문화)라고 한다면, 1980년대 말까지는 전자의 목적이 중심을 이루고 있었으나, 1990년대 들어서는 후자의 목적이 전자에 못지 않은 비중으로, 어떤 의미에서는 전자를 능가하는 비중으로 부상한 것이다. 재무부는 1991년 3월 6일 「제조업 경쟁력 강화와 전문화를 위한 여신관리제도 개편방안」이라는 심의안을 금융산업발전심의회에 제출하면서, 여신관리제도 개편의 목적이 업종전문화를 통한 제조업 경쟁력 강화에 있으며, 경제력 집중 억제는 공정거래법 등의 규제장치로 대처할 것임을 밝힌 바 있다. 결국 1990년대 업종전문화정책을 비롯한 정부의 재벌정책은 국제경쟁력 강화를 주된 목적으로 하고 경제력 집중 억제를 부차적 목적으로 하고 있다고 평가할 수 있다.

물론 이러한 여신관리제도의 개편에 대해서도 독점재벌은 강한 불만을 표출하였다. 독점재벌의 불만은, 첫째, 업종전문화정책을 정부가 주도하였다는 점[12]과, 둘째, 그 수단이 여신관리제도라는 점이다. 물론 정부와 독점재벌 사이의 갈등이 국제경쟁력 강화라는 목표 자체에 대한 견해 차이에서 비롯된 것은 결코 아니다. 오히려 국제경쟁력 제고의 중심에 독점재벌이 위치하고 있다는 데는 양자가 인식을 같이하고 있다. 다만 그 추진주체의 차이, 즉 정부주도와 재벌주도의 차이에서 오는 '채찍

---

12) 정부주도형 업종전문화정책에 대한 독점재벌의 비판을 정리하면 다음과 같다. 첫째, 기술융합현상이 가속화되는 현 상황에서 특정 시점을 기준으로 기업에게 주력업체를 선정하라고 요구하는 자체가 경쟁우위의 동태성을 무시하는 것이다. 둘째, 업종전문화정책은 유망한 잠재적 경쟁자를 봉쇄한다는 의미에서 법률적 진입장벽과 동일한 효력을 발생하게 된다. 셋째, 지대를 둘러싼 이윤추구행위가 만연되고, 정치적 자의성이 개입될 가능성이 증대한다. 넷째, 정부개입의 중요한 논리인 중복·과잉투자 여부를 판단할 정보를 정부가 가지고 있지 않다는 것 등이다. 공병호(1991: 24-45) 참조.

과 당근'의 정도가 문제가 될 뿐이었다.

결론적으로 여신관리제도는 각 시점에서 한국경제가 당면하였던 과제(재무구조 개선, 부동산투기 방지, 경제력 집중 억제, 국제경쟁력 강화)에 대한 정부의 대응전략을 반영하고 있다. 즉, 여신관리제도는 정부가 총자본의 입장에서 독점재벌에게 요구된다고 판단하는 모든 것을 실현하는 수단이었다. 그 결과 1980년대 이후 은행민영화 · 금융자율화조치에도 불구하고, 재벌의 은행차입에 대한 강력한 통제수단으로 기능하였다. 그러나 1990년대 들어 여신관리제도는 점차 경제력 집중 억제의 수단에서 국제경쟁력 강화의 수단으로 그 의미가 변질되었고, 이러한 추세하에서 그 폐지는 단지 시간문제였을 뿐이다. 결국 1997년 말 여신관리제도는 폐지되었다.

2) 제2금융권의 성장과 내부자본시장의 형성

금융자율화가 곧 은행에 대한 정부의 통제력 약화를 의미한 것은 아니었지만, 80년대 이후의 금융구조 변화는 기업지배구조, 특히 재벌의 지배구조에 커다란 변화를 야기하였다. 이것은 재벌의 지배하에 있는 제2금융권의 성장 및 내부자본시장의 형성으로 요약할 수 있다.

우선, 1972년 8.3조치를 통해 제도화된 제2금융권에 대한 재벌의 진출은 1980년대 이후 더욱 가속화되었다. 부실기업 정리과정에서 기존 금융기관의 인수, 금융기관 설립 규제 완화에 따른 신규진출 등을 통해, 적어도 양적인 측면에서는 1980년대 중반 이후 은행부분을 능가하는 수준으로(〈표 2-6〉 참조) 성장한 제2금융권에서 독점재벌은 지배적 지위를 확고히 구축하였다. 그 결과 여신관리제도의 효과를 반영하여 30대 재벌의 은행 대출금 점유비중은 급속히 하락하였지만, 제2금융권 대출금 점유비중은 여전히 높은 수준을 유지할 수 있었다(〈표 2-7〉 참조).

<표 2-6> 금융기관별 비중 추이 (년도별 잔액 기준)　　　　(단위 : %)

		1970	1975	1980	1985	1990	1995
예금 및 채권 발행 합계	예금은행	76.6	71.9	57.7	42.0	32.2	29.0
	보험연금	5.2	6.5	8.9	15.1	16.0	13.0
	기타	18.2	21.6	33.4	42.9	51.8	58.0
대출금 및 유가증권보유 합계	예금은행	75.1	68.7	60.1	47.7	36.0	32.6
	보험연금	1.9	2.6	5.3	9.0	11.9	10.6
	기타	23.0	28.7	34.7	43.3	52.1	56.8

자료 : 한국은행, 『경제통계연보』, 각 년도.
주 : 이 표는 자금순환표에 의한 것으로 IMF분류 방식에 의한 통상적인 금융기관에 비해 포괄범위가 넓
다(손해보험, 연금기금, 공적금융이 추가되어 있다). 따라서 통상의 통계자료에 비해서는 예금은행
의 비중이 낮게 나타나고 있다. 또한 우리나라의 은행은 은행업뿐만 아니라 신탁업도 겸영하고 있
는데, 통계상 신탁계정은 제2금융권으로 처리되고 있다.

<표 2-7> 30대 재벌의 대출금 점유 비중　　　　(단위 : %)

	1988	1989	1990	1991	1992	1993	1994	1995
은행대출금 점유 비중	23.7	20.7	19.8	19.5	19.0	16.6	14.8	13.9
제2금융권 대출금 점유 비중	32.4	36.6	37.8	36.6	35.9	37.1	37.2	38.4
전체 대출금 점유 비중	25.6	24.6	24.2	24.4	24.3	23.2	21.9	21.5

자료 : 박경서 · 손원익(1997: 10).

한편, 제2금융권 지배를 통한 자금동원 능력의 강화에 못지않게 중요
한 것이 바로 자금배분 측면에서의 의결결정권 집중화, 즉 총수 중심의 1
인 경영체제가 강화된 것이라고 할 수 있다.

전술한 바와 같이, 코즈(Coase, 1937)는 기업의 존재 이유에 대해, 시장
거래에 따르는 계약비용 또는 거래비용을 최소화하기 위해서 기업이라
는 조직이 시장거래를 내부화한 것으로 설명하였다. 즉, 독립된 경제주
체들이 필요한 때마다 적절한 거래상대방을 탐색하여 거래조건을 협상
하는 시장거래보다는 일정한 거래상대방들이 하나의 조직을 구성하여
필요한 경제활동을 내부화하는 것이 비용을 줄일 수 있는 경우가 있는
데, 기업이 바로 이러한 의미의 조직이라는 것이다.

따라서 다수의 계약집합체(nexus of contracts)인 기업은 이러한 비용을 극소화하는 조직구조를 유지해야만 장기적으로 존속·성장할 수 있다. 그런데 계약비용 또는 거래비용의 크기는 기업이 활동하는 경제환경에 따라 달라지게 되므로, 경제환경이 변한 경우 기업구조 역시 변화해야 한다. 그러나 기업구조의 변경에는 많은 조정비용이 수반되므로, 기업이 환경변화에 민감하게 대응하지 못하는 경우가 많다. 이 때 기업구조의 변화를 촉진하는 대표적인 제도적 장치 중의 하나가 기업 간 인수합병(M&A)이다.

이러한 관점에서 미국의 기업구조 및 산업조직의 변화를 역사적으로 살펴본 논의가 있다.[13] 미국의 M&A활동은 크게 나누어 네 번의 고조기(wave)를 경험하였다고 볼 수 있다. 첫 번째 1895~1904년의 수평적 기업결합의 시대(the horizontal merger wave), 두 번째 1916~1929년의 수직적 기업결합의 시대(the vertical merger wave), 세 번째 1961~1970년의 혼합합병의 시대(the conglomerate merger wave), 그리고 마지막으로 1981년부터 시작된 기업구조재편의 시대(the restructuring wave)가 그것이다.

이 중 한국의 재벌 문제와 관련하여 관심을 끄는 것은 세 번째 혼합합병의 시대와 네 번째 기업구조재편의 시대이다. 먼저 1961년경에 시작되어 1968년에 절정에 이른 세 번째 합병의 물결은 비관련 다각화를 통한 혼합합병의 물결이었다. 혼합합병의 결과 구축된 복합기업(conglomerate) 조직의 가장 큰 특징은 복합기업의 본부(또는 사령탑)가 자본시장의 역할이라고 할 수 있는 계열기업의 경영실적의 감시와 평가, 계열기업의 투자활동에 필요한 자원과 자금의 조달 및 배분, 계열기업의 전략적 계획수립에의 참여, 그리고 계열기업의 현금자산관리 등을 대신하였

---

13) 자세한 논의는 최도성(1994: 109-113) 참조.

다는 것이다. 결국 복합기업의 본부는 '내부자본시장'의 역할을 담당하였다고 볼 수 있다. 내부자본시장은 외부자본시장보다 훨씬 낮은 비용으로 복합기업이 사업다각화를 위한 자금을 조달할 수 있게 하였다.

한편, 미국에서 1981년부터 시작된 자산매각(sell-offs와 divestitures), 분사(spin-offs), 차입자금에 의한 기업인수(leveraged buyouts; LBOs) 등은 통상 기업구조재편 또는 재구축(restructuring)으로 요약되는데, 이것은 복합기업의 해체를 가져오고 있다고 평가된다. 이러한 현상은 경제환경의 변화에 기인한 것으로, 그 중 내부자본시장 논의와 관련된 주요한 환경변화를 지적하면 다음과 같다. 첫째, 금융산업에 대한 정부의 규제가 완화되면서 금융·자본시장이 크게 발달하고 또 전문화되었다. 일례로, 고수익 채권(소위 junk bond)의 등장은 그 동안 부채자금에 접근하기 어려웠던 많은 기업들로 하여금 쉽게 자금을 조달할 수 있게 하였다. 둘째, 기업공시제도가 강화되고 투자정보 분석기법이 혁신되면서 외부자본시장의 경영 감시·감독 기능은 크게 강화되었다. 반면, 복합기업의 관료적 조직환경 속에서 내부자본시장의 경영 감시·감독기능은 약화되었다.

서구의 이론과 미국의 사례를 한국에 적용하는 데는 많은 유보사항이 따르나, 이상의 논의로부터 한국의 재벌에 대한 몇 가지 시사점을 도출해보고자 한다. 우선 한국의 재벌은, 금융기관을 계열기업으로 포함하고 있던 그렇지 않던 간에 관계없이, 전형적인 내부자본시장의 구조를 갖고 있다. 재벌 소속의 각 기업은 법적으로는 독립적인 개별법인임에도 불구하고, 실질적으로는 총수가 총괄지배하는 그룹 집중경영제가 시행되고 있다. 총수는 계열기업 및 그룹 전체의 경영활동에 대한 감시와 평가를 수행하면서 그 결과 전략적 의사결정에 필요한 정보를 독점하고 있고, 이에 기초하여 주요 생산자원 및 자금의 조달과 배분을 배타적으로 결정하고 있다. 이러한 재벌의 내부자본시장적 특성을 가장 잘 표현하고 있는 것이 회장제 및 회장비서실(또는 기획조정실. IMF 사태 이후 구조조정본부로 명칭 변경)의 존재이다. 또한 계열사 간 상호출자 및 상호채무보증은 내부자본시장적 특성이 적용된 결과라고 할 수 있다.

IMF 사태 이후 내부자본시장적 특성이 재벌구조의 핵심이라는 사실이 분명히 드러났지만, 그 이전 김영삼 정부 당시에도 그 단초를 보여주는 사건들이 없었던 것은 아니다. 예를 들어, 1996년 4월 재정경제원의 신재벌정책이 발표된 직후, 공정거래위원회는 독자적으로 업무개선안을 대통령에게 보고하였다. 그 주요내용은 부당내부거래의 범위 속에 자금 및 정보의 제공을 포함하고(이것이 회장비서실의 고유업무임을 감안하면, 이는 회장비서실의 폐지를 의미한다), 계열사 간 상호채무보증한도를 자기자본 대비 200%에서 2년 내에 100%로 축소하며 5년 내에 완전 해소하는 방향으로 공정거래법을 개정하겠다는 것이었다. 신재벌정책의 경영투명성 제고조치에 대해서는 목소리를 낮추던 재벌들이 이 문제에 대해서는 크게 반발하고 나섰다. 그 결과 회장비서실 문제는 (언론에서 완전히 사라진 채 은밀히 논의가 진행되다가) 법개정 없이 기존 틀 내에서 개별 사안별로 단속하기로 하였으며, 상호채무보증 문제는 (재경원과 공정위 사이의 힘 겨루기가 요란하게 진행된 뒤) 상위재벌보다 하위재벌에 더 큰 충격을 준다는 것을 이유로 들어 그 기준을 크게 완화하기로 결론이 내려졌었다.

여기서 한 가지 주의할 것이 있다. 1996년의 신재벌정책 논란 과정에서 제동이 걸렸던 사항들이 IMF 사태 이후 모두 현실화되었다는 사실이다. 즉, IMF 사태 이후의 재벌개혁조치는 매우 충격적인 것이지만, 이것이 어느 날 갑자기 하늘에서 떨어진 것은 아니다. 재벌구조의 문제점은 이미 오래 전부터 잘 알려져 있었다. 문제는 이를 실현할 개혁주체와 개혁의지의 부재였다.

그러면 재벌을 내부자본시장으로 이해한다고 할 때, 이러한 구조적 특성을 발생·유지시키는 경제적 배경은 무엇인가? 무엇보다 먼저, 재벌구조는 개별기업이 외부의 금융·자본시장에 직접 접근하는 것보다 더 많은 자금을 더 낮은 비용으로 조달하는 것을 가능하게 해 준다. 총수 및 그 일가족이 10%에도 못 미치는 지분을 소유하고 있음에도 불구하고, 그룹 전체에 대해 절대적 지배력을 보장해주면서 동시에 가공의 자기자본을 창출하는 계열사 간 상호출자, 부동산담보 대출이 지배적인 금융관행하에서 신용대출을 가능하게 하는 계열사 간 채무보증, 정치권에 독점적 지대의 일부를 지불하면서 구축한 정경유착의 고리 등이 그 대표적인 메커니즘이다. 물론 이러한 메커니즘은 과거 정부주도적 경제개발 전략하에서 금융부문이 산업정책의 수단으로 전락한 결과 금융부문이 매우 낙후된 현상을 반영하며, 현 상황에서도 여전히 유의미하다. 다만 금융자율화와 금융개방화가 급진전되어 기업들이 다양한 경로를 통해 좀더 손쉽게 자금을 조달할 수 있는 길이 확보된다면, 자금조달 측면에서 재벌구조가 갖는 중요성은 점차 감소할 것으로 예측할 수 있다.

그러나 자금조달 측면에서 재벌기업과 독립기업 사이의 격차가 감소할 가능성 자체가 곧바로 내부자본시장으로서의 재벌구조의 해체를 의미하는 것은 아니라는 점에 유의해야 한다. 자금을 조달하는 것뿐만 아니라, 기업경영에 대해 사전적 감시와 사후적 감독활동을 수행하고 그 결과에 따라 자금을 배분하는 것 역시 자본시장의 본질적 기능이다. 따라서 자금배분과 관련하여 총수를 정점으로 하는 내부자본시장의 기능이 외부자본시장의 기능을 압도할 만큼 강력한 한 총수의 입장에서는 재벌구조를 유지할 능력과 유인을 갖게 된다. 특히 이른바 민간주도 경제로의 전환이 진전되면서, 정부·경쟁재벌·외부금융기관·노조 등으로부터 자금배분 측면에서의 자율성을 확보하는 것은 더욱 더 중요해졌다고 할 수 있다.

따라서 금융자율화·개방화가 진전되고 재벌경영의 투명성이 제고된다면, 재벌이 금융기관을 소유한다고 해서 문제될 것이 없다는 논리는 커다란 오류가 아닐 수 없다. 총수가 소유집중을 기초로 그룹 전반의 자원배분에 관한 의사결정권을 독점하는 한 내부자본시장으로서의 재벌구조는 여전히 강력한 힘을 발휘할 것이며, 여기에 금융기관, 특히 은행을 명시적으로 소유하게 된다면 그 영향력은 더욱 체계화될 것이다.

내부자본시장으로서의 재벌의 구조적 특징을 대변하고 있는 계열사 간 채무보증 및 상호출자의 의미를 좀더 구체적으로 살펴보자.

금융기관은 외부자로서 기업의 경영활동을 감시·감독한다. 미국의 예에서 보듯이, 외부자로서의 금융기관의 활동은 주로 주식시장을 통해 강력하게 이루어질 수 있다. 증권거래법상의 상장주식 대량취득 제한 규정이 폐지된 1997년부터 우리나라에서도 공식적으로 M&A가 허용되었으므로, 그 긍정적 역할을 기대하기 위해서는 주식시장을 안정적이고도 효율적으로 발전시키는 조치가 필요하다.

그러나 주식시장의 발전에 못지 않게 시급했던 것이 재벌의 계열사 간 채무보증을 해소함으로써 은행의 대출관행을 정상화하는 것이었다. 은행도 자금을 대출하는 과정에서 차입기업의 경영활동을 감시·감독한다. 그런데 재벌구조하에서는 은행의 대출과정에서 개별기업이 감시와 감독의 대상이 되기보다는 그 기업이 속한 그룹 전체의 경영성과가 더 중요한 기준이 될 수밖에 없다. 이러한 금융관행을 가장 직접적으로 나타내는 것이 바로 계열사 간 채무보증이었다. 은행이 계열사 간 채무보증을 대출위험에 대한 안전장치로 인식하는 이상, 비계열 독립기업에 대출할 때에도 동일한 정도의 안전성을 확보하기 위해 부동산담보에 집착하게 되고 결국 왜곡된 금융관행은 더욱 강화될 수밖에 없었다.

계열사 간 채무보증은 그룹 전체의 신용력을 바탕으로 자금을 차입할 수 있게 해주므로, 부동산담보를 제공해야만 차입할 수 있는 독립기업에 비해 계열기업이 우월한 지위에 서게 된다. 또한 계열사 간 채무보증은 한계기업의 퇴출을 지연시키고, 개별기업의 재무적 위험을 그룹 전체에 파급시키는 결과를 낳는다. 이 모든 효과는 차입기업의 경영활동에 대한 감시·감독을 통해 자금의 효율적 배분을 가져오는 금융기관의 본래적 기능을 마비시키는, 따라서 내부자본시장으로서의 재벌구조의 특징을 보여주는 단적인 예이다.

한편, 정부는 1993년 공정거래법 개정을 통해 30대 재벌구조의 채무보 증한도를 자기자본의 200% 이내로 규제하였다. 그 결과 〈표 2-8〉에서 보는 바와 같이, 30대 재벌의 규제대상 채무보증 비율이 1993년의 342.4% 에서 1997년 47.7%로 급격히 감소하였다. 그 감소추세를 볼 때 계열사 간 상호채무보증의 해소는 불가능한 일이 결코 아니었다. 이런 손쉬운(?) 과제도 내부의 힘에 의해 해결하지 못했다는 사실이야말로 IMF 사태의 발생 원인이 무엇이었는가를 단적으로 보여주는 것이다.

다른 한편, 금융기관은 지분 보유를 통해 기업경영에 참여하기도 한 다. 투자수익 목적에만 관심을 가질 뿐 기업경영에 개입하는 것에는 소 극적이었던 미국의 기관투자가들도 1990년대에 들어서는 적극적으로 영향력을 행사하는 경향을 보이고 있다. 1990년대 이후 M&A시장이 위 축되면서 경영감시활동에 공백이 생겼는데, 기관투자가들이 대량 보유 한 주식을 단순히 매각하는 전략은 큰 자본손실을 발생시키기 때문에 결

〈표 2-8〉 30대 재벌의 규제대상 채무보증 금액 및 비율 추이

(단위 : 조 원, %)

		1993.4	1994.4	1995.4	1996.4	1997.4	1998.4	1999.4
채무보증 금액	합계 (A)	165.5	110.7	82.1	67.5	64.9	63.5	22.4
	규제대상 (B)	120.6	72.5	48.3	35.2	33.6	26.9	9.8
	제외 (C)	44.9	38.2	33.8	32.3	31.3	36.6	12.6
자기자본 (D)		35.2	42.8	50.7	62.9	70.4	68.1	100.1
채무보증비율	A/D	469.8	258.1	161.9	107.3	92.2	93.1	22.3
	B/D	342.4	169.3	95.2	55.9	47.7	39.5	9.7

자료 : 공정거래위원회.

국 기관투자가 스스로가 감시활동을 수행할 수밖에 없었던 것이다.[14]

일본과 독일의 경우에는 은행이 내부자로서 기업경영에 참여하고 있는데, 여기에는 은행과 기업 사이에 구축된 장기적 신뢰관계가 바탕이 되고 있다고 하나, 무엇보다 은행이 경영권에 영향을 미칠 정도의 지분을 보유하는 것이 전제조건이 된다.

그러나 우리나라의 금융기관은 재벌 총수의 경영권에 유의미한 영향을 미치지 못하고 있다. 기관투자가로서의 행동원칙을 확립하지 못한 것도 사실이지만, 재벌의 높은 내부지분율 때문에 금융기관이 대주주의 지위를 확보하지 못하고 있기 때문이다.

1990년대에 들어 공정거래법에 의해 직접적인 상호출자를 금지하고 출자총액을 순자산의 25% 이내로 제한하는 조치를 취함으로써 30대 재벌의 내부지분율은 1991~1994년간 약간 하락하였지만 여전히 40% 이상의 높은 수준을 유지하였고, 그 이후에는 내부지분율이 오히려 크게 상승하였다(〈표 2-9〉 참조).

이처럼 높은 수준의 내부지분율이 유지되는 것은 계열사 간 상호출자 때문이다. 30%를 넘는 계열사 간 상호출자 지분으로 인해, 재벌총수 개인 및 특수관계인의 지분은 10%남짓에 불과한데도 불구하고 그룹 전체에 대한 의사결정권을 독점할 수 있는 것이다.

따라서 계열기업의 상호출자 지분을 대폭 축소하기 전에는 금융기관뿐만 아니라 그 어떠한 이해관계자도 재벌의 경영에 참여하기 어렵다. 재벌 스스로 계열기업 상호출자 지분을 축소할 아무런 유인이 존재하지 않으며, 더욱이 1997년부터 허용된 M&A 위협에 직면하여 재벌총수의 경영권 보호를 위해서 더욱더 상호출자에 의존할 것으로 예상되는 상황에서 자연스러운 소유분산 과정을 통해 재벌구조가 완화되기를 기대할

---

14) 최운열(1994: 81-84), 밀그롬과 로버츠(Milgrom & Roberts, 1992: 497-498 및 520) 참조.

<table>
<tr><th></th><th>1991.4</th><th>1992.4</th><th>1993.4</th><th>1994.4</th><th>1995.4</th><th>1996.4</th><th>1997.4</th><th>1998.4</th><th>1999.4</th></tr>
<tr><td>동일인 및 특수관계인</td><td>13.9</td><td>12.6</td><td>10.3</td><td>9.7</td><td>10.5</td><td>10.3</td><td>8.5</td><td>7.9</td><td>5.4</td></tr>
<tr><td>계열기업 상호출자</td><td>33.0</td><td>33.5</td><td>33.1</td><td>33.0</td><td>32.8</td><td>33.8</td><td>34.5</td><td>36.6</td><td>45.2</td></tr>
<tr><td>내부지분율 합계</td><td>46.9</td><td>46.1</td><td>43.4</td><td>42.7</td><td>43.3</td><td>44.1</td><td>43.0</td><td>44.5</td><td>50.5</td></tr>
</table>

〈표 2-9〉 30대 재벌의 내부지분율 추이 (단위 : %)

자료 : 공정거래위원회

수는 없다.

M&A활동에 의해 경영권이 지나치게 불안정해지는 것을 방지하면서도 동시에 여러 이해관계자의 경영참여를 보장하는 것은 양립하기 어려운 일이기는 하지만, 기관투자가가 안정주주 역할을 하면서 또한 내부자로서 경영활동을 감시·감독하는 것이 비교적 단기간 내에 실현가능한 대안이라고 할 수 있다. 물론 이 역시 재벌총수의 입장에서는 자발적으로 받아들일 유인이 없는 것이 현실이므로, 정부의 정책적 조치가 부가되어야 한다. 즉, 출자총액한도를 25% 이하로 더욱 낮추고, 재벌의 금융기관 차입금을 출자금으로 전환하는 조치가 취해져야 한다. 이에 비추어 볼 때, 1998년 초 오히려 출자총액한도 규제를 폐지했다가 1999년에 다시 부활하면서, 그나마 시행 시기를 2001년으로 늦추고 또 많은 예외조항을 인정한 것은 재벌개혁과 금융개혁의 양 측면에서 모두 심각한 후퇴라고 할 수 있다.

결론적으로, 1980년대 이후의 금융자율화 과정은 정보획득 및 기업통제권 행사의 측면에서 금융기관의 역할을 강화하기보다는 내부자본시장으로서의 재벌구조를 만들어냄으로써, 1980년대 초 개발금융체제하의 축적위기와는 또 다른 형태의 위기를 낳은 원인이 되었다.

6. 결론

이 연구는 정부, 금융기관, 기업(의 소유경영자, 특히 재벌총수) 등 주요 경제주체들의 행동유인을 금융구조의 변화라는 관점에서 통시적으로 살펴보았다.

요약컨대, 경제개발 초기부터 자체 재원조달(재정자금)의 한계에 직면한 정부는 민간자금의 직접적 통제수단에 의존할 수밖에 없었으며, 이것은 금융기관의 역할을 산업정책의 전달창구로 전락시켜버렸다. 이러한 환경에서 기업의 입장에서는 외부 차입자금을 동원하여 생산능력의 증가를 위한 설비투자에 주력하는 것이 최선의 경영전략으로 자리잡았으며, 협의의 기업지배구조, 특히 정보획득 및 기업통제권 행사의 측면에서 금융기관의 미시적 행동유인은 개입할 여지가 없었다.

1980년대 이후의 금융자율화 과정은 이상의 개발금융체제가 갖는 한계에 대한 반성에서 출발하였으나, 경제운용 메커니즘의 중심축을 국가에서 시장으로 이전시킨 것은 아니었다. 계열기업군 여신관리제도가 상징하듯 은행부문에 대한 정부의 통제력은 여전히 유지되는 가운데, 은행부문을 능가하는 수준으로 성장한 제2금융권에 대해 재벌이 지배적 지위를 확립하였다. 또한 재벌은 급성장한 자금동원력을 바탕으로 자금배분에 관한 의사결정권 집중을 더욱 강화함으로써 외부자의 감시·감독을 철저히 배제하는 내부자본시장 구조를 완성하였다. 이것은 외형적 금융자율화의 진전에도 불구하고 금융기관의 정보획득 및 기업통제권 행사 유인을 봉쇄하는 결과를 가져왔으며, 과거와는 다른 형태의 축적위기를 야기한 주요한 원인이 되었다.

결론적으로, 거시적 측면에서의 경제성장과 안정, 그리고 미시적 측면에서의 효율성과 참여민주주의를 조화시킬 수 있는 금융기관의 새로운 유인구조를 정착시키는 것은 향후 한국 경제의 발전을 위한 중차대한 과제라고 할 수 있으며, 이것은 금융기관의 소유지배구조를 재설계하는 데에서부터 출발하여야 할 것이다.

| 참고문헌 |

공병호, 1991, 『정부주도형 업종전문화정책의 문제점과 개선방향』, 한국경제연
        구원.
김상조, 1993, 「설비자금의 동원 및 배분체계에 관한 연구」, 서울대학교 박사학
        위논문.
_____, 2000, 『재벌과 금융-그 진정한 개혁을 위하여』, 대한발전전략연구원.
박경서 · 손원익, 1997, 『기업의 재무구조개선을 위한 금융 및 조세정책 방향』,
        한국금융연구원.
재무부, 1982, 『재정투융자백서』.
_____, 1989, 『재정투융자백서』.
전병유, 1998, 「동아시아에서의 성장, 조절, 위기의 메커니즘에 관한 일 시론」, 한
        국사회경제학회.
최도성, 1994, 「M&A 시장과 기업경쟁력」, 중앙대학교 경영연구소, 『기업경쟁력
        과 지배구조』, 제4회 중앙대학교 경영포럼.
최운열, 1994, 「기관투자가의 안정주주화」, 중앙대학교 경영연구소, 『기업경쟁
        력과 지배구조』, 제4회 중앙대학교 경영포럼.
한국산업은행, 『설비투자계획조사』, 각 호.
한국은행, 『경제통계연보』, 각 년도.

Aghion, P. and P. Bolton, 1992, "An Incomplete Contracts Approach to
        Financial Contracting", *Review of Economic Studies* Vol. 59, pp.473-
        494.
Broecker, T., 1990, "Credit-worthiness Tests and Interbank Competition",
        Econometrica Vol. 58, pp.429-452.
Cameron, R., 1967, "Conclusion", R. Cameron ed., *Banking in the Early Stage of
        Industrialization*, Oxford University Press.
Crisp, O., 1967, "Russia, 1860-1914", R. Cameron ed., *Banking in the Early Stage*

of Industrialization, Oxford University Press.

Diamond, D. W., 1984, "Financial Intermediation and Delegated Monitoring", *Review of Economic Studies* Vol. 51, pp.393-414.

Edwards, J. and K. Fisher, 1994, *Banks, Finance and Investment in Germany*, Centre for Economic Policy Research, Cambridge University Press.

Hart, O. D. and J. H. Moore, 1989, "Default and Renegotiation: A Dynamic Model of Debt", London School of Economics, *STICTERD Discussion Paper* No. 192.

Hellwig, M. F., 1989, "Asymmetric Information, Financial Markets, and Financial Institutions", *European Economic Review* Vol. 71, pp.277-285.

Hughes, A., 1991, "Mergers and Economic Performance in the UK: a Survey of the Empirical Evidence 1950-1990", J.A. Fairburn and J. A. Kay eds., *Mergers and Merger Policies* (2nd edn), Clarendon Press.

Jensen, M. C. and W. H. Meckling, 1976, "Theory of the Firm: Managerial Behaviour, Agency Costs, and Ownership Structure", *Journal of Financial Economics* Vol. 3, pp.305-360.

Journal of Economic Perspectives, 1988, "Symposium on Takeovers" Vol. 2, pp.3-82.

Kreps, D. M., 1990, *A Course in Microeconomic Theory*, Harvester Wheatsheaf.

Milgrom, P. and J. Roberts, 1992, *Economics, Organization and Managements*, Prentice-Hall.

Modigliani, F. and M. H. Miller, 1958, "The Cost of Capital, Corporate Finance and the Theory of Investment", *American Economic Review* Vol. 48, pp.261-297.

Myers, S. C., 1977, "Determinants of Corporate Borrowing", *Journal of Financial Economics* Vol. 5, pp.147-176.

Patrick, H. T., 1967, "Japan, 1868-1914", R. Cameron ed., *Banking in the Early Stage of Industrialization*, Oxford University Press.

Scherer, F. M. and D. Ross, 1990, *Industrial Market Structure and Economic Performance* (3rd edn), Houghton Mifflin.

Stiglitz, J. E., 1974, "On the Irrelevance of Corporate Financial Policy", *American Economic Review* Vol. 64, pp.851-866.

제3장

기업-금융 관계의 변화

—부실기업정리제도를 중심으로

송홍선

1. 서론

기업-금융 관계는 크게 기업의 자금조달 측면과 기업 부실로 인한 채무(금융)계약의 재조정 측면에서 파악할 수 있다. 자금조달 측면에서는 기업이 은행과 시장 중 어디서 자금을 조달했는가에 따라 조달비용, 지배구조 등의 성격이 결정된다. 채무 재조정 측면에서는 채무의 성격에 따라 효율성과 형성평을 담보하는 채무의 재조정방식이 달라질 수 있다. 기업-금융관계를 이해하는 이 두 측면은 또한 인과적인 관련성을 갖는다. 자금조달 특성에 따라 채무재조정방식이 영향을 받기 때문이다. 이 글에서는 두 측면 모두를 분석하지는 않고, 주로 채무 재조정 측면을 중심으로 우리나라 기업-금융관계의 변화과정을 추적하고 일정한 함의를 도출하는데 목적이 있다.

IMF 경제위기 이후 한국경제는 금융위기과정에서 드러난 과거의 기업 및 금융 부실을 정리(resolution)하는 데 국가적 총력을 쏟았다. 다시 말해 채무불이행 상태의 채무계약을 재조정하는 데 많은 노력을 쏟은 것이다. 우리나라는 지난 1960년대 이래 약 10년 주기로 위기를 반복해서 겪고 있지만 최근의 경제위기는 위기의 양상이나 전개방식이 과거와 사뭇 달랐다. 과거에는 경제 각 부분의 부실이 있는 그대로 표면화되지도 않았으며 부실 채무를 재조정(정리)하는 데 지금처럼 이해당사자 간의 갈등이 드러나고 국민적 합의의 중요성이 부각되지도 않았다. 이는 기업-금융 간 채무 재조정의 방식과 그 효율성 및 형평성 이슈가 과거와 달라졌다는 것을 의미한다.

이 글은 부실기업을 정리한다는 게 어떤 의미가 있고 정리과정에서 내재한 경제적 문제가 무엇인가를 살펴본 후 과거 우리나라의 부실기업 정리방식이 갖는 여러 경제적 측면(효율성, 실행가능성 등)을 평가하고 외환위기 이후의 부실기업 정리방식을 마찬가지 기준으로 평가하는 데 목적이 있다. 2절에서는 계약이론의 관점에서 계약의 재조정(부채재조정) 과정에서 발생하는 무임승차, 버티기(hold-out), 도덕적 해이 등의 인센티브 문제를 지적하고, 금융계약의 형태(은행차입, 주식, 채권 등)에 따라 이 같은 인센티브의 심각성은 다르며 그렇기 때문에 계약 형태에 따라 조정비용을 줄이는 정리방식이 따로 존재할 수 있음을 지적한다.

3절에서는 외환위기 이전, 특히, 80년대까지 우리나라 부실기업의 정리는 비록 관치금융이라는 정치논리가 강하게 스며있었지만 효율성 면에서는 반드시 열등하다고 할 수 없고 형평성 면에서도 부실정리에 따른 손실분담이 고인플레이션에 의해 어느 일방에 집중되지 않고 사회화될 수 있었다는 점을 지적한다. 반면에 외환위기 이후 부실기업정리제도는 관치금융의 여지가 줄고 부실기업의 정리를 순수 경제적 문제로 접근하고 있음에도 불구하고 채권자 간의 이해상충을 완화할 메커니즘이 부재한 혼란상태가 지속되고 있어, 효율성과 형성평 어느 면에서도 긍정적이지 못함을 지적한다. 4절에서는 요약 및 결론을 맺는다.

2. 기업 부실과 금융계약

1) 도산과 인센티브

상승과 하강을 반복하는 경제적 동학 과정에서 경제주체 간의 경제적 지위는 균질적이지 않다. 어떤 경제주체는 더 크게 번성하고 또 어떤 경제주체는 쇠락한다. 슘페터는 불균등 발전을 동반하는 이러한 동학 과정에 내재한 혁신의 문제를 창조적 파괴(creative destruction) 과정이라고 묘사하고 있다. 여기서 창조는 경쟁에서 살아남은 기술과 기업을, 그리고 파괴는 경쟁에서 도태되는 기술과 기업을 일컫는다.

창조적 파괴가 효율적으로 이루어지려면 먼저 자원의 자유로운 이동이 전제될 필요가 있다. 그렇지만 효율적인 혁신의 과정과 효율적인 노후(obsolete) 기술의 파괴 과정이 동일한 조건에서 이루어지는 것은 아니다. 효율적인 혁신과정은 경쟁 여건이 조성되고 공정한 게임의 법칙이 동태적으로 일관되게 유지되면 가능할 수 있지만 파괴의 과정은 단순히 경쟁 여건을 조성한다고 효율적으로 이루어지는 것은 아니다. 왜냐하면 경제적 도산은 자산이 부채보다 작을 때 일어나기 때문에 채권자에게 자산을 분배하는 과정에서 불가피하게 공공재의 생산과 유사한 경제적 문제를 발생시키기 때문이다. 파괴의 과정에서 경제주체의 형평성과 기회주의, 인센티브 문제를 어떻게 해결하는가가 효율적 퇴출의 핵심적인 문제라고 할 수 있다.

자산보다 부채가 많으면 채권자들이 손실을 입게 되지만, 담보의 유무, 우선순위 등에서 차이가 있으므로 채권자들 간에 손실분담이 일률적이지 않다. 때문에 변제순위가 앞선 선순위 채권자는 경영진이나 채권단협의에서 제시하는 기업정상화방안이나 정리방안 중 자신에게 손실 분담이 많이 돌아오는 정상화방안에 대해서는 동의하지 않으려 하며 그것이 그들에게는 합리적인 전략이 된다. 모든 이해관계자들은 이처럼 자신에 유리한 손실분담 방안이 나올 때까지 버티기(holdout)를 계속하는 것이 합리적인 전략이 된다. 그러나 이 같은 버티기가 지속될수록 녹아 내리는 아이스크림처럼 기업 정상화는 지연되고 부실기업의 가치는 더욱더 감소할 것이다. 때문에 버티기는 단기적으로 우월한 전략이지만 파레토 우월전략은 아닐 수 있다. 모든 채권자들이 버티기 없이 빨리 손실을 분담해서 기업을 갱생시키는 것이 궁극적으로 모든 이해당사자들이 자산의 채권 혹은 주식의 가치를 극대화하는 것이기 때문이다.

부실기업 정리는 경제학에서 수인의 딜레마 게임과도 같다. 즉, 부실기업 정리는 사회적으로 파레토 개선의 여지가 있음에도 그러한 선택이 채권자 간의 이해관계의 상충과 버티기 전략으로 인해 도달되지 못하는 결과가 초래되기 때문이다. 물론 부실기업 정리 게임이 무한히 반복되어 학습효과로 인해 배신과 보복이 없는 게임이라면 버티기가 사라지고 파레토 우월한 선택을 할 수 있으나, 일회적(one-shot) 게임인 기업 파산의 경우 상대방 채권자를 철저히 믿지 않는 것이 합리적이므로 이해관계자가 많은 기업 파산일수록 자율적으로 효율성을 달성하기는 어렵다.

때문에 채권자 간의 이해를 조정하는 제도적 장치는 어느 나라에서도 필수적이다. 대부분의 나라들은 이를 위한 사법적 제도를 갖추고 있다. 미국의 파산법 11장(chapter 11)과 파산법 7장(chapter 7), 우리나라의 파산법, 회사정리법 등이 그것이다. 또한 사법부 밖에서의 비공식적(out-of-court) 제도들도 있다. 미국도 사적 당사자 간의 화의절차가 있고, 우리나라는 산업합리화조치, 워크아웃협약 등 1960년대 이래 다양한 비공식적 절차가 존재하고 있다.

2) 공통의 이해 : 파산비용

부실기업의 경우 당사자 간의 이해상충으로 버티기와 무임승차 문제가 만연할 수 있지만 이들 간에는 공통의 이해관계도 있다. 기업이 파산절차를 밟게 되면 파산비용으로 잔여 가치가 더욱 감가되기 때문에 가급적 파산비용이 적게드는 파산절차를 선택하려 한다.

파산과련 비용은 크게 두 종류이다. 우선 도산한 기업이 파산절차를 밟으면 실제 지불해야 하는 회계적인 직접비용이 있다. 가령, 변호사비용, 회계사 선임비용, 투자은행의 자문비용 등의 거래비용이 든다. 대체적으로 많은 연구들에 따르면 직접비용이 상당한 규모라는 결과를 제시하고 있다(White, 1989; Altman, 1984). 그리고 간접비용을 들 수 있는데, 가령, 경영자가 파산 절차에 몰입하다가 좋은 투자기회를 놓칠 가능성이나 경영자가 파산절차에 얽매여 낭비한 업무시간 등으로 기업자산의 가치가 감가될 경우 주주, 채권자의 입장에서는 간접비용이 된다. 그리고 파산비용으로 분류할 수는 없지만, 기업이 도산하면 경영자는 경영권을 잃게 되어 자신의 인적자본이 심각하게 손상되거나 평판자본(reputational capital)에 커다란 손상을 입게 된다. 때문에 경영자의 경영권 상실 위험은 부실기업의 파산 결정에 영향을 미치는 또 다른 요인이다.

직간접적인 파산비용 때문에 부실기업들이 모두 공식적인(in-court) 파산을 신청하지는 않는다. 이해관계자들은 파산비용을 최소화하면서도 채권변제요구을 적절히 방어할 수 있고 손실분담비율을 조정할 수 있는 비공식적인 도산 관련 절차를 이용하려는 유인이 있다.

3) 부실기업 정리방식: 공식적 정리와 사적 정리

길슨 등(Gilson et al., 1990)에 의하면 부실기업은 공식적 정리와 비공식적 정리 중 어떤 방식으로 정리할 것인가는 다음 두 가지 요인에 의해 결정된다. 첫째, 비공식적 정리와 공식적 정리 중 파산에 따른 직접비용이 낮은 정리방식을 선호한다. 둘째, 채권자들이 부채조정과정에서 손실을 덜기 위해 버티기를 할 유인이 강할수록 비공식적 정리방식이 채택되기는 힘들 것이다. 기업규모가 클수록 채권자 간 이해상충은 커지며 버티기 가능성이 크다. 따라서 기업규모가 크고 채권자 간 이질성이 클수록 버티기 등의 이해상충을 적극적으로 조정해줄 수 있는 중앙집권적 조정기구가 존재할 때 비공식적 정리 방식이 선호될 것이다.

(1) 정리방식간 상대비용 분석

공식적 정리와 사적 정리 간의 상대적 비용을 수량화하기는 쉽지 않지만 미국의 경우 몇 몇 연구들이 보고되고 있다. 슈타인(Stein, 1989)은 미국의 사례를 통해 공식적인 정리의 경우 절차적으로 복잡하여 사적 정리보다 직접비용이 높다고 주장하고 있다. 파산결정 전에 공식적인 법적 절차를 밟아야 하고 여기에 많은 시간적 비용이 지불되기 때문이다. 더구나 공식적 파산과정에서 법률자문을 해주는 변호사는 자신의 수임료가 무보증 일반채권보다 우선권을 갖는 채권이기 때문에 기업이 파산과정에 오래 머물기를 원하는 등 인센티브 왜곡이 발생한다. 간접비용 면에서도 공식적인 파산과정이 사적 정리보다 더 오랜 시간이 걸리기 때문에 더 많은 기회비용의 손실이 있다.

물론 공식적 정리제도의 직간접적 비용은 다음과 같은 제도적 요인에 의해 상쇄되기도 한다. 첫째, 파산법 11장의 자동유예(automatic stay). 이 조항은 파산신청과 동시에 채권행사가 동결되는 것으로 채권자들의 무자비한 채권회수를 예방하기 위해 도입된 것으로 간접비용을 절감하는 효과가 있다. 우리나라 법정관리의 경우 신청 후 15일 이내에 자동보전

처분을 통해 채권을 동결하는 제도를 두고 있다. 둘째, 소위 DIP(Debtor-In-Possession) 조항. 이 조항은 신규지원자금에 대해 우선변제권을 인정하는 것으로 과소투자 유인(Myer and Majluf, 1984)을 완화하고 추가적인 기업 가치의 하락을 막을 수 있다. 한국도 법정관리상태에서 신규지원자금은 공익채권으로 분류하여 우선변제를 해주고 있는데 이 같은 신규자금에 대한 우선변제권은 단기무역신용에 대한 수요가 크고 무보증 자산이 적은 기업들에게 매우 유익하다.

　그럼에도 파산비용으로 인해 어떤 나라나 부실기업들은 비공식적인 정리방식절차를 우선적으로 밟는게 일반적이나 채권구성이 복잡한 대기업의 경우 중앙집권적인 조정기구가 존재하는 나라를 제외하고는 버티기로 인한 간접비용의 급증 우려 때문에 공식적인 파산절차를 밟는 것이 일반적이다.

(2)계약형태와 부실정리방식

　금융계약에는 크게 은행 대출을 포함한 사모(private placement) 금융계약과 불특정 다수로부터 자금을 조달하는 공모 금융계약이 있는데, 이들은 채무의 재조정방식에서 커다란 차이가 있다. 공모 계약의 대표적 형태가 자본시장을 통한 주식 및 회사채 계약이며, 사모 방식의 대표적 형태로는 은행의 대출계약이 있다. 이들 계약은 미래의 불확실성을 모두 포괄하지 못하는 불완전 계약으로 예상치 못한 충격이 있을 경우 계약이 재조정되는 방식이 다르다.

　동일한 부채라고 하더라도 공모냐 사모냐에 따라 채무재조정 방식은 달라진다[1]. 대출계약이나 사모 주식 혹은 사채는 당사자 간의 쌍무계약

---

1) 주식은 기업이 파산하면 가치가 소멸하므로, 권리의 재조정 대상이 아니므로 여기서 논의하지 않기로 한다. 윌리엄슨(Williamson, 1996)은 주식 계약을 잔여청구권(residual

이므로 계약에 따른 위험과 통제권의 배분이 당사자 간의 협상을 통해 관계특수적(relation-specific)으로 조정된다. 공모 사채는 기업과 다수의 투자자 간 계약이기 때문에 관계특수적인 협상은 오히려 비효율적이며 가격기구를 통한 조정이 주된 방식이 된다. 따라서 사적 부채계약은 관계적 계약(relational contract), 공적 부채계약은 시장계약(arm's length contract)이라 할 수 있다.

채무조정과 관련하여 공모와 사모계약의 중요한 첫 번째 차이는 관련 채권자의 숫자이다. 채권자의 수가 많을수록 이해상충이 커지는 것은 당연한 것이다. 특히, 비공식적 정리절차는 법적인 강제력이 없기 때문에 계획안은 만장일치의 동의를 필요로 하며 계획에 반대하는 채권자들은 언제든지 채권의 회수를 요구할 수 있다. 사모채권의 채무 조정비용이 낮은 이유가 여기에 있다. 미국의 경우 Trust Indenture Act(1939)에 따라 공모사채의 약관(covenants) 변경은 만장일치의 동의를 필요로 하고 있어 채권자의 버티기와 무임승차 문제가 심각할 수 있다. 우리나라의 워크아웃제도 혹은 기업구조조정촉진법은 버티기에 따른 기업가치의 손

〈표 3-1〉 계약 형태별 특성

	관계적 계약(relational contract)	시장계약(arm's length contract)
금융상품	대출, 사모증권(주식, 채권)	공모증권(주식, 채권)
상품특성	비표준적	표준적
정보흐름	쌍방적, 폐쇄적	분산적, 개방적
조정방식	관계특수적 조정(voice)	가격조정(exit)
부실정리	채권단 주도	시장 주도
금융제도	은행중심 금융제도	자본시장중심 금융제도

claimants)과 잔여통제권(residual control)을 갖는 재량적 지배(discretionary governance)의 금융계약으로, 그리고 원리금이 계약 당시에 확정되는 채권계약을 룰이 지배(rule governance)하는 금융계약으로 정의한다.

상을 막기 위해 정리계획안의 의결기준으로 만장일치보다는 완화된 조건을 명시하고 있다. 때문에 스미스와 워너(Smith & Warner, 1979)는 비공식적 정리는 사모사채의 경우에 보다 쉽게 이루어질 수 있다고 주장하고 있다. 반대로 자본시장에서 불특정 다수를 상대로 기채한 공모채권의 비중이 높은 기업이 비공식적 정리절차를 밟으면 버티기 유인 때문에 이해상충 문제로 채무재조정이 더 어려워진다(Gilson et al., 1990).

그런데 부실기업의 채무 재조정은 부실기업 관리인과 개별 채권 간의 일대일 재조정이 아니라 공모사채와 사모사채, 사모사채 중에서도 담보유모, 우선 순위 등을 달리하는 사채 보유자들이 모두 만족할 수 있는 방식의 일괄적인 재조정이라는데 문제의 어려움이 있다. 가령, 부실기업의 회생을 전제로 한 회사 정상화계획의 경우 채권자들의 골고른 희생이 필수적인데, 담보부 채권보유자들은 이 같은 희생을 반대하는 것이 채권의 전액회수에 유리할 수 있다. 마찬가지로 전환사채와 일반 회사채, 그리고 후순위 채권의 보유자는 분명히 각각 이해관계가 다르다. 전환사채는 주권으로 전환이 가능하다는 점에서, 후순위 채권자는 경영자에 대한 감시의 책임이 더 크다는 점에서 일반 회사채와는 손실분담의 내용이 달라야 할 것이므로, 일반 회사채 보유자들이 이들과 동등하게 취급되는 것에 동의하지 않을 것이다. 이렇듯 계약의 집합체로서 기업의 채무 재조정과정은 채권자의 수가 얼마인가 못지 않게 채권의 이질성 정도에 따라 달라진다. 따라서 부실기업이 사적인 정리절차를 밟을 것인지 공식적인 정리절차를 밟을 것인지 결정할 때는 채권자의 수와 부채구조에 대한 검토가 반드시 필요하다.

3. 기업금융구조와 부실기업정리제도

1) 자금조달방식의 변화

(1) 역사적 전개

비금융 기업의 외부자금 조달 원천을 직접금융과 간접금융으로 구분할 때,[2] 우리나라 기업의 외부자금조달 방식은 지난 30년간 큰 변화를 겪었다.[3] 경기순환, 기업금융구조 변화 등을 감안하여 다섯 개의 기간으로 시기구분을 했다.

① 1980년대 중반까지는 기업신용이나 정부차입금 등 기타항목으로 분류된 자금조달이 많았다. 높은 기업 간 신용 비중은 단기금융시장의 미비, '하청' 계열화 진전 등을 반영하며, 정부차입금은 정부주도 성장을 상징한다. 은행 및 비은행 금융기관을 통한 간접금융도 지속적으로 신장되었다. 특히, 1974~1985년 동안 비은행 금융기관의 정책적 육성, 신종금융상품의 등장으로 비은행금융기관의 비중이 빠르게 증가했다. 1970~1973년간 높은 주식자금 조달 비중은 공모 혹은 증자를 통한 자금조달보다는 기업 간 높은 지분출자 비중을 드러낸다는 점에서 우리나라 기업조직의 특수성을 반영한다. 재벌기업을 중심으로 공격적인 다각화 자금마련, 재무구조 개선 등을 위해 상호출자가 증가했다.[4] 1980년대 초부터

---

2) 직접금융과 간접금융의 구분은 불완전 금융계약이론의 시장중심 대 은행중심 금융제도 구분에 가장 근접한 분류법이다.

3) 이 글에서는 내부자금 원천, 외부자금의 기간구조 등은 검토하지 않는다. 기업의 자금 운용방식도 마찬가지로 검토하지 않는다.

4) 1950년대 말부터 이미 최고 상위 재벌이 된 삼성의 경우 계열사 간 출자는 사업다각화가 본격화된 1960년대 중반에 비로소 나타났고, 전자계열사들을 인수하던 1970년대 초가 돼서야 계열출자는 본격화된다. 외부적으로는 재무구조 악화에 따른 은행차입 애로 등도 출자를 자극한 요인이었다. 삼성재벌의 이 같은 자금동원방식은 다른 재벌들에게도 확산된다. 자세한 것은 김영욱(1993), 송홍선(1998) 참조.

는 회사채 자금조달도 빠르게 증가했다. 그 전까지는 회사채시장 육성정책이 사실상 전무했다가 1980년대 초부터 은행보증 회사채 발행이 가능해졌기 때문이다. 기업어음시장도 1981년 신종기업어음제도 도입으로 보다 활성화되었다.

② 1980년대 중반이후 금융수단의 다양화, 대기업 상업어음의 재할인 중지(1988) 등으로 기업 간 신용은 현저히 줄어들고 간접금융과 직접금융이 이를 대체했다. 1986~1991년 동안은 비은행 금융기관을 통한 자금조달이 은행 자금조달보다 빠르게 증가했다. 생보사설립 규제완화, 지방투신업 인가 등의 제도가 확충되고 금융 혁신이 진전되었을 뿐만 아니라 재벌에 대한 여신관리강화도 이 같은 탈은행화를 진전시킨 요인이었다. 바야흐로 은행부문의 '관치금융'에 더해 비은행부문의 '재벌금융'이 정착한 시기였다. 주식자금 조달은 주식시장 활황으로 크게 늘어났지만, 재벌에 대한 출자규제 강화로 주식조달의 전체 비중은 제자리걸음을 했다. 회사채 발행이 지속적으로 증가했고 CP 조달도 취급금융기관 확대에 따른 매수기반 확대, 건설경기 부양과 함께 크게 늘어났다.

1992~1995년 동안의 두드러진 특징은 자본시장 자금조달(시장계약)이 중개기관 자금조달보다 더 중요한 기업금융수단이 되는 구조전환이 일어났다는 점이다. 특히, 회사채 발행이 경기불황과 차환용 자금조달의 증가로 재벌기업을 중심으로 크게 증가했다. 이렇게 반전된 추세는 구조조정 1년이 경과한 1999년 상반기에는 잔액기준으로 직접금융 43.8%, 간접금융 31.6%로 강화된다. 증감액 기준으로 보면 경제위기를 전후(1996~1998)해서 기업의 자금조달 패턴이 얼마나 극심하게 변화하고 있는지를 알 수 있다. 금융기관 조달자금은 오히려 순상환이 이루어지고 있고 CP 시장은 마비된 반면 저금리, 주식시장 활황으로 회사채와 주식 발행은 크게 증가했다. 그 결과 현재 한국의 기업금융구조는 일본과 미국의 중간형태에 가깝게 되었다. 직접금융은 미국 만큼 높은 비중을 차지하

<표 3-2> 기업부문의 외부자금조달 구성 추이　　　　　(단위: %)

	금융부채(잔액 기준)							자금조달(증감액 기준)		
	1970~1973	1974~1985	1986~1991	1992~1995	1999.上	미국(98)	일본(98)	1996	1998	1999.上
외부자금	100.0	100.0	100.0	100.0	100.0	100.0	100.0	100.0	100.0	100.0
간접금융	20.5	29.7	36.3	37.7	31.6	18.2	43.7	27.7	-59.5	-24.2
(은행)	15.2	18.8	19.6	18.3	17.2	8.4	-	13.9	0.2	24.7
(비은행)	5.3	10.9	16.7	19.1	14.4	9.7		13.8	-59.7	-48.9
직접금융	31.8	24.2	32.7	38.1	43.8	43.4	35.0	47.8	184.1	98.9
(CP)	0.1	1.9	3.7	5.4	6.7	2.1	10.3	17.0	-45.1	19.7
(회사채)	0.5	3.5	9.1	13.5	20.2	19.8		20.0	177.1	22.2
(주식*)	31.2	18.1	18.3	16.5	15.9	21.5	24.7	10.8	52.1	57.0
해외차입	12.1	12.7	6.3	4.7	8.5	38.4	21.3	10.3	-39.3	9.0
기타*	35.6	33.3	24.8	19.5	17.1			14.2	14.7	16.3
차입금의존도	48.3	47.2	42.4	45.5	-	-	-	47.6	50.8	

자료: 자금순환계정, 기업경영분석, 한국은행, http://www.bog.fed.us/releases,
　　 http://www.boj.or.jp/en/siryo/
주: 1) 기타: 기업신용(외상매입금, 지급어음), 정부차입금, 미지급금, 퇴직급여충당금 등을 포함.
　　2) 차입금의존도 = 부채(간접금융＋회사채＋CP) / 총자본.
　　3) 주식에는 출자지분 포함.

고 있지만, 간접금융은 미국보다 훨씬 높고 일본보다는 약간 낮은 상태
이다. 시장계약이 보다 중요해지고 있지만, 시장과 금융기관 차입 모두
중요한 자금조달원으로 기능하고 있는 것이다.

(2)시장자금조달의 특수성

시장자금조달은 투자프로젝트의 정보가 다수의 투자자들에 의해 공유
되고 그에 기초한 외부투자자들의 판단이 가격의 정보효과를 통해 기업
에 피드백(feedback)됨으로써 경영자를 규율하고 투자프로젝트의 성공
확률을 높이는 자금조달방식이다. 따라서 시장가격이 제대로 기능하는

가 여부는 시장자금조달의 효율성에 중요한 기준이 된다.

주식시장의 경우 발행시장 가격규제는 존재했지만, 유통시장 규제는 약했다. 그럼에도 주식시장의 효율성, 다시 말해, 정보흐름의 효율성은 높지 않은 것으로 나타났다. 미국 등 선진자본시장과 달리 우리나라 주식시장은 약형(weak form) 효율시장가설[5]도 제대로 성립하지 않는 것으로 나타났다(Kim & Pyun, 1992). 회사채 시장은 매우 낙후된 것으로 평가되고 있다. 과거 자본시장 육성정책이 재무구조 개선을 수반하는 기업 자금조달수단 개발에 맞추어졌기 때문에 회사채시장은 주식시장에 비해 상대적으로 덜 중요했다. 대출금리보다 높은 회사채 금리도 문제였다. 비록 80년대 초부터 회사채 시장이 빠른 속도로 양적 팽창을 지속하고 있지만, '질적'으로는 여전히 후진성을 면치 못하고 있다.

회사채시장 낙후의 가장 큰 요인은 '위험이 가격을 통해 조정(exit)되는 시장계약(arm's length contracts)의 원리'가 작동할 수 있는 시장 인프라의 미비에서 찾을 수 있다. 주지하듯이 채권 이자율은 개념적으로 무위험이자율과 위험이자율로 구성된다. 무위험 이자율은 금융시장의 자금사정과 경제의 기본변수(fundamentals)를 반영하며, 위험이자율은 기업특수적 위험을 반영한다. 따라서 다품종소량생산이 특징인 채권가격이 합리적으로 결정되기 위해서는 믿을만한 무위험이자율의 존재가 필수적이다. 그러나 국채시장 미비에 따른 지표금리(benchmark rate) 부재와 그에 따른 시가평가제도(mark-to-market)의 미도입으로 유통시장은

---

5) 약형 효율시장가설은 과거의 정보는 모두 주가에 반영되어 있다는 가설이다. 이 가설이 성립한다면 단순히 과거의 주가분석에 기초하는 기술적 분석을 통해 초과수익률(abnormal return)을 얻는 것은 불가능하다. 준강형 효율시장가설은 시장에 공개된 정보로는 초과수익률을 올릴 수 없다는 가설이다. 강형 효율시장가설은 내부정보까지도 이미 주가에 반영되어 있어 내부정보를 이용한 초과수익률도 기대할 수 없다는 가설이다. 선진 자본시장을 가진 나라의 경우 대체로 약형 효율시장가설은 성립하고 준강형의 경우도 대체로 성립하는 것으로 나타났다(박정도, 1994).

장외시장중심으로 발달하게 되었다. 1994년 현재 채권 회전율(채권거래대금/채권발행잔액)은 한국이 0.53, 일본이 3.87, 독일이 1.03으로 나타났다(이상우 외, 1995). 이렇게 낮은 유동성아래서 채권가격의 위험조정 기능은 작동할 수 없었다.

유통시장의 부재는 발행되는 회사채의 구조에도 영향을 미쳤다. 발행된 공모사채 중 보증사채(secured debt)의 비중이 1980~1997년 평균 86.5%을 차지했다. 유통시장의 부재로 신용 및 가격위험을 조정할 수 없는 상황에서 무보증사채의 발행이 활성화될 수 없었다.

더구나 보증사채의 대부분이 은행 보증이란 점도 유의해야 한다. 이러한 현상은 어떤 보증기관에서 보증을 받았느냐가 신용평가의 잣대가 되었던 관행과도 관련이 깊다. 물론 1980년대 후반부터 증권사의 사채 보증 업무가 허용되고 1990년대 들어 보증보험의 비중이 늘어나면서 은행 보증이 크게 감소하고 있기는 하다. 그렇지만 1980~1997년 평균 62%가 은행에 의한 보증사채였음은 주목할 만하다. 보증채는 기업특수위험을 담보 혹은 변제능력을 갖춘 보증인이 대신 부담하기 때문에 위험이 가격을 통해 조정되는 지배구조 특성이 잘 드러나지 않을 뿐만 아니라 은행 보증사채의 경우 은행 차입금과 정보흐름상의 차이가 없다.

〈표 3-3〉 종류별 공모사채 조달 추이　　　　　　(단위: 비중, %)

	조달액(억 원)	보증 사채	무보증 사채	담보부 사채
1980~1985	17,532.5	95.7	3.7	0.6
1986~1990	56,411.0	89.1	10.4	0.4
1991~1995	166,181.6	71.9	28.1	0.0
1996~1997	321,123.5	88.3	11.7	0.0
1980~1997	103,355.8	86.5	13.2	0.3

자료: 증권감독원, 『증권조사월보』 각 호.
　주: 1) 기간 평균임.
　　 2) 사채=보통(straight)사채 + 전환(convertible)사채 + 신주인수권부 사채(warrants).

우리나라 사채발행 구조에서 또 하나 주목할 것은 사모(private placement)사채가 1990년대 들어 기업자금조달에서 중요한 수단이 되었다는 점이다. 사모사채 발행은 기업 대차대조표에 따로 분류되지도 않고, 기채조정위원회의 발행물량 조정대상에 포함된 것도 1992년부터이기 때문에 그 이전기간의 통계는 얻을 수 없다. 1992년 이후에도 기채조정위원회에 사모사채 발행을 허용한 규모만 집계될 뿐 실제 발행물량은 집계되지 않고 있다. 안길룡(1998)에 따르면 사모사채 발행 허용물량이 1993년에 공모사채의 17%였으나 1997년에는 50% 수준으로 증가했다.[6] 이는 사채발행이 시장계약이 아닌 관계적 계약에 따라 이루어지고 있음을 보여준다.

〈표 3-4〉사모사채 규모(허용물량)　　　　　(단위: 억 원)

	1993	1994	1995	1996	1997
사모사채(A)	24,273	26,684	61,078	134,606	126,544
공모사채(B)	140,239	178,724	203,748	283,496	251,770
A/B	17.3	14.9	30.0	47.5	50.3

자료 : 기채조정위원회, 안길룡(1998)에서 재인용.

(3) 부실기업 정리방식에의 함의

우리나라 기업들은 1980년대까지 은행 등 중개기관을 통한 간접금융이 주류를 이루었다. 1980년대 들어 제 2금융권으로부터 자금조달이 증가하는 등 차입자의 수가 증가하기는 했지만, 주거래은행제도의 운영으로 차입자의 수도 매우 한정되어 있었다. 따라서 비공적 정리를 통한 부실기업 정리가 공식적 정리절차의 비효율성을 차치하더라도 경제 효율성 면에서 효과적으로 작동할 수 있는 여건이 갖추어져 있었다.

---

6) 그러므로 대차대조표의 사채항목에는 사모사채가 상당 부분 포함되어 있다고 볼 수 있다.

1990년대에는 시장을 통한 직접금융이 간접금융보다 높아지는 등 기업자금조달의 구조가 크게 변화한다. 회사채, 주식 등 시장자금조달의 증가는 채무 재조정측면에서는 비공식적 정리의 이점을 상쇄하는 구조 변화라는 점에서 의미가 있다. 그렇지만, 발행된 회사채의 면면을 보면, 1990년대 들어 공모사채보다는 사모사채 방식의 자금조달이 급격히 늘어나는 등 은행 차입금과 성격에서 크게 다르지 않았다. 따라서 비공식적 정리방식이 보다 효과적으로 작동하는 기존의 여건이 근본적으로 바뀌었다고 보기는 어렵다.

이러한 사정과 무관치 않게 우리나라의 부실기업정리제도는 공식적인 정리 못지 않게 비공식적 정리방식에 상당히 의존한 것이 특징이다. 1960년대 이래 비공식적 정리는 정부의 산업정책의 일환으로 심지어 최근까지 부실기업을 정리하는 제도로서 일반화되어 있다.

2) 외환위기 이전 비공식적 정리제도

(1) 기업합리화조치(1969~1971)

1966년 외자도입법에 따라 차관을 받아 사업을 하던 소위 '차관기업'들이 1960년대 말 경기후퇴로 1969년경부터 원금상환이 사실상 불가능해지는 등 급격하게 부실화되었다. 1969년 당시 차관기업 중 85개 기업이 은행관리 아래 있었고 123개 사는 채무불능상태에 있었다(이한구, 1999). 이에 정부는 1969년 5월 청와대 내에 부실기업정리반을 설치하고 3차례에 걸쳐 부실기업들을 정리했는데 이것이 우리나라 최초의 집단적인 부실기업정리였다.

1단계는 1969년 5월부터 3개월간 진행되었는데 정부가 지급보증하거나 은행관리 중인 83개 업체와 시중은행이 지급보증한 업체 및 대출금 1

억 원 이상 연체기업 120개사 등 총 206개 업체를 조사하여 이중 30개 기업을 정리하였다. 정리된 30개 기업은 주로 PVC, 합판, 자동차, 철강, 화섬업종이었으며 이들의 자본총계는 773.9억 원, 총부채는 727억 원, 평균 차입금 의존도는 94%였다. 2단계 정리는 차관기업 중 사업전망이 불투명한 56개 기업을 대출금 연체 상환에 대한 책임으로 당좌거래를 해지하는 방식으로 정리했으며 3단계 정리에서는 청와대 내의 부실기업정리반을 해체하고 기업합리화위원회(위원장 국무총리)를 설치하여 부실기업을 정리했다.

이때 사용한 부실기업 정리방식은 산업은행에 의한 출자 관리, 산업은행 혹은 시중은행에 의한 부실기업 전면 혹은 부분관리 등 은행관리가 대부분이었으며 부실이 심각한 기업은 법정관리로 정리했다. 또한 부실기업을 가급적 먼저 정상화한 후 다른 기업의 인수를 추진했으나 실제 인수된 경우는 거의 없었다.

차관기업에 대한 합리화 조치는 우리나라 부실기업 정리 역사에서 몇 가지 의미를 갖는다. 첫째, 산업화를 시작한 이해 최초의 집단적인 부실기업의 정리였다. 둘째, 정부가 지급을 보증한 차관기업이 부실화되었기 때문에 우발채무자인 정부가 이들 기업의 정리과정에 적극적으로 개입한 것은 크게 문제될 게 없다. 셋째, 그러나 1962년에 도산 3법이 제정되어 공식적인 퇴출제도가 정비되었음에도 불구하고 부실기업의 정리는 도산 3법보다는 정부(우발채권자)가 중심이 되어 은행관리를 주로 하는 비공식적인 정리방식에 의존했다. 이는 은행 차입 중심의 자금조달로 인해 비공식적 정리가 유리한 정리방식이었을 것이다. 또한 당시 규모가 큰 기업의 경우 채권자 간 이해상충문제가 발생하였을 것으로 보이나 정부가 이해상충의 조정자이자 우발채무자 당사자로서 적극적이면서도 강제적으로 이해상충 문제를 조정할 수 있었기 때문에 차관기업 부실문제는 경제적 부작용을 최소화하면서 효과적으로 일단락 될 수 있었다.

넷째, 뿐만 아니라 부실기업을 "대출금 연체가 1년 이상 계속되었거나 가동률이 50% 미만, 혹은 결손액이 자본금을 잠식한 기업"으로 정의하여 실제 적용과정에서는 재량권이 남용되고 특혜시비를 부르는 등 공정성이 문제가 되었다.

(2) 8.3조치와 산업합리화

차관기업의 부실은 일단락 되었지만 1970년초에도 경기침체가 계속되는 가운데 금리가 상승하고 자금난이 계속되면서 기업들의 재무구조는 극도로 취약해져 갔다. 더구나 제도금융기관의 대출 기피로 기업들은 사채시장에 고율의 이자를 지불하고 자금을 조달하기에 이르렀다. 이렇게 기업의 부실문제가 몇몇 기업의 부실 문제를 넘어 경제전반의 부실 문제로 확대되자 정부는 「경제안정과 성장에 관한 긴급명령」(소위 8.3조치)을 발동하였다.

8.3조치의 골자는 정부가 사금융시장의 폐해를 차단하고 기업 재무구조를 정상화하기 위해 사채를 적극적으로 재조정하는 것이었다. 즉, 8.3조치는 기업부문의 합리화는 물론 사채시장 중심의 금융자원 배분체계에 대한 개혁의 성격이 강했다.

8.3조치로 기업의 고리 단기사채는 연리 16.2%, 3년 거치 5년 분할 상환의 장기 저리 사채로 전환됐으며 금융기관들은 특별금융채권(2,000억 원)을 발행하여 은행 단기대출의 30%를 연리 8%, 3년 거치 5년 상환의 장기 저리 대출로 전환해 주었다. 산업은행은 산업합리화기금(500억 원)을 설치하고 산업합리화 기준에 따라 합리화대상 기업에 대해 장기저리로 대출을 해 주었다. 1972년에 설치된 산업합리화위원회는 1972~1975년 동안 총 65개 기업을 산업합리화 대상업종으로 지정하고 자금지원, 조세감면 등의 지원을 받도록 했다. 이 같은 사채조정, 특별대환, 금리인

하 등의 8.3조치로 인해 제조업의 매출액 대비 금융비용은 1971년의 9.4%에서 1972년 5.1%, 1973년 3.3%로 크게 낮아졌다.

8.3 조치는 앞서 1960년대 말 기업합리화조치와는 차이가 있었다. 먼저 모든 기업에게 일률적으로 원칙에 따라 부채 재조정을 해줌으로써 산업 전체의 부채비율이 낮아지고 금융비용부담이 낮아졌다. 둘째, 사채시장의 양성화를 유도함으로써 제도금융권을 통한 금융중개 기능을 강화함으로써 향후 보다 낮은 비용으로 자금을 조달 할 수 있는 제도적 인프라를 마련했다. 셋째, 산업합리화 대상 기업들에 대해서도 부채 재조정에 중점을 둠으로써 부실기업의 인수합병이나 은행관리 등의 사적 정리방식이 동원되지는 않았으며 공식적인 정리제도도 이용되지 않았다. 이렇게 볼 때 8.3 조치는 국가(행정부)가 가장 강제적인 방식으로 채무조정 과정에 개입하여 부실기업의 부채를 재조정한 사건이다. 이 과정에서 채권자 간의 형평성은 고려의 대상이 아니었으며, 부실정리에 따른 직간접 파산비용은 최소화될 수 있었다.

(3) 입법화를 통한 산업구조조정(1984~1988년)

8.3 조치가 재무적 부실을 금융제도의 개조를 동반하는 방식으로 제거하는 과정이었다면 1980년대 산업합리화 조치는 개별 기업의 재무구조 개선정책이라기보다는 구조적으로 불황에 빠진 산업을 재건하는 산업정책이었다. 정부는 이전과 달리 부실기업 정리에 개입은 하되 재량의 여지를 줄이기 위해 제·개정된 근거법령에 따라 개입했다. 근거 법령으로는 조세감면규제법의 개정(1985), 공업발전법 제정(1986), 한국은행의 특별융자법[7] 부활 등이다. 공업발전법은 불황산업을 선정한 후 산업정

---

7) 한은 특융제도는 1972년 8.3조치때 특별법과 관련하여 한시적으로 운영되다가 1982년에 폐지된후 이번에 새롭게 부활한 것이다. 한은특융은 부실기업정리과정에서 부실채

책의 차원에서 부실기업을 정리했다. 그리고 한은특융은 정부가 직접 일반기업에게 구제금융을 할 수 없는 데다 금융기관을 지원할 예금보험제도가 없는 상황에서 금융기관이 부담할 부실에 대해 중앙은행이 보전해주기 위해 다시 도입된 것이다. 그리고 조세감면규제법을 개정하여 인수합병에 대해 세제상의 지원을 하였다. 이 근거 법령들은 대부분의 부실기업을 3자 인수 등으로 정리하는 과정에서 인수기업과 금융기관에게 인센티브를 부여하기 위해 도입된 것이다.

한편 이 시기는 1970년대와 달리 인플레이션이 크게 낮아져 안정적인 경제성장으로 전환된 시기이다. 인플레이션율은 부실채권의 정리에 상당한 의미가 있는 변수이다. 왜냐하면 인플레이션은 부실채권의 실질가치를 감가시켜 금융기관의 실질 손실분담의 규모를 줄여주고 대신 그 부담을 사회화하는 기제이기 때문이다. 1980년대 중후반의 부실기업정리는 인플레이션이라는 손실의 사회화 기제가 약화됨으로써 부실채권을 탕감해 주는데 따른 금융기관의 손실부담이 금융기관에 고스란히 집중되는 결과를 가져왔다.

산업합리화조치는 2차례에 걸쳐 이루어졌다. 1차 정리는 1984~1985년에 일어났는데 주로 해외건설업과 해운업을 통폐합하는 것이었다. 해운업과 해외건설업은 1970년대 들어 정부의 지원과 중동건설붐으로 급성장했으나 1979년 2차 석유위기 이후 해운업의 비용상승과 해외건설업의 중동수요 감소로 급속하게 부실화되어 갔다. 해운업은 1984년에 66개 사가 17개 사로 통합되고 해외건설업은 같은 해에 해외건설진흥종합대책을 통해 중소건설업 간의 통폐합을 유도했으나 큰 성과는 없었다.

2차 부실기업정리는 1986~1988년에 걸쳐 이루어졌는데 이 기간동안 총 78개 기업이 5차례에 걸쳐 한편으로는 개별기업별로, 다른 한편으로

권이 대량 발생한 금융기관에 대해 장기 저리로 중앙은행이 융자해주는 제도를 말한다.

는 업종별로 정리되었다. 개별 부실기업의 정리는 구조불황산업에 속하는 섬유, 기계, 목재 관련 57개 기업을 3자 인수방식으로 정리했다. 이중 49개 부실기업은 조세감면규제법에 따라 산업합리화 업종으로 지정된 후 그에 따라 정리되었고 나머지 8개 부실기업은 산업합리화업체로 지정되지 않고 정리되었다. 업종별 합리화는 기존의 해운 및 해외건설업 중에서 21개 기업에 대해 이루어졌다.

이 기간동안 부실기업정리는 그러나 여전히 업종보다는 개별기업 기준으로 진행되었고 대부분 3자 인수 방식으로 정리됨에 따라 과거 부실기업정리와 마찬가지로 특혜와 재량적 정부개입의 시비에 휘말렸다. 그럼에도 이전보다는 분명한 개선이 있었다. 부실기업에 지원 방법과 기준이 앞서 언급한 특별법 속에 법규화되어 있어서 재량적이고 편파적인 정부의 개입은 전체적으로 많이 줄어들었다고 평가할 수 있다. 다만, 대규모 부실기업의 경우 여전히 재량적이고 강제적인 정부개입 이외의 조정 메커니즘을 찾기는 어려웠으며 이런 현상은 1990년대 초 대기업의 부실정리과정에서도 그대로 드러난다. 정부의 강제력으로 인해 비공식적 부실기업의 정리는 형평성을 희생하는 대신 효율성 면에서는 만족할 만한 수준이었다.

(4) 1990년대 부실기업 정리

① 1990년대 초의 제도변화

1990년대의 부실기업 정리를 특징짓는 중요한 계기가 두 가지 있다. 하나는 1993년 국제그룹 파산에 대한 헌법재판소의 위헌판결이다. 1986년에 해체된 국제그룹에 대해 헌법재판소가 '공권력에 의한 기업활동의 자유와 평등권의 침해'로 규정하고 국제그룹의 해체가 위헌임을 판결한 것이다. 이 사건은 대단히 중요한 사건이다. 정부가 채무자 간 이해상충의 조정자로서 지금까지 행사한 강압성에 대한 불법성을 인정한 것이기 때문이다. 헌법재판소의 위헌 판결을 계기로 정부는 시장자율에 의한 부실기업 정리를 강조하게 되었다. 즉, 이때부터 부실기업과 주채권자인 주거래은행의 자율적인 해결이 강조된 것이다.

두 번째는 1966년에 제정된 "금융기관의 연체 대출금에 관한 특별조치법"에 대한 1990년 6월의 위헌판결이다. 이 조항은 공식적인 정리방식인 회사정리법과 관련한 것으로, 이 조항은 부실기업이 법정관리를 신청하려 할 경우 주채권은행에 법정관리 신청을 미리 동의를 받도록 하는 규정이었다. 회사정리법에는 채권자, 주주, 채무기업이 모두 법정관리를 신청할 수 있었지만 이 조항으로 인해 사실상 주채권자(주거래은행)의 허가 없이는 주주나 채무기업의 경영자가 법정관리를 신청할 수 없었다. 위헌 판결의 효과는 두 가지로 나타났다.

첫째, 위헌 판결 이후 주채권은행의 동의 없이 기업주가 단독으로 법정관리를 신청하는 경우가 크게 늘어났다. 기업주들이 이 조항을 악용하여 부실의 책임을 고의로 회피할 목적으로 법정관리를 신청하는 부작용이 나타난 것이다. 때문에 비공식적 정리를 건너뛰어 법정관리를 신청하는 기업이 크게 늘어났으나 동시에 법정관리 신청이 기각되거나 심지어는 법정관리가 진행되는 도중에 법정관리 폐지 결정이 내려지는 경우가 늘어났다. 1987~1989년 동안 신규 신청 건수는 83건이었으나 1990~1992년 사이에는 168건으로 202% 증가한 가운데 신청한 법정관리 중 기각된 건수도 동기간 중에 5건에서 49건으로 크게 늘어났다. 둘째, 위헌 판결로 회사정리절차의 주도권이 주채권은행에서 법원으로 옮겨갔다. 법정관리는 법원의 관리 하에 채권채무관계를 재조정하는 법률적 절차이므로 법원이 주도적인 역할을 하는 것이 일반적이다. 그러나 이 조항의 위헌 판결 전에는 법원은 단순히 법정관리의 형식적인 관리자에 지나지 않았다. 위헌 판정이후에는 법원이 보다 용이하게 기업회생 프로그램을 주도적으로 작성하고 중재하는 적극적인 이해조정자로 역할을 하게 되었다. 셋째, 위헌 판결이후 1990년대 초부터 부실기업주에 대한 책임추궁이 증가했다. 대주주에 대한 책임추궁 근거는 1981년 3월 개정에서 이미 마련(대주주 지분의 2/3 소각)이 되었다. 그러나 1980년대를 통하여 단지 2개 회사(신호제지, 남선물산)의 대주주 지분이 소각되었으나 1990년대 초부터는 삼호물산, 제일냉동, 협진양행, 논노, 한국벨트 등 책임추궁에 따라 대주주의 지분을 소각하는 사례가 증가했다. 결국, 위헌 판결은 공식적 파산절차에서 주거래은행의 역할을 축소하는 대신 법원의 조정자로서의 역할과 대주주의 책임추궁 방침이 강화되면서 회사정리법을 통한 공식적 정리는 부실기업 경영주에게는 보다 엄격한 정리절차로 인식되었다.

② 부도유예협약

1997년 초부터 한보 등 대기업 부도가 늘어나자 4월 은행주도의 "부실징후기업의 정상화 촉진과 부실채권의 효율적 정리를 위한 금융기관 협약"(일명, 부도유예협약)을 도입되었다. 이 협약은 은행 여신(대출＋지급보증)이 2천 5백억 원 이상인 대기업이 부도 위기에 몰릴 경우 주거래은행이 채권단 회의의 소집을 통보한 후 2개월(처음엔 3개월)동안 해당기업의 어음이나 수표가 부도가 나더라도 해당기업의 당좌거래를 중지하지 않고 정상적인 영업활동을 하도록 함으로써 일정기간 동안 채권상환의 부담을 유예시킨 채 정상화를 도모하는 제도이다. 따라서 이 협약이 지금까지의 비공식적 정리제도와 다른 점은 정부가 이해상충조정자로서 명시적으로 개입하지 않고 주거래은행이 채권자이자 이해상충의 조정자로서 등장한다는 점이다. 비공식적 정리제도의 효율성이 무임승차와 버티기를 얼마나 잘 조정하는가에 있다는 점을 감안할 때 이 점은 매우 중요한 변화라고 할 수 있다.

부도유예협약은 1997년 4월 진로그룹, 5월 대농, 7월 기아그룹 등의 총 25개 계열기업에 적용이 되었으나 실제 적용과정에서는 부실기업정리와 관련하여 몇 가지 중요한 문제점을 노정시켰다. 첫째, 부도유예협약은 당시 부실화된 대기업만을 대상으로 하는 비공식적 제도였기 때문에 형평성의 문제, 대마불사(大馬不死)의 문제를 야기했다. 둘째, 협약 자체가 잘 작동되지 못했다. 왜냐하면 부실기업의 관련 채권자는 실로 다양한데 이 협약이 자율 협약이다 보니 협약에 가입하지는 않는 채무자가 많았고, 또 이해상충의 조정에 국가의 강제력이 사라지면서 버티기와 무임승차 문제가 심각해졌다. 1997년 4월에 협약 대상기관을 은행과 종금사로 한정했다가 9월에는 보험사를 포함하기도 했으나 해외채권자, 증권, 제 3금융기관, 기타 채권자들은 부도유예협약과 무관하게 부실징후기업에 빌려준 채권을 언제든지 회수할 수 있었다. 이러한 버티기, 무임승차 등은 IMF 이전에는 보기 드문 현상이었다. 채권단 구성이 단순하기도 했지만, 정부가 공식·비공식 공권력을 통해 이해상충 문제가 표면화되는 것을 사전에 차단했기 때문이다.

셋째, 운전자금 등의 신규자금지원은 똑같은 협약기관인 종금사는 제외하고 은행에게만 허용했다. 은행만 아무런 보장(우선변제든 담보든)도 없이 신규자금을 지원해야 했기 때문에 채권단 간의 형평성 문제와 무임승차 문제가 제기되었다. 넷째, 협약 대상기관들의 도덕적 해이를 제재할 실질적인 수단이 없었다. 협약에 가입한 기관이 채권유예를 하지 않을 경우 채권액의 10%, 긴급자금지원 불이행시 불이행금의 10%, 협조융자 불이행시 불이행금액의 10% 등의 위약금을 부담하도록 협약에서 정하고 있으나 실제 집행된 경우는 드물었다. 다섯째, 경영권을 둘러싼 분쟁이다. 부도유예협약은 기본적으로 기존 경영진의 계속 경영을 허용했기 때문에 기아그룹처럼 경영자나 대주주의 도덕적 해이로 인해 경영 정상화가 늦어지는 경우가 있었다. 그래서 1997년 9월 협약 개정에서는 경영자의 경영권 포기, 대주주의 주식 포기각서, 노조 동의서 등을 부도 유예협약의 적용 조건으로 추가하기도 했다.

결국 부도유예협약은 유동성위기를 지원한다는 본래 취지를 넘어 대기업에 대한 대마불사의 관념을 키우는 가운데 다른 한편으로는 협약 대상 기업의 경영자, 주주, 채권자들의 도덕적 해이와 무임승차 문제를 효과적으로 차단하지 못함으로써 대기업의 부실을 지연, 심화시키는 결과를 가져왔다. 부도유예협약의 만료 직후인 1997년 10월 현재 3개 그룹 25개 계열기업 중 2개 기업만이 회생의 길을 걸었고 7개 회사는 회사정리절차, 16개사는 화의신청으로 귀결되었다.

3) 외환위기 이후 비공식적 정리제도

(1) 워크아웃협약

워크아웃(workout)이란 당사자 간의 부채 및 자산재조정을 통해 기업을 회생시키는 비공식적이고 사적인 정리과정이다. 우리나라가 1998년 6월에 도입한 기업구조조정협약(일명, 워크아웃협약)은 당사자 간의 사적인 정리를 보다 원활하게 수행할 수 있도록 일정한 규칙을 명문화한 제도이다. 그렇지만 외환위기 이전의 사적인 정리제도들과 달리 성부가 공식적으로 개입할 여지를 원천적으로 봉쇄하고 있고 채권금융기관과 주채권은행이 자율적으로 기업회생전략을 마련한다는 점에서 중요한 진전이라고 할 수 있다. 부도유예협약이 한시적이고, 부실 대기업에 국한되었으며, 신용위험보다는 유동성 위험의 극복에 초점이 맞추어진 것이라면, 워크아웃협약은 부실화된 기업의 신용위험의 관리에 초점이 맞추어 졌으며, 모든 부실 기업을 대상으로 한 것이다.

외환위기 이후 2001년 3월까지 워크아웃협약에 따라 워크아웃을 추진한 기업은 총 97개 기업인데 이중 36개 기업(36%)이 워크아웃을 성공적으로 졸업했으며 대기업일수록 워크아웃의 성과가 좋지 않은 것으로 나타났다. 64대 대기업 집단의 경우 워크아웃을 추진한 56개 업체 중 12개 업체만 졸업을 했고(졸업률 21%), 5대 대기업집단인 대우그룹의 12개 계열사 중에는 대우전자만 유일하게 워크아웃을 졸업(졸업률 8%)한 실정이다(이성규, 2001). 이렇듯 기업규모가 클수록 워크아웃의 성공확률이 낮다는 것은 워크아웃협약이 이해관계가 복잡한 기업을 정상화시키는 데는 상당한 문제가 있음을 암시한다. 워크아웃협약의 기본적인 정리구조는 부도유예협약과 크게 다르지 않다. 채권단 주도의 자율적인 부채재조정을 목적으로 하는 것으로 다음과 같은 문제가 지적될 수 있다.

첫째, 부실화된 기업의 채권자는 강제가 아닌 자발적인 선택에 의해 협약 가입을 결정하기 때문에 무임승차 문제가 발생한다. 실제로 해외채권자, 상호신용금고, 파이낸스사 등은 워크아웃 협약에 가입하지 않고 있다. 둘째, 협약에 가입한 채권금융기관 간의 이해상충을 해결할 메커니즘이 잘 작동하지 않았다. 비록 위약금 등의 조항이 있었고 민간위원으로 구성된 기업구조조정위원회를 이해상충 조정기구로 두고 있으나 민간위원자격으로 채권자 간의 첨예한 이해관계를 중재하고 결정사항을 강제(enforcement)하는 데는 많은 어려움이 있었다. 그 결과 기업규모가 크거나 정상화방안이 채권자의 희생을 많이 요구할수록 신속한 이해조정이 쉽지 않았고 이해관계가 다른 채권자 간의 버티기(holdout) 문제가 일반화되었다.

셋째, 구경영진의 존속에 따른 도덕적 해이 문제를 들 수 있다. 워크아웃에서 채무구조조정은 보통 출자전환을 포함하기 때문에 때에 따라서는 채권단이 기업의 새로운 지배주주가 되는 경우가 많았다. 그러나 경영권은 여전히 구지배주주가 계속 행사하도록 함으로써 구경영자들은 워크아웃협약에 따른 경영정상화계획를 제대로 이행하지 않는 경우가 발생했다. 비록 정상화 약정에는 약정을 이행하지 않을 경우 임원의 해임, 손해배상청구, 여신회수, 워크아웃의 중단 등을 취할 수 있으나 실제 채권금융기관들에게 이 같은 제재조치가 취해진 경우는 드물었다.

넷째, 손실분담과정에서 필수적인 주식 감자, 출자 전환 등은 회사법상 주주총회의 특별결의를 거치도록 하고 있기 때문에 만일 소액 주주들이 주식감자나 출자전환 등의 손실분담에 반대하게 되면 워크아웃의 진행 자체가 어렵게 되는 문제점이 있다. 이는 법적 근거가 없이 자율협약에 따라 부채를 재조정해야 하는 워크아웃제도의 근본적인 한계라고 할 수 있다. 다섯째, 부실책임자에 대한 처리문제이다. 워크아웃협약에 따르면 정상화에 실패한 기업은 그 책임자를 처벌하고 파산 혹은 법정관리 절차를 밟게 되어 있다. 하지만 운용과정에서 실패에 대한 책임 추궁이 철저한 경우는 드물었고, 워크아웃기업이 파산되는 경우도 드물었다. 때문에 워크아웃협약은 구주주나 경영진에게는 시간 벌기, 사회적으로는 부실 처리의 지연을 초래했다.

(2) 기업구조조정촉진법

기업구조조정촉진법은 워크아웃협약의 한계를 극복하자는 취지에서 제정된 법률이다. 채권자 간의 자율결정 원칙은 그대로 유지하되 정부가 채권자 간에 생길 수 있는 이해상충을 최소화하기 위해 법적 강제성을 동원한 것이다. 정리과정에서 이해의 조정을 통해 신속한 의사결정을 도모하고자 워크아웃협약을 법제화한 것이라고 보면 된다.

워크아웃의 법제화에 대해 논란이 많았다. 우선 민간자율 협약을 법제화하는 것이 민간자율의 원칙에 정면으로 반한다는 것이다. 공식적인 정리제도가 존재하는 상황에서 비공식적 정리제도를 법제화 함으로써 법적 근거가 있는 부실제도가 법원주도의 도산관련법과 행정부 주도의 기업구조조정촉진법에서 처리하게 되어 민간자율성을 침해한다는 것이다.

주요한 내용은 다음과 같다.

첫째, 외국금융기관의 국내지점 및 현지법인을 포함하여 부실기업 관련 채권자들은 채권금융기관협의회에 의무적으로 가입한다.[8]

둘째, 협의회에 가입한 채권자라도 협의회가 제시한 정상화방안에 찬성하지 않는 경우 자신이 보유한 채권의 매수청구권을 협의회에 행사할 수 있다. 매수청구권제도는 반대채권자의 견해를 존중하여 재산권의 침해 논란을 완화함과 동시에 채권자의 버티기 여지를 제거하려는 목적이 있다.

셋째, 신규자금지원의 경우 회사정리법과 마찬가지로 우선변제권을 주어 채권금융기관의 부당한 피해 가능성을 제거했다.

넷째, 채권단 협의회의 정상화안에 찬성했으면서도 의무사항을 이행하지 않을 경우 워크아웃이나 부도유예협약에서 시행하던 위약금제도 이외에 손해배상청구를 할 수 있도록 함으로써 채권금융기관의 도덕적 해이를 완화하고 있다.

다섯째, 워크아웃협약과 마찬가지로 조정위원회를 민간전문가로 구성했다. 다만, 법률적으로 주거래은행이 채권단협의회의 소집을 통보하면 즉각적으로 금융감독원장이 1차 협의회가 소집되는 날까지 모든 채권 행사의 유예를 요청할 수 있어 구조조정과정에 정부의 직접적 개입이 사라진 것은 아니다. 행정부가 기업구조조정에 개입할 여지는 줄인다는 취지에서 민간전문가로 위원회를 구성했으나, 이는 근본적으로 잘못된 판단이다. 민간자율원칙은 이해상충 문제를 해결할 조정기구가 존재할 때 보다 잘 작동할 수 있다. 물론 IMF 이전처럼 행정부가 조정기구에 개입할 필요는 없다 하더라도 영국처럼 중앙은행이나 중립적인 예금보험기구 등을 통해 사법당국 못지않게 중립적이고 적극적으로 조정과정을 중

---

8) 다만, 해외에 소재한 채권금융기관은 국내법의 적용을 받지 않는 만큼 채권금융기관의 범주에 포함되지 않아 협의회 가입의무는 없으며 해외자금조달비중이 높은 부실기업의 경우 여전히 무임승차의 문제가 존재하기는 한다.

재할 필요가 있다.

여섯째, 채권금융기관에 의한 부실기업 공동관리절차가 개시되면 협의회는 자금관리 등과 관련되는 부분에 한해 기존 경영진의 행동을 감시하고 경영권을 일정하게 견제하도록 함으로써 부실기업 경영자의 도덕적 해이를 완화하고 있다.

4. 결론

1980년대까지 부실기업정리는 채권비중이 높은 은행 등의 채권단이 구조조정을 주도하지 못하고 그 자리를 정부가 대신했지만 그 정부주도성으로 인해 오히려 채권자 간의 이해상충의 문제를 제거함으로써 채권자의 이해를 조정하는데 드는 사회적 비용 면에서는 효율적이었다고 평가할 수 있다. 다만, 이 과정에서 은행 등의 특정한 채권자에게 손실이 집중됨으로써 손실분담의 형평성은 악화되었다. 그러나 은행권의 손실 부담은 두 가지 메커니즘에 의해 사회화(socialization)되었다. 하나는 중앙은행이 특별융자 등을 통해 은행이 떠안은 손실을 보전해주었다. 이는 궁극적으로 부실기업 정리에 따른 손실을 국민이 부담하는 구조였다. 또 하나는 고인플레정책이다. 고인플레이션으로 부실채권을 떠안은 은행의 부동산 담보가치가 상승하여 손실이 보전되는 가운데 부실채권의 명목가치는 하락함으로써 은행의 실질 손실부담은 완화되었다. 결국 1980년대까지의 부실기업 정리는 부채재조정과정에서 불가피한 채권자 간의 이해조정비용은 줄어 정리과정자체의 효율성은 낮지 않았으나 중앙은행의 특융과 인플레이션으로 인해 구조조정과정에서 손실부담이 납세자에게로 다시 재분배되었다.

1997년 외환위기를 전후해서 부실기업 정리 방식은 커다란 변화를 맞왔다. 비공식적 기업정리방식이 1997년 부도유예협약, 1998년 워크아웃 협약, 2001년 구조조정촉진법과 CRV 등으로 변화하고 있다. 이 같은 비 공식적 정리방식의 기본 성격은 민간자율원칙의 강화이자 관치금융의 후퇴이다. 물론 관치금융은 여러 가지로 이해될 수 있겠지만 적어도 법 적 근거가 없이 투명하지 않은 방식으로 부실기업정리에 비공식적이지 만 체계적으로 행정부가 개입하는 것을 관치금융이라고 정의한다면 관 치금융이 부실기업정리과정에서 약화되고 있음이 분명하다. 이 과정에 서 채권자 간의 무임승차, 버티기 문제를 완화하는 메커니즘이 보다 세 련되게 설계되었다. 기업구조조정촉진법은 이런 문제를 법적인 틀 속에 서 억제하겠다는 근본적인 조치여서 재산권 침해 등의 논란을 낳기도 하 였다.

이 같은 변화는 직접적으로는 1990년대 초 국제그룹 해체에 대한 위헌 판결에 영향을 받은 것으로 보인다. 또한 1990년대 들어 민간자율을 강 조하는 경제운용 기조의 확산, 과거와 같은 고인플레이션에 의한 손실의 사회화 메카니즘의 소멸 등과도 무관치 않다. 특히, 외환위기 이후에는 디플레이션이 진행되는 가운데 예금보험제도라는 보다 시장친화적인 방식을 통해 기업 부실에 따른 손실을 사회화하고 있다. 물론 공적자금 투입이 얼마나 공평했고 시장친화적이었는가 논란이 있지만, 제도로서 예금보험은 인플레를 통한 손실 사회화보다 개선된 메카니즘이라 할 수 있다. 이로써 1980년대까지 작동하던 고인플레이션을 통한 손실의 사회 화는 이제는 더 이상 작동하지 않고 있다.

그러나 IMF 이후 이 같은 변화는 형평성면에서는 긍정적이었으나 채 권자 간 이해상충문제를 얼마나 효과적으로 해결하고 있는지는 의문이 다. 손실비율을 둘러싼 채권자 간 자율적인 조정이 쉽지 않기 때문이다. 자율조정이 더 이상 어려울 때 제3의 중재가 개입하게 되는데, 제 3의 중 재기구는 결렬된 조정을 재조정하는 기구의 임무에 걸맞게 강력한 조정리더쉽을 가질 수 있어야 한다. 그런데 민간자율을 명분으로 조정위원이 모두 민간전문가로 구성된 워크아웃협약이나 기업구조조정촉진법의 조정기구가 강력한 리더쉽을 가질 수 있을까. 관치금융 비난을 의식하여 조정위원들이 모두 민간전문가로 구성되어 있는 것은 IMF 이후 비공식적 정리제도의 치명적인 약점이라고 판단된다. 행정부 주도의 관치금융의 약화가 중립적 정부기구를 통한 이해상충의 조정 필요성을 훼손해서는 안 된다. 영국의 런던어프로치(London approach)는 중앙은행이 강력하고 중립적인 기구로서 조정위원회에 참여하고 있다. 실제로 워크아웃협약 운용과정에서 조정위원회의 역할이 약했는데, 이는 위원들의 전문성이 부족해서가 아니라 조정할 권한이나 강제력이 부족했기 때문인 것으로 평가되고 있다. 이리하여 외환위기 이후의 여러 가지 비공식적 정리방식들은 채권자의 인센티브 문제를 해결하기 위한 제도들을 꾸준히 개발해왔으나 이해상충 등 조정비용을 줄이는 데는 성공적이지 못한 것으로 보인다. 외환위기 이전과 비교할 때 부실정리과정에서 형평성 문제는 개선되고 있으나 정리의 효율성면에서 개선할 사항이 아직 많이 남아 있다고 할 수 있다.

　마지막으로 부실기업 정리에서 행정부를 포함한 범정부의 역할은 외환위기 이후 적어도 공식적으로는 많이 줄어들었으나 여기에는 좀 다른 관점에서 검토가 필요하다. 검토되어야 할 정부의 역할은 외환위기 이전의 정부 역할과는 다른 방식과 다른 철학에 기초할 필요가 있음은 물론이다. 특히, 대규모 기업집단에 의한 시장집중과 경제력집중이 높은 우리나라의 경우 부실기업정리제도는 부실정리의 효율성뿐만 아니라 부실정리에 따른 시스템 위험 문제를 간과해서는 안 된다. 외환위기 이후의 효율성을 추구하며 꾸준히 변해 온 시장친화적 부실기업 정리가 우리나라에서 일정한 한계를 가질 수밖에 없는 이유도 경제력 집중에 따른 시스템위기 때문일 것이다. 미국의 크라이슬러 사례는 민간자율경제에서도 정부의 역할이 여전히 중요함을 시사한다. 그럼에도 불구하고 관치 금융이 문제라면, 그래서 행정부의 역할을 더 이상 용인할 수 없다면, 거대기업에 대한 부실 정리는 처음부터 법원 주도의 공식적 정리제도로 가는 것이 바람직할 수 있다. 최근의 SK글로벌 처리과정이나 아직 해결되지 않은 하이닉스 처리과정은 거대 기업에 대한 기업구조조정촉진법이 얼마나 엉성하고 비효율적인 결과를 낳을 수 있는지를 짐작케 한다.

| 참고문헌 |

구본천, 1998, 『기업퇴출의 경제분석과 개선방안』, 한국개발연구원.

김동원, 1992, 『은행대출시장에서의 정부-은행-기업간 관계의 재모색』, 한국경제연구원.

김병주 · 박영철, 1984, 『한국경제와 금융』, 박영사.

김병화 · 김창호 · 문소상 · 임현준, 2001, 『정책일관성에 관한 연구』, 금융경제총서 제6호, 한국은행.

김정호, 1999, 『워크아웃의 이론과 실무』, 청림출판.

남일총, 1993, 「부실기업정리제도의 경제적 분석」, 『한국개발연구』 제15권 제2호, 한국개발연구원.

송홍선, 2000, 「한국의 기업금융구조: 변화와 의미」, 『구조조정의 정치경제학과 21세기 한국경제』, 한국사회경제학회 정기학술대회 발표집, 풀빛.

_____, 2001, 「한국기업의 자금조달과 통제권 가치」, 『금융연구』, 금융연구원.

안길룡, 1995, 「사모사채의 문제점 검토 및 대책」, 『상장협』 제37호 5월, 상장사협의회.

이성규, 2001, 『기업구조조정의 성과와 CRV 추진방향: 워크아웃 작업을 중심으로』, 금융경제연구 제118호, 한국은행 특별연구실.

이순우, 1995, 『부실기업정리 그 후』, 진리탐구.

전성빈 · 김민철, 2000, 『기업도산의 실제와 이론』, 다신출판사.

전성훈, 1997, 『은행의 기업통제 역할』, 연구보고서 no. 3 , 한국금융연구원.

최도성 · 지헌열, 1998, 『회사정리제도』, 서울대학교출판부.

한국개발연구원, 2000, 『시장원리에 부합하는 기업퇴출질서 확립을 위한 제도개선 방안 연구』, 한국개발연구원.

한국경제연구원, 1992, 『한국기업의 재무행태와 금융관행에 대한 연구』, 한국경제연구원.

한국금융연구원, 1998, 『기업구조조정에 관한 연구』, 국제워크숍자료집, 한국금융연구원.

Allen, F. and Gale, D., 1995, "A welfare comparison of intermediaries and financial markets in Germany and the U.S.", *European Economic Review*.

Altman, E., 1984, "A further investigation of the bankruptcy cost question", *Journal of Finance* 39, pp. 1067-1089.

Aoki, M. and Dinc, S., 1997, "Relational Financing as an Institution and its Viability under Competition", mimeo, Stanford Homepage.

Bergolf, E., 1990, "Capital structure as a Mechanism of control: a comparison of financial system", ed. M. Aoki et al., *The Firm as a Nexus of Treaties*, Sage Publications.

Black, S. W. and M. Moersch, 1998, *Competition and Convergence in Financial Markets: The German and Anglo-American Models*, North-Holland.

Cho, Y. J. and Hellman, T., 1994, "The government's role in Japanese and Korean credit markets: a new institutional economic perspective", *Seoul Journal of Economics* vol. 7 no. 4.

Dewatripont, M. and Maskin, E., 1995, "Credit and Efficiency in Centralized versus Decentralized Markets", *Review of Economic Studies* 62.

Demirguc-Kunt, A. and Levine, R., 1999, "Bank-based and market-based financial systems: cross-country comparisons", *World Bank Group Policy Research Working Papers* 2143, World Bank.

Gilson, S. J. and Lang, L., 1990, "Troubled debt restructurings: an empirical study of private reorganization of firms in default", *Journal of Financial Economics* 27, pp. 315-353.

Hagen, R. and Sebnet, L., 1988, "Bankruptcy and agency costs: their significance to the theory of optimal capital structure", *Journal of Financial and Quantitative Analysis* 23, pp. 27-38.

Hart, O., 1995, *Firms, Contracts and Financial Structure*, Clarendon Press.

Kim, Y. G. and Pyun, C. S., 1992, "Korean stock price on weak form market efficiency tests", 한국재무학회 발표논문집.

Mayer, C., 1998, "Financial systems and corporate governance: a review of the international evidence", *Journal of institutional and theoretical Economics* vol. 154 no. 1.

Myers, S. C. and Majluf, N., 1984, "Corporate financing and investment decisions when firms have information that investors do not have", *Journal of Financial Economics* 13.

Smith, C. W. and Warner, J. B., 1979, "On financial contracting: an analysis of bond covenants", *Journal of Financial Economics* 7.

Stein, S., 1989, *A Feast for Lawyers*, M. Evans and Company, New York.

Warner, J., 1977, "Bankruptcy costs: some evidence", *Journal of Finance* 32, pp.337-347.

White, M. J., 1989, "The corporate bankruptcy decision", *Journal of Economic Perspectives* 3(2), pp.129-152.

Zingales, L., 1998, "Which capitalism? Lessons from the East Asian Crisis", *Journal of Applied Corporate Finance*.

제4장
토지자원의 동원과 국가개입방식의 변화

김태승

1. 서론

토지자원은 자본주의 경제성장을 위한 3대 투입요소의 하나로 간주되고 있다. 따라서 1960년대 이후 한국의 압축적인 경제성장 과정에서 토지자원의 동원은 국가의 중요한 정책대상의 하나일 수밖에 없음을 쉽게 짐작할 수 있다. 이 연구는 한국의 1960년대 이후 국가주도형 성장과정에서 국가가 토지자원의 동원 및 관리에 적극적으로 개입하는 과정을 통시적으로 서술하는 것을 목적으로 하고 있다.

이와 같은 목적을 달성하기 위해 본고는 경제성장과정에서 토지자원의 동원방식을 크게 두 가지의 범주로 구분하여 서술하고자 한다. 첫째는 사용가치로서의 토지자원을 동원하는 과정이다. 이는 접근성을 통해 결정되는 자본주의 토지의 사용가치를 국가가 주도적으로 창출하여 이를 민간에게 공급하는 과정을 서술하게 될 것이다. 둘째는 자본의 원시적 축적수단으로서의 토지자원의 활용에 대한 국가의 개입과정이다. 이는 사용가치와 교환가치의 분리, 또는 토지의 한계생산성이 의제된 교환가치의 거품화를 통해 부(wealth)가 신규토지소유자로부터 기존토지소유자로 이전되는 과정에 대한 국가의 방임 또는 부분적 통제행동을 서술하게 될 것이다. 이는 결국 압축적 성장과정에서 국내 자본들이 토지로부터의 자본이득(capital gain)을 통해 부분적으로 원시적 축적을 이루는 과정에 대한 국가의 태도변화를 검토하는 것이 될 것이다.

본고의 구성은 다음과 같다.

먼저 제2절에서는 토지자원의 가치 및 이의 동원을 파악하는 논리를 정리하고자 한다. 과연 압축적 성장과정에서 토지자원의 사용가치는 무엇이고, 사용가치와 교환가치의 괴리는 어떻게 발생하는가, 그리고 이러한 토지자원의 동원이 추가적인 경제성장의 질곡으로 작용하는 경로는 어떻게 되며, 이 과정에서 국가의 역할은 어떻게 위치하는가를 검토하게 될 것이다.

제2절에서는 또한 토지자원의 이용과 관련한 1960년대 이후 한국경제의 시기구분은 어떻게 할 수 있는가를 검토하고자 한다. 보편적인 한국경제의 시기구분은 1970년대 초반과 1980년대 후반을 전환점으로 하여 3단계로 이루어진다. 과연 이러한 시기구분방식이 토지자원의 동원에서도 적용될 수 있는가를 검토하고자 한다. 또한 이 절에서는 국가가 토지자원의 동원에 개입하는 정책수단들에 대해서도 검토하고자 한다.

제3절에서는 사용가치로서의 토지자원의 동원을 위한 국가의 구체적인 개입행태를 통시적으로 서술하고자 한다. 국가 주도의 사용가치 확대는 두 가지 경로를 통해 이루어진다. 첫 번째는 간접적인 개입방식으로서, 접근성은 우수하지만 용도의 제한으로 인해 활용될 수 없는 토지에 대해 제도적 제약을 풀어줌으로써 사용가치를 높여주는 제도적 방식과 접근성이 낮은 토지에 대해 도로, 철도 등 각종 기반 시설을 공급함으로써 사용가치를 높여주는 재정적 방식이다. 둘째는 더 직접적인 방식으

로, 국가 혹은 국가를 대신하는 공사에 의한 각종 공단의 조성, 도시용지의 확대 등이 있다. 본 장에서는 이와 같은 두 가지 경로를 통해 사용가치의 확대 과정을 살펴보고자 하나, 재정적인 방식에 의한 국가개입은 간단한 언급에 그치고자 한다. 이는 이 논문이 갖는 첫 번째의 한계가 될 것이다.

제4절에서는 사용가치와 교환가치의 괴리를 이용한 자본의 원시적 축적과정을 설명하고자 한다. 이를 위해서는 원시적 축적의 주체인 기업들의 시기별 토지소유규모 및 가치에 대한 자료를 분석해야 한다. 또한 이러한 원시적 축적을 원활하게 하기 위한 국가의 제도적 지원과정, 또는 과도한 원시적 축적에 대한 국가의 통제양식 등이 설명되어야 한다. 하지만 원시적 축적의 주체들에 의한 토지의 집적 및 이를 통한 자본이득의 획득규모를 추정하는 것은 자료의 제약이 매우 크다. 따라서 본고에서는 이용 가능한 자료를 최대한 동원하여 원시적 축적과정을 설명한 후 이에 대한 국가 개입을 논증하고자 하지만, 후자에 좀더 중점을 두는 방식으로 서술하고자 한다. 이는 본고의 또 하나의 한계가 될 것이다.

마지막으로 제5절에서는 이상과 같은 토지자원의 이용에 대한 국가개입 과정에 대한 종합적인 평가를 내림으로써 이 연구의 결론을 삼고자 한다. 또한 향후 각 분야별 집중 연구를 위한 선행조건들을 정리하고자 한다.

2. 연구방법론 : 시각정립, 시기구분 및 정책수단의 검토

1) 토지자원의 동원을 파악하는 시각

경제성장과 관련하여 토지자원은 경제사적 발전과정에 따라 그 1차적 가치를 세 단계로 분류하여 설명할 수 있다. 제1단계는 자연으로부터 자원을 1차적으로 착취하는 농경시대의 토지이다. 이 시기에 있어서 토지의 사용가치의 크기는 '비옥도(fertility)'에 따른 수확물의 다과에 따라 결정된다. 제2단계는 자본주의적 경제발전이 본격화된 시기의 토지이다. 이 시기에 있어서 토지는 2, 3차 산업의 경제활동 '공간'으로서의 의미가 1차 산업을 위한 경제적 '자원'으로서의 의미보다 커지며, 따라서 그 가치는 집적적 경제활동을 위한 '접근성(accessibility)'에 의해 결정된다. 제3단계는 경제발전의 결과를 양적 경제규모가 아니라 인간생활의 질로 판단하는 시기의 토지이다. 이 시기에 있어서 토지는 생산보다는 생활의 공간이라는 데에 더 많은 비중을 두고 해석되며, 따라서 그 사용가치는 '쾌적성(amenity)'에 의해 결정된다.

이러한 분류방법은 토지가 갖는 사용가치에 중점을 둔 것이다. 이 중 한국의 경제성장 과정에서 토지자원의 가치는 '접근성'에 의해 결정되는 공간으로서의 의미가 크다. 따라서 국가의 역할은 접근성 제고를 통해 토지의 사용가치를 증대하는 것이라고 할 수 있다. 물론 모든 나라에서 이러한 역할을 국가가 주도적으로 수행한 것은 아니다. 하지만 국가주도의 압축적 고도성장과정에서는 이것을 국가가 아닌 민간이 수행하기는 곤란하였을 것이다.

한편 이러한 사용가치로서의 토지의 이면에는 그 희소성으로 인한 교환가치가 존재한다. 우리가 보통 '지대'라는 경제학적 용어로 설명하는 토지의 교환가치는 각 단계에서 토지의 사용가치를 결정하는 기준에 따라 공급되는 토지가 한정되어 있기 때문에 상황에 따라서는 사용가치와 분리현상이 나타난다. 이렇게 사용가치와 교환가치의 차이가 과도하게 나타날 때, 토지에 대한 수요는 사용가치보다는 교환가치 때문에 발생하게 되는데, 이것을 '투기(speculation)'라고 부른다.

문제는 이러한 사용가치와 교환가치의 괴리에 의한 토지투기가 경제성장과정에서 별도의 기능을 한다는 점이다. 특히 경제의 고도성장으로 말미암아 접근성에 따른 사용가치가 급격하게 증가하는 시기에는 교환가치는 사용가치보다 더욱 빨리 증가하게 되고, 따라서 접근성을 변동시킬 수 있는 능력을 가진 집단, 혹은 이에 대한 정보를 공유한 집단은, 사용가치와 교환가치의 괴리라는 거품(bubble)을 이용하여 상당한 규모의 자본의 원시적 축적을 달성할 수도 있다. 제2단계의 시기, 즉 자본주의의 고도발전시기에 특히 후발국에서 일반적으로 나타나는 현상이 바로 이러한 자본의 원시적 축적으로서, 이는 압축적 자본주의 발전의 물적 토대를 마련하는 기능을 하기도 한다.

이러한 사용가치와 교환가치의 괴리는 국가가 이를 주도했건 그러지 않았건 간에 과거 30년 동안 한국경제 성장의 동력으로서 작용을 했다. 심지어 고도성장의 대부분이 이렇게 국가와 결합된 소수자본에 의한 다수자본으로부터의 부의 이전을 통해 이루어졌다는 평가도 나오는 실정이다.

하지만 토지자원의 사용가치와 교환가치의 괴리라는 거품은 궁극적으로는 추가적인 경제성장을 제약하는 요인으로 작용하기도 한다. 이것은 세 가지 경로로 구분해 설명될 수 있다.

첫 번째 경로는 토지자원에 대한 투자자본이 거품의 소멸 이후 토지에 묶여버리는 경우이다. 추가적인 지대의 획득이라는 기대 심리로 토지에 투하된 자본이 거품 소멸 이후 토지에 대한 수요의 감소로 지대를 전유하는 기능을 수행하지 못하고 그대로 토지에 잠겨버릴 수가 있는 것이다. 이는 토지에 대한 투자규모가 일반적으로 크다는 점을 감안할 때, 자본 회전의 정지로 말미암아 엄청난 기회비용을 낳게 된다.

두 번째 경로는 사용가치로서의 토지에 대한 신규수요가 있을 경우, 그 비용이 엄청나게 커진다는 점이다. 토지의 교환가치는 일반적으로 다른 상품에 비해 하방경직성이 크다. 특히 첫 번째 경로에 의한 기회비용이 클수록, 이를 만회하기 위해 토지의 교환가치는 인위적으로 사용가치에 수렴되지 않을 수도 있다. 이 경우, 접근성이라는 사용가치를 확보하기 위한 토지에 대한 신규수요는 적정 가치 이상의 비용을 토지에 지불해야 한다. 이는 경제성장을 위한 신규투자를 저해한다.

세 번째 경로는 토지가치의 하락이 기업가치의 하락으로 연결된다는 것이다. 특히 한국과 같이 토지가 다른 금융자산의 담보로서의 기능을 수행하게 될 경우, 토지가치의 하락은 담보가치의 하락으로 연결되어 기업의 재무적 건전성이 순식간에 악화될 수도 있다.

이와 같은 세 가지 경로에 의한 추가적인 성장의 제약은 1970년대 이후 토지경기의 변동에 따라 한국에서도 자주 발생했던 상황이다. 두 번째와 세 번째의 경로에 의한 성장의 제약은 총체적 동원구조였던 성장방식과 결합하여 경제 전체에 심각한 문제를 야기하곤 하였다. 따라서 이러한 성장의 제약을 해소하기 위한 정책이 매번 추진되곤 했으나 그것이 제도화하는 수준에 이르지는 못했다.

한편 이와 같은 사용가치와 교환가치의 괴리 때문이 아니라 사용가치의 지나친 집적으로 인한 추가적 비용의 발생이 경제성장을 제약할 수도 있다. 이른바 거대 메갈로폴리스의 탄생으로 인해, 현재의 기술수준으로는 도저히 해결할 수 없는 혼잡의 문제가 발생하기도 하는 것이다. 이는 궁극적으로 토지의 사용가치를 떨어뜨리는 것이지만, 토지에 대한 투자가 갖는 매몰비용(sunk cost)의 성격 때문에 사용가치가 하락함에도 불구하고 자산을 다른 곳으로 이전하지 못하고, 혼잡비용을 부담하게 되는 것이다.

이와 같은 사용가치의 지나친 집적으로 인한 문제는 현재 한국경제가 당면하고 있는 가장 심각한 문제의 하나라고 할 수 있다. 하지만 이 문제는 그간의 성장과정에서 배태된 구조적인 것이기 때문에 이를 해결하는 것은 근본적인 변화가 있지 않는 한 곤란하다. 실제로 이에 대해 국가가 개입하려는 시도가 없었던 것은 아니다. 하지만 이것은 당면한 고도성장의 논리에 밀려 구두선으로서의 의미만을 가졌을 따름이다.

2) 시기구분의 문제

고도성장시기의 국가에 의한 토지자원의 동원 과정을 사용가치의 증대, 사용가치와 교환가치의 괴리를 통한 원시적 축적, 가치분리의 반작용에 의한 축적의 장애로 요약될 수 있는 시각으로 파악한다고 했을 때, 중요한 것은 시기구분 문제이다. 즉, 각 시기별 세 가지 시각의 강도, 이를 관철하거나 통제하기 위한 정책수단 등을 통해 국가의 토지자원 동원에 대한 입장의 변화를 관찰할 수 있는 것이다.

일반적으로 받아들여지고 있는 1960년대 이후 경제성장과정에 대한 시기 구분은 1970년대 초반까지를 하나의 시기로, 그리고 1980년대 후반 노동자 대투쟁 전후까지를 또 하나의 시기로 구분하는 것이다. 문제는 과연 이러한 시기 구분 방법이 토지자원의 동원에도 그대로 적용될 수 있겠는가 하는 것이다.

이를 확인하기 위해 중요하게 검토해야 할 것은 국가가 토지자원의 동원을 좀더 본격적으로 추진하거나 입장변화를 보인 시기, 투기라는 용어로 불리는 사용가치와 교환가치의 괴리를 통한 원시적 축적에 대한 입장에 변화를 보인 시기, 가치분리의 반작용에 의한 축적의 장애가 구조화된 시기 등이다.

우선 국가가 토지자원의 동원을 본격적으로 추진한 시기이다. 일반적으로 토지자원의 동원에 국가가 가장 활발하게 개입했던 시기는 1980년대로 설명한다. 하지만 이를 위한 제도적인 준비를 했던 시기까지 고려한다면 제1차 국토종합개발계획이 수립된 1972년을 하나의 전환점으로 파악할 수 있다. 특히 이 시기는 개발제한구역이 설정되었던 시기(1974년)이자, 서울의 강남지역 개발이 착수되던 시기(1974년)이기도 하다.

국토종합개발계획, 개발제한구역, 강남지역 개발 등 외견상 전혀 관련이 없어 보이는 이러한 정책들에서 나타나는 공통점은 무엇인가? 간단히 이야기하면 체계적이고 적극적인 토지자원의 동원의 본격적인 추진이라는 것이다(허재영, 1993). 국토종합개발계획을 통해 전국 단위의 체계적인 계획을 수립하고, 개발제한구역을 통해 도시의 무질서한 외연적 확산을 막는 대신, 그 내부에서 도시화의 촉진은 가속화하자는 것이다. 따라서 국가가 토지자원의 동원을 본격적으로 추진한 시기라는 기준으로 볼 때, 중요한 전환점은 1970년대 초반이라고 할 수 있다.

그렇다면 국가가 토지자원의 동원에 대해 입장변화를 보인 시기는 없었을까? 이와 관련해서는 사용가치의 증대를 위해 국가가 직접적 개입에서 간접적 개입으로 변화한 시기를 파악해볼 수 있다. 이른바 '개발의 민영화'(장세훈, 1996)가 추진된 시기이다. 이는 지금까지가 국가가 직접 모든 토지자원을 개발하였으나, 이제 그 개발주체를 민간에게 이전하기 시작하였음을 의미한다. 1991년의 민간자본에 의한 공업단지 건설 허용, 1994년의 사회간접자본시설에 대한 민간자본 유치법 등이 그 대표적인 예이다. 따라서 1990년을 전후한 시점을 우리는 토지자원의 동원에 대한 국가의 입장이 변화된 시기라 할 수 있다.

대기업을 중심으로 한 토지를 통한 원시적 축적에 대한 국가의 입장은 외견상으로는 큰 변화가 없는 것처럼 보인다. 1968년의 부동산투기억제에 대한 특별조치법을 필두로 하여 5.29조치(1974년), 8.8조치(1978년), 9.27조치(1980), 5.8조치(1990년) 등 모든 조치들이 기업의 토지투기에 대해 국가의 강력한 대응을 천명한 것이기 때문이다. 하지만, 각각의 조치가 갖는 강도나 정책의 지속성 등을 고려할 때, 국가가 자본의 원시적 축적에 대해 의지를 가지고 정면으로 문제를 삼기 시작한 것은 5.8조치부터였다(장세훈, 1996). 따라서 우리는 투기와 관련된 국가 정책의 전환점을 1990년대부터라고 판단할 수 있다.

가치분리의 반작용에 의한 축적의 장애와 관련되어 전환점을 삼을 수 있는 시기도 또한 1970년대 초반의 5.29조치와 1990년의 5.8조치를 들 수 있다. 1968년의 조치가 지가상승을 계기로 토지에 대한 세제의 정비 차원에서 이루어진 것이라면, 1974년의 5.29조치는 기업들의 과다한 토지보유로 말미암아 경기침체기에 기업이 자금난에 봉착하고 재무구조에 문제가 발생하자 이를 해소하기 위한 조치였다고 할 수 있다. 따라서 우리는 이 때부터를 경기순환국면에 따른 축적의 장애가 본격적으로 발생하기 시작한 시기로 규정할 수 있다. 다른 한편으로 1990년의 5.8조치는 축적의 장애를 해소하기 위한 조치라는 측면 외에 다른 의미를 더 부여할 수 있다. 즉, 건전한 시장경제 구조를 달성하기 위한 경제구조의 조정이라는 의미이다. 이는 대기업의 원시적 축적에 대한 국민 정서의 이반이 극도에 달해 있고, 소위 건전한 시장경제이론의 측면에서 이러한 방식의 축적구조가 더 이상 용납되어서도 안 되고 가능하지도 않다는 전제하에 이루어진 조치였던 것이다. 따라서 우리는 이를 구조화된 축적의 장애를 제거하려는 시도가 본격적으로 추진된 시기로 1990년을 전환점으로 삼을 수 있는 것이다.

이상과 같은 논의를 바탕으로 할 때, 토지자원의 동원이라는 측면에서도 다른 분야와 마찬가지로 1970년대 초반과 1990년 두 시기를 전환점으로 한 시기구분이 가능해짐을 알 수 있다. 따라서 각 시기가 갖는 특성은 좀더 구체적인 논의를 통해 검토해야 할 것이다.

3) 정책수단의 검토

이미 앞에서도 언급한 바와 같이 사용가치 증대를 위한 정책수단은 크게 직접적인 수단과 간접적인 수단으로 구분되고, 간접적인 수단은 다시 제도적인 수단과 재정적인 수단으로 나뉜다.

이를 좀더 구체적으로 설명하면, 직접적인 수단은 국가가 직접 토지의 공급의 주체로 나서는 것이다. 이를 위해서 국가는 국가에 의한 토지개발이 가능할 수 있는 각종 제도를 마련하거나 국가의 대리자로서 토지를 개발할 주체를 공기업 형태로 창설한다.

간접적인 수단 중에서 제도적인 수단은 토지 관련 제도의 개편을 통해 민간이 토지의 사용가치를 쉽게 증대할 수 있도록 지원하는 것으로 이것의 대표적인 예는 토지수용권의 부여를 들 수 있다. 그 밖에 각종 조세의 지원이나 부담금의 감면 등도 이에 해당한다.

재정적인 수단으로는 교통시설, 전력, 수도시설의 공급을 통해 지금까지 접근성이 불량했던 토지의 접근성을 제고하는 것이다. 이러한 재정적 수단은 실제로는 가장 포괄적인 효과를 갖는다는 점에서 국가의 사용가치 증대수단으로 가장 널리 사용된다.

이러한 정책수단들은 1960년대 이후 국내 고도성장 과정에서 국가에 의해 효율적으로 사용되었다. 1970년대 초반까지는 각종 제도의 정비를 통해 제도적인 수단이 적극적으로 동원되었고, 1970~1980년대에는 재정적인 수단과 직접적인 수단이 적극 활용되었다. 또한 국가를 대리한 주체들도 1970년대 들어서 지속적으로 설립되었다. 그러나 이러한 정책 수단들은 1990년대부터는 그 형식에 전면적인 전환을 가져온다. 국가의 배타적인 권한이 민간의 참여를 받아들이고, 중앙정부 중심의 정책수단들이 지방정부에 배분되는 것이다.

다른 한편으로 재벌에 의한 원시적 축적을 막기 위한 정책수단도 또한 직접적인 방식과 간접적인 방식으로 나뉘고, 간접적인 방식은 다시 제도적인 수단과 재정적인 수단으로 구분된다.

직접적인 방식으로는 기업의 비업무용토지의 처분 및 처분 재산의 용도제한을 명령하는 통치권적인 조치로 표현된다. 1970년 이후 크게 4번 있었던 각종 조치들이 이에 속한다.

간접적인 방식으로는 사용가치의 증대를 위한 정책수단과 이와는 정반대인 제도적인 수단은 토지사용에 대한 규제를 강화하는 방법, 재정적인 방법으로는 양도소득세, 재산세 등 각종 조세의 강화를 들 수 있다. 1989년에 구체화된 토지공개념제도의 도입은 이러한 간접적인 방식 중 가장 강한 조치라고 할 수 있다.

3. 사용가치 증대를 위한 국가개입의 추이

1) 1960년대 : 정책기반 조성 및 제도의 정비

경제개발은 토지의 사용가치를 비옥도를 바탕으로 한 농업형 가치보다는 접근성을 바탕으로 한 산업형 가치로 전환하는 계기로 작용한다고 할 수 있다. 이것을 좀더 정식화하여 정리하면, 경제개발의 본격적인 추진은 농업형 토지에 대한 수요보다 도시형 토지, 산업형 토지의 수요를 확대시키는 과정이라고 할 수 있는 것이다. 우리의 1960년대는 바로 이러한 토지의 사용가치의 전환이 시작되는 시기라고 할 수 있다.

우선 1960년대의 경제개발전략은 수출주도형 공업화로서 중화학공업을 중심으로 점진적인 공업화계획을 추진하는 것이었다. 이것은 각종 산업단지를 위한 신규 토지의 창출을 불가피하게 하였고, 따라서 이를 위한 정부의 직접적인 토지자원의 동원을 위한 제도가 법제화되는 것은 필연적이었다. 공업화에 필요한 공업지구를 조성하기 위한 토지수용특례법(1962), 수출공업단지개발조성법(1964), 기계공업진흥법(1967), 전자공업진흥법(1969), 석유화학공업육성법(1970) 등의 제정이 그 단적인 예이다. 이러한 각종 진흥법, 조성법 등은 공업용지를 개발하고 산업진흥에 필요한 사회간접자본을 확충하기 위해 필요한 용지를 쉽게 취득할 수 있도록 하였다.

경제개발계획의 추진으로 공업화가 진전되면서 토지의 사용가치의 전환이 이루어지는 또 하나의 계기는 선진국에서 이미 경험한 도시화 현상이다. 우리의 경우도 예외는 아니어서, 서울, 부산 등 대도시는 물론이고, 신흥공업도시와 지방의 중심도시에도 농촌으로부터 많은 인구가 일자리를 찾아 집중하여 도시인구는 폭발적으로 늘기 시작하였다. 해방 당시 17.0%에 지나지 않은 도시화율이 1960년에는 35.8%, 1970년에는 49.8%로 급격히 증가하였다.

1960년 이전의 도시인구는 상당수가 해방과 더불어 해외에서 귀환한 동포와 6·25동란 당시 북한으로부터 내려온 피난민이었다. 그러나 1960년대의 도시인구는 취업기회를 찾아 이농향도(離農向都)한 농촌인구였다. 늘어나는 도시인구를 적절히 수용하기 위해 정부는 도시개발에 필요한 도시계획 및 주택개발 등에 관한 제도를 적극적으로 마련하였다. 1962년의 도시계획법, 건축법, 토지수용법, 1966년의 토지구획정리사업법 등(허재영, 1993)은 앞에서 예시한 공업용지 개발을 위한 국가의 직접적인 토지자원의 동원은 아니지만, 민간이 토지의 사용가치를 쉽게 제고할 수 있도록 정책적으로 지원하는 간접적·제도적 수단의 동원이라고 할 수 있을 것이다.

한편 이 시기에 나타난 토지자원의 동원의 재정적 수단으로 대표적인 것이 바로 경부고속도로의 건설이다. 서울과 부산으로 한정되어 있는 경제개발 지원 및 도시형 토지의 공급을 전국적으로 확대하기 위한 것이 경부고속도로의 건설이라는 형태로 나타난 것이다. 이는 이후 한국경제의 성장축이 경부축을 중심으로 해서 이루어지는 것과 일맥상통하는 것이라고 할 수 있다.

2) 1970~1980년대 : 토지자원 동원의 체계화 및 본격화

1960년대에 서서히 이루어진 국가에 의한 토지자원의 동원은 1970년대에 이르러서 좀더 체계화되었고, 이것은 1980년대의 토지자원의 본격적인 동원으로 이어진다.

1970년대에 이루어진 국가에 의한 토지자원의 체계적 동원을 특징짓는 3대 정책을 제시한다면, 바로 제1차 국토종합개발계획의 수립(1972~1981), 토지개발공사의 설립(1978년), 개발제한구역의 지정(1974년)을 들 수 있다.

우선 국토종합개발계획의 수립은 한 마디로 말해서 국가에 의한 토지자원의 종합적 관리 및 동원을 법제화한 것이라 할 수 있다. 이것은 국토종합개발계획이 산업의 적정 배치, 국토이용·관리의 효율화, 국토기반의 확충, 국토자원 개발과 자연환경의 보전, 국민생활환경의 개선에 목표를 두고 거점개발방식을 채택하여 경제성이 높은 대규모사업을 우선적으로 실시하는 불균형 개발방식을 개발전략으로 삼았다(허재영, 1993)는 것에서 정확히 드러난다.

이러한 국토종합개발계획의 바탕하에 정부는 경제의 지속적인 성장을 뒷받침하기 위해 각종 토지관련법제를 제정하였다. 국토를 종합적이고 장기적인 차원에서 계획적으로 개발하고 관리하기 위한 국토이용관리법(1972), 특정지역개발촉진에관한임시조치법(1972) 등의 법제를 제정하였고, 수출증대를 통한 지속적인 경제성장과 중화학공업의 집단적 개발을 위한 공업부문의 토지수요를 충족시키기 위하여 수출자유지역설치법, 지방공업개발법(1970), 산업기지개발촉진법(1973), 공업배치법(1977), 공업단지관리법(1975)도 제정하였다. 특히 전국토를 대상으로 하는 국토이용관리법은 용도지역 지정과 기준지가 고시 등의 내용을 담고 있어, 모든 토지에 대해 토지의 용도와 가격까지도 국가가 통제하기 시작하였음을 보여주고 있다.

다음으로 토지개발공사는, 택지공급을 활발히 시행하는 것을 목적으로 한 토지금고법(1974)을 제정하였다가 이것을 다시 1978년에 한국토지개발공사법으로 바꾸고, 이 법에 의해 설립되었다. 이러한 토지개발공사의 설립은 국가에 의한 토지자원의 동원을 위한 대리기구가 설립되었다는 측면에서 중요한 의미를 갖는다. 1970년대에 진행된 각종 토지구획정리사업, 1980년대의 각종 공영개발, 그리고 여러 개별법제에 의해 추진되는 토지개발의 정부 대행기구가 본격적으로 가동하기 시작한 것이다.

개발제한구역의 지정은 일견 국가의 토지자원 동원을 위한 다른 정책수단과 상치되어 보이는 것이다. 다시 말해서 다른 정책수단들이 토지자원 동원을 활성화하기 위한 것인데 반해 개발제한구역의 지정은 이를 억제하는 수단으로 보이기 때문이다. 하지만, 이것도 그 본질은 토지자원의 국가에 의한 동원을 방해하는 요소를 사전에 통제하는 기능을 가졌다고 판단하는 것이 타당하다. 즉, 경제개발과 함께 폭발적으로 진행되는 도시화로 인해 토지자원에 의한 국가의 통제력이 상실되는 것을 막기 위해 인위적으로 도시 주변지역의 개발을 제한함으로써 토지자원에 대한 국가의 통제력을 강화하는 수단으로 작용하였던 것이다.

이상과 같은 중요한 정책 수단 이외에도 1970년대에는 국가에 의한 토지자원 동원을 체계화하는 다른 정책수단들이 대거 도입되었다. 공업의 발전으로 인한 환경오염을 우려하여 1977년 환경보전법을, 국내 관광수요의 증가에 대처하고 외국인 관광을 유치하기 위하여 관광지개발촉진법을 각각 제정하였다. 지속적인 도시화로 더욱 심각해지는 주택문제를 해결하기 위하여 주택건설촉진법(1972)과 택지개발촉진법(1980)을, 농업생산증대를 위하여 농촌근대화촉진법(1970)을, 농지의 무분별한 전용을 억제하기 위하여 농지보전및이용에관한법률(1972)과 농지확대개발촉진법(1975)을 제정하였다. 1976년에는 재개발사업을 적극적으로 추진하기 위하여 도시계획법에서 도시재개발법을 분리하여 제정하였다.

이렇게 체계화된 토지자원 동원 정책에 바탕하여 1980년대에는 토지공급 차원에서 공공의 역할이 크게 증대된 시기이다. 1960년대와 1970년대에는 토지구획정리사업이 토지개발의 주요 수단으로 사용되어 왔다. 그러나 1980년에 제정한 택지개발촉진법에 따라 토지개발사업이 공영개발방식으로 대체되기 시작하였다. 공영개발은 사업에 필요한 토지를 모두 매수하여 개발하고 이를 분양 또는 임대하는 방식이다. 대규모의 택지를 짧은 기간에 조성하여 염가로 공급할 수 있다는 장점 때문에 대규모 단지조성사업의 거의 대부분을 차지하였다. 특히 과거 토지구획정리사업이 원래의 토지소유자를 중시하고 사업의 개발이익을 시행주체와 토지소유자가 공유하는데 비해, 공영개발은 개발사업으로 인한 개발이익을 공공이 흡수하여 무주택 서민계층에게 혜택을 주었다는 데 의의가 있다. 이는 국가에 의한 토지자원의 동원에 따른 반발을 무마할 수 있는 최소한의 정책의지가 이 시기부터 반영되고 있음을 보여주는 것이다.

우선 1980년대 중반까지 도시용지의 주요 공급 수단이었던 토지구획정리사업의 추진 현황과 연대별 공급 실적을 정리하면 〈표 4-1〉, 〈표 4-2〉와 같다. 지난 1940년대부터 1997년까지 추진한 토지구획정리사업은 총 684개 지구 526.6㎢이다. 이 가운데에서 이미 시행을 마친 사업지구는 전체 사업지구의 72%인 492개 지구이고, 현재 150개 지구는 시행중이며, 나머지 42개 지구는 아직 착수하지 않고 있다. 사업면적으로는 전체 사업지구 면적 중 87.2%인 459.1㎢를 시행 완료하였고, 현재 시행중인 면적은 약 50㎢이다.

토지구획정리사업의 추진 실적을 연대별로 살펴보면, 1950년대까지는 9개 지구 13.8㎢에 지나지 않았으나, 1960년대에는 65개 지구 38.9㎢, 1970년대는 163개 지구 175.5㎢, 1980년대는 145개 지구 190.1㎢, 1990년대는 110개 지구 40.7㎢를 각각 완료하였다. 이 자료에서 알 수 있는 바와 같이 토지구획정리사업은 1970년대와 1980년대에 가장 많이 이루어졌다. 여기에서 1980년대와 1990년대에 이루어진 사업의 상당부분은 택지개발촉진법이 제정되기 이전인 1970년대에 이미 사업계획을 수립하여 추진한 사업이다.

다음으로, 1980년에 제정한 택지개발촉진법상의 공영개발사업으로 공급한 토지 면적은 이 사업을 시행하기 시작한 1982년부터 1997년까지 총 420.7㎢이다.

〈표 4-3〉에 정리한 바와 같이 이 사업은 주로 한국토지공사와 지자체가 많이 시행하였다. 실제로 이 사업을 시행한 이래 토지공사는 전체 공급면적의 43.4%인 182.7㎢, 지자체는 39.1%인 154.6㎢를 공급하였고, 나머지는 대한주택공사가 13.9%, 수자원공사가 3.4%를 각각 공급하였다.

한편, 산업단지는 1996년 말 현재 총 개발대상면적 455.9㎢ 중 330.3㎢를 개발하였고, 77.9㎢가 미개발 상태이다.

〈표 4-1〉 토지구획정리사업 추진실적(1997년 말 현재) (단위 : 천㎡)

합계		완료		시행중		미착수	
지구	면적	지구	면적	지구	면적	지구	면적
684	526,636	492	459,138	150	49,954	42	17,544

자료 : 건설교통부 주택도시국.

〈표 4-2〉 토지구획정리사업의 시행시기별 실적 (단위 : 천㎡)

구분	착공		준공	
	지구수	면적	지구수	면적
계	642	509,092	492	459,138
1950년대까지	53	40,398	9	13,801
1960년대	122	168,690	65	38,962
1970년대	149	161,231	163	175,528
1980년대	137	79,848	145	190,098
1990년대	181	58,925	110	40,749

자료 : 건설교통부 주택도시국.

<표 4-3> 공영개발사업에 의한 토지공급 추이(1982~1997)

(단위 : 천㎡)

구분		계	1982~89	1990	1991	1992	1993	1994	1995	1996	1997
합계		420,712 (100.0)	152,330 (100.0)	42,383 (100.0)	32,370 (100.0)	34,771 (100.0)	29,155 (100.0)	34,548 (100.0)	27,183 (100.0)	39,669 (100.0)	28,030 (100.0)
시행자	토공	182,735 (43.4)	70,595 (46.3)	18,965 (44.7)	13,431 (41.5)	14,666 (42.2)	13,528 (38.9)	12,570 (36.4)	11,060 (0.41)	16,528 (41.7)	11,392 (40.6)
	주공	58,640 (13.9)	24,609 (16.2)	5,319 (12.5)	4,698 (14.5)	3,988 (11.5)	3,892 (11.2)	4,080 (11.8)	3,711 (13.7)	4,628 (11.7)	3,706 (13.2)
	수공	14,430 (3.4)	-	-	-	-	-	6,010 (17.4)	5,895 (21.7)	1,984 (5.0)	541 (1.9)
	지자체	164,635 (39.1)	57,126 (37.5)	18,099 (42.7)	14,241 (44.0)	16,117 (46.4)	11,735 (33.7)	11,879 (34.4)	6,517 (24.0)	16,529 (41.7)	12,392 (44.2)

자료 : 건설교통부 주택도시국.

<표 4-4> 산업단지개발 현황(1996)　　　(단위 : ㎢)

구분	개발대상	1996까지 개발	미개발
국가산업단지	323.7(71.0)	245.8(74.4)	77.9(62.0)
지방산업단지	132.2(29.0)	84.5(25.6)	47.7(38.0)
계	455.9(100.0)	330.3(100.0)	125.6(100.0)
농공단지		42.1	

자료 : 건설교통부, 1997년도 국토이용에 관한 연차보고서, 57-59쪽.

　　산업단지의 유형별로 이미 공급한 산업단지를 유형별로 보면, 국가산업단지가 전체 공급면적의 74.4%를 차지하였다. 한편, 농공단지는 1996년까지 42.1㎢를 공급하였다.

　　이상에서 논의한 신규 택지와 산업단지는 대부분 농경지와 산림지를 전용, 공급하였으며, 특히 농경지를 많이 전용하였다. 따라서 농지면적은 1980년부터 1996년까지 2,503km²가 감소하여 전체 농경지 면적의 약 11.4%가 다른 용도로 전용되었다. 1980년부터 1995년 말까지 전용된 농지의 용도별 전용실태를 보면 〈표 4-5〉와 같이 42.9%는 공익 및 공공시설용지, 17.4%는 주택시설용지, 11.6%는 광공업용지로 사용되어, 전용면적의 71.9%가 도시용지로 이용되었고, 농어업시설용지로 전용된 것은 17.8%에 불과하였다.

그러나 1985년부터 1996년까지 개간, 간척 및 기타 사업으로 674.6km²의 농지를 조성하여 농지의 순전용면적은 1,828km²로 추정된다. 한편, 준농림지역은 1994~1996년간 전체면적의 0.8%에 해당하는 약 209km²의 토지가 도시적 용도로 개발되었다.

공장용지가 전체 개발면적의 27.5%를 차지하고 있으며, 일반주택 11.8%, 음식 · 숙박업소 6.0%, 아파트는 1.3%를 차지하고 있다. 아파트 건설면적은 1994년 1,549km²에서 1996년에는 480km²로 감소되었고, 일반주택은 4,477km²에서 12,624km²로 급증하였다.

또한 산지는 1981년부터 1996년까지 전체 산림지의 1.8%인 1,150km²가 감소하여 농지보다는 타용도 전용이 적은 것으로 분석되었다. 이를 용도별로 보면, 1985~1996년 동안에 택지와 공장용지로 각각 연평균 7.2km² (220만평), 9.2km²(280만평)씩 전용되었다.

3) 1989년 이후 : 민영개발로의 전환과 토지공급의 확대

1980년대 말에 발표한 수도권 신도시정책을 제외하면 80년대의 토지

〈표 4-5〉 토지이용 목적별 농지전용 비율 (단위 : %)

계	공공용지	주택용지	광공업용지 등	농어업용지	기타
100.0	42.9	17.4	11.6	17.8	10.3

자료 : 농림수산주요통계(1996)의 농지전용허가건수를 기초로 작성.

정책은 70년대에 비해 수요를 억제하는 정책에 치중되어 있었다. 토지공급이 부족한 상태에서 수요억제정책을 시행함으로써 토지정책의 실효성이 미약할 수밖에 없었다. 이 때문에 1990년대 중반부터는 토지정책의 기본방향을 전환하여 수요억제정책과 함께 공급확대정책을 병행하였다. 또한 지금까지의 국가에 의한 일방적인 토지자원의 동원체계에서 벗어나 민간의 수요에 따라 토지를 동원할 수 있도록 하였다. 이러한 토지자원 동원의 민영화를 설명해주는 대표적인 사례가 1994년에 개정된 국토이용관리법, 특히 준농림지역 및 준도시지역의 지정이다.

우선, 1994년에 국토이용관리법을 개정하여 10개의 용도지역으로 세분되어 있던 토지이용체계를 5개 용도로 단순화하고, 개발이 가능한 용도지역을 확대함으로써 택지·공장용지 등의 개발용지 공급이 확대될 수 있는 기반을 마련하였다. 그 결과 국토이용관리법상의 용도지역이 10개에서 5개로 줄고, 제도적으로 개발이 가능한 지역이 15.6%에서 42.7%로 확대되었다. 이것은 결국 1970년대에 제정한 국토이용관리법이 국가에 의한 토지자원의 통제수단으로는 효율적으로 기능했으나, 결국은 증가하는 토지수요를 따라잡지 못하게 되자, 민간에 의한 토지자원의 동원을 확대 허용하는 차원으로 정책이 전환되었음을 의미한다.

이렇게 토지공급의 확대를 위한 정책 중에서 대표적인 것이 준농림지역의 설정 및 운용이다. 건설교통부는 준농림지역의 계획적 개발을 유도하기 위해 준농림지역 운용관리지침을 1994년 6월에 제정하였다. 이 지침에 따르면, 준농림지역에서 50세대 이상의 공동주택을 건축하기 위해서는 용도지역을 준도시지역의 취락지구로 국토이용계획을 변경하도록 되어 있으나, 50세대 미만의 공동주택은 국토이용계획의 변경 없이 용적률 400%까지 건설할 수 있다. 아파트는 높이 15층 이하, 용적률 150% 이하로 제한하고 있으며, 예외적으로 도시지역에서 2km 이내, 기반시설이 잘 갖추어진 지역, 자연경관 훼손의 우려가 없는 지역에서는 건축물 높이 20층, 용적률 250%까지 허용된다.

하지만 이러한 준농림지역의 지정을 통한 토지개발의 민간참여 허용은 결국 토지의 난개발을 불러일으켰고, 따라서 일정 정도 제한을 가하지 않을 수 없게 되었다. 우선 준농림지역의 난개발을 막기 위해 1994년 10월 19일 개정한 국토이용관리법시행령에서는 지방자치단체들이 준농림지역 내 숙박업소 등의 설치를 제한하는 조례를 만들 수 있는 근거 규정을 두었다. 그러나 이 규정에 근거하여 조례를 제정한 시 · 군은 1997년 7월 현재 전국 149개 대상 시 · 군 중에서 51개 시 · 군에 지나지 않는다.

그래서 1997년 9월 11일에는 국토이용관리법시행령을 개정, 도시 주변지역의 무질서한 개발을 억제하기 위하여 각종 규제행위를 좀더 엄격히 하는 한편, 개발수요가 많은 지역은 준도시구역의 취락지구나 산업촉진지구로 쉽게 국토이용계획을 변경하여 계획적 개발을 유도하고자 하였다. 즉, 준농림지역에서는 300세대 이상의 공동주택의 건축을 금지하는 한편, 그 이상으로 건설하고자 하는 경우는 준도시지역의 취락지구로 용도지역을 변경하여 기반시설을 갖추어 계획적으로 개발하도록 하되 취락지구[1]에서는 용적률을 200%까지만 허용하였다. 공장, 물류시설 등의 계획적 입지를 유도하기 위하여 산업촉진지구로 국토이용계획을 쉽게 변경할 수 있도록 하였고, 상수원보호구역 등 산업촉진지구로 지정할 수 없는 경우를 제외하고는 산업촉진지구의 지정 권한과 농지전용관련 협의 권한도 100만㎡까지를 지방자치단체에 위임하여 지역지역 실정에 맞추어 좀더 용이하게 산업용지를 확보할 수 있도록 하였다.

다만 토지공급을 위축시키지 않는 범위에서 준농림지역의 난개발을 방지하기 위하여 준농림지역 내 모든 건축물에 대한 용적률을 100% 이하로 제한하여 개발밀도를 낮추고 자연과 조화된 개발이 이루어지도록

---

1) 취락지구에서는 학교용지 확보 및 도로, 상하수도 등 기반시설의 설치가 의무화되어 있다.

〈표 4-6〉 준농림지역의 토지이용 실태(1994~1996)

(단위 : ㎢, 건, %)

연도 유형	1994 면적		건수		1995 면적		건수		1996 면적		건수		합계 면적		건수	
		%		%		%		%		%		%		%		%
합계	61.7	100	36,648	100	70.1	100	49,985	100	77.2	100	63,325	100	209.0	100	149,958	100
일반주택	4.5	7.3	8,998	24.6	7.5	10.7	14,485	29.0	12.6	16.3	22,595	35.7	24.6	11.8	46,078	30.7
아파트	1.5	2.5	174	0.5	0.7	0.9	97	0.2	0.5	0.6	90	0.1	2.7	1.3	361	0.2
공장	19.5	31.6	5,940	16.2	20.6	29.4	6,706	13.4	17.4	22.5	5,774	9.1	57.5	27.5	18,420	12.3
음식점	2.4	3.9	2,851	7.8	3.4	4.8	4,336	8.7	4.4	5.7	5,121	8.1	10.1	4.9	12,308	8.2
숙박업소	0.7	1.2	528	1.4	0.6	0.8	299	0.6	1.0	1.3	592	0.9	2.2	1.1	1,419	0.9
기타시설	33.1	53.6	18,157	49.5	37.4	53.4	24,062	48.1	41.4	53.6	29,153	46.0	111.8	53.5	71,372	47.6

자료 : 국토, 1997년 12월호. 65쪽에서 재작성.
주 : 기타 시설은 농어촌 편익시설, 종교시설, 주유소, 체육시설 등

하였다. 음식점과 숙박시설의 설치는 원칙적으로 금지하되, 특별히 필요한 경우에만 지방자치단체의 조례로 정하여 허용하도록 하였다.

그럼에도 불구하고 준농림지역에서 도시적 용도로 전용되고 있는 토지면적은 계속 증가하는 추세에 있다. 1994년부터 1996년까지 준농림지역의 토지이용 상황을 살펴보면 〈표 4-6〉에서 보는 바와 같이 건수로는 일반주택으로 이용된 경우가 46,078건(30.7%)으로 가장 많고, 그 다음은 공장으로 18,420건(12.3%), 음식·숙박업소로 이용된 경우는 13,727건(9.1%)이며, 아파트로 이용된 경우는 961건(0.2%)이다.

한편, 면적을 기준으로 이를 살펴보면, 공장으로 이용된 경우가 57.5㎢(27.5%)로 가장 많은 면적을 차지하고, 그 다음이 24.6㎢(11.8%)를 차지하는 일반주택이다. 음식·숙박업소로 이용되는 경우는 12.3㎢(12.3%)이고, 아파트로 이용되는 경우는 2.7㎢(1.3%)를 차지하고 있다.

1994~1997년 동안에 전국적으로 238.3㎢의 준농림지역이 다른 용도 지역으로 변경되었다. 이를 지역별로 보면, 도 지역에서 변경된 면적이 231.9㎢로서 대부분을 차지하고, 광역시에서 변경된 면적은 6.3㎢에 불과하다. 준농림지역의 대부분은 도시지역이나 준도시지역으로 변경되었다. 변경된 준농림지역 중 67.6%는 도시지역으로, 26.4%는 준도시지역으로 변경되었으며, 농림지역으로 변경된 경우는 2.5%, 자연환경보전지역으로 변경된 경우는 3.4%에 불과하다.

　　전용면적을 지역별로 보면, 도시지역으로 변경된 경우는 경기도가 48.5㎢로서 가장 많고, 충청남도 37.0㎢, 경상남도 29.0㎢, 경상북도 26.3 ㎢로서 대체로 개발 활동이 활발한 지역에서 많이 전용되었다. 준도시지역으로의 변경이 가장 많이 이루어진 곳은 강원도로 11.2㎢이며, 경기도는 9.8㎢, 제주도는 9.3㎢, 충청남도는 8.0㎢가 변경되었다. 한편, 농림지역으로 용도지역이 가장 많이 변경된 곳은 전라북도로 3.1㎢가 변경되었으며, 자연환경보전지역의 경우는 전라남도에서 가장 많이 발생하였는데 6.3㎢가 변경된 것으로 나타났다.

　　그 밖에 1990년대 들어서서 토지개발의 민영화를 위한 다른 수단도 제도적으로 도입되었다. 1991년 6월 민간자본에 의한 공업단지건설 허용, 1994년 1월 지역균형개발및중소기업육성에관한법률 제정, 1994년 8월 사회간접자본시설에대한민간자본유치촉진법 제정 등을 통하여 공영개발 위주로 이루어지던 토지개발사업에 민간의 참여를 확대한 것이 그 예이다.

4. 사용가치와 교환가치의 괴리 조절을 위한 국가개입의 추이

1) 1960년대 : 제도정비와 지가안정화 정책

지가상승에 의한 자본의 원시적 축적을 막기 위한 정부의 개입은 1960년대부터 시작되었다.

1966년부터 1969년 사이에 경인고속도로와 경부고속도로를 건설하면서 고속도로 주변지역의 지가가 크게 상승하였다. 경제성장의 결과로 축적된 여유자금이 토지투기자금으로 유입되기 시작하였다. 그러나 당시의 토지정책은 효율성만을 강조함으로써 개발과 성장 위주의 사회적 가치관이 형성되어 많은 사람들이 토지투기에 대해 관심을 갖게 되었다. 그 결과 20~100%에 달하는 급격한 지가상승을 초래하였다. 이 시기에 촉발된 지가상승은 1990년대 중반까지도 커다란 사회문제로 대두되었고, 토지정책의 중요한 과제로 자리잡게 되었다. 토지투기와 지가상승이 사회문제로 대두되자, 정부는 1968년 부동산투기억제에관한특별조치법을 제정하였다. 이 법에 따라 서울, 부산 및 대통령령이 정하는 지역에 대해서는 토지양도로 발생한 차액의 50%를 부동산투기억제세로 부과하였다. 이러한 부동산투기억제세는 이후 토지양도에 대한 과세는 양도소득세로, 공지소유에 관한 과세는 공한지세로 각각 전환되는 등 토지제도의 정비를 위한 기반정책으로서의 기능을 수행하였다.

2) 1970~1980년대 : 반작용에 의한 축적 장애의 타개

1970년대의 토지정책은 경제개발을 지속적으로 추진하기 위해 필요한 각종 용지를 효과적으로 공급하는 한편, 대규모개발 사업이 빚은 토지시장의 과열도 조정·관리하는 양면적 정책을 추진하였다. 개발용지를 대량으로 공급하는 한편으로, 지가안정과 불로소득의 흡수가 토지정책의 핵심과제로 인식되었다. 그럼에도 불구하고, 1970년대 중반 이후 부동산가격이 급등하자, 긴급대책들을 잇달아 발표하였다. 이러한 부동산대책들은 일종의 긴급대책적인 성격으로서 탈법적인 거래에 대한 사법적·세무행정적인 제재가 대부분을 차지하였다. 예를 들면, 1974년의 국민생활안정을 위한 대통령긴급조치(1.14조치)는 공업단지 조성지역을 중심으로 성행하던 투기행위를 억제하기 위하여 부동산투기억제세의 과세대상지역을 확대하고 공제율을 인하하는 내용을 담고 있으며, 재산세제에 법인의 비업무용 토지요건을 강화하고 공한지에 대한 중과세 규정을 신설하였다.

1970년대 중반 이후 중동지역에 대한 해외건설 수출이 본격적으로 추진되면서 해외로부터 유입되는 엄청난 유휴자금이 아파트를 비롯한 부동산시장으로 몰려들어 부동산투기가 극심해졌다. 이를 억제하기 위해 발표한 것이 1978년의 8.8조치로 불리는 부동산투기억제 및 지가안정을 위한 종합대책이었다. 이 조치는 투기가 성행하거나 지가가 급등하는 지역에 대해 토지거래허가제와 신고제를 도입하여 투기억제를 강화하고, 기준지가 고시를 단계적으로 확대하며, 부동산 거래질서를 확립하기 위하여 부동산중개업을 허가제로 전환하고, 부동산등기제도 및 인감증명을 개선한다는 내용을 담고 있었다. 또한 양도소득세를 기존의 30%에서 50%로 중과하고, 미등기전매에 대해서는 100%의 세율을 과세하였다. 공한지와 비업무용토지에 대한 기준도 강화하여 과세대상을 확대하고 보유기간에 따른 누진율을 적용하였으며, 유휴토지의 개발을 촉진하기 위하여 토지금고를 한국토지개발공사로 개편하였다.

이상과 같은 축적장애요인의 제거작업은 1980년대에도 지속된다. 1980년대에는 부동산투기가 심각한 사회문제로 대두되어 투기억제대책이 상당히 정비되었다. 1980년대 초반에는 제2차 석유파동의 여파로 경기가 극도로 침체하고 물가가 상승하자 주택경기 활성화대책이 추진되었다. 양도소득세율을 인하하고 탄력세율을 도입하며, 특정지역을 해제하였다. 그러나 곧이어 경기가 활성화되면서 부동산시장이 과열되자 다시 가격안정 및 투기억제 쪽으로 정책방향이 전환되었다. 이때 발표된 일련의 투기억제대책들은 1983년의 2.16 부동산투기억제대책, 1983년의 12.12 주택투기억제대책, 1985년의 5.20 부동산투기 근절을 위한 부동산종합대책 등이다.

하지만 1980년대 말에 재현된 토지 및 부동산가격 폭등은 전국을 투기열풍으로 몰아넣어 무주택가구의 생계를 위협하고, 부동산투기로 불로소득을 향유하는 계층의 과시적 소비행태가 일어나면서 계층 간 분배구조를 둘러싼 갈등이 증폭되었다. 이에 정부는 1988년 8월 10일 부동산투기 근절을 위한 장단기 종합대책을 발표하였다. 이 대책은 검인계약서 실시 및 등기의무화의 추진, 양도소득세제 강화, 종합토지세 및 공시지가제도의 도입 등을 포함하고 있었다. 아울러 토지공개념을 바탕으로 한 광범위한 토지제도의 개혁방안과 분당, 일산, 평촌 등 수도권 5개 신도시 건설계획을 발표하였다.

이상의 각종 대책에서 보는 바와 같이, 1980년대는 토지수요와 공급의 불균형이 토지문제를 발생시키는 근본원인이라는 인식을 가지고 토지공급을 확대하는 한편 투기적 가수요를 억제하는 데 역점을 두었다. 이에 따라 기업의 비업무용토지와 개인의 공한지에 대해 중과세하고, 토지과다보유세를 도입하여 투기적인 토지보유를 억제하고자 하였다. 토지과다보유세는 최초의 인별(人別) 합산과세 형태라는 점에서 대물(對物)과세에 기반을 둔 우리나라의 조세체계에 상당히 획기적인 전기를 가져온 제도이다. 이 세는 이어 종합토지세로 발전되어 토지분 재산세가 물건별 과세체계에서 인별 합산과세 형태로 전환하는 계기가 되었다. 이와 같은 일련의 제도들은 과다하게 보유하는 토지에 대해 중과세하여 토지의 불필요한 보유를 억제하는 데 목적을 두고 있다.

1980년대 토지정책의 특징은 토지시장에 정부가 적극적으로 개입한 점이다. 1984년에 개정한 국토이용관리법에 의거하여 경기·충남·충북의 투기예상지역에 대해 최초로 토지거래신고제를, 1985년에는 충남 대덕연구단지 주변에 토지거래허가제를 시행하였다. 토지거래신고제는 토지의 거래 사실을 지방행정관서에 신고하는 제도이다. 토지거래허가제는 거래예정가격이 과도하게 높거나 취득목적이 불분명한 경우 사인 간의 계약행위를 금지시킬 수 있어 학계 및 법조계에 커다란 논란을 일으킨 바 있다. 그러나 헌법재판소의 판결에 따라 헌법의 사권보호 정신에 어긋나지 않는 것으로 결정되어 이를 계속 시행하고 있다.

3) 1990년대 : 구조조정을 위한 시도와 실패

1980년대에는 전술한 바와 같이 각종 대책이 다양하게 제시되었고, 특히 토지에서 발생하는 불로소득인 개발이익을 공공으로 환수하기 위해 최대한의 노력을 기울인 시기이었다. 그러나 그 나름대로의 단점과 부작용으로 인해 당초의 기대에 미치지 못하는 경우가 많았다. 개발이익 환수는 정책의지는 강하였으나 실천적인 수단이 미흡하여 크게 성공적이지는 못하였다. 따라서 지가는 지속적으로 상승하여 GNP대비 지가총액은 1975년 5.6배에서 1988년에는 7.1배, 1989년에는 8.1배로 급격히 증가하였다. 특히 개발지역 및 주변지역의 급격한 지가상승으로 막대한 양의 개발이익이 사유화되는 문제가 발생하였다. 불로소득의 사유화는 기업의 건전한 투자활동을 저해하고, 빈부의 격차를 심화시키며, 주거비 및 임대료를 증가시켜 임금과 물가를 상승시키는 악순환을 초래하는 등 사회적 폐해를 확산시켰다. 이와 같이 지가급등으로 인한 부의 편재를 시정하고, 부동산시장의 안정을 도모하기 위하여 공공의 시장개입을 강화하는 토지공개념제도를 확대 실시하였다.

토지공개념제도 확대방안은 1988년 하반기에 국토개발연구원에 설치한 토지공개념연구위원회가 1989년 12월에 제출한 연구보고서를 기초로 토지공개념관련법을 제정함으로써 시행되었다. 이 때에 제정된 공개념 3법은 택지소유상한에관한법률, 개발이익환수에 관한 법률, 토지초과이득세법이다. 공개념제도는 토지정책의 역할에는 단순히 토지를 효과적으로 이용하고 개발하는 것만이 아니라, 개인·계층 간 왜곡된 부와 소득의 배분구조를 수정하는 기능까지도 포괄하여야 한다는 의지를 담고 있다. 공개념제도가 달성하고자 하는 목표는 첫째로, 토지에 대한 수요를 조절하여 수급격차를 완화하고, 둘째로 개발이익을 환수하여 사회적 형평성을 제고시키며, 셋째로 토지소유 편중도를 완화하여 토지보유의 저변을 확대하는 데 있었다.

택지소유상한제는 토지소유를 직접적으로 제한하는 강력한 토지수요억제 제도이다. 법인의 택지소유를 원칙적으로 금지하고, 개인의 경우 6대 도시에서 가구당 200평을 초과하는 택지의 소유를 제한함으로써 도시 내 택지를 골고루 소유할 수 있도록 하는 제도이다. 토지초과이득세는 지가상승이 정상지가 상승률을 초과하는 개인 및 법인의 유휴지와 비업무용토지에 부과하여 개발이익을 환수하고 토지이용과 개발을 촉진하는 제도이다. 개발부담금제도는 일정규모 이상의 개발사업에 부과하여 개발이익을 환수하는 제도이다. 아울러 공개념제도를 뒷받침하기 위하여 1989년 4월 정부의 각종 행정업무에 사용되는 공적지가의 기준을 하나로 통일하는 공시지가제도를, 1990년에는 토지세제를 강화하기 위하여 종합토지세를 도입하였다.

1990년 4월에는 4.13 부동산투기억제대책을 발표하여, 부동산등기의 무제를 도입하였으며, 투기적 거래를 방지하고자 토지거래허가제와 신고제를 확대 시행하고, 기업의 비업무용부동산 판정기준을 강화하여 기업의 부동산과다 보유를 억제하였다. 1990년 5월에는 부동산투기억제를 위한 보완대책(5.8조치)을 발표하여 기업의 부동산보유에 대한 강력한 제재조치를 발표하였다. 즉, 비업무용부동산의 판정기준을 강화할 뿐만 아니라, 비업무용부동산의 처분을 촉구하고 계열기업군의 부동산 취득을 억제하였다. 또한 금융기관의 부동산 담보취득을 제한하였고, 기업부동산에 대한 세제혜택을 축소하였다.

소위 토지공개념의 시기라고 일컫는 1980년대 말과 1990년대 초는 토지투기를 막고 지가상승을 방지하기 위하여 토지에 대한 각종 규제정책이 가장 강화된 시기였다고 할 수 있다. 따라서 한두 가지의 대책을 통해서 투기를 막고자 했던 1970년대와는 달리 동원가능한 모든 정책을 활용하여 다차원적으로 투기를 억제하고자 하였다. 이러한 측면에서 1990년대의 토지정책은 1970년대에 비해 한 단계 발전된 접근이었고, 특히 토지공개념시대의 토지정책은 투기억제정책의 종합이었다고 평가할 수 있다. 그러나 시행한 대책의 대부분이 인위적이고 직접적인 강제성을 띤 제도였다는 점에서 후진적인 정책의 틀에 머물렀다고 할 수 있다. 이처럼 투기적인 가수요를 억제하는 강력한 수요관리제도로 인해 1991년 하반기부터 부동산가격이 안정세를 보이기 시작하여 1992년에는 지가변동률이 -1.27%, 1993년에는 -7.38%로 크게 하락하였다.

한편 1990년대에는 이러한 인위적인 제도 이외에도 여러 가지 제도적인 장치들이 도입되었다. 부동산 투기를 사전에 차단하기 위해서는 토지소유 및 거래내용을 정밀하게 분석하여 투기조짐이 있는 지역을 조기에 포착하여 대응하는 것이 중요하다는 인식에 기초하여, 1994년 1월부터 토지거래허가·신고 및 검인대장을 전산입력하여 거래내역을 전산화하였다. 그리고 개인별·세대별 토지소유 및 변동 현황을 파악할 수 있도록 1995년 2월 내무부의 지적전산화 자료 및 주민등록자료, 건설교통부의 공시지가자료와 토지거래자료를 통합하는 토지종합전산망을 구축함으로써 투기억제대책의 정책효과를 높일 수 있는 기반을 마련하였다. 또

한 탈법, 탈세, 투기의 수단으로 이용되어온 부동산 명의신탁과 장기 미
등기도 규제하여 부동산거래의 투명화를 도모하였다. 1995년 3월 부동
산실권리자명의등기에관한법률을 도입하여 실권리자 명의의 등기를 의
무화하여 부동산거래가 실수요자 중심으로 이루어지도록 하였다. 부동
산실명제는 기존에 타인명의로 등기한 것은 실명으로 전환하고, 향후의
명의신탁은 금지하는 제도이다. 부동산실명제를 어겼을 경우 부동산가
액의 30%를 과징금으로 부과하고, 과징금을 부과받은 자가 실권리자 명
의로 등기하지 않을 때에는 이행강제금을 부과하도록 하였다.

하지만 사용가치와 교환가치의 괴리를 해소하기 위한 이러한 국가의
노력에도 불구하고, 1990년대의 정책은 잠깐 동안의 성공을 맛보기는 했
으나 결국 실패로 귀결하였다고 평가된다. 일반적인 경제활동에서 축적
의 기회를 갖지 못한 자본들이 끊임없이 토지로 몰려든 것이 그 원인이
었다. 특히 1997년 IMF 환란 이후 한 차례 불어닥친 벤처투자 열풍이 가
시고 난 다음부터는 마땅한 투자처를 찾지 못한 자금들이 대거 토지시장
에 투입됨으로써 또다시 커다란 거품을 낳았고, 실물경제 부문에서 경제
활성화의 대책을 갖지 못한 정부의 정책도 오히려 이러한 토지에 대한 투
기를 조장하는 쪽으로 나아가고 있는 것으로 의심을 받고 있는 것이다.

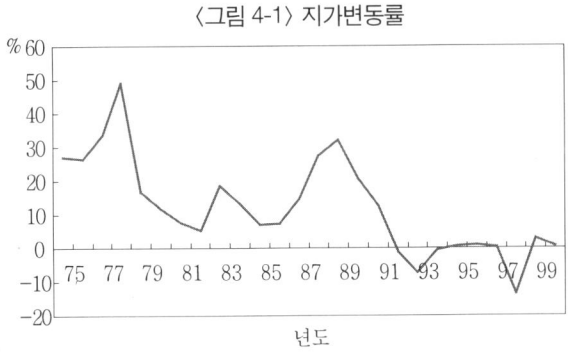

〈그림 4-1〉 지가변동률

5. 결론

　토지는 한편으로는 생산자원이지만 다른 한편으로는 생활의 근거라는
의미를 갖는다. 하지만 1960년대 이후 경제성장과정에서 토지의 역할은
생활의 근거라는 의미는 거의 사라지고 생산자원, 그것도 자본의 원시적
축적의 대상이라는 의미가 훨씬 강했다. 더구나 이를 조장하고 있었던
것이 바로 국가라는 점도 중요한 의미를 지닌다.

　하지만 이러한 생산자원, 또는 불로소득의 대상으로서의 토지자원의
동원은 그 자체의 운동과정을 통해서도 내부적 모순을 드러낼 뿐만 아니
라, 자본주의의 일반적인 운동법칙에도 배치되는 것이다. 이러한 모습을
확연하게 드러내는 것이 1990년대 이후 한국 기업들이 보여주는 축적의
위기들이다.

　이 논문은 바로 이러한 한국자본주의의 축적의 위기가 바로 토지자원
의 인위적 동원을 통한 축적메카니즘의 한계와 일치하고 있다는 것을 검
토하고자 하였다. 이를 위해 이 논문은 국가에 의한 토지자원의 사용가
치 증대 및 사용가치와 교환가치의 괴리에 대한 국가 개입방식을 검토하
였다.

　하지만 이 논문은 다음과 같은 한계를 안고 있다.

　첫째, 토지의 사용가치 증대에 있어서 무엇보다 중요한 정책수단의 하
나가 바로 교통시설 등 사회기반시설의 공급에 의한 간접적 방식이다.
이에 따른 사용가치의 확대를 확인하기 위해서는 각종 사회기반시설의
공급이 지가(공정한 의미에서의)에 어느 정도 영향을 미쳤는가를 확인하
는 계량적 작업이 수반되어야 한다. 하지만 이 논문은 이에 대한 시도를
하지 못하였다.

　둘째, 사용가치와 교환가치의 괴리에 의한 원시적 축적 구조를 좀더
분명히 하기 위해서는 원축의 주체인 자본의 토지소유실태 및 그에 따른

축적규모를 추정할 수 있어야 한다. 하지만 이 논문은 이를 위한 자료를 충분히 발굴하지 못한 상태에서 국가의 정책적 개입만으로 이를 검토하였다.

이상과 같은 두 과제는 향후 연구를 통해 좀더 구체적으로 강화되어야 할 것이다.

| 참고문헌 |

건설교통국 주택도시국, 1997, 『국토이용에 관한 연차 보고서』.

국토연구원, 1997, 『국토』 12.

농림수산주요통계, 1996.

장세훈, 1996, 「자본의 토지소유 및 개발에 대한 국가정책 연구」, 서울대학교 사
　　　　회학과 박사학위논문.

허재영, 1993, 『토지정책론』, 법문사.

제5장
국가와 노동자 변화
―국가의 노동시장 유연화 전략과 고용안정의 변화를 중심으로

전병유

1. 문제제기

한국의 산업화 과정에서 국가개입이 노동부문에 미친 영향은 자본에 미친 영향과 마찬가지로 대단히 크다. 노동력 동원의 관점에서 이루어진 노동정책과 함께, 경제개발 이후 한국의 노동시장은 시장에서 인력을 직접적으로 조달하는 외부노동시장보다는 기업내부에서 인력을 충원 조달하는 내부노동시장을 강화하는 방향으로 진전되어 왔다. 이는 자본축적의 대규모화와 노동자계급의 조직화가 강화되면서 더욱 진전되었다. 사무관리직의 경우, 1987년 노동자 대투쟁 이전에도 내부노동시장이 강화되었던 반면, 생산직의 경우 1987년 이후 대기업을 중심으로 급속하게 내부노동시장이 확대되었다.

그러나 1997년 경제위기를 계기로 하여 노동에 대한 국가개입의 방향은 크게 변화하여 노동시장 유연화 전략을 본격적으로 추구하기 시작하였다. 산업·기업 구조조정의 원활한 추진, 기업의 과잉설비와 과잉노동

력의 해소, 경제의 글로벌화 및 급속한 기술변화에 따른 불확실성 및 급속한 환경변화에 대한 유연한 대응, 그리고 경직적인 고비용 구조의 해소 등을 명분으로 노동시장 유연화를 위한 제도를 도입하였다. 또 1998년 정리해고와 파견근로제도를 합법화하여 제도적으로 해고를 보장하는 등 기존의 고용보호제도를 부분적으로 완화하였다. 국가의 노동시장 유연화 전략이 어떻게 노동시장에 파급되고 있는지를 검토하는 것은, 과거 한국경제체제의 특징과 명확히 대비됨으로써, 한국경제의 성격변화를 파악하는 데 중요한 논점이 된다.

1997년 경제위기 이전 근대적 부문에서는 내부노동시장이 강화되는 경향이 나타났다. 장기고용(long-term employment), 연공적 임금(seniority pay system)과 같은 내부노동시장의 특징들이 1987년 노동자 대투쟁 이후 제조업 · 대규모사업장을 중심으로 하여 관리사무직뿐만 아니라 생산직으로까지 확대되었다. 그런데 최근 들어 이러한 내부노동시장이 약화되고 있다는 보고들이 있다. 경제위기 이전 1990년대 중반부터 사용자들은 중간관리자들을 명예퇴직 형식으로 퇴출했으며, 경제위기와 정리해고제를 공식화한 노동법 개정을 계기로 본격적인 고용조정에 나서는 기업들도 늘고 있다는 것이다. 또한 임금에서도 연봉제를 중심으로 성과와 임금을 연동시키려는 사용주들의 시도가 확대되고 있다고 한다.

글로벌화와 경쟁 심화라는 거대한 물결 속에서 노동시장의 유연화를 추구하려는 사용자들의 시도는 내부노동시장을 약화시키는 가장 중요한 동인으로 작용하고 있다. 이것은 거의 모든 나라에서 노사관계와 고용관계에 심대한 영향을 미치고 있다. 임영일(1998), 노중기(1999) 등은 경제위기에 대한 신자유주의적 개혁의 결과 우리나라의 고용관계도 시장적 고용관계로 급속히 전환하고 있다고 주장하고 있다. 그러나 실제로 각국 노동체제의 변화 및 내부노동시장의 약화는 일률적으로 나타나지 않고 나라에 따라 매우 상이한 양상으로 나타나고 있다. 이는 사용자들의 의도가 그대로 관철되지 않고, 노동과의 교섭을 통해 변형된 양상으로 나타나는 경우가 대부분이며, 사용자들은 때로 경쟁이 심화되는 가운데 노동자들의 협조를 얻을 필요도 있기 때문에 '핵심노동자층'에게 적용되는 제도적 관행을 직접적, 적극적으로 공격하지 않는 경우도 많다.[1] 신자유주의 또는 유연성 공세라는 것도 각국이 가지고 있는 기존 제도에 따라서 상이한 양상으로 나타날 수도 있다.[2]

정이환·이병훈(2000)은 정리해고제도가 법적으로 도입된 이후에도 현장이나 지역에서의 고용관계의 변화는 노사관계 및 기업특성에 따라서 매우 다양하게 나타날 수 있음을 잘 보여주고 있다. 이성균(2000)도 노동시장 유연성의 정도는 단순히 경제위기 혹은 기업의 경영전략에 의해 일방적으로 결정되지 않고, 노동자들이 노동시장에서 갖는 힘에 따라서(노동자 개인으로서는 내부자 혹은 외부자로서의 지위에 따라서) 상이하게 나타날 수 있다고 주장하면서 노동조합 조직형태, 조직률 그리고 고용안정을 위한 노동조합의 활동에 따라서 기업 혹은 지역별로 노동시장 유연성 정도가 다르다는 것을 울산·창원 지역에 대한 분석을 통해서 잘 보여주고 있다.

이 논문은 이러한 내부노동시장의 발전과 변화가 1997년 경제위기라는 충격을 계기로 하여 어떻게 진전되고 있는지를 '고용' 측면에서 분석

---

1) 테텐과 쿠메(Thelen and Kume)도 독일과 일본의 노사관계, 고용관행 변화에 대한 연구를 통해 글로벌화와 신자유주의라는 수사에도 불구하고 양국의 기존 노사관계가 상당히 안정적으로 유지되고 있으며, 흔히 생각되는 것과는 달리 양국의 사용자들은 기존 제도를 공세적으로 공격하여 유연성을 추구하기보다는 작업장 평화를 유지하는 데에 더 관심이 많다고 주장하고 있다(Thelen and Kume, 1999).

2) 로크와 테텐(Locke와 Thelen)은 국제환경의 압력이 곧장 전달되지 않고 각국의 제도와 맥락에 매개된다는 점을 지적하고 있다. 설령 사용자가 유연성을 추구한다고 해도 유연성을 추구할 수 있는 방법은 다양할 수도 있다. '유연성'이라는 이슈의 사회적 의미가 나라마다 다르다는 것이다(Locke and Thelen,1997).

하고자 한다. 우리나라의 내부노동시장에 관한 기존 연구들은 주로 1990년대 초반까지를 대상으로 하였다. 1990년대 중반 이후의 상황에 대해서는 여러 사례연구들이 내부노동시장의 동태적 변화 양상을 분석하고 있으나, 이들 연구가 전체적인 자료와 분석에 의해서 뒷받침되지 못하고 있다고 생각된다. 이 논문은 이러한 연구의 공백을 메우고자 한다.

특히, 이 연구에서는 내부노동시장이 시장적 고용관계로 전환하는가를 평가하는 데 중요한 기준이 될 수 있는 고용안정(job stability) 및 고용안전(job security)의 변화에 주목하고자 한다. 이와 관련해서 다음과 같이 몇 가지 연구가설을 제시하고 이를 검증하는 방식으로 이 논문을 구성하고자 한다.

첫째, 내부노동시장의 강화 경향이 경제위기를 계기로 약화되었다는 가설에 대한 검토이다. 이 가설은 경제위기와 신자유주의적 경제개혁이 노동시장을 시장적 고용관계로 바꾸었고, 경제위기가 노동시장에 미치는 영향이 단기적이고 경기적인 것이 아니라 장기적이고 구조적이라는 가설과 밀접한 관련을 가진다.

외환위기로 시작된 경제위기의 충격은 노동시장에서 장기적인 악영향을 초래하는 것으로 지적되고 있다. 이는 높은 실업률의 지속, 비정규적 일자리 비중 확대, 장기실업자 증가 등으로 나타나는 것으로 분석되었다. 금재호·조준모(2000)는 노동시장은 금융시장이나 재화시장과는 달리 외환위기의 악영향이 장기화하는 경향이 있다고 지적하고 있다.

경제위기를 전후로 하여 우리나라 기업들이 고용구조를 비정규직 중심으로 전환하려는 움직임은 매우 뚜렷하다. 그러나 내부노동시장의 관행과 절차를 적용받는 정규직의 고용안정이 어떻게 변해가고 있는가에 대해서는 연구가 부족한 것으로 보인다. 이 논문은 과연 정규직 노동자 계층 특히 대규모 기업체의 조직화된 남성 노동자들을 중심으로 볼 경우에도 경제위기의 충격이 장기적인 현상으로 나타날 것인지에 대해 검토하고자 한다.

둘째, 노동자 계층 내부에서 고용불안정성의 격차가 커지고 있다는 가설에 대한 검토이다. 이 가설은 경제위기가 상대적으로 취약계층에게 더 커다란 타격을 가했다는 가설과 밀접한 관련이 있다. 경제위기는 노동자 간 고용불안전성의 격차를 확대하였고 이것이 근로자 계층 간 소득 및 인적자원 개발 격차를 확대하였을 것이라는 가설이다. 저학력·저임금·생산직·여성·중소기업 노동자·노동조합 미조직 사업체 노동자가 경제위기의 충격을 더 크게 받았다는 것이다.

그러나 다른 한편에서는 경제위기로 내부노동시장의 관행과 절차를 적용받았던 핵심노동자 계층의 고용불안정성 및 불안전성이 커졌다는 가설도 제기되었다. 정부와 기업의 구조조정이 주로 내부노동시장의 혜택을 받아오던 핵심노동자 계층에 집중되었고 이 때문에 이들의 고용안정이 크게 저하했다는 가설이다. 이른바 구조조정은 재벌·공기업·금융권 등 노동자 계층 내 상대적 기득권층의 고용안정과 고용안전성을 크게 침해했을 것으로 보는 것이다.

그러나 금재호·조준모(2000)는 "노동자 중 기득권 계층인 대기업의 고학력 정규직노동자의 고용불안이 사회적 여론을 주도하여 노동시장의 불안정성과 위기를 실상보다 과장·증폭시키고 그 결과 노동자의 피해의식이 필요 이상 높아졌다"는 주장을 비판하고 있다. 그리고, 노동시장의 불안정성 증가는 전체 근로자 계층에서 보편적으로 나타나는 현상이며 기득권 계층보다는 비정규직·저학력·여성·중고령자 계층에서 불안정성이 상대적으로 높았다고 분석하였다.

이성균(2000)도 제조업·대규모사업체·노동조합이 있는 울산 창원지역에서 고용감소율이 더 낮았고, 중소기업의 고용감소율이 더 높은 것으로 나타났으며, 이 지역에서는 제조업 상용직의 비중이 오히려 증가한 것으로 나타났다고 분석하고 있다. 장지연(2001)도 경제위기로 여성노동자들이 고용안정에서 더 큰 타격을 받았다고 분석하고 있으며, 조순경 (1998)도 여성노동자에 대한 차별적 해고가 심화되었다고 분석하고 있다. 이 논문에서는 좀더 객관적인 분석과 평가를 바탕으로 이들 분석과 주장을 평가해보고자 한다.

셋째, 우리나라의 내부노동시장의 진전과 이에 따른 노동시장의 분단화에 가장 큰 역할을 했던 '기업규모'와 '노동조합'의 중요성이 줄어들었다는 가설이다. 아직 이러한 가설에 대해서는 경험적인 분석이 그리 많이 이루어지지 않았다. 이 논문에서는 경제위기 전후로 이들 변수들의 역할이 어떻게 변했는지를 검토함으로써 내부노동시장의 변화 동인에 대해서 시사점을 얻고자 한다.

2. 분석방법론과 자료

이 연구는 주로 정규직의 고용안정(job stability)과 고용안전(job security)을 경제위기 시점인 1997년 전후로 하여 비교 분석한다. 이 연구에서 고용불안정(job instability)은 일자리 기간이 짧아지는 것을 의미하는 것으로 정의하고자 한다. 자발적이든 비자발적이든 이직이 잦아질 경우 고용안정성은 떨어지는 것으로 생각할 수 있다. 고용불안전성(job insecurity)은 피고용자의 완전한 비자발성과 비귀책성을 전제로 한다. 피고용자가 자발적으로 일자리를 바꿀 의사가 없었고 해고의 귀책사유가 없었음에도 해고를 당할 가능성과 관련된다. 즉, 고용불안전성은 순전히 사용자의 의도와 필요에 따라서 일자리가 중단되는 정도를 나타낸다. 따라서 이직률은 동일하더라도 자발적 이직의 비율이 낮아진다면, 고용안정성은 떨어지지 않으면서, 고용불안전성은 증가하였다고 말할 수 있다. 반대로 경영사의 이유로 사업주로부터 해고를 당하지 않더라도, 피고용자의 자발적 이직 사유가 많아지거나 전직 기회가 많아질 경우 고용불안정성은 증가할 수 있다.

사업체나 가구 패널 데이터가 구축되지 않은 상태에서 이루어진 기존의 많은 연구에서는 고용안정을 파악하기 위한 지표로서 입직률이나 이직률, 그리고 근속기간 등을 활용하였다. 그러나 입이직률이나 평균근속년수는 특정 기간에 이직하거나 입직한 자의 비율을 나타내거나, 특정 시점에서의 노동자의 근속년수를 단순히 평균한 값이다. 따라서 노동력의 구성이 지속적으로 변할 경우 이러한 지표들은 근로자의 이직성향 또는 고용안정 및 고용안전 정도를 정확하게 반영할 수 없다.

고용안정성을 나타내는 지표로는 평균적인 노동자가 한 직장에서 얼마나 지속적으로 근속하는가를 나타내는 기대근속년수(eventual job tenure)가 고용안정성을 보여주는 더 좋은 지표일 것이다. 통계의 표본이 일정하고 정확하게 유지된다면, 평균근속년수는 기대근속년수의 0.5가 되어야 할 것이다. 그러나 노동력 구성이 지속적으로 변할 경우, 평균근속년수의 비교만을 가지고서는 특정 시점간의 기대근속년수의 비교로 볼 수 없다. 잘 구성된 장기간의 패널자료라고 하더라도 기대근속년수를 정확하게 계산하는 것은 쉽지 않다.

따라서, 고용안정을 더 잘 나타낼 수 있는 지표로 직장유지율(job retention rate)을 생각해볼 수 있다. 직장유지율은 일정한 근속의 노동자가 현재의 직장에서 계속해서 일할 확률을 나타낸다. 이는 특정 시점(0)에 한 직장에서 일자리를 가지고 있는 노동자 중에서 다음 시점(0+t)에도 일자리를 가지고 있는 노동자의 비중을 가리킨다. 일반적으로 사업체와 노동자에 관한 동시 패널 데이터가 확보되지 않는 경우 t년의 직장유지율은 다음과 같이 계산된다.

$$Rxc(t) = Nx0 + t(t+c)/Nx0(c)$$

t년의 직장유지율 = 0+t기에 c+t의 근속년수를 가진 노동자수/0기에 c의 근속년수를 가진 노동자수

그러나 이 연구에서는 고용보험데이터를 활용하여 사업체와 노동자에 관한 동시패널을 구축하고 이를 통해서 0기에 직장을 가진 노동자가 0+ t기에 동일한 직장에서 일하는 경우 직장이 유지된 것으로 보고 그 비율을 직접 계산하였다. 한편 직장유지율과 비슷한 개념으로 t년 해고율도 동시에 구할 수 있다. 즉, t년 해고율이란 0기에 직장을 가진 노동자 중에서 t년 내에 해고되는 노동자의 비중을 계산한 것이다. 이 연구에서는 t년 해고율을 고용안전성을 나타내는 지표로 사용하고자 한다.[3]

이 경우 앞에서 지적하였듯이, 고용불안전성 개념은 노동자의 비자발성과 비귀책성을 전제로 한 해고 확률이라고 정의할 수 있다. 따라서 고용불안전성을 나타내는 해고 범주에는 해고 사유 중에서 '징계해고' 항목을 제외하였고, 사업주 권고에 따른 명예퇴직, 정리해고(근로기준법 31조에 의한 고용조정), 회사이전, 임금삭감, 체불 등 근로조건 변동에 따른 임의퇴직, 사업장의 폐업 및 도산에 따른 해고 등으로 한정하였다.[4]

---

3) 동일한 방식으로 t년 사직률은 0기에 직장을 가진 노동자 중에서 t년 내에 사직하는 노동자의 비율로 계산할 수 있다. 여기서 사직률은 해고 이외의 모든 사유에 따른 이직이라고 정의하자. 따라서 't년 직장유지율 = 1 - (t년 해고율 + t년 사직률)' 이라는 등식이 성립한다. 사직 범주에는 전직 또는 자영업을 위한 임의퇴직, 결혼·출산·가사 등을 위한 임의퇴직, 질병·부상으로 인한 임의퇴직, 학업·군복무를 위한 임의퇴직, 정년퇴직, 계약기간 만료, 기타 임의퇴직 등을 포함한다. 단, 고용보험 데이터에서는 1996년 5월 이전에는 사업주 사정에 의한 이직과 사업주의 사정에 의하지 않은 이직으로만 구분되어 있기 때문에 전자를 해고로 분류하였다.

4) 고용보험DB의 이직 사유 관련 조사문항에서는 1998년 이전의 경우 비권고성 명예퇴직이 '기타' 항목으로 기타 임의퇴직 항목과 같이 포함되어 있다. 그러나 외환위기 이전에도 기업들이 고용조정의 수단으로 '비권고성 명예퇴직'을 많이 사용했다는 점을 고려할 때, 이를 '고용불안전성'의 범주에서 제외하는 것은 경제위기 이전의 고용불안전성을 다소 과소평가할 가능성이 있다. 그러나 1998년 이후에는 이 기타 항목이 '개인사

고용보험데이터는 사업체와 노동자 연계 패널 데이터라는 성격을 가지고 있기 때문에 직장유지율을 정확하게 측정할 수 있다. 이 연구에서는 1995년부터 2000년 사이의 고용안정 및 고용안전의 변화 양상을 보기위해서, 1995년 10월 1일, 1997년 10월 1일, 1999년 10월 1일 세 시점을 기준으로 해서 1년간의 직장유지율과 해고율을 분석하였다.

먼저 사업체 표본을 구성할 경우, 1995년, 1997년, 1999년 모두 동일한 기업이 분석 대상이 되도록 하면 더욱 정확한 고용안정 · 안전의 변화 추세를 볼 수 있을 것이다. 그러나 이렇게 동일한 기업으로만 표본을 구성할 경우 기업 및 사업체의 소멸 · 생성이 전혀 반영되지 않는 문제점을 가진다. 특히 이 기간이 기업이나 사업체의 소멸이 많이 이루어진 시기이기 때문에 표본선택(sample selection)의 가능성이 있다. 즉, 상대적으로 부실하거나 불안전한 기업 · 사업체가 소멸하고 시간이 지날수록 상대적으로 우량한 안정적 기업 · 사업체만이 살아남을 가능성이 있다. 이 경우, 고용안정성이나 고용안전성은 시간이 지남에 따라서 과대평가될 가능성이 있다.[5]

따라서 이 연구에서는 각 년도에 전체 사업체 모집단의 산업별 · 규모별 구성에 비슷한 사업체 표본을 추출하여 비교하는 방식을 취하였다. 전체 사업체 모집단으로는 통계청의 「전국사업체기초통계조사」를 활용하였다. 단 사업체의 규모는 30인 이상으로 한정하였다. 이는 고용보험데이터가 1998년 이전에는 30인 이상 사업체로 제한 적용되었기 때문에

정에 의한 비권고성 명예퇴직'과 '고용조정계획에 따른 사업주의 권유에 의한 명예퇴직'으로 구분되어 있어서 후자를 고용불안전성의 범주로 명확하게 정의할 수 있었다.
5) 우리는 사업체표본선택에 따른 고용안정화의 과대평가 가능성의 문제를 평가해보기위해 1995년 이후 폐업 · 퇴출된 기업들을 제외한 표본(1995년부터 2000년까지 계속 존속한 기업 표본)을 가지고 다시 분석해보았다. 그 결과 당연히 1995년의 1년 직장유지율이 약간 높아지고 1년 해고확률이 약간 낮아지는 것으로 분석되었다. 그러나 전반적인 추세나 구조적 특징들은 변하지 않았다.

30인 미만 사업체가 대부분 데이터에서 제외되었고 내부노동시장의 변화·발전에 따른 고용안정의 변화를 보기에는 일정 규모 이상의 사업체를 대상으로 하여 분석하는 것이 더 의미가 있을 것으로 판단하였기 때문이다.

따라서 분석대상 노동자는 주로 30인 이상 기업체의 정규노동자라고 간주하면 될 것이다. 고용보험에는 '계절적·일시적 사업에 고용된 자', '단시간근로자(1주간 근로시간이 18시간 미만인 자)', '일용노동자(일일 고용되는 자 또는 3개월 이내의 기간을 정하여 고용되는 자)' 등을 적용 제외하고 있기 때문이다. 그러나 기업체 규모가 큰 경우에는 30인 미만의 사업체에 종사하더라도 고용보험에 가입되어 있는 경우가 많이 있다.[6] 따라서, 엄밀하게는 30인 미만 사업체 종사자도 상당수 포함되어 있다고 볼 수 있다. 한편 경제위기 전후로 신규채용 건수가 크게 줄어들어 단기근속자 비중이 크게 줄어들었다. 또한 1998년 10월부터 '계절적·일시적 사업에 고용된 자' 범주가 고용보험에 가입하기 시작하였으나 근속년수가 적어도 1년 이상인 노동자로 분석 범위를 한정하였기 때문에 이러한 범주의 노동자는 표본에서 제외되었다. 따라서 1999년 10월부터의 1년 직장유지율을 계산할 경우에도, 표본은 정규직으로 구성되어 있다고 볼 수 있다. 따라서 우리의 통계 지표는 모두 정규직을 대상으로 한 것으로 보아야 한다. 한편 연령도 20세 이상 55세 미만으로 제한하여 분석하였다. 아래의 분석은 위와 같은 정의와 방법에 따라 구성된 「사업체노동자표본」에 따라서 이루어졌고, 이에 관한 기초 통계는 〈부표 1〉을 참조하기 바란다.

한편 노동력 구성의 변화 요인을 통제한 상태에서의 고용안정성 변화 여부를 검토하기 위해서 로짓분석 방법을 사용하여 개인별 1년 직장유

---

6) 여기서 정규노동자란 통계청의 '상용' 노동자와는 다른 개념이다. 통계청의 기준으로 '임시'로 구분되는 노동자의 다수도 고용보험에 가입된다.

지확률과 1년 해고확률 등을 추정하고 이를 이용해서 각 그룹별로 개인별 추정치들의 평균을 구하는 방법을 사용하였다. 일반적으로 노동력구성의 변화를 통제한 상태에서의 특정 그룹의 직장유지확률(또는 해고확률)을 추정하는 방법으로는 단순히 이를 추정하기 위한 회귀식에 여타변수들의 평균값을 대입하여 구하는 방법이 일반적이다. 그러나 이러한 방법은 일반적인 최소자승추정(OLS)에서는 가능하지만, 비선형 함수를 기초로 하는 로짓분석에서 이 방법을 사용할 경우 실제 자료에서 유도된 추정치와는 일치하지 않는 확률추정치만을 구하게 된다. 따라서 이 연구에서는 로짓추정함수에서 구해진 추정치를 이용하여 각 개인의 추정확률을 구하고 이를 각 그룹별로 평균하여 평균추정확률을 구하는 방법을 사용하였다.[7] 로짓모형에서 독립변수는 성, 연령, 연령제곱, 근속, 근속제곱, 학력 더미, 직종 더미, 기업규모 더미, 지역 더미(수도권 더미, 영남권 더미, 광역시 더미), 산업 더미, 노조 더미 등이다. 한편 이러한 방법은 노동력 구성을 어떤 해로 하느냐에 따라서 달라질 수 있다. 따라서 1995년과 1999년에 대해서 모두 검토해보았다. 그러나 결과는 크게 다르지 않아 1995년 노동력구성이 변하지 않았다는 가정 하에 1년 직장유지확률과 1년 해고확률을 추정한 결과만을 제시하였다.

3. 고용안정의 장기 추이

경제위기 전후의 고용안정 · 고용안전을 본격적으로 검토하기 전에, 위기 이전의 전반적인 추세를 먼저 보자. 1995년 이전의 경우 직장유지

---

7) 피코트와 린(Picot and Lin, 1997)은 이와 같은 방법을 통해서 캐나다에서의 해고확률의 추이를 계층별로 추정하였다. 이와 관련한 방법론과 관련해서는 피코트와 린(Picot and Lin, 1997: 각주15)을 참조.

율과 해고율 등을 계산할 수 있는 자료가 확보하기 어렵기 때문에, 입직률과 이직률 그리고 이것의 합으로 계산되는 노동이동률 그리고 평균근속년수 등을 통해서 검토하고자 한다. 사용된 자료는 노동부의 「매월노동통계조사」이다. 이 조사는 약 5,000여 개의 10인 이상 사업체 상용직을 대상으로 조사하고 있고 사업체 표본이 제조업체에 편중되어 있지만, 내부노동시장이 주로 대규모기업체의 상용직에서 나타난다는 사실을 고려할 때 실질적으로 내부노동시장의 관행과 절차를 적용받아 안정적인 고용을 유지하고 있는 계층의 장기적인 고용안정 경향을 보기에는 무리가 없다고 본다.[8]

〈그림 5-1〉과 〈그림 5-2〉는 입직률과 이직률의 추이를 사업체규모별, 산업별로 본 것이다. 전체적인 추이를 보면 입직률과 이직률 모두 1983년 이래 점진적으로 하락하는 추세를 확인할 수 있다. 대규모사업체의 경우 1987년 이후[9] 노동이동률이 한 번 크게 하락한 이후 점진적이고 미세한 하락 추세를 보여주고 있으며, 중소기업의 경우 1990년대에 들어와서 노동이동률이 하락하기 시작하는 것으로 보인다. 이직률 및 입직률이 모두 고용안정성을 반영하는 하나의 지표로 생각할 때[10], 1987년 이후 정착되기 시작한 내부노동시장이 적어도 경제위기 전까지는 지속적으로 유지·강화된 것으로 생각할 수 있다.

다만 이를 산업별로 볼 경우(〈그림 5-2〉) 노동이동률의 경향적 저하는 주로 제조업에서 나타나고 있다는 점을 확인할 수 있다. 이러한 제조업

---

8) 보통 직장이동의 기준은 사업체보다는 기업체이다. 따라서 직장이동의 기준이 사업체인 「매월노동통계조사」의 경우 이직률에는 동일 기업체 내 사업체간 전직까지 포함되어 있음을 유의해야 한다.

9) 노동쟁의가 대규모로 전개되었던 1987년 전후 이직률 특히 입직률이 크게 떨어지는 것은 내부충원방식이 정착되기 시작하는 하나의 계기가 되는 해로 생각될 수 있을 것이다.

10) 정진호(1999)의 지적대로 이직률과 입직률간에는 밀접한 상관관계가 있고 고용안정을 보기에는 이직률이 더 적합한 지표라고 할 수 있다.

〈그림 5-1〉 규모별 입직률 · 이직률 추이

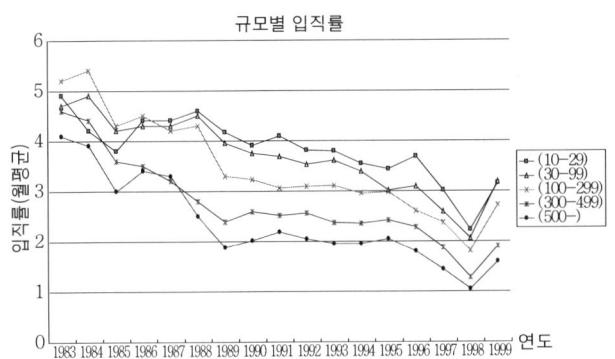

규모별 입직률

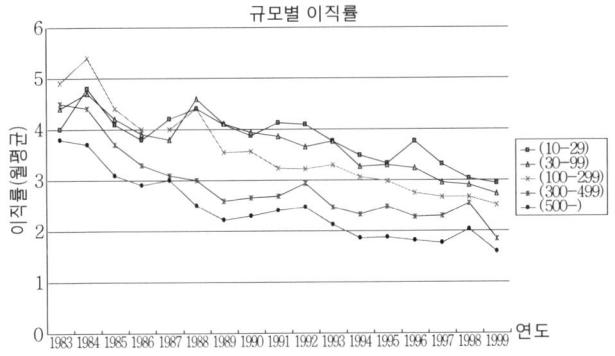

규모별 이직률

자료: 노동부, 「매월노동통계조사」, 각 년도.

부문의 노동이동률 저하가 전체 노동이동률 저하로 나타나는 것은 노동
부의 「매월노동통계조사」의 사업체표본이 제조업으로 편중되어 있다는
사실을 반영하는 것으로 보인다. 또한 사회 및 개인 서비스업의 경우도
일반적으로 노동이동률이 매우 높은 부문이지만, 「매월노동통계조사」가

〈그림 5-2〉 산업별 입직률 · 이직률 추이

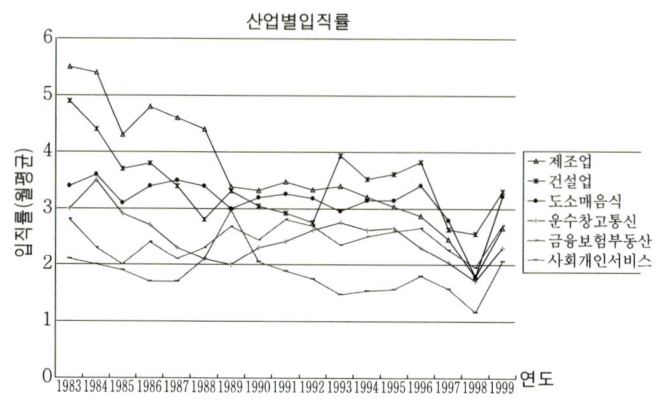

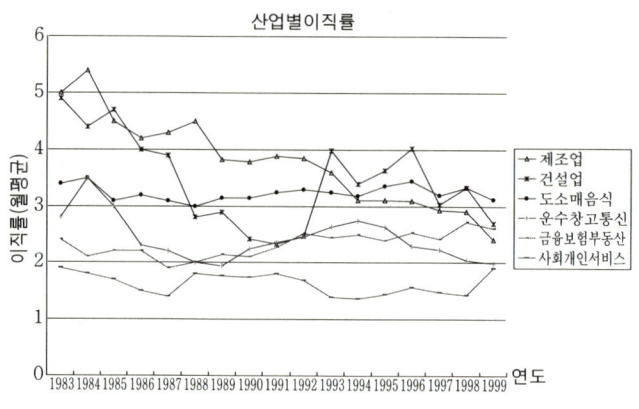

자료: 노동부, 「매월노동통계조사」, 각 년도.

주로 10인 이상 사업체를 대상으로 조사하고 있기 때문에, 가장 노동이 동률이 낮은 산업으로 조사되고 있다. 한편 제조업 이외의 산업의 경우 노동이동률은 큰 변화를 보여주지 않는다. 다만 건설업은 경기적인 요인에 따라 노동이동률의 진폭이 상대적으로 크다고 할 수 있다.

한편 경제위기 전후만을 볼 경우 입직률이 1997년과 1998년 크게 떨어졌다. 이직률은 1998년에 대규모사업장을 중심으로 해서 오르다가 1999년에 다시 하락한다. 그러나 1999년의 입직률은 거의 경제위기 이전 수준으로 돌아갔고 이직률은 오히려 약간 더 하락한 것으로 보인다. 이 수치만으로 볼 경우 경제위기는 1997년과 1998년에만 일시적으로 노동이동률이 떨어졌고 고용안정화의 추세는 지속되는 것으로 볼 수 있을 것이다.

그러나 경제위기가 고용안정에 미친 영향은 노동자 계층별로 차별적으로 나타날 수 있고 이직 사유에 따라서 차별적인 모습이 나타날 수도 있다. 이에 대해서는 다음 절에서 좀더 자세하게 검토하고자 한다.

〈표 5-1〉은 노동부의 「임금구조기본조사」에서 평균근속년수를 계산한 것이다. 1980~1990년대를 통해서 근속은 지속적으로 증가하는 것으로 나타났다. 1993년 이후에도 근속은 증가하는 경향을 보여주고 있고, 1998년 경제위기시 오히려 근속이 증가했다가 1999년 다시 이전 수준으로 돌아가고 있다.

정진호(1999)는 이직률, 평균근속년수, 5년정착률 등의 지표로 판단할 때, 1980년대 이후 고용관계의 장기화가 관찰되고 있는 것으로 보고 있다. 반면 금재호·조준모(2000)의 경우, 1994년 이후 근속년수와 직장유지율을 근거로 하여 고용안정성이 지속적으로 하락한 것으로 분석하고 있지만, 이들의 경우에도 상용직을 대상으로 해서 볼 경우에는 평균근속년수나 근속년수 1년 이하 계층의 비중이 거의 하락하지 않는다. 다만 상용직의 경우에도 1997~1999년간에는 직장유지율이 하락하고 있는데, 이는 이 시기가 경제위기라는 충격을 받은 시기라는 점에서 상용직 고용안정의 구조적 특성을 보여주는 데에는 한계가 있다고 생각된다.

또한 근속년수만을 가지고 노동자의 고용안정 여부를 판단하기에는 한계가 많다. 우선 평균근속은 노동력 구성이 바뀜에 따라서 크게 변화할 수 있다. 경제위기시 입직률의 하락으로 단기근속자의 비중이 크게 하락한 것이 경제위기시 평균근속년수가 증가한 가장 큰 원인이라고 할 수 있다. 정진호(1999)도 근속년수의 장기화가 중고령화, 고학력화 등 노동력 구성의 변화에 기인하고 최근 들어 이러한 경향이 더 강화되는 것으로 분석하고 있다.

〈부표 2〉에서 노동자 계층별로 좀더 자세히 볼 경우 1980년대 초반에 존재하던 근속년수의 학력별 격차(대졸과 고졸 이하)가 크게 줄어든 것으로 보인다. 다음으로 장기근속화 경향이 뚜렷하게 진전된 계층은 중소기업보다는 500인 이상의 대기업, 업종별로는 중화학공업과 경공업 등 제조업, 직종별로는 생산직[11] 노동자 계층이다. 1980년대 초에 비해 대규모의 노동쟁의를 거친 1987년 이후 대기업의 고졸생산직을 중심으로 고용안정성이 높아진 것은 분명하다.

단순히 입직률 및 이직률(노동이동률)과 근속년수만을 근거로 하여 상용직 중심의 고용안정성을 판단한다고 할 경우, 고용안정성은 1990년대를 통해서 강화되었고 경제위기를 거치면서도 고용안정성이 크게 침해

〈표 5-1〉 근속년수 추이

	1999	1998	1997	1996	1995	1994	1993	1989	1986	1983
전체	5.7	6.1	5.6	5.3	5.6	5.2	5.0	4.0	3.9	3.3
남성	6.4	6.7	6.2	6.0	6.3	5.9	5.8	4.7	4.6	4.1
여성	4.1	4.3	3.9	3.6	3.8	3.5	3.2	2.6	2.4	2.1

자료: 노동부, 「임금구조기본조사」, 각 년도.
주: 1995년의 경우 기업체 규모가 조사되지 않았기 때문에 기업체 규모가 아니라 사업체 규모를 기준으로 하였음.

---

11) 생산직의 경우 표준직업분류 대분류 기준으로 7(기능원), 8(조립원)을 가르킨다. 아래에서 사용되는 블루컬러의 경우는 생산직과 마찬가지로 정의된다. 단 화이트컬러의 경우에는 관리사무직과 전문기술직을 모두 포함하는 것으로[대분류 1(관리직), 2(전문직), 3(준전문직), 4(사무직)]정의하였다.

되지 않은 것으로 보인다. 상용직 중심의 내부노동시장 시스템 자체는 1990년대를 통해서 강화되었고 경제위기라는 커다란 쇼크에도 불구하고 아직 유지되고 있다고 할 수 있다.

그러나 앞에서 지적한 대로 입직률 및 이직률(노동이동률)과 평균근속년수는 고용안정과 고용안전을 정확하게 보여주는 지표라고 할 수 없다. 따라서 다음 절에서 직장유지율 지표와 해고 확률 등에 관한 로짓분석을 통해서 노동자 구성 변화의 문제 등을 통제한 상태에서의 고용안정성 및 고용안전성 변화 여부를 분석하고자 한다.

4. 1년 직장유지율과 1년 해고율의 추이

〈표 5-2〉에서 볼 때 1995년간 83.6%였던 1년 직장유지율은 1997년간에 76.2로 하락하였다가 1999년간 83.5%로 이전 수준을 거의 회복하였다. 이는 남성이나 여성의 경우 모두 비슷한 추세를 보여주고 있다. 일정 규모 이상의 상용직 노동자의 경우 고용안정성이 경제위기시 크게 떨어졌다가 다시 이전 수준을 회복한 것으로 보인다. 이는 〈표 5-4〉에서 노동력구성변화를 통제한 상태에서의 수치를 보더라도 거의 비슷하다. 1995년 노동력의 구성이 동일하게 유지된다고 가정할 경우 추정1년 직장유지확률은 1995년 84.3%에서 1997년 76.3%, 1999년 82.1%로 나타났다.[12]

이는 앞에서 검토한 노동이동률과 평균근속년수 수치를 통해서 본 사실과 거의 비슷하다고 할 수 있다. 30인 이상 사업체의 정규직을 중심으로 볼 경우 고용안정성은 경제위기를 거치면서 1997년간 크게 감소하였

---

12) 〈표 5-4〉의 연장표로서 노동력구성변화를 통제한 상태에서의 각 계층의 평균직장유지확률 및 평균해고확률 등은 〈부표 3〉를 참조하기 바란다.

<표 5-2> 주요 근로자계층별 1년직장유지율 및 1년해고율 추이

		1년직장유지율			1년해고율		
		SV95	SV97	SV99	FR95	FR97	FR99
전체		83.6	76.2	83.5	1.0	8.2	3.5
	여성	76.5	67.6	76.3	1.3	10.3	4.6
	남성	86.1	79.2	85.7	0.9	7.6	3.1
임금수준별	1/4분위	92.2	84.9	91.7	0.4	7.1	2.4
	2/4분위	86.9	79.7	85.8	0.9	8.0	3.3
	3/4분위	78.0	71.0	80.4	1.2	8.6	3.8
	4/4분위	69.1	64.5	71.6	1.7	10.0	4.8
연령별	20~30	77.2	71.7	77.0	0.9	7.6	3.2
	30~45	87.0	80.6	86.4	0.9	7.5	3.2
	45~	85.9	72.2	85.7	1.3	11.8	4.9
학력별	중졸 이하	85.1	73.8	85.7	1.3	10.8	4.1
	고졸	83.5	75.8	81.6	1.3	8.9	3.6
	전문대졸	81.2	73.6	82.1	1.1	8.5	3.6
	대졸	84.2	76.2	85.9	0.8	8.5	3.1
	대학원졸	87.6	81.1	84.9	0.6	7.4	2.1
직종별	관리직	87.0	79.0	90.3	1.1	9.3	3.4
	전문직	86.4	81.9	87.1	0.5	6.0	1.9
	준전문직	86.8	78.1	85.1	1.0	8.3	2.8
	사무직	86.3	77.7	83.9	0.7	8.4	3.8
	판매서비스	77.4	70.0	76.5	0.4	4.7	4.0
	기능원	82.3	75.9	84.1	1.4	9.1	2.8
	조립원	77.8	75.4	85.8	0.4	5.5	1.7
	단순직	78.9	69.3	75.0	1.6	11.0	6.6
산업별	경공업	76.8	69.5	77.4	1.8	11.1	4.5
	중공업	83.4	75.5	83.9	1.0	9.8	2.9
	서비스	82.3	78.0	83.2	0.9	5.2	3.3
	건설업	77.1	63.6	85.2	3.4	17.4	3.8
	금융업	91.7	81.8	87.5	0.1	9.3	5.2
	IT제조	81.3	75.4	79.3	0.7	8.1	2.5
	IT서비스	96.0	88.1	89.6	0.1	4.2	2.0
기타	10대재벌	82.1	74.0	82.0	0.2	11.5	3.2
	10~30대재벌	92.8	83.4	84.8	0.0	4.1	1.8
	공기업	95.9	93.7	95.4	0.2	1.8	0.6

<표 5-3> 규모별 · 노조유무별 1년직장유지율 및 1년해고율 추이

		1년직장유지율			1년해고율		
		SV95	SV97	SV99	FR95	FR97	FR99
기업규모별	~100	73.9	66.2	73.9	2.7	12.7	5.8
	100~500	78.0	73.3	78.4	1.3	8.8	5.2
	500~2000	84.3	79.6	87.8	0.2	7.0	3.0
	2000~	93.4	84.2	89.2	0.1	5.3	1.3
노조유무	무노조	79.9	72.3	79.9	1.6	10.1	4.3
	유노조	87.7	81.2	87.8	0.3	5.9	2.5
남성	대규모화이트컬러	93.3	86.2	91.1	0.2	5.4	1.8
	대규모블루컬러	91.4	85.5	92.8	0.1	6.2	0.7
	소규모화이트컬러	81.0	74.5	79.7	1.9	10.6	5.3
	소규모블루컬러	76.3	71.8	78.4	1.6	8.9	4.4
여성	대규모화이트컬러	86.6	73.0	84.8	0.2	9.7	2.5
	대규모블루컬러	77.5	74.5	74.4	0.3	5.5	1.2
	소규모화이트컬러	70.3	64.8	68.4	1.4	10.7	7.4
	소규모블루컬러	70.0	62.4	79.9	3.5	15.9	3.9
계층별	계층1	91.3	85.3	88.4	0.0	6.4	3.2
	계층2	93.2	85.3	92.4	0.1	6.4	0.6
	계층3	65.1	57.2	77.7	4.2	19.4	5.0

주: 계층1: 제조업 및 금융업의 500인 이상 대규모기업체의 대졸 관리사무직 남성 노동자.
　　계층2: 제조업의 500인 이상 대규모기업체의 고졸 이하 생산직 남성 노동자.
　　계층3: 제조업의 500인 미만 소규모기업체 고졸 이하 생산직 여성 노동자.

지만, 경제위기 이후 곧바로 회복된 것으로 볼 수 있다. 이 수치만을 볼 경우, 경제위기의 효과는 일시적인 것이었다고 평가할 수도 있다.

　　그러나 고용안정성은 경제위기 이전 수준을 회복하였지만, 고용불안 전성을 나타내는 해고율 지표는 경제위기 이후 뚜렷하게 증가한 모습이다. 고용안정성은 자발적 이직의 감소로 높아진 반면, 고용안전성은 해고 증가로 약화된 것으로 보인다.

　　1년해고율은 1995년간 1.0%에서 경제위기시인 1997년간 8.2%까지 증

〈표 5-4〉 추정 1년직장유지확률 및 1년해고확률 (1995년 노동력 구성 기준)

		1년직장유지율			1년해고율		
		SV95	SV97	SV99	FR95	FR97	FR99
	전체	83.4	76.3	82.1	1.0	7.8	3.7
	여성	76.2	67.2	75.0	1.3	9.9	4.7
	남성	85.9	79.5	84.5	0.9	7.1	3.3
임금수준별	1/4분위	92.0	83.7	90.5	0.5	7.2	3.1
	2/4분위	86.3	79.6	84.0	0.8	6.9	3.4
	3/4분위	78.4	72.4	77.6	1.3	8.0	4.0
	4/4분위	68.6	61.8	68.8	2.0	10.7	4.7
기업규모별	~100	73.5	65.4	72.9	2.9	12.7	6.0
	100~500	77.7	72.5	76.9	1.4	8.7	5.1
	500~2000	84.1	78.2	85.9	0.2	7.0	3.0
	2000~	93.3	84.7	89.2	0.1	4.9	1.5
노조유무	무노조	79.6	71.9	78.1	1.7	9.8	4.6
	유노조	87.5	81.3	86.5	0.3	5.6	2.6
남성	대규모화이트컬러	93.1	86.1	90.6	0.1	5.5	2.1
	대규모블루컬러	90.5	83.7	90.6	0.2	5.7	1.3
	소규모화이트컬러	80.8	74.0	79.1	1.9	10.4	5.6
	소규모블루컬러	76.4	72.9	78.7	1.8	8.4	3.6
여성	대규모화이트컬러	87.2	77.5	83.9	0.1	6.6	2.7
	대규모블루컬러	79.7	71.2	82.4	0.3	8.4	1.7
	소규모화이트컬러	69.5	62.4	67.5	2.0	11.4	6.2
	소규모블루컬러	68.7	59.4	72.8	3.3	15.9	4.8
계층별	계층1	92.5	85.4	89.1	0.1	6.7	2.8
	계층2	94.3	85.4	92.1	0.1	5.8	1.0
	계층3	64.8	54.4	70.8	4.7	18.6	5.0

가하였다가, 1999년간 다시 3.5% 수준으로 떨어졌다. 물론 1999년간의 3.5% 수준이 의미하는 바가 구조적으로 해고가 증가한 것인지 아니면 경기불황의 여파가 지속되고 있기 때문에 아직도 해고 여파가 남아 있는

경기적인 것인지를 정확하게 평가하기에는 아직은 시기상조인 것으로 보인다. 다만 경제위기 이전 제도적으로 제한되어 있던 해고 관행이 경제위기 이후에 근로기준법 31조에 따른 정리해고로 제도화된 것을 감안할 때, 일정 수준의 해고율은 정리해고의 제도화로 인해 정착될 가능성이 높다.

5. 노동자 계층별 고용안정 및 고용안전의 구조 변화

여러 가지 노동자 계층의 특성을 일률적으로 구분할 수 있는 변수는 임금수준일 것이다. 임금수준에 따라서 4개분위 계층으로 나누고 각각에 대해서 직장유지율 및 해고율을 구했다.[13] 〈표 5-2〉에서 보듯이 상위 1/4분위와 2/4분위 계층의 1년직장유지율은 1999년간의 경우 1995년간에 비해 약간 낮아졌다. 반면 하위 3/4분위, 4/4분위 계층의 경우 직장유지율이 오히려 높아진 것을 알 수 있다. 1년해고율의 경우에도 모든 계층에서 증가하였지만, 상대적으로 상위 1/4분위 계층에서 더 큰 폭의 증가율을 나타냈다. 즉, 상대적으로 고임금계층의 고용안정성 및 고용안전성이 더 떨어졌다고 볼 수 있다. 이는 노동자를 인적특성 및 사업체 특성별로 나누어 검토해볼 경우에도 서의 비슷하게 나타난다.

우선 성별로 볼 경우 남성이 여성보다 1년직장유지율이 약 10% 정도

---

13) 고용보험DB에서는 입사시의 임금만을 제공하고 있고 각각 시점에서의 임금은 제시되어 있지 않다. 따라서 이 연구에서는 노동부의 「임금구조기본조사」에서 임금함수를 추정하고 여기서 확보된 추정치를 이용하여 구해진 추정임금을 표본자료에 결합하였다. 이 임금함수에서 사용된 종속변수는 월평균임금(정액급여＋연평균보너스/12)의 자연대수값이고, 독립변수는 성 더미, 연령, 연령제곱항, 근속, 근속제곱항, 학력 더미, 사업체규모 더미, 직종대분류 더미, 산업2자리 더미, 18개 지역 더미, 노동조합사업체 더미 등이다.

높은 것으로 보이고 경제위기시 여성의 경우 직장유지율이 약간 더 낮아지고 해고율이 약간 더 높아진 것으로 보인다. 연령을 볼 경우, 고연령층의 경우 직장유지확률이 높지만 해고확률도 높은 것으로 나타나고 있다. 특히 경제위기시 45세 이상 계층이 가장 큰 타격을 받은 것으로 나타난다. 1997년간에 45세 이상 계층의 1년해고확률은 무려 12.2%에 달한다. 이 기간 중에 과도한 해고(overshooting)가 이루어진 것으로 보이고 그 결과 1999년간에는 다시 경제위기 이전 수준으로 복귀한 것으로 보인다. 학력별로 볼 경우에도, 대졸 이상 계층의 경우 경제위기로 1년직장유지율이 하락하였고 1년해고율은 크게 증가하였다. 따라서 경제위기 전후로 고용안정성 및 고용안전성의 학력별 차이는 줄어든 것으로 보인다. 직종별로는 사무직의 1년직장유지율이 크게 하락하였고, 반면에 조립원 및 기능원 등 생산직의 경우 1년직장유지율은 오히려 증가한 것으로 나타났다. 1년해고율도 경제위기를 거치면서 직종별 역전현상이 나타나, 오히려 조립원 및 기능원의 해고확률은 사무직이나 관리직보다도 낮다.

산업별로 볼 경우 금융업과 IT서비스업[14]에서의 1년직장유지율이 크게 하락하였는데, 그 원인은 서로 다른 것 같다. 금융업의 경우 해고율이 크게 증가하였기 때문이고, IT서비스업의 경우 자발적 이직이 크게 증가하였기 때문인 것으로 보인다. 이는 각각 금융부문의 구조조정과 IT부문에서의 인력부족에 따른 노동시장의 유연화를 반영하는 것으로 보인다.

한편 구조조정과 개혁의 대상이었던 재벌부문과 공기업부문 등을 볼 경우 역시 10대재벌에 고용된 계층의 1년직장유지율은 크게 하락하였고

---

14) 한국표분산업분류 5자리 분류에 따라서, IT제조업은 30011, 30012, 30013, 30019, 31102, 31103, 31109, 31201, 31202, 31301, 32101, 32102, 32103, 321104, 32105, 32106, 32109, 32201, 32202, 32303, 33129, 33130 등을 포괄하고, IT서비스업은 64201, 64202, 64203, 92131, 92132, 92133, 92134(방송통신업)과 22130, 72100, 72200, 72300, 72400, 72900, 74216 등을 포함하는 것으로 정의하였다.

해고율도 크게 증가하였다. 반면 공기업의 경우 고용안정, 고용안전에 큰 변화가 나타나지 않았다. 이른바 다운사이징(downsizing)은 공기업보다는 재벌부문에서 더 강력하게 추진된 것으로 보인다.

이러한 수치들은 〈부표 3〉에서 노동력 구성의 변화 요인을 통제한 경우의 추정확률을 그룹별로 구해볼 경우에도 거의 비슷하게 나타나고 있다.

로짓 분석을 통해서 여타 변수들을 통제한 상태에서 각 변수의 독자적인 효과를 볼 경우에도 이러한 특성들이 거의 비슷하게 나타난다. 〈표 5-6〉과 〈표 5-7〉의 로짓 추정 결과를 해석하면 다음과 같다. 우선 성별로 볼 때 1995년간의 경우 남성이 여성보다 직장유지확률이 36% 정도 높은 것으로 나타났다.[15] 1997년간의 경제 위기시에는 남성의 직장유지확률이 상대적으로 더 높아져 여성보다 55%나 높았다. 경제위기 당시 여성의 고용안정성이 남성보다 더 떨어진 것으로 보인다. 그러나 1999년간의 경우 남성의 상대적 고용안전성은 경제위기 이전보다도 낮아져 여성보다 31% 높은 수준으로 줄어들었다.

1년직장유지확률은 연령과 근속에 따라서 증가하지만, 증가율은 체감하는 것으로 보인다. 최고 정점은 근속 17년, 연령 42세 정도로 계산된다. 1997년간에 근속의 효과는 조금 감소하였지만, 이후 1999년간에 다시 경제위기 이전 수준을 회복하였다. 연령 효과도 비슷하다.

학력별로 볼 경우 고졸의 경우가 직장유지확률이 가장 낮은 것으로 보인다. 교육년수에 따라 직장유지확률은 U자 형태를 가지는 것으로 생각

---

15) 로짓분석에서 β가 더미변수의 계수값이라면 e^{β}는 두 집단 간의 예측확률의 추정비율(estimated ratio)을 나타낸다. $e^{0.3111} = 1.365$ 는 다른 변수들을 모두 통제할 경우 남성이 여성보다 직장유지확률이 36.5% 높다는 것을 의미한다. 한편 β가 연속변수의 계수값이라면, $100(e^{\beta}-1)$은 이 변수가 한 단위 증가할 때 예상되는 예측확률의 증가율을 나타낸다. $100(e^{.1452}-1)=15.627$는 근속이 1년 증가함에 따라서 1년직장유지확률이 15.6% 증가한다는 것을 의미한다.

된다. 이러한 현상은 경제위기 기간 중에 더욱 심화되었으나 1999년간에는 대졸자의 직장유지확률은 중졸 이하 계층의 60% 수준에 불과한 것으로 나타났다. 단, 이러한 수치는 여타 변수들을 모두 통제한 상태에서 순전히 학력이 직장유지확률에 미치는 영향을 나타낸다는 것을 유념해야 한다. 〈표 5-2〉의 단순통계분석 결과와 비교해볼 경우 대졸자의 직장유지확률이 크게 낮은 것으로 나타났다. 이는 직종이나 근속 또는 기업규모와 같은 사업체특성을 통제할 경우 교육년수 자체의 고용안정효과는 존재하지 않는다는 것을 의미한다. 특히, 국졸과 중졸의 경우 연령과 근속이 상대적으로 더 길고 근속도 길며 주로 제조업 생산직의 비중이 높다. 이들은 노동시장에 진입하여 상당한 정도의 정착도를 가지고있는 계층으로서 고용이 상대적으로 안정적인 모습을 보이는 것으로 판단된다.[16]

한편 직종별로 보면 우선 판매 · 서비스 · 단순직 등 여타 직종에 대한 관리사무직, 전문기술직, 생산직의 직장유지확률이 모두 1995년간, 1997년간, 1999년간을 거치면서 증가하였음을 알 수 있다. 이것은 주변적 노동자층이라고 할 수 있는 서비스직 및 단순직의 고용안정성이 상대적으로 낮아진 결과이다. 그리고 주목되는 것은 생산직의 고용안정성의 제고이다. 1995년간에는 생산직의 1년 직장유지확률은 판매 · 서비스 · 단순직 등 여타 직종과 거의 차이가 없었다. 그러나 1999년에는 생산직의 1년 직장유지확률이 판매 · 서비스 · 단순직 등 여타 직종 여타 계층에 비해 41% 정도 높아졌다. 한편 직장유지확률이 가장 높은 직종은 전문기술직이다.

산업별로는 1995년간에 공기업 종사자의 1년직장유지확률이 여타 부문에 비해 2배 이상, 금융업이 여타 산업에 비해 60% 정도 높고, 재벌부

---

16) 국졸과 중졸의 평균연령은 1999년에 표본의 평균연령 35.1세보다 많은 45.2세, 43.0세이다.

문도 여타 부문에 비해 4% 정도 높은 것으로 나타났다. 제조업은 큰 차이가 없는 것으로 나타났다. 경제위기 이후에도 1999년간에는 공기업의 직장유지확률은 여타 부문에 비해 2배 이상 높다. 그러나 금융업의 경우 오히려 여타 부문에 비해 오히려 직장유지확률이 낮아진 것으로 나타났고, 재벌기업 부문도 여타 부문에 비해서 낮아져 67% 수준에 그친 것으로 나타났다. 구조조정의 다운사이징 효과는 공기업보다는 금융부문과 그 다음으로 재벌부문에서 가장 크게 나타난 것으로 보인다.

다음으로 〈표 5-7〉에서 1년해고확률을 보자. 성별로는 1995년간 남성의 1년해고확률이 여성의 90% 수준이었으나, 경제위기시인 1997년간 66%수준까지 떨어졌다가 1999년간 79% 수준을 보이고 있다. 1년직장유지확률에서는 경제위기 전에 비해 남녀 간 격차가 줄어들었으나, 해고확률에서는 격차가 벌어진 것으로 보인다. 이는 여성의 경우 경제위기 이후 해고는 늘었지만, 자발적 이직이 줄어들었기 때문일 것이다.

한편 근속의 해고효과, 즉 장기근속의 해고 억제 효과는 경제위기 이후 크게 감소하는 것으로 나타났다. 이는 앞에서도 검토하였듯이 장기근속자를 중심으로 한 해고가 경제위기 이후에도 지속되고 있음을 시사하는 것으로 판단된다.

학력별로 볼 경우 경제위기 이전 1995년간에는 대졸자의 해고확률이 여타 계층의 84% 수준이었으나, 경제위기 이후인 1999년간에는 23%나 높은 것으로 나타났고, 고졸 및 전문대졸과의 차이도 줄어든 것으로 판단된다. 직종별로 볼 경우 1년해고확률은 생산직보다는 관리사무직, 전문기술직의 해고확률이 더 높았다. 그럼에도 그 격차는 경제위기 이후 더 크게 벌어졌다. 경제위기 전 생산직의 1년해고확률이 여타 계층에 비해 22% 높았으나, 경제위기 이후 1999년간에는 생산직의 1년해고확률이 여타 계층의 57% 수준에 불과할 정도로 줄어들었다.

30인 이상 규모 기업의 정규적 일자리를 가진 계층을 대상으로 해서 경제위기 전후로 볼 경우 고용안전성은 내부에서의 격차가 축소되는 경향이 나타나고 있다고 해석할 수 있다. 즉, 남성과 여성 간, 고졸과 대졸 간, 관리사무직과 생산직 간, 단기근속자와 장기근속자 간의 격차가 경제위기 이전에 비해서 전반적으로 줄어들었다고 볼 수 있다. 이러한 변화가 어느 정도 경기적인 요인에 기인한 것이고 어느 정도가 구조적인 변화에 기인한 것인지를 뚜렷하게 구분하기는 어렵지만, 적어도 1999년 10월~2000년 9월 사이에 경기가 큰 폭으로 회복되었다는 점을 고려할 경우에 이러한 변화는 상당한 정도 구조적 변화로 파악해도 무리는 아닐 것으로 보인다.

미국의 경우 기업의 구조조정 및 다운사이징이 본격화된 1980년대 이후의 고용안정에 관한 연구는 서로 상반된 연구결과들이 제시되고 있지만, 대체로 전체적인 추이에서는 직장유지율이 하락하지 않았음에도 고학력층, 장기근속자, 고연령층의 직장유지율이 하락하고 해고율이 증가한 것으로 분석되고 있다(Faber, 1997; Neumark et al., 1999).[17] 캐나다의 경우에도 피코트(Picot, 1997)의 분석에 따르면 1978~1994년간 전반적인 해고확률 자체는 증가하지 않았지만, 고령자, 고임금 계층, 고학력 계층의 해고확률은 높아진 것으로 확인하고 있다. "정리해고가 이제까지 해고라는 것을 전혀 알지 못했던 계층, 공공부문노동자, 고연령층, 고임금고학력 계층의 중간관리직 및 전문직에서 이루어지고 있다. 이들 계층의 해고확률은 여전히 낮지만 증가율이 높기 때문에 고용불안전에 대한 불안감을 더욱 크게 하였다(Picot, 1997: 23)." 우리나라의 경우에도 경제위기를 거치면서 이루어진 전반적인 고용조정의 양상은 이와 크게 다르지 않은 것으로 생각된다.

---

17) 반대로 디볼드 외(Diebold et al., 1997), 예이거와 스타븐스(Jaeger and Stevens, 1999) 등은 저학력 계층의 고용불안정성이 증가한 것으로 분석하고 있다. 이는 사용된 자료의 성격과 노동력 구성 변화 등을 통제하는 방법에 따라서 결과가 달라지기 때문이다.

6. 규모별·노조유무별 고용안정 및 고용안전의 구조 변화

우리나라 내부노동시장의 형성에 가장 중요한 요소는 기업규모와 노동조합이라고 할 수 있다. 〈표 5-3〉에서 기업규모와 노조유무[18]에 따라 나누어 볼 경우, 경제위기를 거치면서 고용안정·안전에서 기업 규모의 효과는 줄어든 반면, 노동조합 여부에 따른 차이는 거의 변하지 않은 것으로 보인다. 100인 미만 기업과 2000명 이상 기업의 1년직장유지율의 차이는 1995년간에 거의 20%에 달할 정도로 컸다. 1999년간에도 이 차이는 여전히 크지만 약 15% 수준으로 감소하였다. 노조유무에 따른 차이는 약 8% 정도의 차이가 유지되고 있다.

우리나라의 경우 내부노동시장의 형성에서 기업규모나 노조 변수가 결정적인 역할을 하였을지라도, 내부노동시장의 관행은 성이나 직종별로 차별적으로 적용될 가능성이 높다. 따라서, 이 기준에 따라서 노동자 계층을 좀더 세분해서 검토해보았다. 역시, 성·직종 등이 고용안정·안전에 큰 영향을 미치는 것으로 보이지만, 여전히 규모별 차이가 상대적으로 더 큰 것으로 보인다. 화이트컬러보다 블루컬러(조립원 및 기능원)에서 기업규모가 고용안정에 미치는 영향이 더 큰 것으로 보인다. 대규모기업에서는 화이트컬러와 블루컬러의 고용안정에서의 차이가 거의 나지 않고, 경제위기 이후 1999년간에는 오히려 대규모기업의 블루컬러의 경우 고용안정성 및 고용안전성이 화이트컬러보다 더 높아지는 것으로 나타났다.

남성의 경우, 500인 이상 대규모기업체의 화이트컬러 계층(관리사무직 및 전문기술직)은 여타 계층에 비해서 1년직장유지율이 1995년에 비해 1999년의 경우 크게 감소한 것으로 나타났고, 1년해고율도 1995년

---

18) 고용보험데이터에는 노동조합 변수가 없다. 우리는 노동부의 「사업체노동실태조사보고서」에서 '사업자등록번호*산업2자리*우편번호3자리'를 기준으로 하여 노조유무 변수를 뽑았고 이 기준으로 고용보험데이터에 결합하였다.

0.16%에서 1999년간 1.84%로 증가하였다. 반면 대규모사업장의 남성 블루컬러의 경우 1년직장유지율은 오히려 경제위기 이후 증가하였고, 1년 해고율의 경우에도 다른 계층에 비해 가장 적게 증가했다. 한편 화이트컬러의 경우 경제위기를 거치면서 기업규모에 따른 차이가 줄어드는 경향을 보이지만, 블루컬러의 경우 기업규모에 따른 차이는 여전히 유지되는 것으로 보인다.

한편 이를 좀더 세분화해서 노동자 계층을 다음과 같은 세 계층으로 구분하여 보았다.

계층1: 제조업 및 금융업의 500인 이상 대규모기업체의 대졸 관리사무직 남성 노동자

계층2: 제조업의 500인 이상 대규모기업체의 고졸 이하 생산직 남성 노동자

계층3: 제조업의 500인 미만 소규모기업체 고졸 이하 생산직 여성 노동자

이렇게 구분해볼 경우 직장유지율은 계층2에서 가장 높게 나타났다. 이는 내부노동시장에 따른 고용안정화 경향이 경제위기 이전 이미 대규모사업체의 생산직노동자에게 뚜렷하게 나타났음을 의미한다. 추세를 볼 경우에 계층1은 1년직장유지율이 경제위기 이전보다 하락하였다. 반면 계층2의 경우 1년직장유지율이 거의 변함이 없고, 1년해고율도 1999년간에 0.6%로 계층1의 3.2%에 비해 크게 낮다. 이는 500인 이상 대규모기업의 경우, 경제위기를 거친 이후 정리해고, 사업주권고성 명예퇴직 등이 여전히 화이트컬러에 집중되고 있고, 상대적으로 대규모기업의 생산직의 경우에는 이러한 해고의 위협으로부터 보호받고 있고, 자발적인 이직도 감소하고 있는 것으로 보인다. 한편 계층3의 경우에도 직장유지율은 낮지만 1995년간에 비해 1999년간에 크게 증가하였다. 이는 이들 계층의 고용안정·안전성이 증가했다기보다는 자발적인 노동이동이 크

게 억제되었다고 보는 것이 올바를 것이다. 이들은 주로 노동이동을 통해서 자신의 몸값을 높이던 계층이라고 볼 수 있는데, 경제위기와 일자리기회 감소 등으로 전직 기회가 사라진 것으로 봐야 할 것이다.

따라서 내부노동시장의 형성에 따른 고용안정·안전의 증대 경향은 경제위기를 거치면서 화이트컬러를 중심으로 약화되는 것으로 볼 수 있으나, 대규모기업의 생산직의 경우에는 그렇지 않다고 할 수 있다. 이성균(2000)의 분석에서도 나타났듯이 제조업 대규모 사업체 생산직노동자의 경우 회사측의 정리해고 시도가 노동자의 강력한 조직력 등으로 억제되었다는 사실을 반영하는 것으로 보인다.

여타 노동자의 인적 특성과 사업체 특성들을 통제한 상태에서 기업규모와 노동조합의 순수한 효과를 〈표 5-6〉과 〈표 5-7〉에서 검토해보자. 기업규모와 노동조합의 경우 모두 직장유지확률을 높이는 것으로 보이고, 특히 기업규모 효과가 매우 큰 것으로 생각된다. 기업규모 효과는 경제위기를 거치면서 크게 하락한 것으로 보인다. 2000인 이상 기업의 직장유지확률은 여타 기업에 비해 1995년간에는 3.13배나 높았으나, 1997년간에는 1.79배, 1999년간에는 2.43배로 나타나, 전반적으로 크게 줄어든 것으로 보인다. 특히 재벌기업변수를 볼 경우 1999년간 재벌기업의 경우 1년직장유지확률이 여타 기업에 비해 63% 수준으로 오히려 낮았다. 즉, 같은 대기업이라고 하더라도 재벌기업의 1년직장확률이 낮다고 볼 수 있다. 재벌기업 또는 대기업 효과는 경제위기를 전후로 해서 크게 감소한 것으로 판단된다. 한편 노동조합가입사업체의 1년직장유지확률은 노조미가입사업체에 비해 직장유지확률이 경제위기 이전에는 약 17.3% 정도 높았으나, 1997년간에 29.5%까지 높은 수준을 보였다가, 경제위기 이후 다시 18.5% 수준으로 이전 수준으로 돌아갔다.

반면에 해고확률의 경우 사업체의 노동조합가입여부 변수의 해고억제 효과가 경제위기 이전에 비해 오히려 크게 감소했다는 점이다. 1995년간

<표 5-5> 설명변수

독립 변수	
SEX	남성 더미
AGE	연령
AGESQ	연령제곱항
TEN	근속
TENSQ	근속제곱항
E3	고졸이하 더미
E4	전문·대졸 더미
E5	대졸 더미
O1	관리사무직 더미
O2	전문기술직 더미
O3	생산직 더미
UNION	노동조합 더미
S2	기업규모 100~499인 더미
S3	기업규모 500~1999인 더미
S4	기업규모 2000인 이상 더미
CB	재벌기업 더미
GONG	공기업 더미
FIN	금융업 더미
MAF	제조업 더미
ER	산업고용증가율
UMRATE	지역실업률

에 노동조합조직사업체 종업원의 1년해고확률은 미노조사업체종업원의 35% 수준이었는데, 1997년간 65%, 1999년간 79% 수준으로 꾸준히 늘어나고 있다. 이는 노동조합이 조합원의 고용보장을 위해 비조합원의 해고를 용인하였을 가능성 또는 노동조합이 임금을 양보하는 대신 해고를 억제하는 양보교섭 대신에 임금삭감보다는 오히려 일부 계층의 해고를 받아들였을 가능성 등을 생각해볼 수 있다.

그러나 이는 해고사유 또는 해고의 성격변화와 긴밀한 관련이 있는 것으로 보인다. 우리의 해고 변수에는 해고사유로 사업장의 폐업·도산, 회사이전·임금체불삭감 등 근로조건변동에 따른 이직, 사업주 권고에

<표 5-6> 직장유지확률 로짓 분석 결과

| | 1995년간 | | 1997년간 | | 1999년간 | |
	model-1	model-2	model-1	model-2	model-1	model-2
INTERCPT	-0.6165 ***	-1.1308 ***	-0.9998 ***	-1.1523 ***	-0.8144 ***	-1.1997 ***
SEX	0.3414 ***	0.3094 ***	0.4228 ***	0.4419 ***	0.2700 ***	0.2680 ***
TEN	0.2042 ***	0.1516 ***	0.1622 ***	0.1263 ***	0.1815 ***	0.1424 ***
TENSQ	-0.0051 ***	-0.0044 ***	-0.0053 ***	-0.0050 ***	-0.0044 ***	-0.0039 ***
AGE	0.0661 ***	0.0846 ***	0.0902 ***	0.1087 ***	0.0804 ***	0.0939 ***
AGESQ	-0.0009 ***	-0.0010 ***	-0.0015 ***	-0.0016 ***	-0.0011 ***	-0.0012 ***
E3	-0.1949 ***	-0.2658 ***	-0.2648 ***	-0.3270 ***	-0.3408 ***	-0.4223 ***
E4	-0.0210	-0.1122 ***	-0.1764 ***	-0.2404 ***	-0.3005 ***	-0.3916 ***
E5	0.0443 **	-0.1768 ***	0.0026	-0.1829 ***	-0.2789 ***	-0.4667 ***
O1	0.2580 ***	0.2336 ***	0.1429 ***	0.1738 ***	0.3265 ***	0.3958 ***
O2	0.2802 ***	0.2207 ***	0.1899 ***	0.2193 ***	0.4283 ***	0.4993 ***
O3	-0.0418 ***	0.0150	0.0990 ***	0.1376 ***	0.3300 ***	0.3454 ***
UNION		0.1597 ***		0.2587 ***		0.1701 ***
S2		0.1409 ***		0.1861 ***		0.1292 ***
S3		0.4575 ***		0.4126 ***		0.7278 ***
S4		1.1409 ***		0.5817 ***		0.8880 ***
CB		0.0340 **		0.1304 ***		-0.3998 ***
GONG		0.7116 ***		1.0995 ***		0.7876 ***
FIN		0.4203 ***		-0.0042		-0.0860 ***
MAF		0.0250 **		-0.1699 ***		-0.1847 ***
ER		1.4425 ***		1.0447 ***		-0.2446 ***
UMRATE		-0.0437 ***		-0.0437 ***		-0.0168 ***
-2logL	253135	240351	292494	285255	255209	248080
Chi-Sq	16977	24982	11760	18256	15040	21014
N	302817	297278	277505	276619	301705	299395

따른 명예퇴직, 근로기준법 31조에 따른 정리해고 등이 모두 포함되어 있다. 이들은 각각 성격이 다르다고 볼 수 있다. 사업장의 폐업·도산에 따른 해고가 1995년간의 경우 55%를 넘고 있다. 반면, 1999년간의 경우

	1995년간				1997년간				1999년간			
	model-1		model-2		model-1		model-2		model-1		model-2	
INTERCPT	-5.7117	***	-4.3594	***	-3.1994	***	-3.2355	***	-4.1250	***	-3.4605	***
SEX	-0.2788	***	-0.0966		-0.4307	***	-0.4187	***	-0.2634	***	-0.2335	***
TEN	-0.2144	***	-0.0951	***	-0.1020	***	-0.0692	***	-0.0608	***	-0.0156	***
TENSQ	0.0031	***	0.0018	***	0.0035	***	0.0034	***	-0.0001		-0.0005	*
AGE	0.0730	***	0.0125		0.0293	***	0.0101		0.0403	***	0.0190	*
AGESQ	-0.0004	**	0.0001		0.0001		0.0003	***	0.0000		0.0002	***
E3	0.0837		0.1024	*	0.1758	***	0.2780	***	0.2472	***	0.3269	***
E4	-0.2041	**	-0.0703		0.2239	***	0.3779	***	0.2356	***	0.3345	***
E5	-0.5579	***	-0.1753	**	-0.0077		0.2593	***	-0.0270		0.2077	***
O1	0.3918	***	0.2783	***	0.3560	***	0.2266	***	0.0434		-0.1331	***
O2	0.3967	***	0.2830	***	0.1920	***	0.2047	***	-0.4789	***	-0.5272	***
O3	0.3471	***	0.1998	***	0.2254	***	0.1533	***	-0.6022	***	-0.5642	***
UNION			-1.0496	***			-0.4648	***			-0.3111	***
S2			-0.4795	***			-0.2193	***			-0.0180	***
S3			-1.9111	***			-0.3927	***			-0.5815	***
S4			-2.2875	***			-0.6173	***			-1.3535	***
CB			-1.2537	***			-0.3129	***			0.1293	***
GONG			0.4124	**			-1.1321	***			-1.1037	***
FIN			-1.8137	***			0.7547	***			0.9318	***
MAF			-0.1865	***			0.4950	***			0.0428	**
ER			-4.8366	***			-1.6781	***			0.5671	***
UMRATE			0.2999	***			0.0283	***			-0.0056	***
-2logL	31346		27780		155420		149413		88113		84648	
Chi-Sq	1451		4381		2644		8387		2431		5526	
N	302817		297278		277505		276619		301705		299395	

이 비중은 23% 수준으로 줄어들었고 사업주 권고성 명예퇴직이 63%를 차지한다. 특히 1999년간의 경우, 전체 해고건수 10,409건 중에서 노동조합사업체에서 발생한 경우는 약 32%이지만, 정리해고의 경우만 볼 경우,

노동조합사업체에서 발생한 비중은 19.7%에 불과하다. 즉, 1997년 이전의 경우 실제 의미에서의 정리해고는 비중이 낮았으며, 정리해고나 사업주 권고성 명예퇴직은 1997년 이후 비로소 발생하였다고 볼 수 있다. 따라서 1995년간과 1999년간의 해고사유에 따른 해고자 구성이 바뀌었다고 볼 수 있다. 따라서 1999년간의 경우 정리해고 및 사업주권고성 명예퇴직에 따른 해고 확률에 관한 로짓분석을 따로 해 보았다. 정리해고와 사업주권고성 명예퇴직에 의한 해고만을 해고로 볼 경우 노조변수의 계수값은 -0.4210으로 감소하고, 정리해고만을 볼 경우 -0.2845로 나타났다. 노동조합의 해고 확률계수가 어쨌든 마이너스로 나타나고 있다는 점에서 노조의 해고 억제 효과는 사업장의 폐업·도산과 같이 노동조합이 어찌할 수 없는 경우를 제외하고는 일정하게 유지되는 것이 아닌가 생각된다.

기업규모의 해고억제 효과도 감소하고 있다. 기업규모는 재벌변수와 같이 보아야 할 것이다. 기업규모의 해고억제 효과는 1997년간에 크게 하락하였다가 1999년간에 다시 증가하였다. 1995년간에 2000인 이상 기업의 해고확률은 여타 부문의 10% 수준이었는데, 1997년간에는 54%로 증가하였다가 1999년간에는 26%까지 낮아졌지만, 경제위기 이전에 비해서는 높은 수준이다. 30대재벌기업의 경우 1995년간에는 여타 기업의 1년해고확률의 24% 수준이었으나, 1997년간에는 75%, 1999년간에는 109%로 오히려 여타 기업들에 비해 해고확률이 높아진 것으로 나타났다. 금융업의 경우도 1995년간에 여타 부문의 14% 수준이었던 1년해고확률이 1997년에 208%, 1999년간에 251%로 매우 큰 폭으로 증가하였다. 반면 공기업의 경우에는 여전히 해고확률은 낮은 것으로 나타났다. 공기업은 경제위기 이전에 여타부문과 큰 차이가 없었으나, 1997년간에는 여타 부문의 1년해고확률의 32%, 1999년간에 30% 수준으로 매우 낮은 수준을 유지하고 있다.

결국 한국에서 내부노동시장 형성의 강력한 변수였던 기업규모(또는 재벌기업)나 노동조합 등이 경제위기를 겪으면서 해고확률을 오히려 더 높이거나, 해고확률을 낮추는 효과가 줄어드는 모습을 나타내고 있다.

한편 경제위기 이전에는 각 기업이 속한 산업의 고용증가율이 높을수록 직장유지확률을 높아지고, 지역실업률이 높을수록 직장유지확률은 떨어지는 것으로 나타났다. 그러나 경제위기 이후 기업이 속한 산업의 고용증가율이 높아도 직장유지확률은 오히려 떨어지는 것으로 나타났다. 이는 노동시장의 유연성이 경제위기 이전에 비해 높아졌음을 시사하는 것으로 보인다. 즉, 고용증가산업에서 노동이동이 잦아지는 것을 반영하는 것으로 보인다.

해고확률을 볼 경우에도 지역실업률이 높을수록 해고확률이 높으나 그 관계는 경제위기 이후 유의하지 않은 관계로 전환된 것으로 판단된다. 해고는 지역실업률과 관계없이 이루어지는 경향이 발생하고 있다고 판단된다. 또한 고용증가산업의 경우에도 경제위기 이전에는 해고확률을 크게 낮추는 효과를 가졌지만, 경제위기 이후에는 고용증가산업에서도 오히려 해고확률이 더 높은 것으로 나타나고 있다.

이러한 사실들은 해고 관행이 기업이 속한 산업과 지역의 고용동향에 관계없이 일상적으로 이루어지고 있는 것으로 판단할 수 있는 근거가 된다. 이는 한국의 노동시장이 상대적으로 시장중심적 고용관계로 전환하고 있다는 한 지표로 해석될 수 있을 것이다. 그러나 이러한 시장중심의 고용관계로의 전환은 일률적으로 전개되는 것이 아니라 노동자 계층별로, 노동자가 속해 있는 기업 특성별로 차별적으로 전개되고 있는 것으로 보인다.

〈표 5-9〉는 10년 이상 장기근속자의 해고확률에 관한 간단한 로짓분석을 한 결과이다. 장기고용관행에 대해 기업들이 어떠한 형태로 대응했는지를 간접적으로나마 추정할 수 있을 것이다. 우선, 경제위기 이전에는 남성보다 여성이 해고당할 확률이 더 높았는데 경제위기 이후 여성보다는 남성의 해고확률이 여성보다 더 높아진 것으로 나타났다. 근속년수의

경우 1997년 이후에는 근속년수가 길수록 해고확률이 더 높아지는 것으로 바뀌었고, 고연령층의 해고확률이 상대적으로 더 증가하고 있는 것으로 나타났다. 직종별로는 생산직이나 전문기술직의 경우 해고확률이 크게 감소한 반면, 관리사무직의 경우 해고확률이 뚜렷하게 증가하였다. 기업규모의 해고억제효과는 줄어들었으나 재벌기업의 경우 해고확률이 오히려 더 증가한 것으로 나타났다. 금융부문의 경우도 해고확률이 더 높아졌다. 이른바 개혁과 구조조정의 대상 부문에서 장기근속의 관행이 부분적으로 해체되는 것으로 생각된다. 한편 산업의 고용증가율이 높을수록 해고확률도 높아지는 쪽으로 바뀌고 있지만, 또한 지역실업률이 높을수록 해고확률도 높아지는 것으로 나타나고 있다.

위의 결과들을 종합해볼 경우 과거 직장이동성이 높았던 계층에서 자발적 이직(사직)이 현저하게 줄어들고 있고, 과거 직장안정성이 높았던 계층에서 비자발적 이직(해고)이 현저하게 증가하였다. 다시 말해 과거 내부노동시장의 관행을 적용받았을 것으로 보이는 계층에서는 해고율 증가가 뚜렷하고, 그렇지 못한 계층에서는 사직률의 하락이 뚜렷한 것으로 보인다. 경기적인 요인에 의해 직장이동성이 높았던 계층이 자발적으로 직장을 옮기지 않고 있는 것으로 보이고, 과거 안정적인 직장을 가지고 있던 계층에 대해서는 사용자 주도의 이직이 증가하고 있다. 기존의 내부노동시장의 관행을 적용받던 계층에 대해서는 기업으로부터의 강력한 해고 압력이 가해지고 있다고 볼 수 있다. 단, 대규모기업의 생산직의 경우 이러한 압력의 강도가 상대적으로 약했다고 볼 수 있다. 이는 경제위기 이전 생산직의 경우 이미 상당한 정도의 합리화가 진행되었다는 사실과 대규모기업의 생산직의 경우 노동조합의 강력한 보호를 받고 있다는 사실 등으로 설명될 수도 있을 것이다.

7. 근속별 고용안정 및 고용안전의 구조 변화

내부노동시장의 한 특징은 장기고용(long-term employment)이다. 즉, 한 기업 내에서 오래 근무할수록 고용이 안정화된다는 사실이다. 따라서 장기고용이 일반적이고 대부분의 이직이 취업초기에 이루어진다면, 근속년수에 따른 이직 확률은 떨어질 것이다.[19]

〈표 5-8〉에서 근속년수에 따른 1년직장유지율과 1년해고율을 볼 수 있다. 장기근속일수록 직장유지율이 높고 해고율이 낮다. 그러나 1997년간에는 15년 이상 장기근속자의 직장유지율이 크게 하락하였고 1년해고율도 여타 계층에 비해서 가장 높았다. 경제위기 기간 중에 기업의 해고가 장기근속층에 집중되었음을 알 수 있다. 1997년간을 예외로 한다면 우리의 경우에도 장기고용의 관행이 존재함을 알 수 있다.

근속년수에 따른 직장유지확률 및 해고율의 변화는 장기고용관행의 변화가 아닌, 노동자계층 구성의 변화에 의해 영향을 받을 수 있다. 예를 들어 장기근속계층이 남성 대규모기업 종사자이고, 상대적으로 근속이 짧은 신규채용자들이 대부분 여성 중소기업 종사자라면, 노동력구성이 여성 중소기업 종사자 중심에서 남성 대규모기업 종사자로 바뀔 경우 고용관행에서 변화가 없더라도 근속년수에 따른 직장유지율(및 해고율)은 증가(감소)하게 된다. 따라서 이러한 요인을 통제하기 위해서 여타 변수들을 통제한 상태에서 추정 1년직장유지율과 추정 1년해고율을 개인별로 구해서 이를 근속별로 평균한 값을 검토해보기로 한다.

---

19) 근속에 따른 이직확률의 저하는 기업특수적 숙련의 축적에 따른 합리적 행동으로 설명되기도 하지만, 근속이 길어질수록 원래 이직성향이 낮은 사람들만 남기 때문에 나타나는 통계적 현상(이질성 heterogeneity의 문제)에 불과하다고 주장하는 경우도 있다. 그러나 기존 연구들을 종합해서 검토한 파버(Faber, 1999)에 따르면 이질성 요소를 통제하더라도 근속이 길어짐에 따라서 이직확률은 떨어지는 것으로 나타낸다.

<표 5-8> 근속년수별 1년 직장유지율 및 1년해고율 추이

	근속년수	1년직장유지율			1년해고율		
		SV95	SV97	SV99	FR95	FR97	FR99
		83.6	76.2	83.5	1.0	8.2	3.5
전체	1~2	72.8	67.1	70.0	1.6	9.8	4.9
	3~5	80.1	72.7	80.0	1.2	8.6	3.7
	5~10	88.1	82.0	87.1	0.7	6.7	3.3
	10~15	92.7	84.4	91.5	0.4	6.9	2.4
	15~	94.8	80.6	93.1	0.2	9.8	2.4
여성	1~2	68.5	60.1	66.2	1.7	10.4	5.7
	3~5	74.9	67.8	75.2	1.2	9.4	4.6
	5~10	82.2	73.4	81.7	1.0	9.7	4.1
	10~15	89.9	71.3	88.8	0.7	13.9	3.4
	15~	92.8	70.0	92.5	0.2	17.6	2.7
남성	1~2	75.0	70.4	72.0	1.6	9.5	4.5
	3~5	82.6	75.0	82.0	1.1	8.2	3.3
	5~10	89.9	84.8	88.7	0.6	5.7	3.1
	10~15	93.2	86.6	91.9	0.3	5.7	2.3
	15~	95.0	81.5	93.2	0.2	9.2	2.4

경제위기를 전후로 하여 기업 내 근속년수에 따른 직장유지확률 및 해고율이 어떻게 변화했는지를 보기 위해 여타 노동력 구성의 차이를 통제하여 얻어진 추정직장유지확률 및 추정해고율을 근속년수에 따라서 구해보았다. 특히 내부노동시장에서 주로 기업규모, 노동조합, 직종, 성 등의 변수가 중요하게 작용한다고 보고, 이 변수들로 그룹 지어진 계층별로 근속년수에 따른 추정직장유지율 및 추정해고율을 보여주는 것이 〈그림 5-3〉~〈그림 5-8〉이다.

우선, 500인 이상 기업의 남성 노동자만을 대상으로 한 〈그림 5-3〉을 보면, 근속년수에 따른 직장유지확률은 1995년에 비해 1999년의 경우 낮

<그림 5-3> 근속년수별 1년직장유지율 추정(500인이상 기업체, 남성)

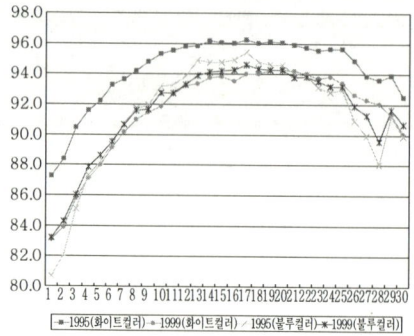

<그림 5-4> 근속년수별 1년해고율 추정(500인이상 기업체, 남성)

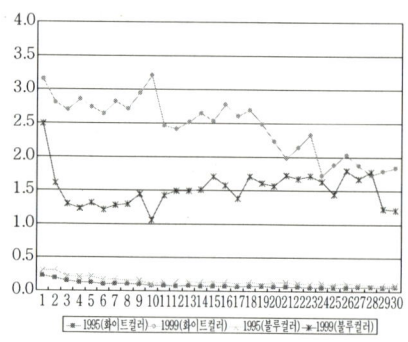

<그림 5-5> 근속년수별 1년직장유지율 추정(남성 블루칼러)

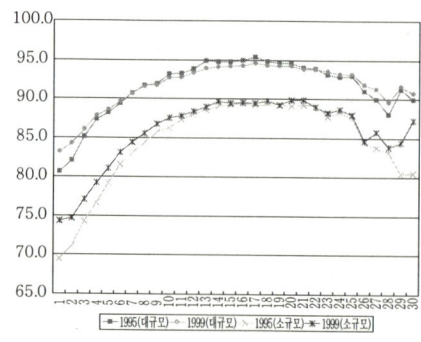

〈그림 5-6〉근속년수별 1년해고율 추정(남성 블루칼러)

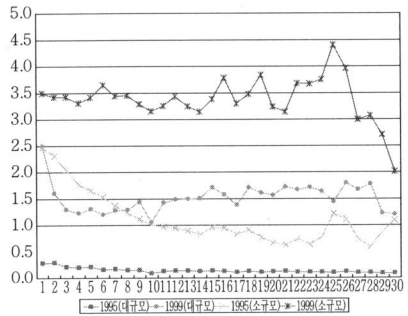

〈그림 5-7〉근속년수별 1년직장유지율 추정(500인이상 기업체, 남성)

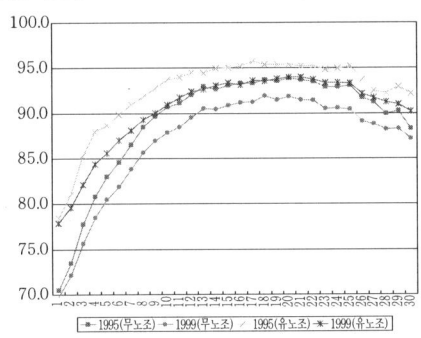

〈그림 5-8〉근속년수별 1년해고율 추정(500인이상 기업체, 남성)

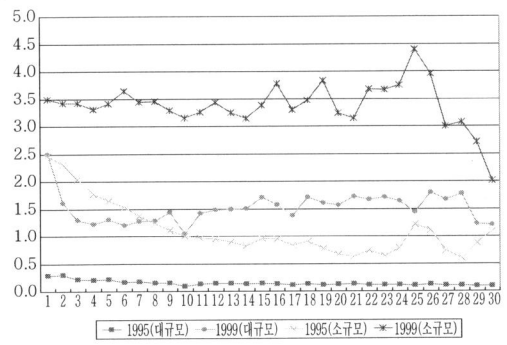

아졌지만, 그 형태는 경제위기 전후로 큰 변화가 없는 것으로 보인다. 근속년수 12~13년부터 22~23년 정도의 계층이 고용안정성이 가장 높은 계층이라고 판단된다. 특히 화이트컬러의 경우 경제위기 전후로 직장유지율이 크게 하락한 반면, 블루컬러의 경우 추정직장유지율이 경제위기 전후로 거의 변함이 없음은 위에서 확인한 대로이다.

추정해고율의 경우 경제위기 전후로 큰 차이를 보여준다. 우선 화이트컬러나 블루컬러 모두 경제위기 전인 1995년간에는 해고율이 전반적으로 낮고 근속년수에 따라 해고율의 차이가 거의 나타나지 않는다. 반면 경제위기 후인 1999년간에는 화이트컬러의 경우 근속이 증가할수록 추정해고율이 약간 낮아지고, 블루컬러의 경우 근속이 증가함에 따라서 추정해고율이 약간 상승하는 모습을 보여준다. 다음으로 〈그림 5-7〉과 〈그림 5-8〉에서 노조유무별로 볼 경우 노동조합이 있는 경우 추정직장유지율이 더 높은 것으로 나타났고, 근속년수에 따른 추정직장유지율의 형태는 큰 차이가 나지 않는 것으로 보인다.

위 그림들에서 파악할 수 있는 것은 다음과 같다. 우선, 장기근속에 따른 고용안정화 성향은 기업규모별로, 노조유무별로, 직종별로 차이가 매우 크다는 점이다. 그 중에서 기업규모별 격차가 가장 큰 것으로 생각된다. 전반적으로 장기근속자들의 고용이 안정적인 것은 사실이지만, 이들이 해고로부터 보호받는 관행자체는 그렇게 뚜렷하지 않다. 즉, 근속이 증가함에 따라 1년직장유지율은 상승하지만, 1년해고율은 근속년수의 차이에 거의 영향을 받지 않는 것으로 보인다.

경제위기를 전후로 하여 장기근속에 따른 고용안정화 성향에 일정한 변화가 초래된 것으로 보인다. 우선 기업규모 간 격차는 여전히 유지되지만, 대규모기업에서 화이트컬러와 블루컬러의 차이가 거의 사라졌다는 점이다. 이는 화이트컬러의 고용안정성이 전반적으로 하락한 반면, 대규모사업장의 블루컬러의 경우 고용안정성이 거의 하락하지 않았기

<표 5-9> 1년해고율에 관한 로짓추정 결과(10년 이상 장기근속자)

	1995			1997			1999		
INTERCPT	4.5773	(2.2820)	**	-0.3874	(0.5593)		-3.3579	(1.0677)	***
SEX	-0.7906	(0.1974)	***	-0.9298	(0.0431)	***	0.2087	(0.0832)	**
TEN	-0.1076	(0.1022)		0.159	(0.0209)	***	-0.0193	(0.0391)	
TENSQ	0.0019	(0.0028)		-0.00336	(0.0006)	***	-0.00068	(0.0011)	
AGE	-0.3335	(0.1101)	***	-0.2265	(0.0274)	***	-0.0131	(0.0515)	
AGESQ	0.00442	(0.0013)	***	0.00329	(0.0003)	***	0.000859	(0.0006)	
E3	0.4485	(0.2221)	***	0.299	(0.0456)	***	0.2159	(0.0751)	***
E4	0.1683	(0.3695)		0.3051	(0.0743)	***	0.3788	(0.1111)	***
E5	0.261	(0.2809)		0.311	(0.0573)	***	0.2054	(0.0920)	**
O1	0.6578	(0.2907)	**	0.0174	(0.0615)		-0.9189	(0.0733)	***
O2	1.0616	(0.3196)	***	0.00571	(0.0704)		-1.6152	(0.1116)	***
O3	0.3162	(0.2822)		-0.0335	(0.0576)		-1.3568	(0.0744)	***
UNION	-0.2086	(0.1651)		-0.1813	(0.0332)	***	-0.2402	(0.0523)	***
LFSZ	-0.5112	(0.0537)	***	-0.0412	(0.0089)	***	-0.1738	(0.0159)	***
CB	-2.6543	(1.0099)	***	-0.2927	(0.0557)	***	0.169	(0.0786)	**
GONG	-0.4392	(0.4886)		-0.5957	(0.1052)	***	-1.8037	(0.2142)	***
FIN	-1.5664	(0.4441)	***	1.057	(0.0487)	***	0.4315	(0.0901)	***
MAF	0.1999	(0.1884)		0.7762	(0.0412)	***	0.751	(0.0577)	***
ER	-1.9422	(1.2381)		0.4269	(0.1145)	***	-3.0067	(0.3094)	***
UMRATE	0.0399	(0.1050)		0.0533	(0.0100)	***	0.1633	(0.0233)	***
-2LogL	2095.8			33337.1			15849.1		
표본수	63198			62392			76275		

때문이다. 그러나 전반적으로 해고율이 높아져 고용안전성은 하락한 것으로 보인다. 특히 화이트컬러의 고용불안전성이 크게 증가하였고 이는 근속년수에 관계없이 거의 모든 계층에서 나타나고 있다. 또한 해고율의 규모별 격차나 노조유무별 격차는 여전히 존재하는 것으로 보인다.

특히 〈부표 5〉에서 근속 10년 이상 해고자의 구성 비율의 추이를 보면, 경제위기를 거치면서 남성, 고학력자, 사무직의 비중이 증가하고 있고,

대규모기업, 재벌기업, 유노조기업, 중화학공업 및 금융업에서 비중이 증가하고 있다. 이는 내부노동시장의 관행과 절차에 따라 형성되던 장기고용관행이 경제위기를 계기로 하여 사용자주도의 이직(해고)에 의해서 상당 정도 훼손되고 있음을 보여준다.

8. 요약 및 결론

우리는 앞에서 세 가지의 문제를 제기하였다. 첫째, 경제위기를 계기로 내부노동시장화의 경향이 중단되거나 역전되었는가? 둘째, 경제위기는 고용안정 및 고용안전이라는 측면에서 계층별로 차별화된 결과를 초래하였는가? 셋째, 내부노동시장의 주도 요소인 기업규모와 노동조합의 효과는 경제위기를 계기로 줄어들었는가?

첫째, 기업체 규모 30인 이상의 정규직 근로자를 중심으로 고용안정의 장기적 추세는 90년대를 통해서 적어도 외환위기 이전까지는 강화되었다고 할 수 있다. 입직률과 이직률, 평균근속년수, 직장유지율 등 고용안정에 관한 간접적이고 거시적인 지표를 볼 경우 경제위기는 정규직의 고용안정에 미친 효과는 일시적이고 경기적인 것이었다고 볼 수 있다. 그러나 이를 일자리 중단의 사유에 따라서 또는 노동자 계층별로 나누어서 볼 경우 고용안정화 경향의 지속 가설은 받아들여진다고 할 수는 없는 것으로 분석되었다. 이는 경제위기가 단기적 · 일시적으로 매우 커다란 영향을 미쳤고, 1999년간의 고용안정의 회복세는 이러한 단기적 과잉반응에 대한 반동적 움직임 일 수 있다는 점, 경제위기 이후 경기가 일시적으로 회복세를 보였으나 아직도 경제에 대한 불확실성이 남아 있는 현 시점에서 노동자의 경우 자발적 이직이 완전히 경제위기 이전 수준을 회복하지 못하고 있는 상태이고, 기업들은 신규채용을 줄이면서 사용자 주도의 이직(해고)은 일정 비율 유지하고 있다는 점 등으로 판단해 볼 때, 경제위기를 거치면서 고용안정 · 고용안전의 경향과 반경향이 착종된 상태로 진행중인 것으로 생각된다.

둘째, 경제위기에 따른 고용안정 및 고용안전의 변화는 노동자 계층별로 상당히 차별적으로 전개된 것으로 보인다. 남성 고학력 사무관리직의 경우 해고율이 크게 증가한 반면, 남성 생산직의 경우 직장유지율은 경제위기 전후 거의 변화가 없었으며 해고율도 크게 증가하지 않았다. 이는 기업은 내부노동시장의 '혜택' 을 받고 있던 계층에 대한 집중적인 공격을 폈지만, 이에 대해 생산직을 중심으로 이에 대해 강력히 저항한 결과가 아닌가 생각된다.

한편 내부노동시장 관행으로부터 벗어나 있던 소규모 여성 노동자들의 경우에는 자발적 이직의 감소로 외견상 고용안정성이 높아진 것으로 비추어지고 있다. 그러나 이들은 대부분 자발적 이직을 통해 자신의 몸값을 높이던 계층으로서 경제위기로 인한 일자리 기회 감소로 오히려 더 불안해진 계층이라고 봐야 할 것이다. 실제로 경제위기 당시에도 이들의 해고확률은 여전히 가장 높았다.

셋째, 내부노동시장의 형성 · 발전 그리고 그에 따른 고용안정을 설명하는 이론과 변수 중에서 기업규모와 노동조합 가입 유무를 볼 경우, 경제위기를 겪으면서 기업 규모 변수의 설명력은 약화되는 것으로 보인다. 경제위기·이전에는 대규모 기업(또는 재벌기업)이 고용안전에 큰 기여를 한 것으로 분석되었으나 경제위기 이후 이들의 해고 억제 효과는 오히려 감소하고 있는 것으로 평가된다. 특히 관리사무직(특히 사무직)의 경우 대규모 기업에서 해고확률이 크게 높아졌다. 그 결과 대규모 기업체의 대졸 관리사무직 남성에 대한 기업측의 해고 압력이 크게 강화된 것으로 보인다. 단 대규모 기업의 남성 생산직의 경우 이러한 압력과 방향에서 상당히 벗어나 있는 것으로 보인다.

한편 사업체 변수 중 노동조합가입사업체 여부에 따른 직장유지확률의 차이는 경제위기를 전후로 하여 크게 변하지 않았으나, 해고확률의 차이는 오히려 노동조합가입사업체의 해고확률이 경제위기 이전에 비해 증가하여, 사업체의 노동조합가입 여부에 다른 해고확률의 차이는 감소하는 경향을 보여주고 있다. 그러나 이는 해고사유가 경제위기 이전과 이후 크게 바뀌었다는 점에서 경제위기 전후를 비교하는 것이 큰 의미가 없을 수도 있다. 경제위기 이후에도 여전히 사업체의 노동조합가입 변수는 해고 확률을 낮추는 데 있어서 유의하게 작용하고 있다고 볼 수 있다.

정이환·이병훈(2000)도 내부노동시장이 경제위기로 다소 훼손되었지만 여전히 강고하게 유지되고 있고 시장의 통제가 기업별 노조와 기업별 노사관계의 기본 틀을 와해하는 데까지 이르지는 않았다는 점을 사례를 통해서 분석하고 있다. 특히, 시장지배적 고용관행의 관철 정도가 상당한 편차를 드러내고 있다는 점을 지적할 수 있다. 이러한 편차를 만들어내는 요인으로서 우선 이들 기업에 있어 노조의 저항능력 재복원 정도를 꼽고 있다. 생산직의 고용안정성이 경제위기 이후 복원된 것은 이러한 요인들에 의해서 설명이 가능할 것이다.

한국에서의 노동시장의 유연화, 시장 중심의 고용관계로의 전환은 비정규직의 증대라는 형태로 전개되고 있다. 전체 피고용자에서 비정규직의 비율은 1995년에 비해 2000년에 거의 10%가 넘게 증가하였다. 그러나 우리의 분석에 따르면 또 다른 한편에서 노동시장의 유연화는 정규직 내부에서도 내부노동시장의 관행의 형성·발전으로 상대적으로 고용안정성을 높여가던 계층에 대해서 해고 압력을 강화하는 방향으로 전개되고 있다고 할 수 있다. 그러나 이러한 전개방향은 일방적으로 이루어지는 것이 아니라 노동자 계층별로 또는 고용조정방식에 따라서 다르게 나타날 수 있음도 확인하였다. 결국 정규직 내부에서 직장유지율 개념으로 파악한 고용안정성의 계층별 격차는 여러 가지 측면에서 줄어들고 있지만, 해고가능성까지 고려한 고용안전의 개념으로 볼 경우 새로운 형태로의 계층화가 또 진전되고 있는 것으로 보아야 할 것이다.

| 참고문헌 |

금재호 · 조준모, 1998, 「이직의 원인과 행태에 관한 연구: 기업규모별 분석」, 『노동경제논집』 제 21집 제2호, 163~194쪽.

_____, 2001, 「외환위기 전후의 노동시장 불안전성에 대한 연구」, 『노동경제논집』 제24 집 제1호, 35~66쪽.

노중기, 1999, 「노동운동의 위기구조와 노동의 선택」, 『산업노동연구』 제5권 제1호, 97~118쪽.

이성균, 2000, 「경제위기와 공업도시 노동시장의 변화: 울산과 창원의 사례」, 『경제와 사회』 제48 호, 202~229쪽.

임영일, 1998, 「한국 노동체제의 전환과정에 관한 연구」, 『경제와 사회』 제40호.

장지연, 2001, 『경제위기와 여성노동』, 한국노동연구원.

정이환 · 이병훈, 2000, 「경제위기와 고용관계의 변화: 대기업 사례를 중심으로」, 『산업노동연구』 제6권 제1호, 27~58쪽.

정진호, 1999, 「한국의 직장이동에 관한 연구」, 서울대학교 경제학과 박사학위논문.

조순경, 1998, 「구조조정의 성별 불균등 구조」, 『산업노동연구』 제5권 제2호.

Diebold, Francis X., Neumark, David and Polsky, Daniel, 1997, "Job Stability in the United States", *Journal of Labor Economics* vol. 15 no. 2, pp.348-52.

Faber, Henry S., 1997, "The Changing Face of Job Loss in the United States, 1981 ~ 95", *Brookings Papers on Economic Activity: Microeconomics*.

_____, 1999, "Mobility and Stability: The Dynamics of Job Change in Labor Markets", in Ashenfelter, Orley and David Card, *Handbook of Labor Economics*(Elsvier) vol. 3B, pp.2439-2483.

Jaeger, David A. and A. H. Stevens, 1999, "Is Job Stability in the United States Falling?: Reconciling Trends in the Current Population Survey and Panel Study of Income Dynamics", *Journal of Labor Economics* vol. 17 no. 4, part 2, pp.1-28.

Locke, Richard M. and K. Thelen, 1997, "Apples and Oranges Revisited: Contextualized Comparisons and the Study of Comparative Labor Politics", *Politics and Society* 23(3).

Picot, Garnett and Zhengxi Lin, 1997, "Are Canadians More Likely to Lose Their Jobs in the 1990s?", *Business and Labor Market Analysis*, Working Paper No. 96, Statistics Canada.

Thelen, Katheleen and Ikuo Kume, 1999, "The Effects of Globalization on Labor Revisited: Lessons from Germany and Japan", *Politics and Society* 27(4).

〈부표 1〉 표본의 기초 통계

1. 사업체

	1995	1997	1999
	3009	3154	3338
사업체규모			
100인 미만	73.5	73.6	74.0
100~500	23.1	23.2	21.9
500인 이상	3.5	3.2	4.1
기업체규모			
100인 미만	59.7	61.0	65.0
100~500	23.3	22.8	21.4
500~2000	6.8	6.2	7.1
2000인 이상	10.2	10.0	6.4
10대재벌	0.8	0.6	0.8
10~30대재벌	0.9	1.0	1.1
공기업	0.4	0.2	0.4
기타	97.9	98.1	97.6
무노조	76.4	76.4	79.5
유노조	23.6	23.6	20.5
경공업	17.8	15.3	15.2
중화학공업	24.6	24.6	23.0
서비스업	41.1	42.8	45.0
건설업	4.7	4.9	4.4
금융업	5.9	5.5	4.3
IT제조업	3.7	4.1	4.9
IT서비스업	2.2	2.7	3.3

2. 노동자

	1995	1997	1999
	302817	277505	301705
AGE	34.7	34.9	35.2
TEN	6.6	6.7	7.2
EDY	12.6	12.8	13.1
SEX	74.3	74.5	76.4
E1	5.1	4.1	3.1
E2	11.8	10.7	8.7
E3	47.4	48.2	45.5
E4	9.9	10.0	10.8
E5	23.4	24.1	28.7
E6	2.4	2.9	3.1
S1	19.7	21.6	18.9
S2	26.4	28.0	23.2
S3	20.8	21.4	22.8
S4	33.1	28.9	35.2
I1	14.7	15.2	10.0
I2	24.8	26.2	28.4
I3	34.2	35.2	37.2
I4	3.0	3.3	4.9
I5	11.4	10.9	10.3
I6	4.7	5.3	4.2
I7	7.2	3.9	5.0
O1	7.7	5.9	6.0
O2	5.0	6.1	7.5
O3	9.6	8.1	8.3
O4	32.5	34.4	34.3
O5	7.7	7.1	7.2
O6	0.1	0.3	0.3
O7	21.9	23.8	19.3
O8	6.2	5.7	8.5
O9	9.2	8.6	8.8
UNION	47.2	44.7	45.5
CHBOL	3.4	1.6	2.6
GONG	4.4	2.3	3.6

<부표 2> 계층별 근속년수별 근속년수 추이

	1999	1998	1997	1996	1995	1994	1993	1989	1986	1983
국졸	6.1	6.0	5.8	5.5	5.7	5.1	4.9	4.1	3.7	3.1
중졸	6.0	6.4	6.0	5.7	5.7	5.2	4.9	3.4	3.0	2.6
고졸	5.3	5.8	5.3	5.0	5.3	5.0	4.8	3.8	3.9	3.5
전문대졸	4.7	5.1	4.6	4.5	4.8	4.6	4.4	4.0	4.0	3.9
대졸	6.7	7.0	6.5	6.1	6.6	6.2	6.1	5.5	6.0	5.4
경공업	4.9	5.0	4.8	4.5	4.7	4.3	4.1	3.1	2.8	2.7
중화학공업	6.2	6.4	5.9	5.4	5.7	5.3	5.1	3.7	3.7	3.2
서비스업	5.4	5.9	5.4	5.3	5.6	5.2	5.0	4.6	4.7	3.9
건설업	4.3	4.7	4.4	4.2	4.9	4.4	4.5	5.0	3.9	3.4
금융업	7.6	8.5	7.9	7.9	8.1	7.6	7.7	7.1	6.6	5.4
100인 미만	3.8	4.5	4.2	3.9	4.6	3.7	3.5	3.2	3.3	2.9
100~500	5.1	5.5	5.1	4.8	6.0	5.0	4.7	3.7	3.5	2.8
500인 이상	7.9	8.3	7.7	7.4	7.2	7.1	6.9	5.1	4.7	3.9
관리사무직	6.0	6.6	6.1	5.9	6.2	5.9	5.8	5.1	5.2	4.5
전문기술직	6.5	6.8	6.2	6.0	6.4	6.0	6.0	5.2	5.4	4.7
판매서비스직	3.6	4.6	4.1	4.0	4.5	4.0	3.7	3.6	4.1	3.5
생산직	5.4	5.6	5.2	4.9	5.1	4.7	4.4	3.2	2.9	2.5
단순직	4.0	4.5	4.4	4.4	4.4	4.2	4.1	3.6	3.3	2.9

자료: 노동부, 「임금구조기본조사」, 각 년도.
 주: 1995년의 경우 기업체 규모가 조사되지 않았기 때문에 기업체 규모가 아니라 사업체 규모를 기준으로 하였음.

<부표 3> 추정 1년직장유지확률 및 1년해고확률 (1995년 노동력 구성 기준)

전체		SV95	SV97	SV99	FR95	FR97	FR99
연령별	20~30	77.2	71.4	74.9	1.0	7.3	3.4
	30~45	86.7	80.9	85.8	0.9	7.1	3.3
	45~	85.4	71.9	84.8	1.4	11.4	5.2
학력별	국졸 이하	84.7	74.2	86.0	1.5	10.2	4.0
	중졸	83.1	75.8	84.8	1.5	8.5	4.0
	고졸	80.9	73.4	79.9	1.1	8.2	3.8
	전문대졸	84.0	77.3	81.4	0.8	7.6	3.6
	대졸	87.4	81.6	84.4	0.7	6.7	3.3
	대학원졸	88.7	84.6	83.8	0.3	5.2	2.3
직종별	관리직	86.8	79.5	88.1	1.1	8.6	4.2
	전문직	86.2	82.0	85.2	0.5	5.2	2.1
	준전문직	86.6	80.4	85.4	1.1	7.1	2.5
	사무직	86.1	78.0	82.4	0.8	8.0	4.0
	판매서비스	77.1	69.6	74.0	0.4	4.6	3.7
	기능원	82.0	75.0	82.6	1.5	9.2	2.9
	조립원	77.4	75.9	83.1	0.5	5.1	2.3
	단순직	78.5	69.6	75.3	1.7	10.3	6.7
산업별	경공업	76.5	67.3	77.4	2.0	11.4	4.0
	중공업	83.2	75.0	80.8	1.0	9.9	3.8
	서비스	82.0	77.9	81.9	0.9	4.7	3.5
	건설업	76.7	63.1	79.9	3.6	17.7	6.0
	금융업	91.6	81.7	86.7	0.1	8.4	4.9
	IT제조	81.0	74.9	81.4	0.7	7.7	2.5
	IT서비스	95.9	90.0	91.1	0.1	3.4	1.4
기타	10대재벌	81.9	73.3	81.3	0.2	9.6	3.5
	10~30대재벌	91.5	84.5	88.1	0.2	4.7	1.8
	공기업	94.3	88.8	91.9	0.1	3.4	1.3

	근속년수	1년직장유지율			1년해고율		
		SV95	SV97	SV99	FR95	FR97	FR99
계층1	1~2	86.3	86.6	84.8	0.0	3.9	1.4
	3~5	90.5	82.8	86.7	0.0	7.5	3.0
	5~10	92.7	87.5	88.0	0.0	5.8	3.9
	10~15	93.3	87.3	90.4	0.0	5.5	3.1
	15~	92.1	77.9	91.6	0.1	11.7	3.4
계층2	1~2	83.2	76.2	84.0	0.0	16.2	0.0
	3~5	86.5	86.0	93.1	0.2	5.3	0.3
	5~10	94.6	88.0	94.5	0.1	3.5	0.6
	10~15	95.8	89.1	91.7	0.1	4.8	0.8
	15~	96.3	79.1	84.3	0.1	8.7	0.6
계층3	1~2	55.2	54.7	72.0	6.1	17.9	2.6
	3~5	66.3	59.3	75.2	3.9	16.8	5.8
	5~10	76.3	58.5	85.9	1.6	22.4	4.1
	10~15	84.8	44.5	82.8	1.9	34.0	11.8
	15~	82.5	70.7	94.9	0.0	12.2	0.0
블루컬러	1~2	69.8	66.0	67.4	2.2	10.9	5.8
	3~5	76.3	70.4	79.1	1.6	9.3	3.1
	5~10	86.0	79.4	88.5	0.9	7.7	2.6
	10~15	91.5	83.5	91.6	0.4	6.9	2.6
	15~	95.1	79.7	90.2	0.1	9.6	4.3
화이트컬러	1~2	74.9	67.8	71.9	1.3	9.1	4.3
	3~5	82.4	74.2	80.5	0.9	8.1	4.0
	5~10	89.3	83.5	86.3	0.6	6.1	3.8
	10~15	93.3	85.1	91.5	0.4	6.9	2.3
	15~	94.7	81.1	94.2	0.2	9.9	1.7
500인 미만	1~2	67.2	62.4	66.4	2.6	11.9	5.9
	3~5	74.6	68.2	74.4	2.0	10.8	5.3
	5~10	83.2	77.3	82.7	1.5	8.7	5.6
	10~15	88.2	79.8	87.3	0.9	9.0	5.0
	15~	90.3	78.9	89.7	0.6	11.4	4.8
500인 이상	1~2	82.0	76.0	76.7	0.1	5.8	3.1
	3~5	86.5	79.3	85.6	0.2	5.3	2.0
	5~10	91.6	85.8	89.8	0.2	5.1	2.0
	10~15	94.7	86.8	93.0	0.2	5.8	1.5
	15~	95.7	81.1	93.8	0.1	9.3	2.0
무노조	1~2	69.8	63.6	68.8	2.4	11.8	5.8
	3~5	78.5	69.2	77.7	1.7	10.9	4.1
	5~10	85.8	79.1	84.4	1.2	8.2	4.2
	10~15	90.9	83.1	89.7	0.7	7.3	3.0
	15~	93.3	80.8	91.1	0.2	11.0	3.3
유노조	1~2	78.3	74.6	73.2	0.3	5.3	2.7
	3~5	82.8	78.3	83.5	0.3	4.9	2.9
	5~10	90.1	85.3	89.7	0.3	5.0	2.5
	10~15	93.8	85.4	92.9	0.2	6.6	1.9
	15~	95.5	80.5	94.3	0.2	9.2	2.0

<부표 5> 근속10년 이상 해고자 수와 비율

SEX	c95	c97	c99	p95	p97	p99
전체	177	5156	1864	100.0	100.0	100.0
여성	43	1052	226	24.3	20.4	12.1
남성	134	4104	1638	75.7	79.6	87.9
100인 미만	60	544	293	33.9	10.6	15.7
100~500	59	1201	535	33.3	23.3	28.7
500~2000	28	1077	347	15.8	20.9	18.6
2000~	30	2334	689	16.9	45.3	37.0
무노조	107	2102	965	60.5	40.8	51.8
유노조	70	3054	899	39.5	59.2	48.2
고졸이하	128	3648	1157	72.3	70.8	62.1
전문대졸이상	49	1508	707	27.7	29.2	37.9
관리직	37	622	198	20.9	12.1	10.6
전문직	16	338	65	9.0	6.6	3.5
기술직	16	306	53	9.0	5.9	2.8
사무직	45	1827	672	25.4	35.4	36.1
판매직	3	116	56	1.7	2.2	3.0
기능원	40	1461	296	22.6	28.3	15.9
조립원	3	117	79	1.7	2.3	4.2
단순직	17	365	445	9.6	7.1	23.9
경공업	39	962	211	22.0	18.7	11.3
중화학공업	55	1383	840	31.1	26.8	45.1
기타서비스업	70	1202	475	39.5	23.3	25.5
건설업	3	114	49	1.7	2.2	2.6
금융업	6	1108	247	3.4	21.5	13.3
IT제조업	3	322	36	1.7	6.2	1.9
IT서비스업	1	65	6	0.6	1.3	0.3
30대재벌	1	431	295	0.6	8.4	15.8
공기업	5	102	30	2.8	2.0	1.6

산업화의 정책이념—
지배담론의 형성과 대항담론

제6장

1950 · 1960년대 경제개발 신화의 형성과 확산

박태균

1. 서론

　기득권의 힘은 생각의 점차적인 파급과 비교하여 지나치게 과장되어 있
다. …… 경제학자들과 정치철학자들의 사상들은 그것들이 옳을 때나 잘못
되었을 때나 모두 일반적으로 이해되는 것보다 더 강한 힘을 가지고 있다.
진실로 세계는 다른 무엇에 의하여 지배되고 있다.　　　　　　　　－케인즈

　1960년대와 1970년대의 한국사회는 경제개발의 시대였으며, 세계적으
로 주목받고 있다. 박정희 정권의 독재정치하에서 이루어진 경제개발은
'한국형 경제개발의 모델'을 만들어낼 정도로 성공적으로 평가받고 있
다. 아래의 〈표 6-1〉과 같이 1950년대와 1960년대를 통해 저개발국가들
이 경제개발계획을 입안하고 실행하였으며, 미국은 1960년대 초를 기점
으로 경제개발원조를 저개발국가에 제공하기 시작하였다(Park, 1999).
　그럼에도 불구하고 저개발국가 중에서 경제개발계획을 통해 경제성장

〈표 6-1〉 1950년 아시아 제국의 경제발전계획 실행 상황

	47	48	49	50	51	52	53	54	55	56	57	58	59	60	61	62
버마	예비 2년					8년		3년	4년				4년			
실론			C-6									10년				
중국						5년					5년					
인도	예비		예비C-6	5년					5년						5년	
인도네시아																계획
일본	예비복구(5년)							5년		신장기계획						
북한	1년 1년 2년		한국전쟁			3년(복구)			5년				7년			
남한			5년 한국전쟁 Tasca Nathan							5년			3년		5년 5년	
말라야				C-6						5년				5년		
몽고		5년						5년				3년			5년	
네팔									5년					5년		
파키스탄				C-6						5년				5년		
필리핀												3년				
싱가포르				C-6										5년		
대만					4년					4년					4년/10년	
베트남				1st 인도지나 전쟁					복구(3년) 3년						5년	

주) C-6 : 1950년의 콜롬보 계획, 예비 : 예비회의 및 논의, 복구 : 전쟁 직후의 복구계획

에 성공한 나라는 한국을 비롯해서 몇몇 국가에 지나지 않는다. 특히 이러한 현상은 동아시아 국가들 사이에서 두드러지게 나타났는데, 세계은행은 동아시아 국가들 중 한국, 대만, 홍콩, 싱가포르 등 4개국을 신흥공업국(New Industrialization Economies)으로 분류하고 있다. 따라서 많은 연구자들의 관심은 이들 신흥공업국들이 경제성장에 성공한 이유를 분석하는 데 그 초점이 맞추어져 있으며, 한국에 대한 분석에 있어서도 예외가 아니라고 할 수 있다. 초기의 연구는 대체로 박정희 정부의 성공적인 경제정책과 미국의 원조에 초점을 맞추었다. 이러한 연구성과들은 대체로 한국에 경제개발을 위한 고문단으로 내한했던 경력을 갖고 있었던 사람들에 의해 발간되었다. 이들은 박정희를 비롯한 당시 경제관료들의 추진력과 함께 미국의 정책을 받아들이는 흡수력의 문제를 경제개발의 중요한 요인으로 분석하였다(Cole and Lyman, 1971; Brown, 1973; Adelman ed., 1969). 그러나 추진력과 미국의 경제개발원조는 당시 저개발국가들이 공통적으로 가지고 있었던 요인이었기 때문에 경제개발의

'비밀'을 캐는 데 있어서는 적절하지 못한 방법이라는 비판을 면할 수 없었다. 1960년대 남미를 포함한 많은 저개발국가들에서는 군사쿠데타 이후 독재정권의 수립을 경험하였고, 미국은 아시아뿐만 아니라 남미와 아프리카에 경제개발원조를 실시하고 있었다. 특히 남미에 대해서는 1950년대 후반부터 적극적인 경제원조를 시작하였고, 1960년대에는 '진보를 위한 동맹(Alliance for Progress)'을 만들기도 하였다.

결국 경제개발의 '비밀'을 찾기 위한 노력은 사회문화적인 부분으로 옮겨가기 시작하였다. 하버드대학교와 한국개발연구원이 공동으로 한 작업을 바탕으로 해서 출간된 『한국경제사회의 근대화』(한국개발연구원, 1981)는 그 집적물이라고 할 수 있으며, 정책적인 부분 외에 다양한 사회현상을 통해서 한국이 경제성장에 성공한 이유를 찾고자 한 노력이었다.

이 글에서 주목하고자 하는 것 역시 다양한 사회현상을 통해 경제성장의 기원을 살펴보고자 하는 것이다. 그렇다고 해서 명확하게 정의하기 힘든 '유교(confucianism)' 또는 '아시아적 가치관(asian value)'을 통해서 경제성장을 파악하고자 하는 것은 아니다. 이 글의 초점은 왜, 그리고 어떻게 한국 사람들이 경제성장에 동원되었는가의 여부를 살펴보는 것이다. 1950년대의 경제개발론자들이 공통적으로 지적하고 있는 바와 같이 경제개발계획의 성패여부는 계획에 대한 국민들의 동의와, 국민을 포함한 국가자원에 대한 국가의 효율적이고 성공석인 동원에 달려 있다고 해도 과언이 아니다(Tinbergen, 1958; Lewis, 1959; Rostow, 1960). 인적자원을 포함한 국가자원의 효율적인 동원은 결국 국가의 지배이데올로기의 효율성에 근거할 수밖에 없다. 즉, 경제개발을 수행하는 과정에서 동원되는 지배이데올로기가 국민들의 정서에 적합한 것이어야 하며, 또는 국민들의 정서를 선도적으로 이끌 수 있는 흡인력을 갖추어야 한다는 것을 의미하는 것이다.

결국 이글에서 초점을 맞추고자 하는 부분은 '경제개발이 필요하다.'

라는 인식을 갖고, 그것을 한 방향으로 몰고 간 '생각'의 형성이다. 즉, 일정한 지향성을 갖는 담론들이 어떻게 형성되었고, 어떠한 역할을 하는 가가 주요한 분석대상이다. 이것은 1960년대 이후 '경제성장' 또는 '수출입국'이 하나의 '신화'로 존재할 수 있었던 동력이 되었다는 것이 필자의 입장이며, 이렇게 만들어진 '신화'가 경제개발계획의 성격까지도 규정할 수 있는 중요한 역할을 했다는 것이 이 논문의 가설이다.

2. '경제개발' 신화 형성의 배경

1) 1950년대 경제개발계획의 필요성에 대한 인식의 확산

1950년대는 암흑의 시대로 알려져 있다. 그러나 실상 1950년대는 제2차 세계대전 이후 하나의 도약을 시작하려고 하는 출발점이었다. 특히 이러한 현상은 한국을 포함한 저개발국가에서 잘 나타난다. 1950년대를 통해 콜롬보 플랜과 극동경제위원회(Economic Commission for Asia and the Far East: ECAFE) 등은 아시아에서의 경제개발계획의 입안과 실시에 중요한 역할을 하며, 각국은 경제개발계획을 입안할 수 있는 기구들을 설치하였다. 이러한 현상은 식민지에서 해방된 저개발국가들이 정치적으로 뿐만 아니라 경제적으로도 자립적 경제건설을 이룩하려는 지향에서 나타난 것이라고 할 수 있다(박태균, 2003).

1950년대 한국의 지식인들은 이러한 저개발국가에서의 경제개발의 움직임을 적극 수용하였다. 한국전쟁으로 인해 막대한 피해를 입었던 한국에서 1950년대 중반까지는 이러한 움직임이 적극적으로 나타날 수 없었지만, 1956년을 기점으로 해서 정부뿐만 아니라 지식인들은 전쟁 복구가 어느 정도 이루어졌다고 판단하기 시작하였고 이제 본격적으로 경제부

홍을 통해 자립적인 경제구조를 형성해야 한다고 생각하였다.

1950년대 중반 이후 각종 잡지와 신문에서는 저개발국가의 경제개발 계획의 내용과 현황을 해설, 분석하는 글들이 많이 실렸다. 이 중에서 특히 인도를 중심으로 한 저개발국가의 경제개발계획을 설명, 분석한 글들과 일본 · 독일에서의 전후 부흥에 대한 글들이 주목된다. 지식인들은 한국과 처지가 비슷한 지역에서의 현황을 중심으로 해서 앞으로의 정책 대안을 제시하기 시작한 것이다(박태균, 2002).

경제개발계획에 대한 필요성이 확산되었다는 점은 경제개발계획이 필요하다는 점에 대해서 일치된 생각을 가지고 있었다는 점에서 잘 나타난다. 경제계획의 필요성에 대한 글은 경제학자에서부터 관료, 정치인에 이르기까지 다양한 계층 속에서 나타난다. 1950년대 대표적인 잡지였던 『사상계』뿐만 아니라 각종 대학신문에는 지식인들 사이에서 이러한 공감대가 형성되어 있었다는 점을 쉽게 발견할 수 있다(박태균, 2002).

1950년대 아시아 각국의 상황과 함께 경제개발의 필요성에 대한 인식의 확산에 결정적인 역할을 한 또 하나의 요인은 아이러니컬하게도 미국의 대한원조였다. 한국전쟁으로 인한 경제적 피해로 인하여 1950년대 대한민국 정부는 미국의 원조 없이 유지될 수 없었다. 아래의 〈표 6-2〉와 〈표 6-3〉에서 볼 수 있는 바와 같이 한국 정부의 세입 구성에서 원조가 차지하는 비중이 40%를 상회하였으며, 한국군의 전체 군사비 가운데 미국의 원조에 의해서 충당되는 부분은 평균 30% 정도 되었다.

이러한 상황에서 미국의 원조는 1950년대를 통해 두 가지 상반된 역할을 하였다. 한편에서 1954년부터 시작된 미국의 기술원조는 그것을 통해 경제개발을 이룩할 수 있다는 자신감을 주기도 하였지만, 1957년 이후 급격한 원조의 감소는 '경제위기'의 의식을 가져왔다. 미국은 1957년을 기점으로 하여 개발차관기금(Development Loan Fund)을 설치하면서 제3세계에 대한 원조를 급속하게 줄이기 시작하였는데, 당시 단일국가로 가장 많은 양을 받고 있었던 한국의 경우도 예외가 아니었다. 1957년 3억 8920만 달러였던 미국의 대한원조는 1958년 3억 2120만 달러, 1959년 2억 2220만 달러, 1960년에 2억 4510만 달러, 1961년 1억 9910만 달러로 감소하였다(홍성유, 1965).[1]

〈표 6-2〉 1950년대 한국 경제에서 원조가 차지하는 비중

구분 년도	GNP 구성(백만 달러)			일반세입구성(억 원)		
	GNP(A)	수원액(B)	B/A(%)	총세입(C)	원조자금(D)	D/C(%)
1953	1,361	194	14.3	46.6	7.9	17.1
1954	1,467	154	10.5	125.9	44.7	35.5
1955	1,414	237	16.8	323.7	150.5	46.5
1957	1,672	383	22.9	415.1	224.5	54.1
1958	1,897	321	16.9	454.8	245.8	54.0
1959	1,980	222	11.2	448.8	189	42.1
1960	1,996	245	12.3	476.6	167.6	35.2
1961	2,104	199	9.5	607.5	240.5	39.6

자료 : 한국은행(1973); 『조사월보』 1964년 12월호; 경제기획원(1963판); 홍성유(1965: 42); 한국재정 40년 사편찬위원회 편(1991: 15).

〈표 6-3〉 국방비 중 원조구성비와 원조 중 국방비 지원구성비(1953~1963)

(단위 : %)

구분 년도	국방비 중 원조구성비	원조 중 국방비 지원구성비
1953	5	19
1954	29	44
1955	43	37
1956	48	34
1957	43	22
1958	38	20
1959	38	28
1960	36	32
1961	92	66
1962	72	52
1963	70	57

자료 : 한국개발연구원(1991: 119).

---

1) 1950년대 뉴룩(New Look) 정책하에서 미국은 제3세계에 대한 원조에 대해 재평가를

이렇게 원조가 감축되면서 지식인들 사이에서는 이것이 하나의 '경제 위기'라는 상황으로 인식되었다. 전쟁 복구마저도 제대로 이루어지지 않은 상황에서 원조가 감축되면, 한국 경제가 붕괴할 가능성마저도 있는 것이었다. 당시 각 신문과 잡지에서는 원조 감축상황과 관련된 여러 글들이 실렸다. 일부 경제학자들은 미국의 원조 삭감으로 인해서 한국 경제가 하나의 전환기에 섰다고 바라보았으며, 원조 삭감 이후 과감하게 경제자립을 추구해야 한다고 주장하기도 하였다(고승제, 1960; 최호진, 1959). 당시 경제문제에 대해 가장 관심이 많았던 『경향신문』과 『한국일보』[2]는 미국의 원조 삭감에 한국 정부가 적극적으로 대응해야 할 필요성을 제기하는 사설이 게재되었다.[3] 한국 주재 미국관리들 역시 원조의 감소로 인한 한국 내부의 불안정성에 대해 민감한 반응을 보였다.[4]

원조가 줄어들었을 뿐만 아니라 원조가 점차로 차관으로 전환된 것 역시 한국의 지식인들에게 적지 않은 충격으로 다가왔다. 원조는 무상으로

실시하였고, 가장 많은 원조를 받고 있었던 한국에 대한 원조의 재평가작업은 그러한 과정의 하나였다. 한국전쟁 직후 한국의 군사적인 가치가 증대되었으며, 중국군이 1958년까지 북한에 주둔하고 있었던 상황에서 한국에 대한 원조를 감축하는 것이 쉽지는 않았지만, 한국군과 주한미군의 현대화 계획에 발맞추어 대한원조의 감축을 추진했던 것이다(이종원, 1995; Park, Tae Gyun, 1999; 박태균, 2000).

[2] 『경향신문』에는 민주당 신파의 경제정책을 책임지고 있었던 주요한과 김영선이 활동하고 있었고, 『한국일보』는 한국은행에서 근무했던 장기영이 창간한 신문이었다. 따라서 당시 경제문제에 대해 가장 많은 분석 기사들을 싣고 있었다.

[3] "경원삭감에 대비하여", 『경향신문』 1957년 10월 29일자; "미국외원액의 삭감과 유상원조형식의 채택", 『한국일보』 1959년 11월 5일자; "ICA 원조의 대폭삭감과 시련기에 돌입하는 한국경제", 『한국일보』 1959년 11월 11일자; "원조의 삭감과 우리의 각오", 『한국일보』 1959년 11월 12일자.

[4] "Quarterly Economic Summary-January-March 1959, ROK", 895.00B/6-159, Decimal File 1955-1959, RG59, Decimal File, National Archive(이하 'Decimal File'로 약칭); "Weekly Economic Review no. 30", 895B.00/7-1359, Decimal File 1955-59; "Economic Assesment-Korea, January-June 1959", 895B.00/9-2459, Decimal File.

제공되는 것이었지만, 차관의 경우에는 일정한 계획의 내용을 필요로 하였다. 특히 개발차관기금은 금리가 높지는 않았지만, 무상원조와는 달리 일정 정도의 이자와 함께 원금을 갚아야 하며, 차관 계약시 채권자측에서 제시하는 조건에 맞는 계획을 제시해야만 승인받을 수 있었다.[5] 하나의 공장이나 사업과 관련된 계획을 제시하면 되는 것이었지만, 이러한 변화는 정부의 관료와 정치인들로 하여금 계획의 필요성을 절감하도록 하였다. 송인상 당시 부흥부장관은 "1958년도의 미국의 대외원조정책의 변경에 의해 그전의 공여식 원조가 차관원조로 전환됨에 따라 피원조국의 경제자립을 위한 시책으로 후진적인 경제요소를 제거하는 것이 긴요"하다는 점을 내세워 산업개발위원회를 부흥부 산하에 설치하였다(송인상, 1996: 195-196).

결국 이러한 상황은 경제개발계획이 필요하다는 공감대를 확산시키는 중요한 계기가 되었다. 경제개발계획을 통해서 한국경제의 위기를 극복하고, 이를 통해서 '자립경제'를 달성해야 한다는 것이다(최호진, 1958). 1956년 7월 주한미국대사와 미국측 경제조정관이 모두 바뀌었는데, 다울링(Walter C. Dowling) 대사와 원(William Warne) 조정관은 모두 부임 직후부터 한국에서 경제개발계획 실시가 필요하다고 주장하였다(송인상, 1996 : 250).[6] 원조자금으로 형성되는 대충자금 사용에 대한 권한을 가지고 있는 미국대사와 경제조정관의 입장은 한국관리들에게 큰 영향

---

5) 1958년 부흥부 산업개발위원회에서 입안한 경제개발 3개년계획, 동양시멘트 건설, 충주수력발전소 건설 등의 사업은 모두 원조의 삭감과 개발차관의 도입에 따른 계획의 추진에서 비롯된 것이었다. DLF와의 차관협정은 '한미 DLF 간의 차관협정', 741.24 조624차, J-0002, 2095-2320; '대한민국 한국전력과 DLF', 741.24 조624차, J-0003, 0006-0255(이상 외교안보연구원 마이크로필름).

6) "원조정관 언명─한국 경제발전 단계, 건전한 부흥체계 지향", 1958년 2월 6일자; "1억불 수출가능─원조정관 강조", 1958년 5월 17일자; "원조정관─과도한 삭감 없을 듯, 장기경제개발계획을 찬성", 1958년 7월 4일자(이상 『경향신문』).

을 미치는 것이었다. 특히 1950년대 말 신문지상을 통해 나타난 미국측 경제조정관이었던 윌리엄 원(William Warne)의 발언은 주로 경제개발계획의 필요성에 대해 강조하는 것이었다.[7] 당시 경제조정관은 미국의 대한원조를 책임지고 있었고, 그의 발언과 행동은 한국정부의 경제정책을 바꾸어놓을 수 있을 정도로 중요한 자리에 있었다. 경제조정관의 이러한 발언이 당시 한국사회에 미친 영향은 어렵지 않게 추측할 수 있다.

2) 경제개발 이론의 도입 – 한국화 과정

해방 이후 구미로부터의 경제개발론의 도입은 식민지 경험에 비해 상대적으로 더 큰 영향을 미쳤다. 앞에서 이미 언급하였지만, 많은 경제관료들이 미국에 연수할 기회를 가졌고 외국의 경제개발론이 다양한 경로를 통해 국내에 소개되었다. UN에서 발간된 몇몇 책들은 한국은행에서 번역하였고, 기타 경제개발론과 경제계획론과 관련된 책들이 1950년대를 통해 활발하게 번역되었다(이헌재, 1965; 박희범 · 송정범, 1958; 박동섭, 1957). 군인들은 해방 이전 일본의 군사교육이 기본적인 사상 형성에 가장 중요한 영향을 미쳤지만, 해방 이후 미국에서 받은 교육 경험도 무시할 수 없는 것이었다. 1961년까지 약 6000명의 고급장교들이 미국에서 교육을 받았다(Cole & Lyman, 1971: 34-36).

1940년대 시작된 경제개발론은 1950년대와 1960년대를 통해 발전, 확산되었는데, 이러한 경제개발론들은 자유방임적 자본주의의 기초에 충실한 이론에서부터 사회주의적인 경향의 이론, 남미의 종속이론에 바탕

---

7) "원경제조정관 강조 : 장기부흥계획", 1956년 11월 7일자; "원조정관 언명–한국 경제 발전 단계, 건전한 부흥체계 지향", 1958년 2월 6일자; "원조정관–경제자립책에 언급", 1958년 4월 26일자; "원조정관–과도한 삭감 없을 듯, 장기경제개발계획을 찬성", 1958년 7월 4일자; "원조정관–기업운영, 미 대한원조액 등 언급", 1958년 9월 5일자(이상 『경향신문』).

을 둔 구조주의적인 경향 등 다양한 입장을 가지고 있었다. 다양한 경향에도 불구하고 이들 경제개발론에서 나타나는 공통점은 공업화의 중요성과 정부의 경제질서에의 개입, 잉여노동력 또는 잠재실업의 문제, 그리고 자본축적의 중요성을 강조하고 있다는 점이라고 할 수 있다.

그러나 구미의 후진국 경제개발론이 모두 한국에 적용된 것은 아니었다. 한국의 전통적 사상 및 식민지 시기의 경험, 그리고 1950년대의 경제현실에 적합한 이론이 적극 수용되었다. 세계적으로 주목받은 이론이라 할지라도 한국의 현실에 적합하지 않은 이론은 수용되지 않거나 소개는되었지만, 주목받지 못했다. 천연자원이 풍부한 후진국에서는 1차 산품의 수출을 강조하였던 경제개발론이 도입되었지만(이순형, 1968: 53-57), 한국에서는 적극 수용되지 않았다. 1950년대를 통해 가장 큰 영향력을미쳤던 경제개발론은 넉시(Nurkse)의 '균형성장론' 이었다.

넉시는 후진국 내에서 국제무역에 대한 요구가 높지 않다는 점과 무역을 통해 기술수준이 떨어지는 후진국들이 올릴 수 있는 부가가치가 선진국에 비해 상대적으로 낮을 수밖에 없다는 점을 지적하면서 국내 시장규모의 확대를 통한 총체적 수요를 확대시켜야 한다고 주장하였다. 균형성장론에 의하면 수출보다는 수입대체를 위한 산업화가 중요한 경제개발의 전략이 되는 것이며, 초기에는 수입대체산업화를 위한 자본재 수입때문에 많은 적자가 발생되지만, 수입대체가 이루어지면서 무역수지의균형을 맞추어 나갈 수 있다는 것이었다(Nurkse, 1956).

넉시의 균형성장론은 식민지와 한국전쟁을 거치면서 불균형적인 산업구조를 가지고 있었던 한국에 매력적인 이론이었다. 인구의 대다수를 차지하는 1차 산업 종사자들의 소득확대를 통한 국내 수요의 증가와 2차산업의 발전을 통한 산업구조의 균형적 발전이라는 주장은 실현가능성의 여부를 떠나서 후진국 정부가 국민의 지지를 받으면서 실시할 수 있었던 경제전략으로서의 가능성을 가지고 있었다. 식민지를 거치면서 제국주의 본국의 이해관계에 따라 편중된 산업구조를 가진 후진국가들은 경제성장을 단순한 양적 성장만으로 상정하지 않았다. 1950년대 초반에 시작된 인도의 계획이나 한국의 1952년 Nathan 계획, 1960년 경제개발 3개년계획, 1961년과 1962년의 경제개발 5개년계획 등이 모두 균형성장론을 수용한 계획들이었다.[8]

넉시의 이론이 주목받았던 또 다른 이유는 실업문제에 주목했기 때문이었다. 실업의 문제는 후진국이 안고 있었던 공통적인 문제였고, 전술한 바와 같이 한국 역시 가장 큰 어려움을 겪고 있는 문제였다.[9] 넉시는 자본이 부족하고 노동인구가 풍부한 후진국은 '빈곤의 악순환(Vicious circle of Poverty)' 에 시달리고 있다고 주장하면서, 후진국 농촌의 위장실업문제에 관심을 기울였다. 넉시의 '빈곤의 악순환론'과 농촌의 '위장실업(disguised unemployment)' 문제는 한국의 경제실정에 정확히 맞아떨어지는 것이었으며, 1950년대를 통해 많은 경제전문가들이 실업문제와 관련된 넉시와 루이스(Lewis)의 이론을 수용할 수 있는 바탕이 되었다(이창렬, 1955; 이창렬, 1956; 이창렬, 1961; 임정택, 1958; 최문환, 1958; 박병일, 1961; 성창환, 1960). '빈곤의 악순환론'은 1950년대 경제개발 관련 잡지에 공통적으로 인용되는 대표적인 메뉴였다.

실업문제를 해결하기 위한 경제개발론의 한국적 수용은 케인즈(Keynes)의 이론을 이용하는 부분에서도 잘 나타난다. 케인즈의 이론은

---

8) 엄밀하게 말하면, 1950년대의 경제개발계획들은 종합적인 계획이라고 할 수 없었다. 무엇보다도 경제관련 통계가 부실했다는 점이 가장 큰 문제로 지적될 수 있다. 당시 미국의 문서들이 지적하고 있는 바와 같이 당시의 계획들은 많은 계획들을 짜깁기한 것 이상의 의미를 가질 수 없었다. 여러 분야의 계획을 종합했기 때문에 표면상으로 균형성장론적인 성격을 가지는 것으로 보일 수밖에 없는 것이다.

9) 『사상계』 1957년 7월호에 게재된 "물가안정과 실업대책—나의 구체적 방안과 논리적 근거"는 당시 많은 경제전문가들이 실업문제의 해결이 한국경제의 가장 긴급한 현안임을 공통적으로 인식하고 있었다는 사실을 잘 보여 준다.

1930년대 중반 이후 전세계적으로 가장 중요한 경제이론으로 주목받고 있었다. 케인즈의 이론은 식민지 시기부터 경제학 교육을 통해 한국의 경제전문가들에게 널리 수용되어 있었다(최호진, 1957). 한국의 경제전문가들은 케인즈의 전반적인 경제사상에 대해서 소개하기보다는 주로 그의 실업문제와 관련된 이론에 초점을 맞추었다. 케인즈의 이론이 자본축적의 문제보다는 유효수요의 보강을 강조했다는 점 때문에 비판되기도 하였다는 점은 그 이론이 한국에서 어떠한 방식으로 수용되었는가를 잘 보여 주는 것이라고 할 수 있다(이창렬, 1958).

자본축적의 문제 역시 후진국의 경제발전이 어렵다는 중요한 이유로 대부분의 경제개발론에서 언급되었으며, 한국의 경제학자들에게 많은 영향을 주었다. 물론 자본축적의 방법에 대해서는 다양한 견해들이 도출되었다. 외자의 이용이나 무역을 통해서 부족한 자본을 충당해야 한다는 주장이 있었지만, 자립적 경제체제의 건설이라는 대세 앞에서 설득력을 얻지 못했다. 소비의 억제와 국내 저축의 증대를 통해 자본축적이 이루어져야 한다고 주장하는 학자들도 있었다(Oman & Wignaraja, 1991: 9-10). 국내 자본의 축적이 미약한 상태에서 자본집약도가 높은 산업을 개발해야 한다는 이론이 국내에 수용되지 않았지만, 국내의 자본축적을 위한 저축의 중요성은 계속 강조되었다(박동앙 · 최호진 외, 1957; 박병일, 1961; 유호선, 1954; 김영철, 1956; 성창환, 1955; 최문환, 1961).

저축의 중요성을 강조할 때에는 넉시와 루이스, 로스토우(Rostow)의 이론이 주로 인용되었다. 1950년대와 1960년대 초반까지 저축과 투자율을 중심으로 경제개발계획의 모형을 만들었던 해러드-도마(Harrod-Domar) 모델이 한국을 비롯한 후진제국에서 유행했던 것도 자본축적의 중요성에 대한 인식에서 비롯된 것이었다.

균형적인 성장과 민족자본의 축적이라는 관점에서 선호된 또 다른 이론은 남미의 구조주의 이론이었다. 1950년대 후반부터 남미에서 나온 구조주의는 수입대체산업화 전략에 근거하여 후진국 경제의 종속성을 탈피하고 내부의 균형적인 경제성장을 주요한 내용으로 하였다. 1920년대 이후의 남미의 경제적 정체는 제2차 세계대전 이후 이 지역의 경제적 발전을 위한 새로운 이론을 필요로 하였고, 이 과정에서 나타난 것이 수입대체화 전략을 산업화 전략으로 하는 구조주의적 경제개발론이었다. 프레비쉬(Prebisch)와 유엔경제위원회(U.N. Economic Commission for Latin America: ECLA)를 중심으로 발전된 구조주의적 경제개발론은 국제무역에서 선진국과 후진국 사이의 불균등 교환이 가져오는 문제점을 지적하면서, 후진국 내부의 수입대체화 공업화 전략을 축으로 하여 자주적인 경제발전의 필요성을 강조하였다(Charles P. Oman and Ganeshan Wignaraja, 1990: 137-139, 170-172).[10]

이와같이 1950년대 구미의 후진국 경제개발론 중 한국적인 상황에 적합한 이론들이 적극적으로 수용되었고, 다른 한편에서는 수입된 경제개발론이 한국적 상황에 맞게 적용되기도 하였다. 케인즈의 이론이 동시대에 미국, 영국, 스웨덴에서 서로 다른 형태의 정책으로 나타났던 것처럼(Weir & Skocpol, 1995) 서양의 이론은 한국적 실정에 맞게 적용되었다. 경제개발론자들은 구미의 경제개발론을 이용, 인용함에 있어서 전체적인 내용을 다루는 경우도 있었지만, 한국적 상황에 필요한 부분을 선택적으로 주줄하는 경우가 많았다.

경우에 따라서는 1950년대 서구의 경제개발론자들이 주장하고 있었던 이론과 다른 내용이 제기되기도 하였다. 그 대표적인 경우가 '안정화 정책'에 대한 논쟁이었다. 1950년대 대부분의 경제개발론자들은 인플레이션 억

---

10) ECLA, Analyses and Projections of Economic Development; An Introduction to the Technique of Programming(〈자료 : 경제발전의 분석과 계획책정〉, 『부흥월보』 3권 7호, 3권 8호, 3권 9호, 3권 10호에 번역); Paul Prebisch, Towards a new Trade Policy for Development(UN Report, New York, 1964)(박희범, 1968; 128-129에서 재인용).

제가 성장을 위한 대전제임을 강조하였고(Rostow & Milikan, 1957: 89-90; Oman & Wignaraja, 1991: 10-13) 미국 역시 경제성장을 위하여 경제안정화 정책을 대전제로서 추진하였다(Park, 1999).

그러나 1950년대 중반 이후 안정화 계획과 관련된 지식인들 사이에서의 논쟁은 두 가지로 나뉘어졌다. 한편에서는 1957년부터 시작된 정부의 재정안정계획을 찬성하였던 반면, 다른 한편에서는 생산의 확대를 통한 공급의 증가, 이를 통한 물가안정 정책을 주장하였다. 전자의 정책은 정부의 투융자를 감소시켜야 하지만, 후자의 경우 정부의 투융자가 증가해야 하며, 일정 기간 동안 인플레이션을 감수해야만 한다. 이러한 두가지 주장 중에서 후자의 경우가 한국의 지식인들 사이에서 더 많은 지지를 받았고, 이는 곧 한국적인 현상이며, 동시에 당시 제3세계에서 일반적으로 나타나고 있는 현상이었다고 할 수 있다.

이상과 같은 서구 이론의 한국화는 한편으로는 외국의 이론을 왜곡되게 받아들였다는 문제점을 안고 있는 것이었지만, 다른 한편으로는 한국에서, 한국의 현실에 맞는, 한국식의 경제개발계획을 수립하고 실행할 수 있는 기반을 만드는 것이기도 했다. 결국 1960년대 이후 본격적으로 경제개발계획을 입안할 수 있는 이론적 기초를 만든 것이다. 비록 1950년대의 경제개발계획과 관련된 이론들이 세련된 이론이었다고 할 수는 없지만, 지식인들 사이에서의 다양한 논의의 확산은 경제개발을 추진할 수 있는 동력을 만들어내는 작업이었다.

3. 경제개발 신화의 형성

1) 경제개발 제일주의

경제개발 제일주의를 처음 내세운 것은 장면 정부였다. 장면 정부는 정권의 취약한 기반을 경제개발을 통해 극복하고자 하였다. 이에 따라 경제개발계획의 입안을 적극적으로 추진하였고, 국토건설단 운동을 통해서 실업문제를 동시에 해결하고자 하였다. 이러한 정책은 1950년대의 북진통일론이나 반일이데올로기에 비교하면 엄청난 변화라고 하지 않을 수 없다. 비록 민주당 정부하에서 활동했던 혁신세력의 일부가 경제개발의 전제로서 남북 간의 경제협력의 필요성을 주장하기는 하였지만, 민주당 정부 이래로 군사 정부에 이르기까지 경제제일주의하에서 통일문제는 경제건설 이후의 문제로 규정되었다.

장면 정부가 들어선 이후 가장 먼저 발표한 정책은 한국은행을 통해 수출을 장려하는 대상품목을 지정하고, 그에 대한 쿠폰을 발행하는 것이었다. 또한 다음 날인 1960년 8월 28일 장면 정부는 일본에 대한 쌀 3만 톤의 수출 계약을 체결하면서 수출을 통해 무역수지 적자를 해결하는 동시에 경제개발을 추진하기 위한 강한 의지를 표출하였다. 곧이어 상공부는 72만 동에 이르는 해태의 대일수출을 허가하였다.

또한 장면 정부는 1950년대 내내 정치적 논란이 되어왔던 문제에도 손을 대기 시작하였다. 1960년 10월 4일 정부직할 기업체 중 대한중석, 대한철광 등 10개 기업체의 불하 방안이 각의에 상정되었으며, 동년 10월 12일에는 부흥부에서 1961년도 투자배정에 1000환 대 1달러의 환율을 적용하기로 결정하였다. 이승만 정부하에서 적산불하의 문제는 여당과 야당 사이에 가장 많은 논란을 빚었던 문제의 하나였으며, 환율문제는 한미 간의 갈등의 핵심에 위치해 있었다(Park, 1999). 장면 정부의 경제제일주의를 잘 보여 주었던 것은, 주한미국대사관 보고서의 내용을 빌리자면, 1961년 1월 5일에 발표된 8개항의 1961년 계획에 대한 발표였다. 이 계획은 '경제 제일주의 정책(economic development first policy)'을 위한 것이었으며, 전체 항목 중 1, 2항을 빼고는 모두 경제정책과 관련된 내용이었다.[11]

장면 정부가 무엇보다도 가장 중점을 두었던 사업은 국토건설사업이었다. 1960년 11월 28일 국토건설사업 계획을 발표한 장면 정부는 『사상계』의 사장이자 편집인이었던 장준하를 단장에 임명하고 정권의 사운을 건 가장 중요한 사업으로서 국토건설사업을 추진하였다. 이미 1950년대 후반부터 지역개발사업을 위한 움직임이 있었지만,[12] 국가적 차원에서 공공사업을 통해 경제개발을 추진한 것은 장면 정부하에서가 처음이었다.

결과적으로 볼 때 국토건설사업 역시 실패하고 말았지만, 여러 가지 면에서 중요한 의미를 가지는 사업이었다. 첫째로 1950년대를 통해 확산된 경제개발론의 논리를 충실하게 반영하고 있다는 점이다. 전술한 바와 같이 넉시를 비롯한 1950년대의 경제개발론 중 핵심 논리의 하나는 한국에서의 위장실업을 포함한 실업문제를 해결하는 것이었다. 후진국 농촌의 과잉인구는 산업화의 가장 중요한 장애가 되는 것이며, 이 문제의 해결이 산업화의 전제로서 제기되었던 것이다. 국토건설사업은 국가적인 공공사업을 통해서 한국산업부문 중 가장 중요한 부분인 농촌을 발전시키면서 아울러 실업문제를 동시에 해결한다는 것이었다. 국토건설사업에 대해서는 미국 역시 적극적인 입장을 견지하고 있었으며, PL 480 원조를 통해 국토건설사업을 지원하겠다는 뜻을 명확하게 하였다.

---

11) Embtel, 895b.00/11-161, Decimal File.

12) ICA는 1956 회계 년도 사업자금을 계획하면서 지역개발 사업 부문에 850만 달러를 계상하였고("Review of Korean Economy, 1955", Embtel, 895b.00/3-1956, Decimal File), 한국정부는 1958년 지역사회개발위원회를 발족시켰다(송인상, 1996: 62-64). 그러나 이 사업은 농촌 자조사업에 불과한 것이었고, 정부의 적극적인 의지 부족과 예산의 미비로 인해 실패할 수밖에 없었다.

둘째로 경제개발계획을 입안하고 실행하는 첫번째 케이스가 되었다는 점이다. 1950년대를 통해서 많은 경제개발계획들이 입안되었다. 그러나 이러한 계획들은 모두 실행되지 못하였다(박태균, 2000). 1949년의 물동 5개년계획에서부터 1952년과 1956년의 기획처와 부흥부의 계획, 1953년과 1954년 미국의 특사와 유엔한국재건단(United Nations on Korean Reconstruction Agency: UNKRA)의 파견원에 의해 만들어진 타드카보고서(Tasca는 당시 아이젠하워 대통령의 특사: 필자주)와 네이산계획(Nathan은 유엔한국재건위원단과의 계약을 통해서 한국에 파견된 경제 전문가) 모두 실행되지 못했다. 본격적인 계획의 입안을 위해 1958년 산업개발위원회가 만들어진 이후 1960년의 정부통령 선거를 앞두고 산업개발 3개년계획이 선보이기는 했지만, 이 역시 4.19 혁명으로 실행되지 못했다. 국토건설사업은 경제 전체를 아우를 수 있는 명실상부한 국가 전체의 계획은 되지 못했지만, 장면 정부의 경제계획을 대표할 수 있는 중요한 계획이었고, 실행이 이루어진 첫번째 계획이었던 것이다.

물론 이러한 장면 정부의 계획 추진에 발목을 잡는 여러 가지 상황들이 없었던 것은 아니다. 한국 내의 여러 가지 사정들—통계기구, 금융기관 등 계획을 실행하기 위한 제반 인프라의 부족—이 우선적인 제약 요건이 되었지만, 특히 미국측에서 제시한 딜론 각서는 장면 정부가 본격적으로 경제개발계획을 입안, 추진하는 데 가장 중요한 장애가 되었다(Satterwhite, 1994). 당시 국무장관 대리였던 딜론은 장면 정부를 통하여 이승만 시기에 갈등을 이루었던 여러 가지 정책을 일거에 해결하고자 하였다. 그 대표적인 것이 환율문제였으며, 이 각서의 시한을 정해 놓고 그 시한 내에 미국의 요구 사항이 이루어질 경우에 한하여 경제개발계획의 실행을 위한 원조를 공여해 주겠다는 입장을 표명하였다.[13]

---

13) 1961년 장면 정부는 공식 환율을 1300환 대 1달러로 조정하였다. 1300 대 1의 환율은

비록 장면 정부가 데드라인이었던 2월 28일까지 요구사항들을 모두 해결하지는 못했지만, 어느 정도의 요구가 수용되었고, 미국은 본격적으로 장면 정부에 대한 원조를 계획하였다. 장면 정부가 본격적으로 경제개발계획의 입안에 착수한 것은 1961년 3월이었다. 물론 이 계획안은 1958년 설립된 산업개발위원회의 안을 그대로 계승한 것이었으며, 계획안의 입안에 참여한 인물들 역시 비슷한 인사들이었다. 그러나 계획안을 정치적으로 이용하고자 한 이승만 정부와는 달리 장면 정부는 경제계획의 내용을 다듬기 위하여 울프(Charles Wolf, Jr.) 박사를 경제고문으로 초빙하였고, 경제관련 부처의 주요 관료들을 미국에 파견하여 경제계획안을 설명하고 이에 필요한 원조를 획득하도록 미국에 파견하였다(이한빈, 1996). 미국에 파견된 관료들이 5.16 쿠데타로 인하여 소기의 성과를 거두지 못했지만, 차균희, 이기홍 등 당시 경제개발계획의 입안 과정에서 가장 적극적인 자세를 보였던 관료들의 파견은 장면 정부의 입장을 잘 보여 주는 것이라고 할 수 있다.

경제제일주의의 이데올로기는 군사 정부에 의해서 부활하였다. 장면 정부의 경제제일주의가 국토건설단의 실패, 불철저한 개혁정책에 대한 국민들의 반대, 그리고 강력한 리더십의 부족 등으로 인하여 국민의 광범위한 지지를 받지 못하고 실패하였다면, 군사 정부는 강한 민족주의적, 서민주의적 입장을 내세우면서 경제제일주의를 추진하였다.[14] 혁명공약 6개 항 중에서 제4항이 경제개발 관련 조항이었으며, 통일과 관련된 조항은 제5항으로 밀렸다.

군사 정부의 이러한 조치는 북진통일론과 반일이데올로기에 의해 경

이승만 정부 시절의 500 대 1의 환율에 비하여 2배 이상 오른 것으로 미국의 요구를 반영한 것이었다.

14) 농촌고리채의 정리, 은행금리, 중소기업 지원 등과 관련된 문제를 쿠데타 직후에 실시했던 것은 군사 정부가 서민의 입장에 서 있음을 보여 주기 위한 정책들이었다.

제개발론이 억압되었던 1950년대에 비하여 매우 중요한 의미를 갖는다. 즉, 경제개발이 통일문제에 우선하게 되었다는 것이다. 뒤에 '선건설 후 통일론'으로 정의된 이러한 논의는 이전의 논의를 완전히 뒤엎는 것이었다. 1950년대 이승만 정부에서 본격적인 경제개발을 반대한 이유 중의 하나는 남과 북의 경제시설을 모두 이용할 것을 전제로 할 때 모든 분야에서의 경제개발은 낭비에 불과하다는 이유 때문이었다. 4.19 혁명 이후 고양된 혁신세력과 신민당의 소장파 의원 일부가 내놓은 남북경협론도 같은 논리에 근거한 것이었다. 즉, 남한의 농업과 경공업, 북한의 중공업을 이용할 때 많은 비용을 들이지 않더라도 통일 후 경제개발을 어렵지 않게 이룩할 수 있는 가능성이 크다는 것이다. 남북교류만을 상정한다고 하더라도 남한만을 고려하는 경제개발계획의 내용과는 상당한 차이가 있을 수 밖에 없는 것이었다.

이제 경제개발이 통일의 문제보다 앞서 중요성을 갖게 되었다는 것은 통일을 상정하지 않은 상태에서 경제개발을 추진한다는 것을 의미한다. 즉, 남한만의 독자적인 계획을 입안하여 실행하겠다는 의지를 보여 준 것이었다. 제4항에서 '자주적' 경제를 건설하겠다는 것 역시 바로 이러한 논리의 연장선상에서 이해해야 한다. '자주적'이라는 것은 민족적인 의미가 강한 것을 의미하지만, 다른 한편으로는 북한과의 경제적 연결을 상정하지 않은 상태에서 남한만의 생존할 수 있는(viable) 경제의 건설을 의미하는 것이라고 할 수 있다. 민족적인 의미보다 이러한 의미가 더욱 강하다는 점은 군사 정부가 장면 정부의 정책을 계승하여 일본과의 국교 정상화에 적극적으로 나섰다는 사실에서도 잘 드러난다. 만약 여기에서 나타나는 '자주'라는 의미를 '민족' 또는 '경제적 자급자족(autarky)'으로 이해한다면 일본과의 국교정상화와 경제교류를 어떻게 이해할 수 있을 것인가?

초기 군사 정부의 경제제일주의 역시 장면 정부와 마찬가지로 성공적이지 못했다. 특히 1962년의 흉작으로 인하여 군사 정부가 존속했던 1961년 5월부터 1963년 말까지의 기간 동안 경제정책이 실패로 끝났음을 자인하지 않을 수 없었다. 박정희는 "한국의 해는 농촌에서 뜬다." 라고 했지만, 농업정책을 비롯한 제반 정책에서 실패했음을 자인하였다(박정희, 1963). 이것이 1963년의 대통령 선거에서 박정희와 공화당이 관권의 개입 속에서 고전할 수밖에 없었던 하나의 이유가 되었다.

이상과 같이 장면 정부와 군사 정부는 모두 경제제일주의를 내걸었다. 그리고 경제제일주의는 1950년대의 북진통일 이데올로기와는 다른 차원의 담론이었다. 비록 이러한 정책들이 성공으로 끝나지는 못했지만, 사회적으로 경제개발의 담론을 형성하는 데 중요한 역할을 했음은 분명하다. 이후 지식인들 사이에서 통일과 관련된 논의가 완전히 사라진 것은 아니었지만, 1960년대의 사회적인 담론은 경제개발에 놓여 있었고, 어떠한 방식으로 빨리 경제개발을 이룩할 수 있는가가 가장 중요한 관심사가 되었다. 1960년대 초반을 장식한 두 정권은 경제개발의 신화가 시작되는 출발점에서 방아쇠를 당겨준 것이었고, 국민들은 1963년 대통령 선거에서 박정희의 당선을 통해 경제제일주의를 승인해 주었던 것이다.

2) 외부로부터의 충격 – 불균형성장론의 도입

1950년대의 균형성장론 선호 경향은 1960년대에도 계속되었다. 경제제일주의를 택하고 있었던 민주당 정부와 군사 정부에 의해 입안된 경제개발계획에는 균형성장론적인 내용이 주류를 이루고 있었다. 즉, 경공업에서부터 중화학공업에 이르기까지 모든 분야에서 균형적인 성장을 이룬다는 것이다. 또한 계획안의 내용을 보면 수출을 주로 한 외향적 경제성장보다는 수출은 무역수지나 정부의 재정수지의 균형을 맞추기 위한 수단으로서 의미만을 가질 뿐이었다(김낙년, 1999; 박태균, 2000).

또한 '자립경제' 라는 단어는 모든 경제계획에서 가장 핵심적인 목표로 등장하였다. 여기에서 '자립' 이라는 것이 무엇을 의미하는가에 대해서는 논란의 여지가 있다. '자립' 은 '생존할 수 있는(viable)' 경제구조의 확립을 의미하는 것일 수도 있으며, ' 자급자족의 능력을 가진(autarkical)' 경제체제를 의미하는 것일 수도 있다. 그러나 1960년대 초까지 '자립' 의 의미 속에는 후자의 의미가 더 강했던 것으로 보이며, 이는 해방 이후 제3세계 국가의 가장 중요한 담론이었던 민족주의의 강한 영향 때문이었다.

그러나 1964년 이후 경제개발론에서 균형성장론이나 민족주의의 경향이 현저하게 쇠퇴하고 있는 현상을 발견할 수 있다. 겉으로는 '균형성장' 이나 '자주' 또는 '자립' 이라는 글들이 지속적으로 등장하고 있지만, 실제로 나타나는 계획과 정책 속에서는 단지 '수사(rhetoric)' 에 불과함을 느끼도록 해준다. 1965년을 전후하여 전개되었던 자본동원을 둘러싼 지식인들 사이에서의 논의는 이 점을 잘 보여 준다.

제2차 경제개발 5개년계획의 실시를 앞두고 정경연구, 세대, 사상계 등에서는 야심 찬 2차 계획의 실행을 위한 자본동원의 현실성을 타진하는 글들을 게재하였다(성창환, 1965; 조동필, 1965; 1966; 신건희, 1966; 김상겸, 1966; 김종원, 1967). 이러한 글들에서 주목되는 점은 한편에서는 내자동원의 중요성을 강조하면서도 다른 한편에서는 외자를 적절하게 이용해야 함을 주장하고 있다는 점이다. 이러한 내용들은 민족주의적 성향이 강했던 1950년대에는 볼 수 없었던 새로운 현상이었다. 성창환(1965)의 글에서는 당시의 상황이 외자동원을 위해서는 상당히 호의적인 분위기이기 때문에 더 이상 걱정할 필요가 없다고 주장하였다.

'균형성장' 과 '자주' 또는 '자립' 이라는 신화가 깨어져 나가는 데 있어서는 한일관계의 변화도 중요한 역할을 했다. 4.19 혁명으로 인하여 이승만 정부에 의해서 만들어진 반일이데올로기는 더 이상 그 힘을 발휘하지 못하였다. 장면 정부가 수립되자마자 한국과 일본 사이에 항공편과 배편을 통한 교통로의 개설이 모색되었다는 점은 정부에 의해 만들어진 반일이데올로기가 쇠퇴하고 있는 현상을 가시적으로 보여 준다. 1960년 9월 7일 대한국민항공사 사장 신용항과 일본항공전문 사이에 한일정부 간의 항로협정 체결을 서둘러 서울-도쿄 간의 항로를 개설하기로 합의하였으며, 동년 12월 1일에는 부산-하카다 간 한일 정기해상항로가 처음으로 개설되었다.

1961년 신년 벽두에 일본의 경제시찰단의 입국을 둘러싸고 정치권 내부에서 논란이 일어나고 곧이어 경제시찰단의 입국이 무기 연기되기도 하였지만, 일본과의 경제협력이라는 코드는 점차적으로 진척되었다. 1960년 12월 27일에 한일경제협의회가 구성되었으며, 1961년 1월 22일 정부, 여당 연석회의에서 한일국교정상화 전에 민간차관, 동포재산반입을 허용키로 합의하였다.

지식인들 사이에서도 4.19 혁명 이후 '경제개발'을 명분으로 한 한국과 일본 사이의 경제협력에 대한 필요성을 공개적으로 지지하는 글들이 나오기 시작한다. 사상계 편집위원이자, 동아일보 논설위원을 역임한 이동욱은 1960년 11월 『사상계』에 기고한 글을 통해 "한국과 일본의 경제성장은 일본과의 경제제휴 여하에 달려 있다."고 주장하였다. 그는 미국으로부터의 원조가 감소하고 있는 실정에서 경제발전을 위하여 '한국의 실정을 잘 알고 있는' 일본으로부터의 차관이 경제개발에 가장 현실적이라는 점을 주장하였다(이동욱, 1960).[15] 한일국교정상화가 이루어지는 1965년을 즈음해서는 '일본 자본을 어떻게 하면 효율적으로 이용할 것

---

15) 경제개발과 관련된 많은 글을 기고했던 최호진 역시 4.19 혁명 직후에 『세계일보』에 기고한 글을 통해서 4.19 혁명은 "이 땅의 민주주의를 소생시켰을 뿐만 아니라 한일무역의 정상적 발전에의 일대전기를 마련하였다."라고 평가하면서 "한일 통상의 발전을 위해서는 한일 간의 국교의 정상화가 시급히 요청된다."고 주장하였다.

인가' 가 일본에 대한 두려움보다 더 중요한 문제로 이어졌다.

그러나 무엇보다도 주목해야 할 점은 외부로부터 온 충격이었다. 곧 울프 박사와 로스토우의 영향을 무시할 수 없다. 울프 박사의 활동은 불균형성장론의 도입에 촉진제가 되었다.[16] 그는 장면 총리의 경제고문으로 1960년 3월 내한하여 1개월간 체류하였음에도 불구하고 그의 활동이 당시의 경제관료들에게 미친 영향은 상당히 큰 것이었다.[17] 불균형성장론을 처음으로 소개한 것은 국내의 지식인들이었지만, 울프 박사처럼 도입의 필요성을 강하게 설득하지는 못했다(부완혁, 1960; 이창렬, 1961). 그만큼 균형성장론이 당시 한국사회에서 중요한 위치를 차지하는 담론으로 자리잡고 있었다는 것을 의미한다. 민주당의 경제개발계획안에 있는 '요소공격식접근방식' 이라고 표현된 방법론은 불균형성장론의 영향을 받아서 도입된 부분이라고 할 수 있다.[18]

---

16) Charles Wolf, Jr., Economic Department, The RAND Corporation, p-2288, 24 April 1961, *On Aspects of Korea's Five-Year Development Plan*, Prepared for Ministry of Reconstruction, Republic of Korea, Produced by The RAND Corporation, Santa Monica, California.

17) "Objectives of ROK Economic Working Group", 895b.00/5-961, RG 59, Decimal File, NA.

18) 장면 정권에 의해 1961년에 입안된 경제개발계획안은 1961년 5월 15일 내용이 확정되었지만, 그 다음 날 일어난 5.16 쿠데타로 인하여 내용이 발표되지 못하였다. 그러나 장면 정권의 경제개발계획을 위한 경제고문으로 파견되었던 울프 박사에 의하면 5.16 쿠데타 직후에 발표된 건설부의 제1차 5개년개발계획이 동일한 내용이었기 때문에 이글에서는 건설부 안을 참조하여 장면 정권의 경제개발계획안에 대하여 검토하였다 [대한민국 건설부, 『제1차 5개년개발계획』 1961년 5월(재정경제부 도서관 소장)]. 미국 역시 건설부 안이 장면 정권의 경제개발계획안에 기초한 것이라고 평가하였다. Department of State, Bureau of Intelligence and Research, Research Memorandum, RFE-12, January 8, 1962, S/P File Copy.
뒤에서 후술할 로스토우의 '제 단계설' 에서 나타나는 서구산업화 과정에서의 면방직산업, 철도산업 등 선도산업의 중요성에 대한 강조는 모두 이러한 불균형성장론에 영향을 받은 것이었다(Charles P. Oman & Ganeshan Wignaraja, 1991: 12-13).

불균형성장론은 투자의 보완성 효과(complementarity effect of investment)를 중시하는 투자이론에 근거하여, 투자효과가 가장 큰 부문에 중점적으로 투자를 해야 한다는 것이었다. 불균형성장론은 후진국들이 부족한 자본으로 인하여 어려움을 겪고 있었기 때문에 균형성장론보다 현실성 있는 이론으로 받아들여졌다. 불균형성장론은 넉시에 의해 재비판되기도 하였지만, 1960년대 이후에는 일반적으로 후진국 경제개발론의 현실적인 산업부문 투자이론으로 수용되었다. 특히 후진국을 자본주의 세계체제 내에 깊숙이 편입시키고자 하였던 미국의 후진국 정책과 적극 결합하였다.

균형성장론과 민족주의적 담론에 결정적인 일격을 가한 것은 로스토우의 소위 '도약이론'이었다. 로스토우는 1950년대 『경제성장의 제 단계(The Stage of Economic Growth)』를 발간한 이래로 서구의 무대에서는 각광을 받았지만, 한국에서는 그리 큰 각광을 받지 못했다. 1962년 『사상계』 창간 10주년 기념 특별호에 실린 "후진국개발 및 외원연구동향"이란 글에서는 1945년 이후 서구에서 나온 경제개발과 관련된 연구성과를 소개하고 있는데, 로스토우의 업적에 대해서는 "비교경제사적 방법에 의한 것으로서 높이 평가되어야 할 것"이라는 평가를 마지막에 내리고 있을 뿐 본격적인 해설과 분석이 이루어지지 않고 있다(김윤환, 1962). 오히려 로스토우의 국제연구센터(Center for International Studies: CENIS)의 동료였던 밀리칸(Max F. Millikan)이 썼던 『신생국가론(The Emerging Nations)』이 더 주목을 받았다(유익형 역, 1962).

로스토우에 대해 주목하고 그의 '도약이론'을 본격적으로 소개하기 시작한 것은 이상구(서울상대 교수)였지만(이상구, 1961; 이상구, 1962), 로스토우 교수가 본격적으로 세간에 주목을 받기 시작한 것은 1965년의 방한이었다. 로스토우는 1965년의 시점에서는 경제사를 연구하는 교수라기보다는 케네디 행정부에 이어 존슨 행정부에서 대외정책의 브레인으로서 활동하고 있었다.

방한한 로스토우는 먼저 박정희와 만났다. 이 자리에서 한국의 경제개발을 둘러싸고 많은 대화가 오고 갔다. 현재까지 존슨 대통령 기념관에 남아 있는 당시의 대화메모를 보면, 경제단계설에 대한 이야기뿐만 아니라 자본의 형성 및 투자와 관련된 복잡한 수식의 계산도 이루어졌던 것 같다. 로스토우의 회고에 의하면 박정희는 이 자리에서 로스토우로부터 깊은 인상을 받았다.

대중적으로 충격을 준 것은 서울대학교에서의 강연이었다. 1965년 5월 3일 서울대학교 문리대 대강당에서 한국경제연구소 주최로 로스토우 교수의 강연이 열렸다. 이 강연에는 약 1500여 명의 학생들이 참여하였으며, 1시간 40분 여에 걸쳐 '아세아의 경제개발'이라는 제하의 강연이 이루어졌다. 로스토우는 이 강연에서 자본형성의 문제에서부터, 수출입 문제, 농업 문제에 이르기까지 다양한 내용을 강연하였다. 그러나 한국인들에게 결론으로 다가온 것은 "한국경제는 이미 도약단계"라고 하는 한마디였다.[20]

이후 그의 이론은 하나의 유행이 되었다. 많은 지식인들이 '도약이론'을 모토로 하여 한국의 경제개발을 논의하기 시작하였다. 한국의 경제개발과 관련된 대부분의 분야를 분석하는 데 있어서 로스토우 이론은 그 기준이 되었다. 1969년 내각 기획조정실에서 발간된 『한국경제발전의 이론과 현실─이론·정책 편』은 그러한 현상을 여실히 보여 준다. 이 책은 1962년에 시작한 경제개발계획의 그동안의 성과를 총괄하기 위하여 발간된 책이었다. 이 책의 내용을 보면 변형윤의 글을 제외하고는 모두가 로스토우 이론에 근거하여 한국의 경제개발을 평가하고 있다.

'도약이론'의 확산은 경제개발과 관련된 담론의 변화에 엄청난 영향을 미쳤다. 무엇보다도 한국인들로 하여금 한국이 경제개발을 이룩하고

---

20) 『대학신문』 1965년 5월 10일자.

있다고 하는 신화 속에 살도록 하는 데 큰 영향을 미쳤다. 임종철을 제외하고는 1960년대 중반까지 로스토우의 이론에 대해서 본격적인 비판을 시도한 사람은 없다(임종철, 1963).[21] 『사상계』 1963년 12월호에는 로스토우가 Foreign Affairs에 실은 논문이 전문 번역되기도 하였다.[22]

이론적인 영향은 더 큰 것이었다. 불균형성장론의 소개와 함께 로스토우 이론의 소개는 더 이상 균형성장론이 현실성 있는 경제개발 이론이 아님을 비판하는 글들이 나올 수 있는 계기가 되었다. 로스토우의 경제발전론은 불균형성장론에 많은 영향을 받았다(Oman & Wignaraja, 1991). 가장 대표적인 예가 『정경연구』의 1966년 9월호 특집인 "성장의 비전과 조건"이었다. 한국의 원조경제에 대해 역작을 남긴 홍성유는 이 특집에 기고한 글을 통해 "균형성장은 선진경제에 있어서 시장제력의 자유로운 작용에 의해서 이루어질 수는 있으나 후진경제의 정체적 여건에서는 그것을 기대할 수는 없다."라고 하면서 균형성장론을 비판하였다. 아울러 그는 농업과 공업을 동시에 발전시키고자 하는 경제개발계획의 내용에 대해서도 비판의 칼날을 들었다. 농업에 대한 과다한 투자가 곧 농업의 발전을 보장하는 것은 아니라는 것이 그의 비판의 초점이었다(홍성유, 1966).

1968년 자신의 책(『한국경제성장론』, 1968, 고려대 아세아문제연구소)을 통해 로스토우 이론에 대한 비판에 나섰던 박희범 역시 1966년까지는 그의 이론에 대해 본격적인 칼날을 대지 못했다. 1966년 세대에 실린 그의 글에서는 로스토우 이론을 근거로 하여 한국사회를 분석하였다. 이러한

---

21) "극단적으로 말한다면 이는 사관이라고 할 수조차 없는 성질의 사료정리작업에 불과한 것이다. 그런 의미에서 로스토우 교수가 한 업적이란 것은 사회성장과정에 있어서의 유사성을 체계화하여 이를 몇 가지 정치적 사회적 선택과 결부시켜 이를 요란스럽게 표현한 것에 불과하다"고 말한 옥스퍼드대학의 하바룩 교수의 말은 예리한 논평이라고 생각할 수 있다."

22) "The Third Round", *Foreign Affairs*, Oct, 1963.

점은 유진순 등 다른 경제학자들에게서도 공통적으로 나타나는 점이다.

결국 불균형성장론의 소개와 함께 로스토우가 각광을 받기 시작한 것은 결과적으로 지식인 사이에서 경제개발과 관련된 담론이 변화하는 중요한 계기가 되었다. 그러나 로스토우 방한의 좀더 큰 결과는 새로운 경제개발론의 소개가 아니었다. 좀더 중요한 사실은 국민들이 '경제개발의 신화'를 외국 학자의 입을 통해서 듣게 되었다.

다른 한편으로 이러한 현실은 더 이상 새로운 경제개발론이 들어오는 것을 막는 역할을 한다는 점 역시 지적되어야 할 것이다. 1950년대를 통해 해외의 경제개발론에 대한 소개가 활성화되었던 현실과 비교할 때 1960년대의 경제개발론은 로스토우의 신화에 막혀서 그 통로를 잃어버린 형태가 되었던 것이다.[23] 로스토우가 소개된 이후 5~6년간의 기간은 또 다른 대안이 나타나지 않는, 경제개발론의 측면에서 보면 어둠의 시기였던 것이다.

새로운 이론의 도입이라고 해야 2차 경제개발계획의 수립과정에서 내한했던 레이니스와 페이가 제안한 이론과 아델만의 이론 정도가 소개되었을 뿐이었다(이순형, 1970). 전술한 바와 같이 자본축적의 메커니즘과 관련해서는 헤로드 도마 모델에서 머물러 있는 상태였다.[24] 1960년대의 잡지에 나타나는 경제개발과 관련된 글들 속에서도 새로운 이론을 소개하거나 도입해야 할 필요성을 역설한 글들을 찾는 것은 거의 불가능하다. 결국 울프 박사와 로스토우에 의해서 촉발된 불균형성장을 축으로

---

23) 1960년대 중반 이후 세계적으로는 직접자본투자(FDI)와 산업화 전략, 즉 수입대체산업화 전략과 수출주도형 전략 사이에서의 논쟁이 이루어졌다. 그러나 한국 내에서는 이와 관련된 논쟁이 이루어지지 않았으며, 수출입국의 논리가 형성, 확산되는 형태를 보였다.

24) 한 예로 1967년 2차 경제개발계획에 대해 설명한 장원종의 글(1967)에서는 "경제개발계획의 성패는 국민총생산의 증가율의 고저에 있는 것이 아니라 저축, 투자계획의 달성여부에 있는 것이다."라고 주장하였다.

하는 모델이 1960년대를 통해 견고한 아성을 쌓고 있었다고 할 수 있다. 그리고 이 속에서 "수출입국"이라고 하는 나름대로의 '신화'를 만들어 가고 있었던 것이다.

　물론 균형성장론과 민족주의적 담론이 완전히 사라졌다고 할 수는 없다. 후술하겠지만, 1960년대 후반에 두 담론을 기축으로 하는 새로운 논의가 나타났을 뿐만 아니라 이 담론들은 계속해서 지식인들의 머릿속을 짓누르는 '강박관념'으로서의 역할을 하였다.[25] 1970년대의 제3차 경제개발계획에서는 또다시 '자립경제의 달성'이라는 캐치프레이드가 다시 등장하여 새로운 경제논리를 합리화하는 역할을 하였다.

4. 새로운 분기점으로서의 1960년대 말

　1960년대 후반에 이르러 경제개발과 관련된 새로운 논쟁들이 나타나기 시작하였다. 이러한 논쟁의 촉발이 된 것은 외자의 문제를 둘러싼 논쟁이었다. 한일협정이 타결되고, 일본의 차관이 본격적으로 유입되기 시작하면서 외자에 대한 경계심과 함께 외자를 어떻게 유용하게 이용하며, 그에 대응하는 내자를 어떻게 동원해야 하는가에 대한 고민들이 나타나기 시작했다(조동필, 1965; 김상겸, 1966; 김종원, 1967; 박희범, 1965; 이규동, 1965; 임종철, 1965). 여기에 더하여 1960년대 중반 지식인 사이에서 선풍적인 인기를 끌고 있었던 『청맥』 1965년 5월호와 6월호에서는

---

25) 유원식은 회고를 통해서 자신이 주도하여 입안한 경제개발계획에 대하여 미국의 관리들이 '균형성장론'에 근거한 '사회주의적'이라고 비판하였던 반면, 경제전문가들은 '불균형성장론에 기초한 계획'이라고 비판하였다고 회고하였다(유원식, 1983; 유원식, 1987). 이기준은 그의 회고록에서 '왠지' 국가가 강하게 개입해야 하며, 균형적인 성장을 추진해야만 할 것 같은 당시, 즉 1970년대 초의 분위기를 묘사하였다(이기준, 1990).

'매판자본'과 관련된 특집을 게재하여 논란을 일으키기도 하였다.

외자와 함께 또 하나 문제가 되었던 것은 '안정'과 '성장'을 조화시키는 문제였다. 1950년대의 안정과 성장의 문제가 미국의 안정 위주의 경제정책과 한국정부의 재건정책 사이에서의 갈등이었다면(Park, 1999), 1960년대 후반의 논쟁은 경제성장이 실질적으로 일어나는 과정에서 '안정화' 정책을 어떻게 조율할 것인가의 문제였다. 1967년 제2차 경제개발계획이 실시되는 시점에서 '안정'을 중심으로 하는 새로운 바람이 필요하다는 문제제기가 나타나기 시작하였으며(이기준, 1967), 1964년 이후 고도성장을 거듭하면서 나타난 인플레이션의 문제를 어떻게 해결할 것인가와 관련된 글들이 나타나기 시작하였다.

이러한 논쟁들 속에서 1970년대의 경제개발은 새로운 방향이 되어야 할 것이라는 지적들이 나오기 시작한다. 여기에서 주목되는 점은 그 시기가 1968년의 안보위기, 제2경제론, 1969년의 외채위기, 그리고 1970년 제3차 경제개발계획의 방향 발표 등과 맞물린다는 점이다.

가장 먼저 문제를 제기하고 나온 것은 박희범이었다. 그는 정부의 개입을 강화하고, 재벌의 역할을 약화시키는 한편, 금속기계 및 중화학공업의 개발을 통해 다른 동남아 지역과의 경쟁에서 앞서나가야 할 필요성을 제기하였다(박희범, 1967a). 아울러 그는 이후 유신체제와 중화학공업화의 이론적 뒷받침이 될 수 있는 '한국화'의 필요성을 상소하기도 했다(박희범, 1967b).

이러한 논의의 진전에 결정적인 역할을 한 것은 1960년대 말의 외채위기였다. 외채위기는 1960년대의 경제개발계획을 평가해야 하는 시점에서 왔고, 이와 관련된 많은 글들이 당시 잡지의 지면을 채우기 시작하였다(오경희, 1968; 임종철, 1968; 김정태, 1968; 임종철, 1969; 이창렬, 1969; 최호진, 1969; 조용범, 1969; 김성두, 1969). 또한 외채위기와 더불어 부실기업의 문제가 제기되면서 새로운 대안의 필요성에 대한 인식이 더욱 확산되었다(김성두, 1969).

이제 새로운 성격의 경제개발계획의 필요성이 제기되기 시작하였다. 가장 먼저 나타난 것이 민족자본의 육성과 분배문제의 해결을 통해 지난 10여 년간 추진해 온 성장위주의 경제개발계획을 바꾸어야 한다는 것이었다. 임종철과 박현채는 이러한 논의를 이끌었으며, 변형윤 역시 중요한 역할을 했다(임종철, 1969; 박현채, 1969; 조용범, 1970; 1971).[26] 후에 '민족경제론'으로 체계화되는 이 입장은 외자에 의존한 성장위주의 정책보다는 민족 내부의 경제체제를 안정화시킴으로써 대외적인 종속을 피하는 데 일차적인 중점을 두었다. 또한 경제성장을 통해 심화된 내부의 빈부격차를 해소하는 것 역시 중요한 과제의 하나로 제기되었다.

이와 비슷한 내용을 갖고 있으면서도 내포적 또는 내향적 공업화를 주장한 것은 박희범이다. 그의 논의는 전체적인 산업화 전략으로 보았을 때 민족경제론과 큰 차이가 없었다. 즉, 발전을 양적인 성장보다는 구조적인 개혁으로 보고 있으며, 그 방향을 수출주도형보다는 내향적인 방향에 초점을 맞추어야 한다는 것이었다(박희범, 1968; 박희범, 1970). 그의 논의에서 나타나는 중요한 특징은 유통구조를 국가가 강력히 장악해야 하며, 이것을 통해서 국가의 역할을 강화해야 한다는 것이었다. 결과적으로 민족경제론이 1970년대 수출입국론의 대항담론으로서의 역할을 했다면, 박희범의 내포적 또는 내형적 공업화론은 지배담론의 이론적 기초를 제공하는 역할을 했다.

또 다른 대안으로서 제기되었던 문제는 '성장'보다는 '안정'의 기조를 중시해야 한다는 것이다. 이것은 고전적인 문제제기로서 '안정'이 이루어지지 않은 상태에서의 '성장'은 그 결과가 왜곡된 방향으로 나아갈

---

26) 박현채는 大塚久雄과 Myint를 인용하여, 일정한 국지적 분업의 토대가 필요하며, 생산재 생산공업의 국민적 산업으로의 건설할 필요성을 제기하였다.

수 있다는 것이다. 결국 1960년대의 초점이 '성장'에 있었다면 1970년대의 초점은 '안정'에 맞추어져야 한다는 것이었다(좌담, 1970a; 좌담, 1970b).

결국 이러한 세 가지 종류의 문제제기는 1960년대 경제개발계획의 문제점에서 출발했으며, '성장위주'의 정책에 제동을 걸려고 했다는 점에서 그 공통점을 찾을 수 있다. 그러나 그것이 지향하는 방향은 서로 다른 것이었으며, 1960년대 말은 이러한 저항담론과 지배담론의 분기가 나타나는 출발점이었다고 할 수 있다.

5. 결론

1960년대와 1970년대를 통한 경제개발계획 실시의 배경에는 '계획의 실시'라는 현실을 받아들인 국민들의 공감대가 자리 잡고 있다. 그리고 이러한 공감대는 1950년대부터 형성되기 시작한 '경제개발'의 신화에 바탕을 둔 것이었다. 실질적으로 이들의 공감대가 형성되어 있지 않았다면, 정부가 강제적으로 계획을 입안하고 실행하기란 어려웠을 것이다. 그리고 이글에서 서술한 여러 가지 상황들이 이러한 신화를 만드는 배경이 되었다. 여러 가지 요소들이 앞서거니 뒤서거니 신화를 만드는 데 일조하였던 것이다.

앞에서 간단하게 서술했지만, 이미 1960년대를 통해 한국의 국민들은 '경제개발'이라는 하나의 '신화'에서 자유롭지 못한 상태가 되었다. 그리고 이것이 박정희 정부가 정권을 지속적으로 장악할 수 있는 가장 중요한 무기가 되었다. 1960년대와 1970년대를 통해 새로운 경제개발론의 사조들이 도입되고 확산되기보다는 1960년대 중반까지 형성된 '경제개발'의 신화가 자체의 힘을 가지고 그대로 굴러가는 현상을 보였다.

그러나 1960년대 말의 경제위기와 1970년대 초의 사회적 위기를 통해서 새로운 대안들이 형성되기 시작하였고, 이러한 대안들은 지배담론에 대항하는 저항담론으로서 역할을 하기 시작하였다. 물론 이러한 논의들이 '유신'이라고 하는 틀 속에서 제대로 부각될 수는 없었지만.

한 가지 주목해야 할 점은 1970년대를 통해 나타난 지배담론으로서 경제개발론이 스스로의 자가당착에 빠질 수밖에 없는 함정을 가지고 있었다는 점이다. 주지하듯이 1970년대의 '지배담론'은 자주국방, 자립경제로 대표된다. 그 각론 속에는 중화학공업 중심의 산업전략이 핵을 이루고 있으며, 이것은 1960년대 말 이후에 본격적으로 대두하기 시작한 소위 '내포적 공업화론'의 영향을 받고 있다. 경제개발 이론의 뿌리를 찾아들어 간다면, '내포적 공업화론'은 불균형성장론보다는 균형성장론, 구조주의적 경제개발론, 미르달(Myrdal)식의 민족적 경제개발론에 더 가깝다. 그렇다고 해서 로스토우로 대표되는 불균형성장론의 경제개발담론이 자취를 감춘 것은 아니다. 각론 속에서 자가당착에 빠질 수밖에 없는 이론들이 공존하는 속에서 새로운 '신화'가 창조되고 있는 것이다.

어쩌면 이 점이 한국사회의 중요한 특징이라고 할 수도 있다. 경제개발계획을 담보하고 있었던 경제개발론은 내용적으로 자가당착에 빠져 있었으며, 지배담론과 저항담론은 그러한 모순 위에서 서로 유사한 기원과 내용을 가지고 있으면서도 너무도 다른 길을 걸어갔다는 점이다. 이러한 사실은 1950년대에 나타났던 사회민주주의적 경제개발론과 국가사회주의적 경제개발론 사이에서도 동일하게 나타났다. 서로 다른 길을 걸어가고 있으면서도 균형성장론과 민족주의라는 '강박관념' 속에서 지배자와 저항자가 헤매고 있는 것이다.

또 하나 중요한 점은 경제개발의 시대를 1960년대로 볼 수 없다는 점이다. 경제개발론의 형성과 발전 과정을 본다면, 균형성장론과 불균형성장론이 지배하고 있었던 1950년대와 1960년대는 하나의 연결되는 시기였지, 어느 하나가 서론이 되고, 다른 하나가 본론이 되는 시기는 아니었다. 오히려 1960년대 말 이후가 더 중요한 전환점이 되는 시기였다고 할 수 있다. 경제개발계획의 내용으로 본다고 하더라도, 1960년대까지의 경제개발계획의 내용은 1950년대에 시작된 경제개발론의 연장선상에서 파악할 수 있지만, 1960년대 후반 이후에는 '수출입국'의 신화가 새롭게 등장하면서 새로운 방향의 계획이 본격적으로 자리잡기 시작한 것이라고 할 수 있겠다.

| 참고문헌 |

김낙년, 1999, 「1960년대 한국의 경제성장과 정부의 역할」, 『경제사학』 27호.

김상겸, 1966, 「외자도입과 토착자본」, 『정경연구』 1966년 11월호.

김성두, 1969, 「부실기업론」, 『세대』 1969년 8월호.

_____, 1969, 「차관기업의 부실화와 대외채무의 누적」, 『사상계』 1969년 11월호.

김영철, 1956, 「자기자본축적의 국민경제적 의의」, 『사상계』 1956년 6월호.

김윤환, 1962, 「후진국개발 및 외원연구동향」, 『사상계』 창간 10주년 기념 특별호.

김정태, 1968, 「질적 전환 필요한 외자도입」, 『사상계』 1968년 11월호.

김정학, 1962, 「전진하는 전통사회: 후진사회의 유산: 이중사회적인 요소의 탈피
　　　　가 시급하다」, 『사상계』 1962년 3월호.

김종원, 1967, 「외자도입의 태세 정립」, 『정경연구』 1967년 1월호.

박동앙·최호진 외, 1957, 「물가안정과 실업대책」, 『사상계』 1957년 7월호.

박병일, 1961, 「경제자립과 외자도입의 필요성」, 『사상계』 1961년 7월호.

박정희, 1963, 『국가와 혁명과 나』, 상문사.

박태균, 2000a, 「1956-1964년 한국경제개발계획의 성립과정」, 서울대학교 국사
　　　　학과 박사학위논문.

_____, 2000b, 「1961-1964년 군사 정부의 경제개발계획 수정」, 『사회와 역사』
　　　　57집.

_____, 2002, 「1950년대 경제개발론」, 『사회와 역사』 61집.

_____, 2003, 「1950년대 미국의 대아시아 정책과 ECAFE」, 『국제지역연구』 제
　　　　12권 제2호 여름호.

박현채, 1969, 「계층조화의 조건: 식민지적 경제구조의 청산과 자주적 민족경제
　　　　의 확립이 전제되어야 한다」, 『정경연구』 1969년 11월호.

박희범, 1966, 「한국경제의 현 단계설: 로스토우의 발전단계론적 진단」, 『세대』
　　　　1966년 9월호.

_____, 1967a, 「신생국개발의 정책적 과제」, 『정경연구』 1967년 2월호.

_____, 1967b, 「한국정당과 경제정책」, 『정경연구』 1967년 5월호.

_____, 1968, 『한국경제성장론』, 고려대학교출판부.

변형윤, 1971, 「민족혁명형 개발정책에로의 전환」, 『세대』 1971년 12월호.

부완혁, 1960, 「경제원조의 반성-방식과 운영의 합리화를 위하여」, 『사상계』
　　　　1960년 7월호.

「특집: 자립경제정책의 실종」, 『사상계』 1968년 9월호.

서울대학교50년사편찬위원회 편, 1996, 『서울대학교50년사』, 서울대학교출판부.

성창환, 1955, 「물가, 환율, 금리(중)」, 『사상계』 1955년 11월호.

_____, 1960, 「후진국경제개발의 제 문제」, 『부흥월보』 5권 11호, 1960년 11, 12
　　　　월호 합본.

_____, 1965, 「내자동원에 대한 기본고찰」, 『정경연구』 1965년 3, 4월 합병호.

송인상, 1996, 『성장과 부흥』, 21세기북스.

신건희, 1966, 「경제성장과 자본시장」, 『정경연구』 1966년 11월호.

오경희, 1968, 「차관기업체: 그 현황과 전망」, 『정경연구』 1968년 4월호.

오원철, 1995, 『한국형 경제건설』 제1권, 기아경제연구소.

유원식, 1983, 「유원식, 혁명 정부와 결별하다」, 『정경문화』 1983년 10월호.

_____, 1987, 『혁명은 어디로 갔나』, 인물연구소, 270~271쪽.

유익형 옮김, 1962, 「신생국가론: 후진국의 발전과 미국의 정책」, 『사상계』 1962
　　　　년 9월호.

유진순, 1967, 「경제체제와 정책기조」, 『정경연구』 1967년 10월호.

유호선, 1954, 「경제계획의 역사적 발전」, 『사상계』 1954년 1월호.

이기준, 1967, 「한국경제에 신풍을: 안정주의에로의 전환을 위한 하나의 시론」,
　　　　『정경연구』 1967년 11월호.

_____, 1983, 『교육-한국경제학발달사』, 일조각.

이동욱, 1960, 「한일악수의 필요성」, 『사상계』 1960년 11월호.

이상구, 1961, 「경제발전단계설로 이름난 W. W. Rostow」, 『사상계』 1961년 2월호.

_____, 1962, 「동양적 후진성에 대한 로스토우적 분석」, 『사상계』 1962년 2월호.

이순형, 1968, 『경제계획의 이론-한국경제를 중심으로』, 법문사.

_____, 1970, 「한국경제발전의 속도와 질서: 70년대 경제전망의 이론적 모형」,

『세대』 1970년 1월호.

이창렬, 1955, 「인도 5개년경제계획」, 『사상계』 1955년 12월호.

_____, 1956, 「콜롬보계획과 후진국경제」, 『사상계』 1956년 3월호.

_____, 1961, 「한국경제체제의 진로」, 『사상계』 1961년 3월호.

_____, 1961, 「한국실업의 특수원인」, 『사상계』 1961년 3월호.

이한빈, 1969, 『국가발전의 이론과 전략』, 박영사, 126~127쪽.

_____, 1996, 『일하며 생각하며』, 조선일보사.

이한빈 외, 1969, 『한국행정의 역사적 분석 1948-1967』, 한국행정문제연구소.

인종철, 1968, 「외자와 한국경제개발」, 『정경연구』 1968년 11월호.

임정택, 1958, 「무역과 국제수지」, 『사상계』 1958년 9월호.

임종철, 1963, 「현대의 지적 모험, 로스토우의 새 경제사관」, 『사상계』 1963년 11
    월호.

_____, 1969a, 「개발사회의 자본」, 『정경연구』 1969년 6월호.

_____, 1969b, 「성장의 리듬」, 『정경연구』 1969년 11월호.

장원종, 1967, 「화학적 성장론의 미망」, 『정경연구』 1967년 10월호.

정도영, 1969, 「외환위기와 수출 10억불의 장래」, 『사상계』 1969년 11월호.

조동필, 1965, 「한국경제의 당면문제」, 『정경연구』 1965년 5월호.

_____, 1966, 「2차 5개년계획을 보고: 내자동원에 있어서는 낭비적 풍토가 먼저
    지양되어야 한다」, 『세대』 1966년 9월호.

조순, 1969, 「자립경제체제의 정책기조」, 『정경연구』 1969년 12월호.

조용범, 1969, 「고도성장의 근거를 묻는다: 외환위기하의 1970년도 정부예산안
    문제점」, 『사상계』 1969년 10월호.

_____, 1970, 「경제자립화의 방향」, 『세대』 1970년 1월호.

좌담, 1970a, 「성장이냐 안정이냐」, 『신동아』 1970년 2월호.

좌담, 1970b, 「안정기조에로의 이행」, 『세대』 1970년 6월호.

「특집: '한국의 민족자본'」, 『청맥』 1965년 6월호.

최문환, 1958, 「후진국경제의 정체성과 개발의 문제」, 『문리대학보』 제6권 제1호.

_____, 1961, 「경제개발의 순환적 누적적 인과관계의 원리」, 『후진국경제론』

1961년 10월.

최주철 외, 1969, 『한국경제발전의 이론과 현실-이론 · 정책 편』, 내각기획조정실.

최호진, 1957, 「나의 학창시절」, 『재정』 1957년 7월.

_____, 1961, 「내가 바라는 5개년계획」, 『새사회』 1961년 2월호.

_____, 1969, 「전환기에 선 한국경제」, 『정경연구』 1969년 11월호.

홍성유, 1966, 「발전이론과 농공병진정책」, 『정경연구』 1966년 9월호.

李鍾元, 1995, 『東アジア冷戰と韓米日關係』, 東京大學出版會.

Charles P. Oman and Ganeshan Wignaraja, 1991, *The Postwar Evolution of Development Thinking*, MacMillan Academic and Professional LTD.; OECD Development Centre.

Charles Wolf, Jr., Economic Department, The RAND Corporation, p-2288, 24 April 1961, *On Aspects of Korea's Five-Year Development Plan*, Prepared for Ministry of Reconstruction, Republic of Korea, Produced by The RAND Corporation, Santa Monica, California.

David C. Cole and Princeton N. Lyman, 1971, *Korean Development*, Cambridge: Harvard University Press.

Diana Hunt, 1989, *Economic Theories of Development: An Analysis of Competing Paradigms*, London: Harvester Wheatsheaf.

Donald Stone Macdonald, 1992, *U.S.-Korean Relations from Liberation to Self-Reliance: The Twenty Year Record*, San Francisco: Westview Press.

Gilbert T. Brown, 1973, *Korean Pricing Policies and Economic Development in the 1960s*, Baltimore: Johns Hopkins University Press.

Irma Adelman ed., 1969, *Practical approaches to Development Planning: Korea's Second Five-Year Plan*, Baltimore: Johns Hopkins Press.

J. Tinbergen, 1958, *The Design of Development*, Baltimore: The Johns Hopkins Press(박희범 · 송정범 역, 1958, 『경제개발의 설계론』, 동아출판사).

Margaret Weir and Theda Skocpol, 1985, "State Structures and the Possibilities for 'Keynesian' Responses to the Great Depression in Sweden, Britain, and the United States", *Bringing the State Back In*, edited by Peter R. Evans, Dietrich Rueschemeyer and Theda Skocpol, Cambridge: Cambridge University Press.

Millikan and Blackmer, 1961, *The Emerging Nations*, Boston: Litte, Brown and Company(유익형 역, 1973, 『신생국가론』, 문명사).

R. Nurkse, 1955, *Problems of Capital Formation in Underdeveloped Countries*, Oxford: Basil Blackwell(박동섭 역, 1957, 『후진국의 자본형성론』, 대한재무협회출판부).

Tae-Gyun Park, 1999, "Changes in U.S. Policy toward South Korea in the Early 1960s", *Korean Studies* no. 23.

Walt W. Rostow, 1960, *The Stages of Economic Growth*, London: Cambridge University Press(이상구 · 강명규 역, 1961, 『경제성장의 제단계』, 법문사).

제7장
농지개혁과 한국자본주의

1. 머리말

1950년대는 1960년대 이후 국가주도형 고도성장의 전제조건이 형성된 시기였으며, 동시에 일제의 유산을 어떤 방식으로 극복·청산하는가가 정해지는 시기였다. 조석곤·오유석(2001)은 이를 압축성장의 전제조건이 형성되는 시기로 파악하였다. 그들은 1950년대의 사회경제적 상황이 전후의 폐허에서 복구되고 있었던 상황임을 거시통계로부터 추론하였으며 자본과 노동의 형성이라는 관점에서 이를 구체적으로 분석하였다.

그런데 이러한 경제적 성과를 낳은 이면에서 제도의 변화가 어떤 역할을 했을까라는 관점에서 1950년대를 바라본다면 두 측면이 중요하다. 첫째, 일제 때 형성된 유산이 전쟁을 거치면서 어떻게 전승/청산되었는가, 둘째, 이 시기 창출된 새로운 제도가 이후 한국자본주의에 어떤 영향을 미쳤는가하는 점이다.

해방 이후 농민의 지대한 관심 속에서 실시된 농지개혁은 한국토지제도사상에서 매우 중요한 제도 변화의 하나이다. 따라서 농지개혁을 현실화시킨 제세력 간의 역학관계와 그러한 제도가 시행된 이후 나타난 한국 사회의 변화를 추적하는 것은 1950년대의 성격을 파악하는 데 매우 중요한 실마리를 제공할 것이다.

농지개혁이라는 제도를 앞서 말한 두 측면과 관련하여 살펴본다면, 첫째, 문제와 관련해서는 어느 정도 입장의 정리가 이루어진 셈이다. 농지개혁은 일제시대 농촌의 지배적 생산관계였던 식민지지주제를 해체함으로서 일제가 남겨놓은 중요한 제도적 유산의 하나를 붕괴시킴으로써 이후 한국 사회발전의 기본방향을 형성하는 데 중대한 영향을 끼쳤다고 할 수 있다.

다만 그러한 영향의 구체적인 내용이 무엇인지에 대해서는 아직 본격적인 연구가 진행되었다고 볼 수 없다. 이것은 둘째 주제, 즉 농지개혁이 한국자본주의의 발전에 미친 효과를 구체적으로 분석하는 것과 관련이 있는데, 더욱 활발한 논의전개가 필요하다. 이것이 본고의 주요한 과제이다.

역사적인 관점에서 볼 때 농지개혁의 가장 큰 의의는 남한에서 자본주의 체제를 유지 강화시킬 수 있는 역할을 했다는 데서 찾을 수 있다. 일제유산의 계승 단절이라는 관점에서 볼 때 인적·물적 파손보다도 더 중요한 것은 일제 치하에서 유지되었던 자본주의적 관계마저 일제의 패망과 함께 붕괴될 것인가의 문제가 중요했을 것이다. 이런 점에서 북한의 토지개혁에 대응하는 남한의 농지개혁은 남한의 체제선택=국가형성에서 매우 중대한 의미를 갖는다. "자본주의 체제의 장기적 전망에서 볼 때 '물질적' 파손보다도 훨씬 더 심각한 것은 자본주의 체제가 하나의 사회체제로서 효과적으로 기능하는 것을 위협하는 요소들(암스트롱, 1995: 26)"인데, 이를 바꿔 말한다면 농지개혁은 자본주의 체제가 하나의 사회체제로서 효과적으로 작동하는 것을 가능하게 한 중요한 제도의 하나이다.

본고에서 사용하는 제도의 개념이나 제도와 경제적 성과를 다룸에 있어서 우리는 노스(North)에 의한 제도의 정의를 따르고자 한다. 노스는 "1제도란 정치적 경제적 사회적 상호관계를 구조화한, 인간이 고안한 제약들을 말한다. 제도에는 비공식적 제약(제재, 금기, 관습, 전통, 행동규범)과 공식적 제약(헌법, 법률, 소유권) 두 가지가 있다. 역사적으로 제도는 교환에 있어 질서를 창출하고 불확실성을 줄이기 위해 고안되었다. ……제도는 경제에 유인구조를 제공한다. 하지만 구조가 변하면서, 그것은 경제변화의 방향을 성장, 정체, 혹은 후퇴 쪽으로 결정한다(North, 1991: 97)"고 서술하였다.

이러한 제도주의적 관점에서 농지개혁을 분석한 논문으로는 전용덕(1997)을 들 수 있다. 그러나 그의 연구는 농지개혁의 도입을 경제적 합리성의 관점에서만 적용하고 있는데, 이것은 노스(1991)의 역사적 수정을 반영하지 못하고 있다.

노스(1991)에 있어서 상대가격과 공식적 제도인 소유권제도는 여전히 중요한 요인으로 인식되고 있지만, 후기저작에 올수록 비공식적 제도, 특히 이데올로기의 중요성을 새롭게 인정하고 있다. 비공식적 제약은 "사회적으로 통용되는 정보에서 유래하는데, 그것은 우리가 문화라 부르는 유산의 한 부분(North, 1990: 37)"이다. 따라서 비공식적 제도의 변화는 그 사회 구성원의 머리 속에 깊이 박혀 있는 문화적 인지구조에 따라 일어난다. 이러한 인지구조는 일상생활에 깊이 연관되어 있어 쉽게 변하지 않는 특성을 지니고 있기 때문에 비공식적 제도 역시 끈질기게 살아남는 특성을 보이고 있다는 것이다.

물론 농지개혁에 대해서는 많은 선행연구가 존재한다. 농지개혁에 대한 기존 연구를 대략 정리하면, 1980년대 초반까지의 농지개혁에 대한 연구는 대개 그 불철저성을 지적하는 논의가 많았지만, 장상환(1984), 김성호(1989) 등의 연구를 계기로 적극적 평가로 선회하였다고 보는 것이 일반적이다.

이러한 농지개혁의 연구사는 장시원(1995)이 매우 정확하게 정리하고 있다. 그는 기존 연구사를 정리한 후 한국농지개혁의 성과로 지주제 해체와 지주자본의 산업자본으로의 전화를 꼽았다. 나아가 농지개혁을 통해 자작농제가 수립된 것은 농업발전에 있어서 새로운 가능성을 제시하였는데 그 이면에는 농업생산의 성장과 농가수지의 개선이라는 여건의 변화가 놓여 있었다고 보았다. 말하자면 농지개혁을 평가할 때 그것이 갖는 소경영적 개혁의 성격에 주목하고 있는 것이다. 그러나 이러한 농업에서의 성과가 반드시 농지개혁의 영향인지는 별도의 분석이 필요할 것이다.

본고에서는 농지개혁에 관한 역사적 평가를 제도주의적 관점에서 파악하고자 한다. 이는 농지개혁이라는 공식적 제도와 경제적 성과와의 관계라는 관점에서 농지개혁을 접근하려는 것이다. 이는 크게 두 개의 주제로 나누어 살펴볼 수 있다. 첫째는 농지개혁이라는 제도가 공식화 될 수 있었던 상황에 관한 것인데 이는 제2절의 주제이다. 여기에서는 외적 요인으로서의 미군정, 북한의 농지개혁에 대한 입장, 그리고 내적 요인으로서 이승만과 한민당의 농지개혁에 대한 입장이 다루어질 것이며, 또한 비공식적 제약과의 관련성도 살펴볼 것이다.

둘째 주제는 1950년대 이후 경제적 성과에 미친 농지개혁의 영향인데 이는 다시 농업부문과 한국경제 전반의 관점으로 나누어볼 수 있다. 이는 제3절의 주제인데 여기에서는 농지개혁의 직접적 성과와 그것이 농업에 미친 영향을 농업생산성과 농가수지의 관점에서 요약하고, 나아가 농지개혁이 한국자본주의의 성장에 미친 영향을 검토할 것이다.

2. 농지개혁의 제도화를 가능케 한 제 요인

농지개혁은 일제시대 식민지지주제하에서 고통받던 소작농들이 자신의 소작지를 소정의 절차를 거쳐 자신의 소유지로 만들 수 있게 한 조치였다. 농지개혁은 농지개혁법에 규정된 절차에 따라 진행되었는데 그 핵심 내용은 농지소유자격 제한, 농지 소유상한제, 소작, 위탁경영 금지 등으로 요약할 수 있다. 부연하여 설명하면 농지를 소유할 수 있는 사람은 직접 농사를 짓는 농민에 한정하며, 농민이라 하더라도 3정보 이상 소유하는 것은 법적으로 금지되었다. 소작이나 위탁경영 방식으로 농지를 이용하는 것도 물론 금지되었다.

농지개혁법은 1949년 공포되었지만 법률상의 문제로[1] 시행이 보류되었다가 1950년 3월 개정법이 공포되면서 비로소 시행령이 마련될 수 있었다. 그러나 시행령이 마련되지 않았던 상황에서도 농지개혁을 위한 실무 작업은 이미 진행되고 있었으며, 농지개혁의 기초자료가 된 농가실태조사가 1949년 12월 완료되었다. 이를 기초로 1950년 2월 농지소표가 작성되었으며, 정부는 4월 농지개혁이 완료되었다고 발표하였다.

남한의 농지개혁은 비록 유상으로 이루어지긴 했지만 국가가 설정한 일정 기준에 입각하여 강제로 매수한 농지를 농민에게 분배함으로써 자작농제를 확립한 것이었다. 이를 위해 정부는 「농지개혁법」을 제정했는데, 농지개혁법의 핵심 내용은 농지소유자격 제한, 농지 소유상한제, 소작, 위탁경영 금지 등으로 요약할 수 있다. 이것은 지주의 사적소유권에 대한 침해였으며, 일종의 '계급혁명' 적 성격을 지닌 것이었다(한국농촌경제연구원, 1989: 602).

---

1) 정부가 국회에서 제정한 농지개혁법에 이의를 제기한 것은 조문상의 불일치가 존재할 뿐 아니라 상환액과 보상액이 달라서 재정부담이 크다는 점이었다. 농지개혁법 제정과정을 둘러싼 논의는 한국농촌경제연구원(1989) 4장이 자세하다.

농지개혁은 사실상 1950년 4월에 완료되었다. 1949년 법률이 문제가 있어 개정이 예정된 상태에서 시행령도 마련되지 않은 채 사업이 진행된 것은 당시 행정부의 의지를 보여주는 것으로 해석할 수 있다. 그런데 이러한 정치적 의도의 배경이 된 것은 농민의 토지에 대한 열망, 좀더 구체적으로는 소작농의 자작농에 대한 열망과 다름없다.

이러한 농지개혁이라는 제도변화가 가능했던 이유는 무엇일까? 기존의 논의에서는 자유민주주의 정권을 수립하려는 미국의 의도와 이승만의 집권을 위한 정치적 동기가 작용한 것으로 설명하고 있다. 북한에서 토지개혁이 실시됨으로써 남한의 농민들도 토지개혁이 이루어질 것이라는 기대를 갖게 되었는데, 당시 남한 민중의 대다수를 차지하고 있던 농민의 기대를 무시하고 안정된 정권을 창출하는 것은 불가능하였다. 농지개혁의 실시를 추진한 미군정이 입법의원의 다수를 차지한 지주층의 태업에 직면하여 농지개혁 실시가 어렵게 되자, 귀속농지를 먼저 불하하기 시작한 것은 이런 이유였다.

북한의 토지개혁은 1946년 3월 전격적으로 실시되었다. 북한의 토지개혁은 「토지개혁령」이 공포된 지 불과 25일 만에 전국 1만 1,500개 동리에서 8만 명의 농촌위원을 동원하여 96만 3,457정보를 67만 2,755호에 일사천리로 분배하였다(김성호 2001: 252). 한국농촌경제연구원(1989)에 따르면 북한의 토지개혁도 철저히 정치적 의도에 따른 것이었다.[2]

토지개혁을 추진하고자 했던 소련은 조만식을 중심으로 한 세력으로부터 토지개혁에 대한 저항에 부딪히자 새로운 정권의 담당자로 김일성을 이용하였으며, 그는 소련의 후원하에 일거에 좌파세력의 중심으로 성장하였다. 그는 1948년 2월 조직된 북조선임시인민위원회의 위원장이 되었으며 인민위원회는 토지개혁을 전격적으로 실시하였던 것이다.

---

2) 이하 북한의 토지개혁에 대한 설명은 한국농촌경제연구원(1989)에 따른다.

북한의 토지개혁은 무상몰수, 무상분배 방식에 의한 토지개혁이었다. 몰수대상이 된 농지는 한 농가가 5정보 이상 소유한 조선인 지주의 소유지였다. 분배방식은 가족별 점수제에 의한 토지분배로서 이 분배결과에 대해서는 부락에서 추방된 농가를 제외하고서는 소작농이든 자작농이든 큰 불만이 없었다고 한다.

북한에서의 토지개혁은 한반도에 자유민주주의 정권을 수립하려는 미국의 정책에도 큰 영향을 미쳤다. 사실 해방공간에서 구지배계급인 지주계급은 과거의 친일행각으로 발언권을 상실하고 있었다고 해도 과언이 아니었으며, 토지정책의 방향은 미국의 의도에 의해 전적으로 결정된다고 볼 수 있었다.

그러나 한반도에 진주할 당시 미군정은 토지개혁에 대한 방안은 물론이거니와 경제운용방안에 대한 뚜렷한 구체적 입장을 가지지 않았다. 미군정의 미곡시장에 대한 정책 착오로 야기된 도시에서의 식량부족 현상은 사회적으로 큰 문제를 야기하였고 미군정으로 하여금 식량공출제를 다시 실시할 수밖에 없도록 만들었다. 이러한 초기 농정의 실패는 미국의 농지제도 선택의 폭을 좁히는 결과를 초래하였다.

이 문제와 관련하여 전상인(2001)은 애초 미군정이 귀속농지를 분배하고자 했던 의도가 있었다 하더라도 그것을 현실적으로 추진하지 못한 이유로서 "식량위기 문제를 극복하는 데 있어서 신한공사 귀속농지가 수행했던 막중한 역할을 미군정이 결코 포기할 수 없었을 것(전상인, 2001: 77)"이라고 함으로써 귀속농지의 분배보다 도시민의 식량수요를 충족하기 위한 공출미의 확보가 미군정에게 더 중요한 과제였음을 주장하였다.[3]

---

3) 전상인은 미군정이 북한이 토지개혁을 실시한 직후에 남한에서 토지개혁을 실시하지 않은 중요한 또 다른 이유로 "이것 못지않게 중요한 것은 미군정 당국이 자신의 집권기간 동안 토지개혁을 유보해도 무방할 것이라는 상황 판단(전상인, 2001: 77)"이 있었음

그렇다 하더라도 좌파의 토지개혁에 대한 공세를 무시하고서는 남한에 자유민주주의 정권을 수립하는 것은 불가능한 일이었다. 사실 남한에서 일제하 경제적 권력만을 누리고 있었던 일제하의 대지주세력은 미군정의 후견 아래 새로 수립될 정권 아래에서 정치적 주도권을 장악할 희망을 지니고 있었다. 그들이 농지개혁을 진심으로 원했다고 보기는 힘들지만, 대세를 거스르면서까지 농지분배를 반대할 의사 또한 없었던 것으로 보인다. 이 점에서 미군정과 구지주계급을 대표하는 한민당의 농지개혁에 대한 입장은 일치하였지만 구체적인 실시 시기에 대해서는 이견을 보였다.

농지개혁의 실시 시기에 대해 한민당은 대한민국 수립 이후로 미루자고 주장했음에도 미국은 대한민국 수립 직전인 1948년 3월 귀속농지의 불하를 서둘러 단행하였다. 그 이유에 대해서는 5.10선거에서 한민당과 이승만을 돕기 위한 것이라는 설, 혹은 같은 이야기지만 좀더 일반적으로 선거에서 좌파세력의 물적 토대와 대중적 기반을 몰락시키려는 의도를 가지고 진행된 것이라는 주장이 일반적이다.

남한의 농지개혁은 북한과 같은 사회주의 방식의 농지개혁은 아니었다. 그러나 그것은 자유주의적 농지개혁으로서 역사적 의의를 갖는다고 할 것이다. 크게 보아 농지개혁은 남한에 자유민주주의 정권의 수립을 위한 안전판 역할을 했다는 점에서 미국의 이익에 봉사한 것이었지만, 대한민국 정권의 입장에서는 당시 대다수였던 농민들을 자신의 편에 끌어들이는 중요한 역할을 수행한 것이었다. 그것은 자본주의 시스템을 남한에 정착시키는 데 있어 결정적인 중요성을 갖는 것이었다.

___

을 지적하였으며 그 근거로 1946년에 실시한 여론조사의 결과를 들고 있다. 그러나 이 여론조사의 신빙성문제는 차치하고라도 공출반대, 토지개혁 등을 요구하는 '10월폭동' 등 사회적 저항이 강력한 상황에서 이러한 여론조사의 결과에 의거해서 농지개혁과 같은 중요한 정책적 결정을 내렸다는 것은 납득하기 어렵다.

또 하나의 중요한 요인은 이승만의 정치적 의도였다. 앞서 보았듯이 시행령도 마련되지 않은 채 사업이 진행된 것은 당시 행정부의 농지개혁에 대한 의지를 보여주는 것인데, 이는 한민당을 무력화시키려는 이승만의 정치적 계산과도 맞물려 있는 것이었다. 좌익 성향의 인물인 조봉암을 발탁한 것은 토지개혁에 밝은 그로 하여금 한민당의 물적기반인 농지를 철저하게 개혁하라는 암묵적 지령이었다(김성호, 2000: 7).

여기에 필자는 농지개혁을 가능하게 했던 또 하나의 요인으로 제도적 요인을 덧붙이고자 한다. 앞서 살펴본 것처럼 해방 이후 토지개혁에 대한 논의가 본격화되면서 좌익과 우익을 막론하고 토지개혁의 실시가 대세임을 주장하였다. 좌익은 그렇다 하더라도 우익의 논자들 역시 농지개혁을 부정하지 않았는데, 그것은 경자유전의 원리라고 하는 자기합리화의 이데올로기가 뒷받침되었기 때문에 가능한 일이었다.[4]

다른 나라나 지역과 달리 우파 정권이 들어선 남한에서 농지개혁이 큰 저항 없이 이루어질 수 있었던 것은 해방 직후 전통적인 경자유전의 이데올로기가 극적으로 부활했고, 그것이 농민의 소부르주아의식을 자극했기 때문이었다. 조석곤(2001a)은 해방과 함께 식민지지주제를 해체하

---

[4] 농지개혁시 지주의 반대가 없었던 이유를 식민지지주제의 거래비용 증대로 설명하려는 시도도 있다. 전용덕은 해방 후 지주제를 유지힘에 있이시 기래비용이 증대한 사실을 원인의 하나로 꼽았는데, 소작농 불납운동, 미군정의 농지개혁에 대한 입장 등 "지주들이 시장에서 농지를 매각한 까닭은 거래비용의 증대로 인하여 소작제가 비효율적으로 변했기 때문(전용덕, 1997: 117)"이라는 것이었다. 이는 "농지개혁이라는 제도변화는 정부의 주도하에 이루어진 것이라기보다는 시장의 압력에 의해 정부가 수용한 것으로 보아야 한다(전용덕, 1997: 118-119)"는 주장과 맥을 같이 하고 있다. 그러나 필자로서는 이러한 주장을 액면 그대로 수용하기 어렵다. 그는 농지개혁이라는 제도변화를 신고전파적 효율성의 관점에서만 파악하고 있지만 지주가 '자발적으로' 자신의 토지소유를 포기했다고 보는 것은 매우 어색하다. 사실 농지개혁의 원인으로 상대가격 변화보다는 문화적 요인(식민지배에 대한 반감, 경자유전원리에 대한 선호)이 더 중요한 역할을 했을 것이다.

여야 한다는 사회적 요구가 커졌고, 이 요구가 소농민의 토지소유에 대한 강렬한 열망과 결합되면서 토지개혁을 거스를 수 없는 대세로 만들었다고 주장하였다. 경자유전의 원칙은 좌우를 아우르는 핵심 개념으로 작용하고 있었다.[5]

농민에게 토지를 주어야 한다는 논리는 좌파와 우파 모두 일치했지만 그 방식과 주장의 근거는 서로 달랐다. 좌파는 무상몰수와 무상분배를 주장했는데, 그들은 토지개혁을 반봉건(反封建)의 과제를 수행하는 데 필요한 필수적 경과점으로 생각하였다. 중도파는 유상몰수 무상분배를 주장했는데 경제적인 관점에서 막대한 재정소요가 필요하므로 거의 실현가능성이 없는 이 정책을 주장하는 배경에는 말할 것도 없이 조선시대 이래 지식인을 지배하고 있던 경자유전의 이데올로기가 잠재해 있다고 할 것이다. 우파는 유상몰수와 유상분배를 주장했는데, 그들은 자본주의의 근간인 사유재산제도를 허물어뜨리는 무상몰수와 무상분배안을 받아들일 수 없다는 논거를 제시하였다.

동아일보를 필두로 한 당시의 언론들도 농지개혁에 대한 신중론을 펼쳤는데, 노골적인 반대보다는 토지개혁을 반봉건제 철폐와 직접 연결시키지 않고 애매하고 추상적인 대의와 연결시켜서 그 의의를 해석하려 하였다. 우파의 대표적 이론가인 홍성하가 토지개혁의 당위성을 신국가 건설시 꼭 필요한 조치로서 조선조의 양전, 1차 대전 이후의 토지개혁 등을 언급하는 경우도 이에 해당한다(한국농촌경제연구원, 1984, 1집: 281).

이상 살펴본 바와 같이 해방 이후 토지개혁 방안을 둘러싼 다양한 주장들이 제기되었지만 이들 모두는 공통적으로 경자유전의 이데올로기를 토지개혁의 근본정신으로 언급하고 있었다. 경자유전 이데올로기가 해방 직후에 갑자기 나타난 것은 아니며 조선조의 실학사상과 맥이 닿아

---

5) 이하의 논의는 조석곤(2001a)를 참고하였다.

있는 것임은 좌우합작파의 주장에서도 알 수 있다. 같은 이데올로기를 공유하면서도 좌파와 우파는 토지국유제와 관련하여 다른 생각을 하고 있었음을 알 수 있다. 그러나 이러한 이데올로기의 형성이 농지개혁에 대한 사회적 요구에 대한 자기합리화기제로 작용하면서 농지개혁 실시를 기정사실화했던 것이라 할 수 있다.

3. 농지개혁의 경제적 성과

그렇다면 이러한 농지개혁을 역사적으로 어떻게 평가할 수 있을까? 농지개혁의 성과에 대한 평가는 흔히 농업에 미친 영향과 한국자본주의의 발전에 미친 영향이라는 관점에서 이루어진다. 농지개혁이 진행되던 당시의 평가를 먼저 살펴보자. 성창환(1956)은 농지개혁에 의해 농민은 자작농화하였으나, 그것이 농업의 자본주의화는 아니었으며, 농가수지 개선효과도 미미했다고 평가하였다. 자작농화에 따라 농민의 협동과 근로정신이 싹트기는 하였으나 그들에 대한 새로운 중압(상환곡, 토지소득세, 잡부금 등), 병역, 학자금, 관혼상제 등에 대한 과중한 화폐지출로 가계수지는 적자상태를 면치 못하였다는 것이다. 또 지주층은 해체되었으나 지가증권은 액면의 3~7할 정도의 염가로 방매되었고, 이것은 신흥특권부유층을 거쳐 귀속재산불하에 충당됨으로써 토지자본의 산업자본화는 사실상 유명무실화되었다고 보았다(한국농촌경제연구원, 1986, 5집: 25-28; 성창환, 1956). 이처럼 농지개혁에 대한 당시의 평가는 호의적인 것은 아니었으며, 이러한 농지개혁에 대한 비관적 평가는 이후에도 계속되었다.

농지개혁의 성과에 대해서는 많은 논란이 있었음에도 불구하고 최근의 논의는 농지개혁의 성과에 대해 호의적으로 보는 경향이 많아졌다. 이러한 변화의 이면에는 자작농 창설이라는 본래의 목적 달성에는 성공하였다는 평가가 깔려 있다. 지주의 사전방매나 은폐소작지의 잔존 등으로 본래의 취지가 흐려졌다는 반론에도 불구하고, 해방 직후 남한 경지의 65%에 달하던 소작지율이 농지개혁 직후인 1951년 말에는 8.1%로 떨어진 것은 사실이기 때문이다(한국농촌경제연구원, 1989: 1029). 이제 본 절에서는 농지개혁의 경제적 성과를 농업부문에 미친 효과와 한국자본주의의 발전에 미친 효과라는 측면으로 나누어 살펴보고자 한다.

1) 농지개혁의 직접적 성과

농지개혁의 직접적 성과는 우선 그것이 농업부문의 발전에 어떤 역할을 하였는지 살펴보는 것에서부터 시작하여야 할 것이다. 그것은 토지생산성의 측면과 농가경제 개선이라는 두 측면을 모두 고려하여야 한다. 이에 대한 본격적인 분석에 앞서 먼저 농지개혁에 따른 농지분배의 효과가 어느 정도인지 가늠할 필요가 있다.

〈그림 7-1〉은 경상북도 예천군 용문면 토지소유규모의 불평등도를 지니계수로 측정하여 1915~1977년간의 추이를 그래프로 표시한 것이다. 앞서 농지개혁의 최대의 성과는 식민지지주제를 해체하고 자작농제를 확립하였다는 점에서 찾을 수 있다는 점을 언급하였지만, 〈그림 7-1〉은 이러한 변화를 아주 분명하게 드러내주고 있다. 토지소유에 있어서 불평등도의 증가를 식민지지주제의 발전 정도를 측정할 수 있는 간접지표로 활용할 수 있다는 전제 아래 이 그림을 해석하면 다음과 같다.

식민지지주제는 토지조사사업의 종료 직후부터 점차 발달하기 시작하였으며, 1930년대 중반 이후 그 속도가 둔화되었지만 여전히 증대 추세에 있었다. 그러나 공출이 실시된 1940년대 직후 식민지지주제는 급속히 쇠퇴하기 시작하였으며, 농지개혁이 예견되는 1940년대 중반 이후가 되면 그 쇠퇴 속도가 더욱 가속화되었다.

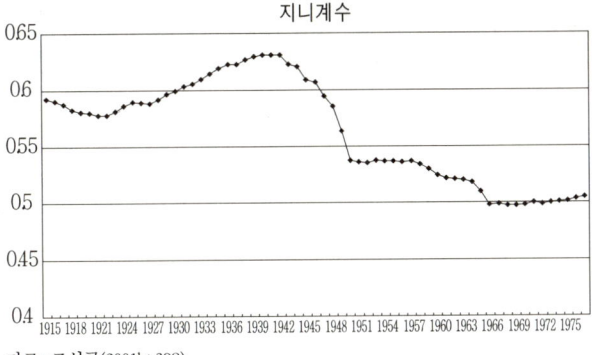

〈그림 7-1〉 1915~1977년간 예천군 용문면 토지소유에 있어서 지니계수의 변화

자료 : 조석곤(2001b: 398).

　이는 농지개혁이 식민지지주제의 해체와 자작농제 확립이라는 목표를 기대 이상으로 달성할 수 있었음을 보여주는 좋은 예라고 할 수 있다. 종래의 소작농들은 비록 유상이라고는 하지만 평균 거래가격을 밑도는 상환금액을 지불하면 소작지를 자신의 소유지화할 수 있었으며, 이것은 1950년대 농촌사회의 성격을 규정함에 있어서 매우 중요한 의미를 지닌다고 할 수 있다.

　물론 지주가 사전에 소작지를 방매함으로써 농지개혁 대상에서 많은 토지가 제외된 것은 농지개혁의 효과를 반감시킨 것으로 평가할 수 있다. 〈표 7-1〉을 보면 김성호는 해방 당시의 소작지 중에서 지주가 사전방매한 토지가 49.2%로 전체의 절반을 차지하고 있으며, 은폐소작지도 5.8%에 달하는 것으로 추정하였다. 수치상으로만 본다면 개혁 대상 토지의 절반 이상이 농지개혁에서 누락된 셈이다.

<표 7-1> 지주의 소작지 임의방매의 실적

| | 귀속농지 | 분배농지 | 지주방매 | 잔존소작지 | | 해방당시 소작지 |
				분배제외농지	은폐소작지	
면적	273	302	714	74	84	1447
비율	18.9	21.0	49.2	5.1	5.8	100.0
	39.9			10.9		

자료 : 김성호(1985 하: 9).

그러면 당시 이루어진 토지방매는 어떤 성격의 것이었을까? 먼저 농민들이 토지를 얼마나 구입하였을지 살펴보자. 이 점에서 연백군 온천면 고읍리의 사례는 매우 흥미롭다. 이 지역은 원래 38선 이북이어서 1946년 3월에 실시된 토지개혁에서는 무상분배라는 혜택을 입었지만, 38선 구획 재측량 결과 1946년 5월에 다시 이남으로 편입되어 토지분배가 원상복귀되었다. 지주들은 이를 기화로 토지를 팔려 시도했지만 농민들은 어차피 토지개혁이 실시될 것이라고 한 사람도 사지 않았다고 한다. 지주들이 경작권이동을 빌미로 토지를 겨우 시가의 3할 정도에 방매한 건이 2, 3건에 불과하였다고 한다(독립신문, 1946. 6. 4.; 한국농촌경제연구원, 1986, 5집: 26).

물론 이 사례는 매우 특수한 것이지만 지주가 소작인에 대해 일방적으로 강매하였을 것이라는 주장의 신빙성을 떨어뜨리기에는 충분하다. 토지방매가 양방의 수지타산에 의해 이루어졌다는 당시의 평가도 있다. 서울신문은 1947년의 한 기사에서 농경지가 해방 이후 전례 없이 매매되었던 일반적 경향이 나타난 이유로서 지주측은 3·1제로 지주제의 채산성이 낮아졌으며, 토지개혁이 실시되면 투하자본 회수가 불가능할 것을 우려하는 입장에서 토지를 방매하고 있고, 소작인측에서는 3·1제 실시로 경제력이 다수 윤택해졌으며, 농민 특유의 토지에 대한 소유욕, 곡가가 높은 상황에서 1, 2년이면 토지의 원가소각이 가능하다는 점, 현재의 정세로 보아 토지개혁 시기가 예측하기 어렵다는 점에서 매입동기가 있다고 분석하였다. 결론적으로 "현하의 農耕地 賣買는 雙方의 관점과 收支觀念으로 去來되었(서울신문 1947. 5. 24; 한국농촌경제연구원, 1986, 5집: 32)"다고 결론짓고 있다. 김성호의 주장대로 사실 지주의 소작지 임의방매는 강매라기보다는 투매(김성호, 1985 하: 12)에 가깝다고 보아야 할 것이다.[6]

이처럼 농지개혁에 대한 평가가 크게 선회한 이유는 무엇일까? 그것은 농지개혁이 만들어낸 자작농제도에 대한 평가와 무관하지 않다. 경자유전의 원리를 주장했다 하더라도 좌익은 그것이 최종 목표가 아니라 협동화를 통해 대경영을 성취하여 농업근대화를 달성해야 한다고 생각하였다. 이런 관점에서 볼 때 농지개혁법에 의해 창설된 영세소경영은 그 자체로는 이러한 농업근대화의 이상에 전혀 부합한 것이 아니었다. 그러나 협업농의 역사적 전망이 흐려지면서 식민지지주제를 해체하고 농민적 토지분할을 통해 자작농제도를 창설한 농지개혁의 성과가 부각되었던 것이 농지개혁에 대한 평가가 긍정적으로 바뀌는 데 기여하였던 것으로 보인다.[7]

사실 농지개혁의 평가는 농지개혁에 의해 창설된 자작농제도의 의의와 한계라는 관점에서 파악하는 것이 가장 합당할 것이다. 자작농제도의

---

6) 물론 반대의 기사도 있다. "농민이 방매하여 도시나 기타 지방으로 떠나고 "농지는 다시 대농 내지 중농에게 흡수되는 경향(한국농촌경제연구원, 1986, 5집: 240; 고영복, 1958)"이 있었다고 한다. 그러나 전체적인 정황으로 보아 이러한 경향을 일반화하는 것은 무리라 하겠다.
7) 농지개혁이 농업생산성에 긍정적인 영향을 미쳤을 것이라는 주장은 오래 전부터 있어 왔다. 박기혁 외(1966)는 농지개혁으로 미곡생산성이 증대하였음을 보였으며, 그 이유로 소작제도의 불안정성 제거, 투하된 자본이나 노동의 성과 귀속에 따른 영농의욕 고양, 자기책임하의 경영 등을 들었다(박기혁 외, 1966: 51). 장시원(1995), 전용덕(1997)의 최근 연구도 농업통계를 이용하여 농업생산성이 상승했음을 주장하였다.

최대의 의의는 농민의 토지에 대한 열정을 채워줌으로써 농촌사회 안정화에 기여했다는 점일 것이다. 농가의 입장에서는 실질소득이 증가했기 때문에 도시로의 인구유출을 최대로 억제할 수 있었고,[8] 교육의 확대가 가능해짐으로써 이후 진행할 산업화시기에 필요한 노동자군을 최대한 축적할 수 있었다.

그러나 농지개혁법은 농지유동화의 현실적 가능성을 무시함으로써 단언키 어렵지만 논리적으로 농업생산성에는 악영향을 미쳤을 것이다. 자작농주의가 현실적 위력을 지니는 것은 정치적 필요뿐 아니라 토지에 대한 농민의 욕구가 채워지지 않은 상황, 즉 토지에 대한 수요가 공급을 훨씬 초과할 경우이다. 만일 반대의 경우라면, 즉 수요보다 공급이 많은 경우라면 농민의 입장에서는 목돈을 들이는 토지매입보다는 임대차에 의한 경영규모확대방안을 모색하는 것이 합리적이다. 그러나 농지개혁법은 이러한 토지임대차를 원천적으로 금지하였기 때문에 농업경영의 합리화를 막는 일이 된다. 농지개혁에 대한 평가는 이러한 장기적인 농촌사회의 변화를 염두에 두어야 할 것이다.

자작농제가 현실적 위력을 지니는 시기란 결국 토지에 대한 농민의 욕구가 채워지지 않은 상황, 즉 토지에 대한 수요가 공급을 훨씬 초과할 경우이다. 토지시장의 상황이 이러할 때 전체 인구의 대부분이 농민인 상황에서 자작농제에 반하는 슬로건을 내건 정치집단은 실패할 것이다. 그러나 만일 반대의 경우라면, 즉 수요보다 공급이 많은 경우라면 초과공급되는 부분은 경작자인 농민의 입장에서는 임대차의 방법에 의한 해소되는 것이 좀더 경제적이다. 그러나 토지시장이 이런 상황인데도 농지제도가 농지의 유동화를 막고 있다면 이는 인위적으로 공급을 줄임으로써 오히려 농지가격의 상승과 농업경영의 합리화를 막는 일이 된다.

---

8) 농가의 호당 인구는 1949년 5.83인에서 점차 증가하여 1964년 6.35인을 정점으로 점차 감소하였다.

해방 직후는 전자의 상황이기 때문에 토지소유권의 재분배에 대한 주장이 사회적 대세를 형성하였으며, 농지유동화를 제한한 농지개혁법의 여러 조항이 큰 문제로 나타나지는 않았다. 또한 1960년대 중반까지는 농가가 증가하는 상황에서 토지에 대한 수요는 끊임없이 증대하였기 때문에 농지개혁법의 여러 조항들이 큰 문제가 되지는 않았다.

　그러나 1960년대 후반 이후 총농가수의 감소로 토지공급이 증대할 가능성 생겼으며, 상속, 이농 등으로 유동화된 토지가 다수 발생하였다. 이들 토지는 소작지화하였지만, 그러나 농지개혁법은 소작지를 원칙적으로 인정하지 않음으로써 사실상 존재하는 소작지의 경작농민을 보호할 수 있는 장치를 마련할 수 없었다. 경자유전의 원리에 입각한 자작농제도는 농지개혁 당시의 경제여건에서 효율적인 제도였을지는 모르겠지만, 농촌의 사정이 변화하면서 점차 현실과 유리되고 있었다.

　농지개혁에 의해 자작농이 창설되었다 하더라도 자작농 자체가 변화한다. 그것은 상속, 이농에 의해 자작을 포기하는 경우, 혹은 분호 별산을 통해 생계를 유지하는 데 필요한 영농규모를 확보하지 못하는 경우 등 다양한 경로가 있다. 이러한 가변성이 큰 상황에서 자작농체제를 영속하

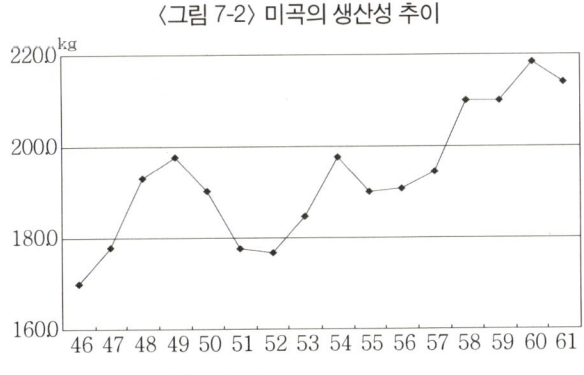

〈그림 7-2〉 미곡의 생산성 추이

자료 : 경제기획원(1963: 43).
주 : 년도는 3개년 이동평균임.

는 것은 불가능하다. 이에 대해 농지매매와 임대차를 허용하는 방안을 현실화할 필요가 있는데, 이는 농지개혁법의 경자유전의 원칙과 배치될 가능성이 농후한 것이었다.

그러면 소작농이 자작농화한 것은 토지생산성에 어떤 영향을 미쳤을까? 전통적으로 소작제보다는 자작제가 토지생산성이 높은데, 그 이유는 자작농의 경우 아무래도 토지에 대한 노동 및 자본 투입이 많기 때문이라는 것이다. 만일 이 이론이 사실이라면 농지개혁은 토지생산성의 상승을 가져왔을 것이다.

〈그림 7-2〉는 해방 이후부터 1950년대의 미곡의 단보당 생산량을 3개년 이동평균을 구해 그래프로 나타낸 것이다. 1950년대 초반의 하락은 전쟁으로 인한 생산성 감소이며 1956년은 흉년으로 인한 감소이다. 이 시기를 제외하면 전체적으로 단보당 토지생산성은 상승하였음을 보여준다.

그러나 이러한 토지생산성의 상승이 농가수지의 개선으로 이어진 것은 아니었다. 늘어나는 농촌인구의 압력을 이겨내기에는 농경지가 매우 부족하였으며, 이에 대해 농민들은 가족노동력의 투입을 통한 토지생산성의 증대로 대응할 수밖에 없었다. 이러한 사정을 반영하여 단위면적당 수확량은 증가하였으나, 생산기반시설이 열악하였기 때문에 자연재해에 취약한 생산구조를 보였다. 말하자면 1950년대의 토지생산성의 증대는 노동투입의 증대 때문이었다고 할 수 있다.

그렇다면 토지생산성의 증대가 농가수지의 악화와 양립할 가능성도 있으며, 현실적으로도 1950년대 농가수지는 적자를 면치 못하였다. 이를 근거로 하여 그동안의 연구에서는 농지개혁이 불철저와 잉여농산물 도입에 따라서 농촌경제가 피폐해졌다는 주장이 주류를 이루었고, 최근 농지개혁에 대한 긍정적 평가가 나온 뒤에도 농지개혁에도 '불구하고' 농촌경제가 피폐해졌다는 주장은 변함이 없었다.[9] 그러나 수지적자라는

---

9) 한도현(1998)은 농지개혁의 성과에도 불구하고 1950년대의 한국 농촌이 피폐한 이유는

관점에서 파악한다면 도시노동자의 가계가 반드시 농가보다 유리할 것은 없었다. 다만 그 도시 가구가 이농한 가구였다면 이렇듯 확대하는 수지적자를 고향인 농촌가구로부터 일정부분 보전받았을 가능성은 있다.

그런데 이 시기 토지생산성의 상승에 미친 농지개혁의 효과는 어느 정도였다고 말할 수 있는가? 이에 대해 전용덕(1997)은 1937∼1944년과 1955∼1974년의 거시통계를 회귀한 결과 농지개혁에 따른 소작제도의 해체는 농업생산성의 증대에 기여한 것으로 분석하였다. 그는 농지의 자작지화에 따른 비용이 편익에 비해 적었기 때문에 토지생산성이 증대하였다고 설명하였다.

반면 우대형(2001)은 경북 23개 군의 데이터의 회귀 결과 농지개혁이 농업생산성의 증대에 기여하지 못하였다고 주장하였다. 그는 일제시대의 경우 소작지가 자작지에 비해 생산성이 낮지 않았으며, 이것은 지주가 소작농의 '태업'을 효과적으로 통제할 수 있었기 때문인 것으로 보았다. 더구나 해방 이후 농지개혁 과정이 '정치논리'에 의해 좌우되면서 자작지화에 따른 잠재적 편익이 현실화하지 못했기 때문에 나타난 현상이라고 설명하고 있다. 양자의 주장이 서로 상반되지만 어느 쪽이 더 타당한지는 추후의 연구에 기댈 수밖에 없다.

2) 한국자본주의의 관점에서 본 농지개혁의 성과

한국자본주의의 경제성장에 있어서 농지개혁이 미친 효과에 대하여 살펴보기로 하자. 먼저 농지개혁이 자본축적에 미친 효과는 어떠한가?

정부의 농업정책, 즉 국가의 성격에서 찾아야 한다고 주장하였다. 그러나 그가 들고 있는 농가경영의 악화, 소작제 재생, 절량농가, 농가경영규모의 영세성, 농가부채와 고리채, 도농 간 생활격차 등은 사실 일제시대에 없었던 새로운 현상은 아니며, 그것이 더 악화되었다는 증거도 확실하지 않다. 도시노동자와 농촌의 생활격차의 확대 또한 수지적자라는 관점에서 파악한다면 다른 해석이 가능하다.

지가증권을 매개로 하여 지주를 자본가로 전업시킨다고 하는 애초의 발상은 전면 실패였다. 지가증권 액면가격 400석 이상을 전업 대상으로 볼 때 그 수는 전국적으로 약 3,400명이 됨에도 1958년 9월말 현재 신청건수는 181건이었으며, 그 중 실제 성사된 것은 20건에 불과했다(한국농촌경제연구원, 1989: 1043). 그런데 김성호는 이 측면만을 보고 농지개혁의 자본형성기능은 실패했다고 할 수는 없다고 주장하였다. 그는 사업잉여금의 처분 및 지가증권 자체의 자본형성기능[10]을 고려한다면 농지개혁을 통해 한국자본주의의 자본축적의 계기가 마련되었다고 보았다(한국농촌경제연구원, 1989: 1064).

농지개혁사업과정에서 다액의 사업잉여가 발생하였다. 1949년부터 1959년까지 11년간 농지개혁사업의 총세입은 439.4억 환이었지만, 농지대가보상금과 사무비 등 농지개혁사업에 지출된 직접 세출은 265.0억 환으로 60.3%에 지나지 않았다(한국농촌경제연구원, 1984, 3집: 101). 그 차액은 토지개량사업이나 농업기술개량사업 등에 투자되었다. 〈표 7-2〉에서 보는 바처럼 전용덕(1997)은 1950년부터 1970년에 이르는 년도별 보상량과 산환량을 합산하였을 때 지주보상량과 행정비용을 공제하고도

〈표 7-2〉 농지개혁 상환액 및 보상액

	상환량(A)				지주보상량 (B)	행정비용 및 농업투자(C)	잔량 (A-B-C)
	현물상환	현금상환	지가증권상환	계			
석수	9,022,284.7	2,291,135.6	165,468.9	11,577,839.8	3,407,721.6	1,680,377.8	6,849,740.4
A대비 비율	77.9	19.8	1.4	100.0	26.3	14.5	59.2

자료 : 전용덕(1997: 129).

---

10) 지가증권을 매개로 지주가 자본가로 변신하는 데는 실패했지만, 지가증권이 귀속기업체 불하대금으로 지불됨으로써 귀속업체 불하를 통해 기업가로 변신한 사람들은 대규모의 특혜를 누릴 수 있었다. 일반보상액의 53.6%에 달하는 지가증권이 귀속재산의 불하에 사용되었으며, 이는 귀속사업체 불하액의 42.8%에 달하는 것이었다(한국농촌경제연구원, 1989: 1063).

총상환량의 59.2%가 남았으며, 이 비율만큼 지주계층의 소득이 정부로 이전되었다고 보았다(전용덕, 1997: 129).

이와 같은 대규모의 사업잉여가 발생할 수 있었던 데는 크게 두 가지 이유가 있었다. 첫째는 귀속농지의 상환액인데, 귀속농지는 보상이 필요 없으므로 전액 잉여로 남았다. 둘째, 상환은 주로 현물로 받았음에 반하여 보상은 주로 현금으로 이루어졌는데, 당시가 고율의 인플레이션이 진행되던 시기임을 고려하면 정부는 막대한 차액을 챙길 수 있었다. 이 중에서 특히 후자가 중요했다. 특히 전시 인플레는 지가증권의 가치를 더욱 하락시켰으며, 그나마 지주보상금의 지불도 통화관리 차원에서 지연되는 경우가 많아[11] 지주층의 몰락을 더욱 촉진하였다. 그 만큼의 재원은 정부에 집중되면서 농업투자자금으로 활용될 수 있었다.

농지개혁은 그 자체가 자산재분배의 효과를 가진 것이지만, 나아가 그것이 이후 농업생산성의 발전에 어떤 영향을 미쳤는지 분석하는 것도 필요하다. 먼저 자산재분배의 결과 가장 이익을 본 계층은 누구였을까? 우선 분배당한 지주가 가장 큰 피해자였음은 당연하다. 농지의 대가를 지가증권으로 보상받았다고는 하지만, 인플레이션을 감안하면 지주에게 크게 불리하였고, 그나마 전쟁기간에 대다수가 할인 판매함으로써 실질적으로는 큰 손해를 입었다. 특히 대지주들은 사전 방매를 통해 이런 피해를 줄일 수 있었지만, 중간규모의 지주들의 경우는 그렇지 못했을 것이다.

---

11) 정부가 1951년 지주보상금의 지불 법정기한인 5월말을 "인플레 방지에 협조하기 위해 국무회의 결의로서 보상금지불을 제한" 하여 1953년 3월로 연장함에 따라 1952년 10월 현재 지주들은 1951년분 보상금을 절반 정도만 지불받은 상태(동아일보, 1952. 10. 6.; 한국농촌경제연구원, 1986, 5집: 155)였다. 이런 상황은 1953년도에도 계속되어 1952년도분 지가보상금 약 38억 원이 1953년 10월 현재에 일부 문교재단분을 제외한 일반 지주에 대하여 전액이 한푼도 지급되지 않았다고 보도하고 있다(동아일보, 1953. 10. 12.; 한국농촌경제연구원, 1986, 5집: 155).

분배받은 농민의 경우 총상환금을 이자율로 할인한 현재가치로 보면 대략 연간 수확량 정도였으므로(전용덕 외, 1997) 그 정도 가격에 토지를 구입한 셈이면 이익을 보았다고 할 것이다. 반면 1950년대에 부과된 임시토지수득세는 농민의 잉여를 정부로 이전하는 효과를 가져왔음을 간과할 수 없다.

다음은 노동력 형성의 측면을 살펴보자. 농지개혁을 통해 농가경제가 향상되었다면 농촌의 인구부양력이 증가하였을 것이며, 또한 그들에 대한 정규교육 실시가 가능해져 다음 시기 양질의 노동력을 확보하는 데 유리한 조건을 형성하였을 것이다. 그러면 과연 그런 현상이 일어났을까?

일단 농촌의 인구는 도시로의 인구집중이 진행되는 과정에서도 1950년대에는 절대적으로 줄어들지 않았다. 한국 사회에서 군부인구의 절대적 감소가 나타나기 시작한 것은 1960년 중반 이후로써 1950년대는 여전히 급속한 도시화에도 불구하고 촌락인구가 계속 증가 또는 유지되고 있었다. 물론 이것은 전쟁으로 최저수준으로 떨어졌던 자연출산력[12]의 회복과 그 이상의 증대(베이비 붐)때문인 것으로 특히 농촌의 출산력이 도시보다 높았던 점[13]을 감안할 때 이러한 상황은 지속적인 경제의 성장에도 불구하고 농촌의 빈곤을 해소하지는 못했다.

그런데 도시와 농촌의 가족수의 변화 추이는 한가지 흥미로운 점을 시사하고 있다. 호당 농가인구는 1953년 5.76명에서 꾸준히 증가하여 1961년에 6.23명이 되었다. 이는 같은 시기 서울의 평균가족수가 5.5인 내외에서 안정적인 수준을 유지하고 있던 것과 대비된다. 농촌의 경우 호당

---

12) 자연출산력(natural fertility)은 인구학에서 피임이나 인공유산 등 인위적 출산통제수단을 이용하여 출산력을 의도적으로 규제하지 않을 때 한 부부가 일생동안 가질 수 있는 자녀의 수로 정의되는 분석적 인구개념이다.

13) 1960년 센서스 자료에 의한 도시와 농촌별 출산력의 차이는 전국의 조출생율이 31.6에 비하여 도시는 28.7이며 농촌은 34.2로서 농촌이 도시보다 약 20% 가량 더 높은 현상을 보여주고 있다(과학기술처, 1968: 13).

인구수가 늘었음에도 불구하고 호당 경지면적은 1950년대 중반 이후 감소하는 추세를 보이고 있었다. 이는 좀더 적은 경지로부터 더 많은 인구를 부양해야 했음을 의미한다.

그런데 이를 다른 측면에서 본다면 노동력의 대량 투입으로 인하여 어느 정도의 토지생산성 상승이 가능했기 때문에 늘어나는 인구압력을 농촌이 수용할 능력이 있었다고 볼 수 있다. 즉, 1950년대 늘어나는 농촌인구가 도시에 그대로 배출되지 않았다는 사실은 수요능력에 한계가 있었던 당시 도시사정을 고려하면 매우 다행한 일이었으며 이는 농촌이 잠재적 실업자의 저수지 역할을 어느 정도까지는 수행하고 있었다고 해석할 수 있다.

이제 이를 가족구조의 측면에서 살펴보자. 정종면(1964)의 조사에 의하면 1950년대의 가족수를 보면 4~5인 가족이 최다수이고 그 다음이 6인 가족, 3인 가족순이었다. 도시에서는 4인 가족이 가장 많고 농촌에서는 5인 가족 이상의 다인 가족이 많지만 10인 이상의 대가족은 거의 존재하지 않았다. 농촌에서는 도시에 비하여 가구원이 약간 더 많았다. 이는 앞서 우리의 추론에 설득력을 더해주는 증거이다.

말하자면 1950년대 도시가 경제적 측면에서의 흡인능력은 미약했으며, 농촌은 배출요인이 강했어도 어느 정도까지는 늘어나는 인구를 포용할 수 있는 능력이 있었다는 결론을 내릴 수 있다. 그런데 산업화가 충분히 이루어지지 않은 상태임에도 불구하고 도시가 강력한 흡인력을 지니게 된 요인은 경제적인 것이 아닌 다른 요인에서 찾을 필요가 있다. 우리는 중요한 요인 중 하나로 교육열을 들 수 있다고 생각한다.

실제로 1950년대는 교육에 있어서 학교, 학생수, 교원수 특히 취학률의 급격한 증가가 있었다. 1940년 취학률이 31.7%였던 것이 1945년 64%, 전전에는 81.8%로 급증했다. 전쟁으로 일시적으로 감소했던 취학률은 1954년에는 전전의 수준을 회복하고 1960년에는 95.3%에 이르렀다(임대식,1998: 139). 총인구의 20%가 학교에서 교육을 받고 있는 상황이었다.

특히 도시지역에 몰려 있는 고등학교 이상 학생수의 증가가 두드러졌으며, 대학생은 10년 동안 무려 10배 이상의 증가를 보여주었다. 1952년에서 1960년까지의 대학생 연간 평균증가율은 14.5%로 이것은 1960~70년 사이의 연간평균 증가율 6.7%보다 2배나 높은 것이었다(한국개발원,1981: 21). 1960년에는 대학생이 10만 여명으로 증가하여 대학생과 대학출신자가 38만 명에 이르렀다.[14] 중등학생에 비해 상대적으로 대학생이 더욱 늘어난 것은 취업난 및 계층상승욕구가 기본적인 동력이 되었을 것이다. 이러한 교육의 양적인 성장을 통해 1960년대 이후 경제성장의 인적 토대가 마련되고 있었다고 말할 수 있다. 그리고 이를 위해 농촌가계가 수지적자를 무릅쓰고 교육비지출의 고통을 감내하였다는 사실 또한 강조할 필요가 있을 것이다.

4. 맺음말

이상 농지개혁이 한국자본주의의 발전에 미친 영향에 대해 간략하게 살펴보았다. 농지개혁이 가능했던 이유로 본고에서는 북한에서의 토지개혁과 미국의 의도, 그리고 이승만의 정치적 고려 등을 언급한 기존 설에 덧붙여 경자유전 이데올로기와 같은 비공식적 제약도 일정한 영향력을 행사하였음을 지적하였다.

농지개혁이 한국자본주의에 미친 영향에 대해서는 농업생산에 미친 효과와 한국자본주의의 성장에 미친 효과로 구분하여 살펴보았다. 우선 농업생산에 미친 효과는 무엇보다도 식민지지주제를 해체하고 자작농

---

14) 이중 남자가 87.2%, 여자가 12.8%였고 4년제 대학졸업자수는 9,171명이었다.

제를 형성하였다. 다만 통계적으로 농업생산성은 증대했지만 그것이 농지개혁 때문인지 식별하는 것은 곤란하다고 보았다.

한국자본주의의 성장에 미친 효과 분석을 위해서는 성장요인분석을 원용하였다. 우선 자본축적의 측면에서는 지가증권을 매개로 한 지주자본의 산업자본화를 지적할 수 있다. 노동공급의 측면에서는 농지개혁을 통한 유산자화가 농촌의 인구담지력을 증가시켜 잠재적 노동자층을 확보했을 뿐 아니라 담보대부를 통한 과잉교육은 양질의 노동자군을 형성할 수 있도록 하였음을 상정할 수 있다.

요컨대 한국의 농지개혁은 자본주의적 착취의 제거에는 실패했으나 반봉건적 착취는 확실히 제거할 수 있었다. 토지의 사적소유의 불평등에 따른 문제는 어느 정도 해소되었지만, 상품시장, 금융시장, 노동시장에서의 사적 관계는 그대로 온존함으로써 진정한 농업개혁으로는 나갈 수 없었다.

그러나 본고는 다음과 같은 연구사의 당면과제에 대한 해답을 제시하지는 못하였다. 우선 농지개혁이 농민의 인민주의적 욕구를 충족시키는 데 성공했다면, 이러한 국민적 합의의 도출이 이후 역사에 어떤 기능을 했을까를 살펴보는 것은 쉽지 않다. 둘째로는 산업자본으로의 전화과정에서 신흥자본가계급이 생성되는 메커니즘을 구체적으로 분석해야 하는데 이를 수행하지 못하였다. 마지막으로는 농지개혁은 당시 상황과 소응하는 것이었는가, 그 제도의 도입은 당시 상황에 비해 지체된 것이거나 혹은 너무 많이 나간 것 아닌가라는 문제이다. 이는 정치적으로는 농민의 보수화를, 경제적으로는 농업의 자본주의화를 지체시켰다는 주장과 관련하여 깊이 검토해볼 문제이지만 다음의 과제로 기약한다.

| 참고문헌 |

강정구, 1989, 『좌절된 사회혁명』, 열음사.

경제기획원, 1963, 『농림통계분석요람』.

고영복, 1958, 「농가부채 정리에 대한 제문제」, 『한국평론』 3.

공제욱, 1992, 『1950년대 한국의 자본가연구』, 백산서당.

권병탁, 1987, 「농지개혁의 과정과 경제적 기여」, 『농업정책연구』 11-1.

김기원, 1990, 『미군정기의 경제구조』, 푸른산.

김낙년, 1999, 「1960년대 한국의 공업화와 그 특징」, 한국정신문화연구원 편, 『1960년대 한국의 공업화와 경제구조』, 백산서당.

김병태 외, 1981, 『한국경제의 전개과정』, 돌베개.

김성보, 1992, 「일제하 조선인 지주의 자본전환 사례」, 『한국사연구』 76.

김성호, 1985, 「한국토지제도의 연속성과 단절성 상, 하」, 『농촌경제』 8-3, 8-4.

_____, 2000, 「농지개혁법 제정」, 한국농촌경제연구원, 『농정반세기 증언』, 농림부.

김윤수, 1988, 「8 · 15이후 귀속기업체 불하에 관한 일연구」, 서울대학교 석사학위논문.

김일영, 1995, 「농지개혁, 5 · 30선거 그리고 한국전쟁」, 『한국과 국제정치』 11-1.

김정부 · 백선기 · 김홍상, 1995, 『農地法制定白書』, 한국농촌경제연구원.

김준보, 1977, 『한국자본주의사연구』, 일조각.

농림부, 1951, 『農地改革統計要覽』.

박기혁 외, 1966, 『韓國農地制度研究報告書』, 한국토지경제연구소.

박석두, 1987, 「農地改革과 植民地地主制의 解體」, 『經濟史學』 11.

박태균, 2000, 「1956-1964년 한국 경제개발계획의 성립과정」, 서울대학교 국사학과 박사학위 논문.

박현채, 1978, 『民族經濟論』, 한길사.

_____, 1981, 「자립경제의 실현을 위한 모색」, 『한국경제의 전개과정』, 돌베개.

박희진, 1988, 「농지개혁을 통한 50년대 한국자본축적-농가수지를 중심으로: 경

　　　　북 월성군 서면 사라리의 연구」, 영남대학교 석사학위논문.

서중석, 1989, 「일제시기 미군정기의 좌우대립과 토지문제」, 『한국사연구』 67.

성창환, 1956, 「농촌번영에의 길」, 『사상계』 30.

신병식, 1988, 「토지개혁을 통해 본 미군정의 국가성격」, 『역사비평』, 1988년 여
　　　　름호.

櫻井浩, 1976, 『韓國農地改革の재검토』, アジア經濟硏究所.

오미일, 1989, 「일제시기 사회주의자들의 농업문제 인식」, 『역사비평』 1989년 겨
　　　　울호.

우대형, 1994, 「일제하 '개량농법'의 보급과 농촌구조의 변화」, 연세대학교 박사
　　　　학위논문.

_____, 1995, 「일제하 소작제의 효율성 검토」, 『경제학연구』 42-3.

_____, 1998, 「1920년대 한국 미곡생산성의 정체」, 『경제사학』 25.

유기천, 1990, 「農地改革과 土地所有關係의 變化에 관한 硏究」, 『經濟史學』, 14.

유영익 편, 1998, 『수정주의와 한국현대사』, 연세대출판부.

유인호, 1980, 「解放後 農地改革의 展開過程과 性格」, 『解放前後史의 認識』 I,
　　　　한길사.

이대근, 1987, 『한국전쟁과 1950년대의 자본축적』, 까치.

이병천, 1999, 「박정희 정권과 발전국가 모형의 형성」, 『경제발전연구』 제5권 제
　　　　2호.

_____, 2000, 「발전국가체제와 발전딜레마」, 『경제사학』 28.

이임하, 1998, 「이승만정권의 농촌단체 재편성」, 『역사연구』 6.

이주철, 1989, 「1946년 북한의 토지개혁에 관한 연구」, 고려대학교 석사학위논문.

이지수, 1994, 「해방후 농지개혁과 지주층의 자본전환 문제」, 연세대학교 석사학
　　　　위논문.

장상환, 1984, 「農地改革過程에 관한 實證的 硏究」, 『經濟史學』 8, 9.

장시원, 1989, 『日帝下 大地主의 存在形態에 관한 硏究』, 서울대학교 경제학과
　　　　박사학위논문.

_____, 1995, 「지주제 해체와 자작농체제 성립의 역사적 의의」, 『광복50주년기

넘논문집』, 한국학술진흥재단.

장하원, 1999, 「1960년대 한국의 개발전략과 산업정책의 형성」, 한국정신문화연
　　　구원 편, 『1960년대 한국의 공업화와 경제구조』, 백산서당.

전용덕 외, 1997, 『한국경제의 성장과 제도변화』, 한국경제연구원.

정일용, 1987, 「6-25동란 후 미국원조의 성격과 그 귀결」, 『한국경제론』, 까치.

정종면, 1964, 『한국농촌사회학 원리』, 부민문화사.

정진성, 1995, 「식민지기 공업화와 그 유산」, 『광복50주년기념논문집』, 한국학술
　　　진흥재단.

정진아, 1999, 「제1공화국 초기(1949-1950)의 경제정책 연구」, 『한국사연구』
　　　106.

조석곤, 2001a, 「20세기 한국토지제도의 변화와 경자유전 이데올로기」, 안병직
　　　편, 『한국경제 성장사』, 서울대학교출판부.

_____, 2001b, 「토지대장에 나타난 토지소유구조의 변화」, 『맛질의 농민들』, 일
　　　조각.

조석곤, 오유석, 2001, 「압축성장전제조건의 형성 : 1950년대」, 김진업 편, 『한국
　　　자본주의 발전모델의 형성과 해체』, 나눔의집.

최영묵, 1996, 「미군정의 식량생산과 수급정책」, 『역사와 현실』 22.

한국농촌경제연구원, 1983, 『農地制度改善關係資料集』(전6권).

_____, 1984, 『農地改革史關係資料集』 제1-3집.

_____, 1986, 『農地改革史關係資料集』 제4-5집.

_____, 1986, 『農地改革現地進行日誌』.

_____, 1987, 『農地賃貸借管理法白書』.

_____, 1989, 『農地改革史研究』, 농촌경제연구원.

_____, 1989, 『농지개혁사연구』.

홍성찬, 1992, 『韓國近代農村社會의 變動과 地主層』, 지식산업사.

Atul Kohli, 1994, "Where Do High Growth Political Economies Come from",
　　　World Development 22-9.

Banm Sung Hwan et al., 1980, *Rural Development*, Harvard University Press.

Cho, Jae Hong, "Post-1945 Land Reforms and Their Consequences in South Korea" Ph.D. Dissertation, Indiana University.

D. North, 1981, *Structure and Change in Economic History*, W. W. Norton & Company.

_____, 1990, *Institutions, institutional change and economic performance*, Cambridge university press.

North, D. and R. P. Thomas, 1973, *The Rise of the Western World: A New Economic History*, Cambridge: Cambridge University Press.

Suh, Sang-Chul, 1978, *Growth and Structural Change in the Korean Economy: 1910-1940*, Harrard University Press.

제8장

1960-1970년대 산업정책의 형성과 전환

—화학섬유산업을 중심으로[1]

이상철

1. 서론

1960년대 이후 한국의 공업화 경험은 후발국의 경제성장에 있어서의 정부역할을 둘러싼 논쟁을 야기했다(Amsden, 1989; 1994; Wade, 1990; World Bank, 1993). 한국에 있어서 정부의 개입이 경제적 성과에 미친 영향에 대해서는 아직도 상당한 이견이 존재하고 있지만, 공업화가 강력한 정부개입 아래에서 이루어졌다는 사실은 시장친화적 접근(market-friendly approach)을 표방하는 세계은행의 보고서에서조차 강조되고 있다(World Bank, 1993: 84-86).

그렇지만 한국의 공업화 과정에서 정부의 적극적 개입이 나타나게 되는 계기나 이러한 정부개입의 구체적인 메커니즘을 체계적으로 해명하려는 노력은 그리 풍부하지 않다. 더욱이 정부의 개입에 관한 연구도 대

---

[1] 이 글은 본인의 논문 「한국의 후발산업화와 산업정책」(『경제발전연구』 제4권 제1호, 1998)의 내용을 일부 수정한 것임.

개는 1970년대의 중화학 부문의 육성정책에 초점을 맞추고 정책의 성공 여부를 입증한다거나(World Bank, 1993), 혹은 1960년대 이후의 가장 중요한 정책을 수출지원정책으로 간주하고 그 효과를 분석하는 것(김광석, 1984)에 치중되어 있다. 이에 따르면, 1960년대 이후 이루어진 수출지원정책이 자원배분에 있어서 시장 메커니즘에 의존했던 것으로 묘사됨으로써, 1970년대 정부의 주도 아래 이루어졌던 수입대체공업화—중화학 육성정책—로의 전환은 불연속적으로 다루어지게 된다.

그렇지만 웨스트팔(Westphal)이 지적했듯이, 1960년대 초반 이후 한국에서는 한편으로는 국제적으로 경쟁력이 있는 산업의 비교우위를 이용하는 수출지원정책과 더불어 특정 유치산업의 비교우위를 증진시키기 위한 육성정책이 추진되었다(Westphal, 1990: 44-56). 수입대체를 목적으로 하는 유치산업의 육성은 제1차 경제개발5개년계획의 수립 이후부터 계속되었으며, 일부 부문에 있어서는 1960~1970년대를 통해 일정한 성과를 거두었다. 하지만 1960년대에 육성된 유치산업 모두가 국내시장에서의 수입대체만 이룩한 것은 아니었다. 일부 소재산업에서는 내수를 충족한 다음 수출용원자재 시장으로 그 판로를 다른 한편 확대해 갔고, 이 과정에서 수입원자재를 이용하여 가공수출을 하는 부문과 연계를 가지기도 하였던 것이다. 그러므로 1960년대 한국의 공업화는, 한편에서는 비교우위산업이 수출을 확대해 가면서 다른 한편에서는 일부 유치산업 부문에서의 수입대체가 진행되고, 또 후자에 있어서도 일부 산업의 경우에 있어서는 수출용원자재를 공급함으로써 기존의 수출산업과의 관련을 가지게 되는 등 산업별로 매우 다기한 경로를 거치면서 진행되었던 것이다.

한편 1960년대 이후 한국에 있어서의 수입대체산업화는 유치산업을 선별적으로 보호·육성하는 국가의 산업화전략—산업정책—을 고려하지 않고서는 충분히 설명될 수 없다. 이와 관련하여, 최근 들어 한국의 산업화 과정을 거센크론(A. Gerschenkron)의 후발산업화론에 입각하여 설명하려는 시도가 이루어지고 있다(이제민, 1996: 12-17). 거센크론은 19세기 유럽의 산업화과정을 설명하면서, 유럽대륙의 일부 국가들이 최초의 산업국가였던 영국이 지녔던 산업화에 필수적인 여러 가지 전제조건들 중 일부를 결여한 상태에서 이에 대한 대체물들을 성공적으로 개발함으로써 급속한 산업화에 돌입할 수 있었다고 주장하였다(Gerschenkron, 1962: 46-51, 357-360). 이들 유럽대륙의 국가들이 개발한 대체물들은 그들의 후발성의 정도에 따라 대규모 기업, 겸업은행, 그리고 국가 등 다양한 형태를 띠고 있었다. 그렇지만 이들 대체물들은 형태에 있어서의 차이에도 불구하고 시장의 조정메커니즘을 대체하는 위계구조를 가지는 대규모의 의사결정단위라는 공통된 특징을 갖고 있었다(Harley, 1991: 29-35). 거센크론이 지적한 것처럼 시장의 대체물로서 등장한 위계적 자원배분 메커니즘은 후발산업화가 진행되는 과정에서 점차 시장에 그 역할을 다시 넘겨줄 수밖에 없는 것이지만, 후발산업화의 초기과정에서는 적극적 기능을 수행하였다. 그러므로 이 이론은 '시장이냐 위계냐'라는 단순한 이분법적인 구분을 넘어서, 대안적 조정메커니즘들의 상대적 유효성이 특정한 역사적 맥락 속에서만 그 의미를 지니고 있음을 시사해 준다고 할 수 있다.

일반적으로 산업정책은, 만약 그것이 채택되지 않았더라면 산업 간의 자원배분이나 한 산업에 속한 기업의 경제활동수준에 상이한 영향을 미쳤을 정부정책을 지칭하는 것으로, 특정한 산업의 생산·투자·연구개발·근대화·산업재편성을 촉진하고 다른 산업에서는 이를 억제하는 것으로 정의된다(小宮隆太郎 外, 1984). 그렇다면 왜 신흥공업국의 정부가 특정산업을 선별 육성하는 역할을 수행하게 되었을까?

새로운 제품 및 생산공정을 발명하고 이를 최초로 상업화하는 노력—즉, 선진기술의 개발—을 통해서 산업리더로 성장한 선진국과 달리, 신홍공업국은 이미 상업화된 기술을 선진국으로부터 빌려온 다음 이를 개선하는 학습자로서 20세기 세계무대에 등장하였다. 또 이들 국가의 후발 산업화과정은 최신의 기술혁신이 급속히 이루어지는 산업부문을 정부가 육성하고 이를 통해 혁명적이고 폭발적인 약진을 이룩하여 선진국을 따라잡는 과정이기보다는, 세계적으로 표준화되고 상업화된 생산기술을 도입하고, 작업장 수준에서의 점진적인 혁신을 통해 이를 개량함으로써, 기술추격을 해 나가는 과정이었다(Amsden & Hikino, 1993).

그런데 기술 중에는 쉽게 문서화될 수 없어서 단순한 교육이나 문서화된 전달수단만으로는 분명히 습득될 수 없고 실행과 경험을 통해서만 습득될 수 있는 영역이 존재하므로(기술의 암묵성), 일정한 기간의 기술학습기간이 요구된다(Nelson & Winter, 1982). 또 선진국의 잘 발달된 인프라스트럭처·우수한 경영능력·숙련된 노동 등이 똑같은 정도로 신흥공업국에서 단시일 내에 이루어지리라고 기대할 수는 없다. 따라서 신흥공업국의 기업은 선진국보다 훨씬 비효율적일 수 있으며, 전통적 의미의 단순한 기술이전만으로는 이러한 문제가 극복될 수 없다.

뿐만 아니라 신흥공업국이 도입한 기술은 규모의 하방경직성으로 인하여 이미 소규모인 국내시장의 흡수능력을 초과하는 것이었다. 즉, 상업화된 선진기술의 경우, 국제경쟁력을 갖출 수 있는 조업규모를 임의로 변경하는 것은 불가능하였고, 결국 상대적으로 제한된 신흥공업국의 국내시장규모를 초과할 수밖에 없었던 것이다. 따라서 기술도입 당시의 협소한 국내시장제약 때문에, 신흥공업국 산업의 성공적인 성장을 위해서는 수출시장의 확보가 필수불가결하였다.

결국 신흥공업국의 산업화는 이전 시기와는 다른 새로운 국제적 환경 속에서 이루어졌던 것이다. 최신의 첨단기술이 아닌 상업화되고 표준화된 기술을 도입하고, 이에 기반하여 산업화에 착수할 수밖에 없었던 역사적 조건으로 인해, 이들 신흥공업국의 새로운 산업의 성장과정은 수입대체산업으로 성장함과 거의 동시적으로 수출산업으로의 전환을 요구받았던 것이다.

신흥공업국의 해당산업이 기술의 암묵성으로 인해 상당기간의 학습기간이 필요하고, 효율적인 공장운영에 필요한 관련제도가 미비되어 있는 상황 아래에서, 도입기술이 가지는 규모의 하방경직성으로 인하여, 기술도입 직후부터 수출산업으로의 전환을 요구받는다면, 이러한 후발성의 불이익(diseconomies of backwardness)을 극복하는 것은 매우 중요한 과제일 것이다.

이에 신흥공업국 정부는 이전 시기의 정부가 수행했던 것 이외의 추가적인 역할을 떠맡게 된다. 18세기 말~19세기 유럽에서의 후발국 정부는 산업화의 급속한 수행에 필요한 제도적 · 물적 인프라를 창출하고, 유치산업을 보호하였다(Gerschenkron, 1966). 신흥공업국의 정부는 이러한 역할에 추가하여, 해당산업이 후발성의 불이익을 극복하고 수출산업으로 성공적으로 전환하도록 도와주는 역할을 담당하게 된다. 특히 성공적인 신흥공업국에 있어서 정부의 개입은, 단순히 시장의 실패에 대한 처방이라는 수동적 형태에 그치지 않고, 기업의 생산비용에 영향을 미치는 직접적이고 능동적인 형태를 취했던 것이다.

결국 신흥공업국에 있어서의 산업발전은 수출지향공업화를 통해 가격체계의 왜곡이 해소되고, 이에 따라 경제성장이 이루어지는 자연스러운 과정을 거쳐 이루어진 것은 아니었다. 오히려 도입기술에 의해 부과된 제약으로 인하여 수입대체를 목적으로 했던 산업들이 조기에 수출산업으로 전환되어야 할 상황에 직면하자, 이전 시기와는 다른 새로운 양상의 정부개입이 이 문제를 극복하기 위한 하나의 방안으로 등장하였던 것이다. 또 정부에 의해 주도된 수출산업화는 보호된 국내시장에서 안주하려 했던 기업들에게는 결과적으로는 경쟁압력으로 작용하였다. 신흥공업국 산업의 수출산업화는 개별 기업들이 국제적으로 경쟁 가능한 기술

수준을 확보한 기반 위에서 자연스럽게 이루어졌던 것도 아니었다. 오히려 기업이 계속 성장을 하기 위해서는 수출을 확대할 수밖에 없는 상황이 도래함에 따라 국제적으로 경쟁 가능한 가격 및 품질수준을 달성하기 위한 기술노력이 수반되었던 것이다. 또 이들 산업이 일정한 수준의 국제경쟁력을 갖추기까지 수입대체초기단계에서 이루어진 국내시장에서의 보호는 수출산업으로 전환하는 과정에서도 지속되었으며, 이 과정에서 국내 가격체계는 계속 왜곡되었던 것이다.

이 논문에서는 이러한 분석프레임워크에 입각하여 한국의 산업발전과 산업정책의 전개과정을 살펴보고자 한다. 사례연구의 대상은 화학섬유산업이다. 논문에서의 연구과제는 다음과 같이 요약될 수 있다. 우선 논문이 분석대상으로 하는 전시기에 걸친 한국화학섬유산업의 발전추세는 어떠하였으며, 그 과정에서 나타난 정부개입의 특징적인 양상은 무엇이었던가? 구체적으로 본다면, 우선 제1차 경제개발5개년계획 아래 외산 화학섬유제품의 수입대체를 목적으로 공장건설이 추진되는 과정에서, 필요한 외국자본 및 기술의 도입과정 그리고 준공된 공장의 운영과정에서 정부가 수행한 역할은 무엇이었던가? 특히 화학섬유산업이 수입대체산업으로 성장하는 과정에서, 이를 지원하기 위한 제반 법규의 정비과정, 그리고 정부의 지원정책의 양상은 어떠하였던가?

나아가 화학섬유산업이 수입대체산업으로 성장함과 동시에 도입기술이 가진 규모의 하방경직성으로 인해 협소한 국내시장의 제약에 직면하게 되었을 경우, 수출산업으로의 전환이 이루어지게 되는 계기는 무엇이었을까? 이와 같은 일련의 과정 속에서 정부가 민간기업의 활동에 효과적으로 개입할 수 있었던 중요한 정책수단에는 과연 어떤 것들이 있었으며, 정부는 이를 어떤 방식으로 사용하였던가?

2. 제1차 경제개발5개년계획과 화학섬유산업의 발흥

한국에 있어서의 화학섬유산업은 군사정부에 의해 의욕적으로 추진되었던 제1차 경제개발5개년계획상의 계획 및 비계획사업으로 선정됨에 따라 수입대체산업으로서 발흥하였다. 그렇지만 이들 공장의 신설에는 대규모의 내·외자가 필요하였으며, 내·외자의 조달방안은 동시적으로 강구되어야 했다. 외자의 원활한 조달을 위해서는 외자도입관련법규의 대폭적인 손질이 불가피하였으며, 내자조달의 문제는 투자주체의 선정 문제와 직접 관련되어 있었다.

식민지 조선에서 1930년대 이후 급속히 성장하였던 인견직물공업은 해방 이후 원료조달 문제에 직면하게 된다. 국내에는 인견사 제조설비가 없었으므로, 인견직물의 원료인 인견사는 전적으로 수입에 의존하였던 것이다. 따라서 인견직물 제조업자뿐만 아니라 정부 역시 수입대체를 목적으로 하는 인견사 제조시설과 1950년대 후반부터는 국내에서 그 수요

〈표 8-1〉 제1차 경제개발5개년계획의 섬유부문 공장건설계획 (1962년 1월)

공장구분	규모 (톤/日産)	사업주	소요자금(단위: 백만달러)			
			내자		외자(차관)	
			정부	민간	정부	민간
비스코스인견사제조공장	10	(박흥식) 朴興植	1.0	0.4	-	9.6
비스코스인견사제조공장	10	(김지태) 金智泰	1.0	0.4	-	9.6
아세테이트인견사제조공장	7.5	(구인회) 具仁會	2.1	0.9	-	6.0
아세테이트인견사제조공장	2.5	-	0.7	0.3	-	2.0
나일론F사제조공장	2.5	(이원만) 李源万	-	0.7	-	2.6

자료 : 공장별 사업주는 경제기획원(1962. 1. 20)에서, 소요자금내역은 김달현(편)(1962: 182-205)에서 작성.

가 급증하기 시작한 나일론F사 제조시설의 도입을 희망하였다.

이러한 배경에서 1961년 7월 22일 발표된 「5개년종합경제재건계획(안)」의 섬유부문 공장건설계획에서는 비스코스인견사 제조공장 2개, 아세테이트인견사 제조공장 2개, 그리고 나일론F사 제조공장 1개를 건설하도록 책정되어 있었다. 또 경제기획원은 1961년 10월 30일 「외자도입대상사업건설 예정자 선정을 위한 공고」를 발표하여 공장건설에 필요한 외자도입대상자의 선정기준을 명확히 함으로써, 기존의 민간 대기업가들을 중심으로 한 사업추진방향을 밝혔다.[1] 최종적으로는 1962년 1월 13일 제1차 경제개발5개년계획이 발표됨으로써 이들 공장의 건설에 필요한 내외자규모가 확정되었고, 공장건설담당자는 〈표 8-1〉에서와 같이 외자도입촉진위원회의 의결을 거쳐 1월 23일 발표되었다.

〈표 8-1〉에서 알 수 있듯이 건설예정공장의 규모는 당시의 국제적인 공장규모에 비한다면 파일럿플랜트에 불과한 소규모 공장이었지만, 민간기업들은 파일럿플랜트 규모의 공장건설에 필요한 내자동원능력은 물론이고 외자도입에 필요한 대외신용도조차도 일천한 상태였던 것이다. 당시 관료 및 기업가들의 발언을 통해서 우리는 자금조달문제가 얼마나 심각했던가를 엿볼 수 있다.

"경제개발계획의 성패를 가름하는 관건은 뭐니뭐니해도 내자(內資) 동원

---

1) 「외자도입대상사업건설 예정자선정」을 위한 공고에 따르면, 외자도입대상자의 선정기준은 다음과 같았다.
   (1) 건설에 소요되는 내자에 있어서 자기자금부담율이 가장 높은 신청자에 우선권을 부여한다.
   (2) 외자의 투자조건이 유리하고 계획의 내용이 타당한 신청자는 우선적으로 취급한다.
   (3) 동일계획사업에 있어서 차관과 민간외자(외국인직접투자—인용자 주)가 경합할 경우에는 민간외자에 의한 계획사업에 우선권을 부여한다(『서울經濟新聞』, 1961.10.31.).

과 외자(外資) 획득에 있었고, 이 두 가지 중에서도 외자 획득을 크게 걱정했
다."[2]

"經濟企劃院長이 되고 나서 우선 해야 할 일은 두 가지였다. 하나는 美國
과의 경제원조관계를 정상화시키는 것이었고 또 하나는 순전히 우리 學者와
實務者의 힘으로 第一次 經濟開發5個年計劃을 수립하는 것이었다. 1차 계
획이 수립된 뒤 제일 크게 염려되었던 것은 外貨획득의 문제였다."[3]

"혁명과업에 경제문제가 해결되느냐 안 되느냐가 중요한 분야를 점하고
있는 것은 官民이 다 아는 바인데 외자도입은 말로는 쉽지만 실지로는 대단
히 어려울 줄 압니다. 지금 국내에서는 단 1億환도 꿀 수 없습니다. ……後取
擔保로 全額의 保證을 政府가 해야 할 것으로 봅니다."[4]

이에 정부는 외자의 개념을 외국으로부터의 원조에만 국한시키고 있
던 기존의 「외자관리법」을 개정하고, 외국인투자가에 대해 조세지원을
하도록 「외자도입촉진법」을 제정하였을 뿐만 아니라, 외자도입에 대해
정부가 지불보증하고 후취담보를 허용하며 자본재도입도 지원하는 「차
관에 대한 지불보증에 관한 법률」 및 「장기결제방식에 의한 자본재도입
에 관한 특별조치법」을 공포하는 등 외자도입과 관련한 일련의 법적 정
비를 단행하였다.
그럼에도 불구하고 공장건설을 담당할 민간기업가들뿐만 아니라 사업

---

2) 당시 재무부장관직을 맡고 있었던 千炳圭의 회고임(千炳圭, 1988: 200).
3) 재무부장관, 초대 경제기획원장관, 4대 경제기획원장관, 그리고 부총리겸 경제기획원
   장관을 역임했던 김유택의 회고임(金裕澤, 1977: 353).
4) 외자도입문제를 둘러싸고 당시 관료와 기업가들이 참석했던 1961년 10월 18일의 간담
   회에서 박흥식(朴興植)이 발언한 내용임(『서울經濟新聞』, 1961.10.30.).

내용 자체도 상당히 변경되는 등 계획자체의 대폭적인 수정이 불가피하였다. 계획수정의 가장 큰 이유는 자금조달의 어려움 때문이었다. 결국 이미 DLF차관도입이 확정되었던 나일론F사 제조공장을 제외한 모든 공장들의 건설계획이 변경되었다.[5]

실례로 계획사업의 추진주체로 선정되었던 기업가들 중 실제 공장건설을 담당했던 박흥식의 경우, 자신이 소유한 흥한화섬 · 흥한방적 · 흥한재단으로부터 염출가능한 자금은 사업계획상의 내자소요액 중 불과 43%에 불과하였으며, 외자도입에 따른 요지불보증금액에 대한 담보가능금액의 비율(담보비율) 역시 76.1%에 불과하였던 것이다.

또 나일론F사 제조공장 건설을 담당했던 한국나이론 역시 내자가 부족했으므로, 부족분은 미국 켐텍스(Chemtex)와의 합작투자를 통해 조달할 수밖에 없었다.

한편 이후에 아세테이트 제조공장의 건설을 담당하게 되었던 선경화섬의 경우 사업계획상의 소요내자액 중 조달가능한 금액은 64.5%에 불과하였으며, 차관원리금에 대한 담보비율은 선취담보만으로는 13.74%에 불과하여, 공장건설 이후에 설치될 기계 및 건물 등을 후취담보에 포함시켜 줌으로써 겨우 지불보증요구액에 상응하는 담보취득이 가능하였던 것이다.

결국 흥한화섬과 선경화섬은 산업은행으로부터 공장건설과정에서 필요한 내자를 융자받았을 뿐만 아니라, 공장가동 초기의 운영자금까지도 융자받지 않을 수 없었던 것이다.

---

5) 김지태(金智泰)가 비료공장을 건설하기 위해 조직된 투자공동체의 일원이 됨에 따라 비스코스인견사 제조공장 건설대상자에서 탈락하였으므로, 박흥식 단독으로 일산 20톤 규모의 공장건설을 담당하게 된다. 물론 박흥식이 그 이후 실제 도입한 시설은 그보다 작은 일산 15톤 규모였다. 구인회(具仁會) 역시 송배전선 제조공장의 건설을 담당하게 됨에 따라, 아세테이트인견사 제조공장 건설은 비스코스 공장의 완공시까지 연기되었다.

당시 대외신용도가 일천했던 기업들이 공장건설에 필요한 외화를 해외로부터 차입하기 위해서는, 도입외자에 대한 정부의 대외보증이 필수적이었다. 정부는, 민간기업의 도입외자에 대한 지불보증을 수행하는 과정에서, 외자의 심의 및 배분권을 장악하게 되었다. 더욱이 정부는 산업은행을 통해 기업들의 원화자금 조달과정에까지 직접적으로 개입할 수 있었다. 수입대체산업화과정에서 정부는 기업들을 선별하고 이를 육성하는 수단으로 금융적 통제권을 사용하였던 것이다. 그렇지만 계획사업으로 선정되었던 이들 공장의 건설과정에서 정부가 수행한 역할이 단지 자금지원에만 국한된 것은 아니었다. 정부는 도입기계의 성능을 직접 조사하였고, 차관도입계약서상의 조항을 검토함으로써 차관도입자가 겪을지도 모를 불이익을 미연에 방지하도록 조치하기도 하였던 것이다.

3. 수입대체산업화의 진전과 그 한계

1) 화학섬유의 수입제한과 국내독과점체제의 형성

한국나이론이 1963년 나일론F사를 생산하기 시작한 이래, 국내의 화학섬유 제조시설은 계속 확충되었다. 1967년에 이르자 나일론F사의 경우 한국나이론, 韓一나이론이 각각 2.5톤, 3톤으로 합계 일산 5.5톤의 생산능력을 확보하게 되었으며, 아크릴SF의 경우에는 한일합섬과 동양합섬이 각각 일산 7.5톤과 6톤, 합계 일산 13.5톤의 생산시설을 갖추게 되었다. 또 1966년부터는 홍한화섬에 의해 일산 15톤 규모의 비스코스섬유 제조시설이 가동되고 있었다. 뿐만 아니라 이미 韓一나이론과 한일합섬이 外審委로부터 각각 1.7톤 및 25톤의 증설을 위한 상업차관도입승인을 받아 놓은 상태였으며, 동양나이론의 나일론F사 제조공장, 삼양사의 폴리에스테르F사 제조공장, 선경화섬의 아세테이트섬유 제조공장이 건설되고 있는 중이었다. 1966년 이전까지 국산 화학섬유제품은 나일론F사뿐이었으나, 1966년에는 비스코스섬유가, 1967년에는 아크릴SF가 생산되기 시작하였으며, 폴리에스테르 및 아세테이트섬유의 국내생산이 목전에 다다른 것이다.

재무부가 1967년 10월 국회에 제출한 「관세법」 개정안[6]은 각종 화학섬유제품의 수입관세를 현행 20~30% 수준에서 30~60%수준으로 일률적으로 인상하는 것을 그 내용으로 하고 있었다. 이는 1967년 이후 본격적으로 생산될 국산 화학섬유제품을 외산 화학섬유제품으로부터 보호하려는 것이었다.

「관세법」 개정안이 국회에 상정되자, 이에 대해 가장 반발한 것은 아크릴SF를 주원료로 사용하여 소모직물(梳毛織物)을 제조하는 소모방제조업자들이었다. 소모방제조업자들의 이익단체인 한국소모방협회는 법안이 국회 본회의에 상정되자 뒤늦게 이사회를 개최하여, 「관세법」 개정에 반대하는 성명을 내기에 이르렀다[7]. 더욱이 이들은 1968년부터 개정 「관세법」이 시행되자, 화학섬유에 대한 수입관세율 문제를 다시 거론하기 시작하였다. 이들은 1968년 7월 18일 1차로 「아크릴섬유의 수입관세율 인하 요청 건의」를, 1968년 10월 25일에는 2차로 「아크릴섬유의 관세율 인하에 대한 진정서」를 정부에 제출하였고, 1968년 12월 23일에는 20개 회사가 날인한 「탄원서」를 대통령 앞으로 제출하기에 이르렀다. 그렇지만 정부는 주요 수입화학섬유를 AID품목으로 전환하는 것으로써 이에 대응하였다.[8]

---

6) 改正關稅法은 법률 제1,976호로 1967년 11월 29일 공포되었다(『官報』).

7) 『서울경제신문』 1967. 11. 26.

8) 수입업자가 물품을 수입하기 위해서는, 정부보유외환이나 AID원조에 따른 외환을 이용해야 한다. 그런데 미국의 '바이 아메리칸 정책(Buy American Policy)'에 따라, AID

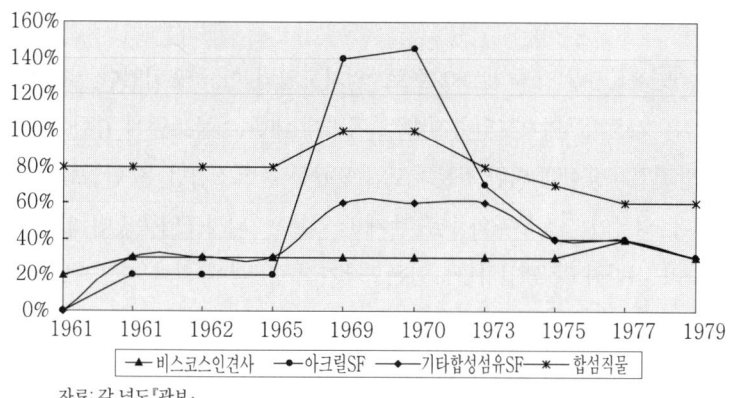

〈그림 8-1〉 주요 화학섬유 관세율 변화 추이

비스코스인견사 ─▲─ 아크릴SF ─●─ 기타합성섬유SF ─◆─ 합섬직물 ─✳─

〈그림 8-1〉에서처럼 고율관세로 인하여 수입 화학섬유제품의 수입가격이 인상되었으므로 국산 화학섬유제품의 가격경쟁력은 제고되었다. 또 화학섬유제품의 AID대상품목지정으로 인해 구매지역이 제한되고 운송비용이 상승되었으므로, 수입화학섬유제품에 대한 국산화학섬유제품의 경쟁력은 더욱 제고되었다. 1968년 이후 국산화학섬유는, 한편으로는 1월 1일부터 시행된 개정「관세법」의 고율 보호관세를 통하여, 다른 한편으로는 AID품목지정을 통하여, 국내시장에서 거의 독과점적인 지위를 보장받게 되었다.

자금은 미국지역으로로부터의 물품구매에만 사용할 수 있었다. 따라서 정부보유외환으로써 일본지역 등으로부터 구매하던 품목이 AID품목으로 전환되면, 항해일수의 연장에 따라 수입비용이 증가되는 것은 물론, 심지어는 해당 규격의 물품이 미국에서는 생산되지 않는 경우까지 있어서, AID품목으로의 전환은 종종 정부에 의해 해당 품목의 수입을 제한하는 수단으로 사용되었다.

2) 외자도입법의 제정

1966년 8월 3일 법률 제1,802호로 「외자도입법」이 공포되었다. 「외자도입법」은 기존의 「외자도입촉진법」, 「차관에 대한 지불보증에 관한 법률」 및 「장기결제방식에 의한 자본재도입에 관한 특별조치법」을 단일화한 것이었다. 외국인 직접투자와 관련된 제반 업무는 「외자도입촉진법」의 규정에 따라 처리하고, 상업차관도입은 「장기결제방식에 의한 자본재도입에 관한 특별조치법」에 근거하여 뒷받침하며, 도입차관에 대해 지불보증은 「차관에 대한 지불보증에 관한 법률」에 따라야 하는 번거로움은, 단일화된 「외자도입법」을 통해 해소되었다. 그렇지만 새로이 제정된 「외자도입법」의 내용 중에서 가장 중요한 것은, 기존의 「차관에 대한 지불보증에 관한 법률」에서 시행되고 있었던, 정부지불보증 관련조항을 변경한 것이었다.[9]

정부지불보증을 얻지 못하는 기업이 자신의 신용에 기반하여 차관을 도입하기는 아직 어려운 상황이었으므로, 상업차관을 도입할 기업들은 이제 정부지불보증 대신 시중은행의 지급보증을 얻어야만 했다. 정부지불보증에는 국회의 동의를 필요로 하므로 정부지불보증대상을 축소한 것은, 외자도입과정에서 번거로운 국회의 동의절차를 회피함으로써 외자도입과정에 대한 행정부의 권한을 강화시킨 결과를 초래하였다. 시중은행이 국유화되어 있는 상황 아래에서 시중은행의 지급보증여부에 대한 결정은 정부에 의해 좌우되기 마련이었기 때문이다.[10]

---

9) 「외자도입법」에서는, 정부의 지불보증을 '① 기간산업부문에 속하는 사업 ② 농수산업부문에 속하는 사업 ③ 국민생활에 필수적인 물품 또는 용역(수송업부문 포함)을 생산하는 사업으로서 경제개발 및 국제수지개선을 위하여 필요하고 또 정부지불보증에 의하지 않고는 당해사업을 위한 외자의 도입이 곤란하다고 인정되는 경우에 한'(제22조)함으로써, 대부분의 민간상업차관에 대해 지금까지 해오던 정부지불보증을 폐지하였던 것이다.

10) 쿠데타 직후 부정축재환수처리의 일환으로 부정축재자가 소유하고 있던 일반은행의

실제로 지급보증을 담당한 시중은행들은 외자도입심의위원회에 제출한 보고서에서 지급보증신청 기업에 대한 어떤 확정적인 판단도 유보한 채, 지급보증신청기업이 제시한 자료에 근거하여 이를 단순히 요약하고, 지급보증신청기업이 담보물로 제시한 부동산 및 동산에 대해 감정평가하는 역할에 머물렀다. 지급보증업무는 시중은행으로 이관되었지만 외자도입승인 여부는 여전히 정부에 의해 최종 결정되었던 것이다. 뿐만 아니라 정부는 이들 기업에게 국내차입의 경우보다 이자율이 훨씬 낮은 현금차관도입을 허가해 줌으로써,[11] 이 이자지급금의 차액으로써 시설의 가동에 필요한 운영자금을 저리로 지원하기도 하였다.

3) 수입대체를 통한 성장의 한계

「관세법」 개정에 힘입어 국내시장에서 독과점적 지위를 확보한 기업들은, 정부의 지원 아래 계속 시설을 확충했다. 1965년까지만 해도 생산능력이 일산 5.1톤에 불과하던 화학섬유산업은, 계속된 신증설을 통해 1970년에는 생산능력이 일산 174.9톤에 달하게 되었다. 이에 따라 국내시장에서 외산(外産) 화학섬유는 점차 국산품에 의해 구축되었다.

계속된 증설로 인하여 화학섬유 공급능력이 국내수요를 앞지르게 되었으므로, 국내수요를 초과하는 공급능력분은 당연히 새로운 시장(해외시장)으로 향해야 했다. 그러나 도입초기의 낮은 기술수준, 높은 금융비

주식은 이미 전면 환수된 바 있었으며, 1961년 6월에는 일반은행 주식의 10% 이상을 소유하는 대주주의 의결권을 제한하는 금융기관에 대한 임시조치법이 제정됨으로써 일반은행은 사실상 국가은행화되었다(김상조, 1993: 110-112).

11) 일례로, 1969년 3월과 5월 두차례에 걸쳐 외자도입심의원위원회로부터 1,300만 달러의 현금차관을 도입한 한일합섬의 경우 현금차관의 차입이자율은 연 25.2%에 달하는 국내차입의 경우보다 훨씬 낮은 연 8%에 불과하였으므로, 이자지급금 차액만 6억 3,055만 원에 달하였다.

용 등으로 인하여, 해외시장에서 제품의 경쟁력을 유지하기란 매우 어려운 상황이었다.

증설로 인해 국내수요가 점차 한계에 다다르자, 과점적인 시장구조 아래에서도 기업의 가동률은 하락하였다. 특히 1968년 말~1969년 초의 나일론F사 및 아크릴SF제조업체들의 가동률은 대폭 하락하였다. 연말·연초가 화학섬유제품의 성수기임을 감안한다면 이는 이례적인 것이었다. 가동율 하락은 특히 나일론F사의 경우 현저하였다. 한국나이론·한일나이론·동양나이론 3사의 가동률은 1970년에 가서도 회복되지 못하여 이들 3사의 평균가동률은 80% 수준에 머물렀다.

이에 따라 가격도 계속 하락하였다. 1968년 이후 주요 화학섬유의 도매가격지수는 계절적인 가격변동을 보이는 가운데 줄곧 하락하였다. 특히 폴리에스테르F사는 본격적인 생산이 시작된 이후 불과 1년도 채 못되어 도매가격지수가 절반 수준으로 떨어졌다.

계속된 증설로 인하여 내수시장이 포화상태에 이르렀으므로, 화학섬유산업은 조업개시 후 불과 수년만에 수입대체산업으로부터 수출산업으로의 급속한 전환이 불가피한 상황에 이르렀다.

4. 수출용원자재 수입대체정책의 전개

1) 수출용원자재의 수입대체

화학섬유산업은 수입대체산업으로 성장하기 시작하는 것과 거의 동시적으로 수출산업으로의 전환을 강요받게 되었다. 이미 선진국에서 표준화된 생산기술을 도입하여 일괄수주방식으로 건설된 공장들의 최적생산량은 국내시장의 수요량을 훨씬 상회하는 것이었다. 규모의 경제가 나타나는 화학섬유산업에 있어서 제조원가를 낮추기 위한 설비확장노력은 개별 기업의 수준에서는 합리적인 대응일 수 있겠지만, 증설된 설비는 국내시장에서 과잉설비로 나타날 것이다. 따라서 국내수요를 초과하는 생산분은 당연히 해외에서 판매되어야 하겠지만, 도입초기의 낮은 기술수준, 높은 원리금상환부담 등으로 인해 수출산업으로의 급속한 전환은 어려운 상황이었다. 따라서 그 대안으로 제시된 것이 섬유류 수출업자에게 화학섬유를 수출용원자재로서 공급하자는 것이었다.

실제로 정부는 1966년 말까지는 도입외자를 인가하는 과정에서 화학섬유의 연차별 국내수요를 추정한 다음 이를 충족시키는 데 필요한 화학섬유의 공급량을 계산한 다음 이에 근거하여 신규시설의 도입이나 증설에 필요한 차관도입을 승인하였지만, 1967년부터는 화학섬유 제조공장의 규모를 확장시킴으로써 국제경쟁력을 확보케 하는 정책으로 전환하였다.[12]

더욱이 섬유류 수출이 급증함에 따라 수출용 섬유제품 생산에 필요한 원료수입은 급증하였으므로, 수출이 증대함에 따라 외화가득률은 오히려 저하되는 결과가 초래되었다.[13] 따라서 외화가득률을 낮추기 위해서는 수입에 의존하고 있던 수출용원자재를 국내에서 조달할 필요가 있었던 것이다. 그렇지만 여기에는 추가적인 조건이 필요하다. 수출업자로 하여금 국산 원자재를 사용하도록 하기 위해서는 국산원자재가 외산원자재와 동등한 품질을 갖추고 국제시장가격으로 공급되어야 할 뿐만 아니라, 만약 기존의 수출지원제도가 외산원자재를 사용하는 수출업자를 금융·세제면에서 상대적으로 우대하도록 되어 있다면, 기존의 수출지원

---

12) 1967년 1월 12일에 개최되었던 '석유화학공업실수요자선정에 관한 청와대회의'의 논의 결과였다.

13) 총수출의 외화가득율은 1962년의 82.2%에서 1963년에는 65.1%, 그리고 1964년에는 64.7%로 하락하였다(기획조정실, 1967: 750).

제도도 재정비되어야 하는 것이다.

우선 정부는 1966년 5월 「외환증서발급확약서제도 취급요령」을 개정하고, 1967년 6월에는 「영업세법시행령」, 「소득세법시행령」 및 「법인세법시행령」을 개정하였다. 이어 1967년 10월에는 「내국신용장취급규정」을, 1969년에는 「수출용원자재의 수입대체를 촉진하고 국산원자재의 사용을 권장하기 위한 행정지원요령」을 제정하였다. 이상과 같은 제도의 정비를 통해 수출용원자재 생산업자는 수출업자와 금융·세제상 동일한 혜택을 받게 되었으며, 수출업자도 외산 원자재를 사용할 때보다 국산 원자재를 사용하는 경우에 금융·세제상 상대적으로 불리하지는 않게 되었다.

그렇지만 정부는 수출지원제도의 정비를 통해 단지 수출업자가 외산 원자재와 국산 원자재를 사용했을 때 각각 얻게 되는 조세금융상의 혜택을 동일하게 해 줌으로써 양자 중 어느 하나를 취사선택할 수 있게 하는 데 그치지는 않았다. 오히려 정부는 1970년대에 들어서자, 한편으로는 수입담보금적립제도라는 금전적인 수단을 통해서,[14] 다른 한편으로는 수입제한이라는 행정적 수단을 통해서,[15] 인위적으로 수출용원자재의 수입대체를 급진전시켰던 것이다. 이러한 제반 조치를 통해서 외산 수출용원자재는 그 수입이 제도적으로 봉쇄되었고, 국산 수출용원자재의 공급이 현저하게 부족하거나 가격이 국제가격을 상회하고 품질이 조악한 경

---

14) 1971년 2월 6일자 상공부고시 제6,175호로 공포된 「수출용원자재(외화표시군납포함) 수입시 수입담보금 적립요령」은, 폴리에스테르F사 등의 수출용원자재를 비축분으로 혹은 수출신용장에 의거하여 수입할 때에는 수입담보금을 적립하도록 의무화하였다(『官報』).

15) 1971년 7월 8일자 상공부고시 제7,087호 「수출용원자재 수입사전승인사무 취급요령」은 아크릴섬유 및 아크릴방적사, 폴리에스테르섬유 및 폴리에스테르F사, 나일론F사 등에 대해서는 이를 수출용원자재로 수입할 때에는 사전에 상공부의 수입승인을 받도록 함으로써 이들 수출용원자재의 수입을 제한하는 것이었다(『官報』).

우에만 조정위원회의 협의를 통해서 수입할 수 있게 되었던 것이다.[16]

2. 섬유공업시설에 관한 임시조치법

1966년 7월 14일 공화당 국회의원 송한철(宋漢喆) 의원 등 36명이 제
안한 「섬유공업합리화법안(이하 원안)」이 국회에 상정되었다. 「원안」의
제안은 의원입법의 형식을 빌어 이루어졌지만, 사실은 직련을 비롯한 일
부 섬유단체들로부터 수집한 정보에 기초하여 상공부의 주도하에 이루
어진 것이었다. 「원안」은 차관을 도입하여 섬유공업시설을 설치하려는
업자에 대하여는 사실상 기존의 외자도입법에 우선하여 적용되며, 나아
가 섬유업계 전반의 신증설과정에 대해서는 상공부장관에게 거의 절대
적인 막강한 권한을 부여하는 내용을 담고 있었다. 이와 같은 「원안」의
제안배경에는 섬유공업의 신설 및 증설과 관련된 경제부처들의 세력다
툼 속에서 상공부의 세력을 확장하고자 하는 의도와 기득권을 보호하려
는 기존의 섬유제조업자들의 의도가 결합되어 있었다.

결국 「원안」은 1967년 3월 국회본회의를 통과하여, 「섬유공업시설에
관한 임시조치법(이하 임시조치법)」으로 공포되었다. 「임시조치법」에
입각하여 기존의 섬유제조업자에게는 그 시설을 상공부에 등록하게 하
고 신규시설을 도입하려는 자에게는 설치허가를 받도록 함으로써, 상공
부는 섬유공업 전반에 대한 통제력을 강화하였다. 특히 「임시조치법」의
운영과 관련하여 상공부는 신규허가를 불허할 뿐만 아니라 기존기업의

---

16) 상공부고시 제7,087호에서는 수출용원자재 생산업자, 수출업자 및 유관기관 책임자로
구성된 조정위원회를 설치하여 국산수출용원자재의 가격 및 품질에 관한 사항을 심
의·조정하도록 하였고(제8조), 상공부장관이 필요할 때에는 수출용원자재 공급자에
게 국제가격 및 수입가격을 감안하여 공급가격을 정할 수 있도록 하고 있었다(제5조).

증설에 있어서도 추정된 수요예측에 근거하여 민간의 투자계획을 철저히 통제할 것이며, 그 방향은 '규모의 경제'를 실현함으로써 장차의 수출경쟁력을 확보케 하도록 할 것임을 천명하였던 것이다.

1970년 1월과 4월에 소집된 제1·2차 심의회의 심의결과 화학섬유에 대한 허가우선순위 및 운영방침은 다음과 같이 정해졌다.

허가의 우선순위

① 증설은 신설에 우선한다.

(기존공장은 적정규모까지 육성하고, 적정규모에 미달하는 신설은 억제한다.)

② 수출실적 및 전망이 양호한 것이 우선한다.

③ 경제성(차관조건, 톤당 시설비)이 유리한 것이 우선한다.

운영방침

① 중합 및 방사시설의 경우 허가한도가 최소공정단위에 미급할 때에 허가한도에 불구하고 최소공정단위까지는 허가할 수 있다.

② 이미 허가된 시설 중 시설의 설치완료가 1971년 말까지 불가능하다고 인정될 때에는 이에 상당하는 설치한도를 자동적으로 증가시킨다.

③ 노후시설을 교체하고자 할 때에는 설치한도에도 불구하고 노후시설을 폐기하는 조건으로 설치허가를 할 수 있다.

결국 상공부와 기존업자들의 의도대로 기존업자의 증설우선원칙이 공식화되었다. 따라서 잠재적 경쟁자들의 신규진입은 제도적으로 봉쇄되었고, 시설도입을 둘러싼 경쟁은 기존업자들 사이의 증설경쟁으로 전환되었다.

「임시조치법」시행 이후 섬유산업의 외자도입절차는 여타 산업의 그것과는 다른 양상을 띠게 되었다. 기존 「외자도입법」체제 아래에서의 시설도입절차는 다음과 같았다. 즉, 우선 신청자가 차관공급자와 계약을 한 이후에 경제기획원에 차관도입인가신청을 하면 경제기획원은 상공부 등 관계부처에 기술이나 재무상태 등에 관한 검토를 요청한 다음 외자도입심의위원회에 심의를 회부한 다음 이를 인가하는 것이었다. 그러나 「임시조치법」이 시행됨에 따라, 신청자는 차관제공자와 계약을 하기 이전에 우선 상공부의 시설조정계획공고에 따른 설치허가를 받아야 하며, 설치허가를 받은 이후에야 계약 및 차관도입신청이 이루어질 수 있게 되었던 것이다.

5. 수출용원자재 수입대체의 진전

1) 시설도입경쟁의 격화

「임시조치법」을 통해 신규기업의 진입은 제도적으로 봉쇄되었고, 시설도입을 둘러싼 경쟁은 기존기업들 사이의 증설경쟁으로 전환되었다. 특히 1973년에는 수출용원자재 수요의 급증에 따른 기업들의 증설경쟁으로 인해 〈표 8-2〉에서와 같이 상공부가 이미 공고했던 '1973년도 섬유공업 시설조정계획'을 3차례나 변경공고할 정도로 원계획보다 설치허가 한도가 대폭 늘어나게 되었다. 이 과정에서 상공부는 기존기업의 증설분에 대해서 수출용원자재로 공급하는 것을 전제로 시설도입을 허가하였을 뿐만 아니라 신규 진입자에 대해서는 직수출조건을 부과함으로써 화학섬유산업의 급속한 수출산업으로의 전환을 도모하였다.

그렇지만 1973년 10월 제4차 중동전쟁이 발발하고 석유수출국기구(OPEC)가 석유수출제한조치를 취하자 국제원유가는 급등하였다. 세계경제는 침체되었고, 이에 따라 한국의 섬유류 수출도 큰 타격을 입게 되었다. 1974년 한해 동안 계속된 경기침체로 인해, 화학섬유산업 역시 불황에 휩싸이게 되었는데, 그 중에서도 1973년 중 대규모의 생산시설 신증설허가를 얻었던 폴리에스테르SF 부문이 가장 심각하였다. 이미 도입설비의 L/C가 개설되어 있었으므로, 기업들은 불황에도 불구하고 시설설치공사를 계속하지 않을 수 없었고, 불황 속에서 공장가동이 이루어졌던 것이다.[17]

개별기업으로서는 자신에게 부과된 수출의무량이 큰 부담으로 작용할 수밖에 없었고,[18] 실제 일부기업은 수출조건을 이행하지 못하고 조세를 추징당하였다.[19] 물론 경직된 수출의무조건은 1978년 후반에 접어들면서 수출용원자재 수급이 차질을 빚게 됨에 따라 더 이상 지속될 수 없게 되었다. 즉, 해외시장에서 화학섬유가 품귀현상을 보이고 직수출가격이 수출용원자재가격을 훨씬 상회하는 상황 아래에서는 기업별로 직수출

---

17) 폴리에스테르SF의 경우, 1974년 4월 삼양사에 의해 일산 30톤 규모의 공장이 준공되었으며, 7월에는 제일합섬, 11월에는 선경합섬에 의해 각각 일산 50톤과 100톤 규모의 공장이 본격적으로 가동되었다. 참고로 신·증설시의 허가조건은, 삼양사의 일산 30톤 규모의 시설에 대해서는 수출조건, 선경합섬의 일산 100톤은 직수출조건, 제일합섬의 일산 50톤에 대해서는 20%인 10톤은 자가소비, 나머지 40톤은 직수출조건이었다.
18) 「외자도입법」 제10조에서는 정부가 외국인투자기업에 대해 투자인가의 내용에 따른 조건이 이행되고 있는지를 조사할 수 있고 위반사항에 대하여는 시정을 명령할 수 있도록 규정되어 있었다. 또 정부는 외국인투자기업이 이 시정요구를 이행하지 않을 때에는, 동법 제18조에 의거하여 그 인가를 취소할 수 있었으며 제16조에 의거하여 이미 감면된 법인세·소득세·재산세를 추징할 수도 있었다. 그리고 정부는 차관 및 기술도입의 경우에도 동법 제22조에 의거하여, 인가의 내용 또는 인가에 따른 조건이행상황을 조사할 수 있었고, 위반사항에 대해서는 시정을 명령할 수도 있었다. 더욱이 정부는 동법 22조를 위반한 자에 대해서는 1,500만 원 이하의 벌금형을 부과할 수도 있었다.
19) 일례로 제일합섬의 경우 1974~1976년의 3년 동안 수출부진으로 인해 이미 감면된 조세(재산세·법인세·취득세)에 대한 추징금액이 4,667만 원에 달하였다.

<표 8-2> 1973년도 화학섬유제조시설 설치한도　　　　(단위: 일산 M/T)

시설구분	시설설치한도				
	최초공고	1차변경공고	2차변경공고	3차변경공고	합계
나일론F사	40				40
나일론SF	6				6
폴리에스테르F사	23		80(추가)		103
폴리에스테르SF	75	100(추가)	50(추가)	20(추가)	245
아크릴SF	10	90(추가)	30(추가)		130
폴리프로필렌SF	5				5
비스코스F사	6				6
비스코스SF	35				35
아세테이트F사	5				5
아세테이트토우	10				10

자료 : 각 년도『관보』.
주 : 최초공고: 상공부공고 제7,221호(1972. 11. 28.).
　　1차 변경공고: 상공부공고 제7,325호(1973. 2. 3.).
　　2차 변경공고: 상공부공고 제7,409호(1973. 4. 27.).
　　3차 변경공고: 상공부공고 제7,453호(1973. 5. 30.).

의무조건을 부과하는 것이 무의미하게 되었다. 이에 따라 정부는 1978년 12월 각 회사별로 수출의무조건을 부과하던 기존 정책을 폐지하였다.

　그렇지만 외자도입기업에 대한 수출의무량 부과는 1970년대 전기간에 걸쳐 화학섬유 제조회사들의 수출을 강제하는 가장 중요한 제도적 장치였다. 정부는 수출의무량을 달성하지 못한 기업에 대해서는 감면된 조세를 추징함으로써 처벌하였으며, 기업들은 부과된 수출의무량을 달성하기 위해 다양한 노력을 경주하였던 것이다.

2) 화학섬유 가격통제정책

　앞에서 본 것처럼 화학섬유를 수출용원자재로 공급하기 위해 1970년대 초반에 취해진 수출용원자재의 국산대체정책은 수출용원자재의 수입제한이라는 행정적 규제와, 섬유제품 수출업자와 화섬기업들 사이의 가격·품질·납기에 관한 행정적 조정을 그 내용으로 하고 있었다. 그렇지만 이 시기 정부통제가 수출용원자재의 수급 및 가격결정 과정에만 국한된 것은 아니었다.

신·증설을 둘러싼 기업들 간의 각축은, 시장상황이 호전되는 상황 아래에서 시설확충을 통해 자사의 시장점유율을 높이고 증설을 통해 제조원가를 절감함으로써 경쟁력을 확보하려는 기업들 간의 치열한 경쟁에서 비롯된 것이었다.

내수용 제품이 전량 수입제한되었을 뿐만 아니라 수출용원자재의 수입까지 규제되고 있는 상황 아래에서, 수요가 급증함에 따라 공급이 수요를 따르지 못하게 됨으로써 전례 없는 호황국면이 찾아왔다. 뿐만 아니라 가장 중요한 수출용원자재 수입대상국인 일본에서, 대미섬유류 수출규제 및 엔화절상 등으로 인하여, 화학섬유 제조기업들이 1971년 10월부터 평균 20%의 자주감산에 돌입하였기 때문에 화학섬유의 공급부족은 더욱 심화될 수밖에 없었던 것이다.

기존 기업들은 판매카르텔을 신설하거나 기존의 판매카르텔을 재정비함으로써 국내시장에서의 기존의 독과점적 지위를 강화하고자 노력하였다.

나일론F사 제조회사인 코오롱과 동양나이론은 1971년 10월 공판회사인 광일화섬상사주식회사를 설립하여, 나일론F사의 내수뿐만 아니라 수출용원자재의 판매창구도 단일화하였으며, 폴리에스테르F사 제조회사인 삼양사·대한화섬·선경합섬·한국폴리에스터는 이미 1971년 5월 설립했던 공판회사인 크로바상사를 정비하여, 1972년 1월 대동화섬판매주식회사를 설립하였다. 광일화섬과 마찬가지로 대동화섬도 4개 제조회사의 판매상을 한데 모아 내수용 및 수출용원자재 공급을 전담하도록 한 판매전담회사였다. 광일화섬과 대동화섬은 기업들이 생산한 원사의 일부를 정해진 비율에 따라 조합(한국직물연합회와 대한메리야스연합회)과 2차가공업자들에게 판매하였으며, 나머지는 자기 회사의 판매대리점을 통하여 시중에 판매하였다.

공판회사들이 국내에서의 화학섬유 유통에 있어서 기존의 중간상인이 담당하던 역할을 대체함에 따라, 이들 기업은 내수시장을 장악하게 되었다. 그 결과 이전까지는 계절적 변동을 보이며 계속 하락하던 화학섬유의 국내도매가격은 안정되었다. 폴리에스테르F사는 1971년 5월부터, 나일론F사는 1971년 10월부터 계절에 상관없이 1973년 2월까지 도매가격이 일정하게 유지되었을 뿐만 아니라 수요의 증대에 힘입어 공장들의 가동률도 1973년 초까지 계속 상승하였다.

보호된 국내시장에서 독과점적 기업들이 가격카르텔을 결성하고 내수가격을 통제하기 시작하자, 정부는 이들 기업에게 가격인하와 카르텔 해체를 명령하였다. 즉, 정부는 1973년 2월 17일 나일론F사, 폴리에스테르F사 및 아크릴SF의 공장도가격 인하를 지시하였으며, 3월 1일부터는 비스코스인견사 가격도 인하할 것을 해당기업에 지시하였다. 정부는 또한 이 인하가격이 잘 지켜지도록 하기 위하여, 기존의 공판회사들을 해체할 것도 명령하였다. 정부의 지시에 따라 지금까지 나일론F사 및 폴리에스테르F사의 유통을 담당했던 공판회사들이 해체되자, 이들 제품의 공급은 제조회사들의 직배에 의해 이루어지게 되었다. 새로 시행된 직배제 아래에서 제조회사와 수요자들은 판매 및 구입물량을 계약하였고, 이들 제품은 정부가 인하하도록 지시한 공장도가격에 따라 거래되었다.

화학섬유 내수가격에 대한 직접적 통제정책은 국제원유가가 변동함에 따라 그때 그때마다 통제가격수준이 조정되는 과정을 거치면서 1970년대 말까지 계속되었다. 당시 정부는 가격통제를 국내물가를 안정시키는 가장 효과적인 수단으로 인식하고 이를 광범위한 제품에 대해 이용하였지만, 화학섬유산업에 국한하여 본다면, 화학섬유가격에 대한 정부통제

는 화학섬유산업을 보호육성하는 한편 해당산업의 국내시장에서의 독
과점적 행위를 규제하는 2가지 목적을 달성하기 위해 채택된 정책수단
이었던 것이다.

따라서 1973년 2월부터 1979년 말까지 화학섬유의 내수가격은 전적으
로 정부의 지시에 의해 결정되었고, 화학섬유 제조회사들은 정부가 책
정·통제하는 높은 내수가격에 힘입어 수출용원자재 공급 과정에서 발
생하는 손실을 만회할 수 있었던 것이다.

그렇지만 계속된 가격통제는 다른 한편으로는 물가의 지속적인 상승
속에서 화학섬유 실질가격의 점진적인 하락을 초래한 주요 원인이 되었
다. 주요 화학섬유의 도매가격지수는 1973년 이후 지속적으로 하락하였
다. 비록 품목별 차이는 있지만 1973년부터 1979년까지 화학섬유는 그
실질가격이 약 40~70% 정도 하락하였다.

〈그림 8-2〉 화학섬유 한국내수가격/일본내수가격의 추이(1975. 1~1979. 12)

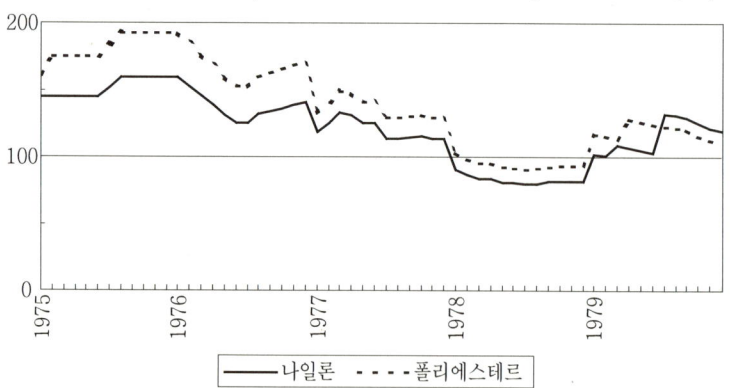

자료: 한국 국내도매가격은 한국화섬협회, 『화섬』, 각 호에서 작성.
　　　일본 국내도매가격은 일본섬유신문사(편), 『섬유연감』, 각 년도판에서 작성.
　　　원화의 대미환율은 한국무역협회, 『무역연감』, 각 년도판에서 작성.
　　　엔화의 대미환율은 일본통계협회(1988)에서 작성.
　주: 수치는 "(한국도매가격의 미화환산가격÷일본도매가격의 미화환산가격)　00".
　　　나일론은 나일론F사 70d, 폴리에스테르는 폴리에스테르F사 75d임.
　　　일본 국내가격의 경우, 나일론F사는 동경, 폴리에스테르F사는 복정의 가격임.

내수용 화학섬유의 실질가격 하락의 폭이 과연 어느 정도였는지를 알아보기 위해서 〈그림 8-2〉에서는 폴리에스테르F사 75d와 나일론F사 70d 각각의 한국 내수가격과 일본 내수가격의 비율을 도시(圖示)하였다.

그림을 통해 확인할 수 있듯이 한국의 내수가격은 일본의 그것에 비해 1975년에는 150~200%나 높은 수준을 보이고 있었으나 1970년대 말이 되면 일본 국내가격과 비슷해지고 경우에 따라서는 오히려 낮아지기도 하였다.

그렇다면 1973년 이후 정부에 의해 행해진 가격통제를 어떻게 평가해야 할까? 우선 지적할 수 있는 것은, 정부의 가격통제가 화학섬유 제조회사들이 수출용원자재를 공급함으로써 발생할지도 모를 손실분에 대해 높은 내수가격을 보장해 줌으로써, 일정한 가격보조적 기능을 수행하였다는 점이다. 따라서 화학섬유 제조회사들은 국제경쟁가격으로 수출용 원자재를 공급하는 데 따른 손실분을 보호된 국내시장에서의 고가격으로 보상받을 수 있었다.

그렇지만 다른 한편 정부의 가격통제는 국내 화학섬유 제조회사들의 독점력을 제한하는 결과를 초래하였다. 내수가격에 대한 결정권은 전적으로 정부에 귀속되어 있었으므로, 경직된 가격통제 아래에서 실질가격은 계속 하락하여, 1970년대 말이 되면 한국의 국내가격은 일본의 국내가격과 비슷한 수준에 이르게 되었던 것이다.

내수시장에서 실질가격이 계속 하락했다면, 기업들은 수출용원자재 공급에 수반하여 발생한 손실분을 어떻게 벌충할 수 있었을까? 더욱이 설비가 급속히 확충됨에 따라 생산은 급증한 반면 국내시장의 규모는 상대적으로 한정되었기 때문에, 기업들은 생산된 제품 중 점점 더 많은 양을 수출용원자재로 판매해야만 했다. 그렇다면 수출용원자재 공급증가에 따른 추가적인 손실증가분은 어떻게 보전될 수 있었으며, 해외수요의 변화에 대한 기업들의 대응은 어떻게 전개되었을까?

3) 기술의 변화

(1) 기술도입패턴의 변화

기업들은 국내에서 생산된 제품의 70% 이상을 수출용원자재로 판매해야 하였으므로, 해외시장의 수요변화에 민감하게 반응하지 않을 수 없게 되었다. 특히 수출용 섬유제품 제조업자들은 해외의 소비패턴 변화에 부응하여 고품질의 그리고 새로운 규격의 원자재를 필요로 하였으므로, 화학섬유 제조회사들은 이러한 해외시장의 수요변화에 대응할 필요가 있었다. 즉, 기업들은 과거의 표준화된 대량생산설비만으로는 변화하는 수출수요에 부응할 수 없음을 인식하고, 특수규격 화학섬유나 부가적인 특성을 지니는 새로운 화학섬유에 대한 점증하는 수요를 충족시켜주기 위해, 이들 제품의 생산에 필요한 기술을 적극적으로 도입하였다. 〈표 8-3〉은 이러한 기술도입이 1972년 이후 본격화되고 있음을 나타내 주고 있다.

이에 따라 고부가가치의 화학섬유를 제조하는 데 필요한 기초적인 기술이 1970년대 중반부터 도입되기 시작하였다. 즉, 1970년대 중반에는 폴리에스테르섬유 제조방법, POY-DTY방식[20]에 의한 가연사 제조기술,

〈표 8-3〉 화학섬유산업의 업종별 기술도입건수 추이(1962~1981년)

업종＼년도	1962~1966	1967~1971	1972~1976	1977~1981
나일론		1	2	3
폴리에스테르		1	5	7
아크릴	2	0	4	3
합계	2	2	11	13

자료: 한국산업기술진흥협회, 1986.

20) 전통적으로 폴리에스테르섬유는 1,100~1,300m/min의 속도로 방사하여 未延伸絲로

이염성(易染性)섬유 제조기술, 카치온가염성(可染性)섬유 제조기술, 이형단면(異形斷面)섬유 제조기술이 도입되었고, 1970년대 말에는 제전성(制電性)·난연성(難燃性) 섬유 등의 제조기술이 도입되었다(한국섬유산업연합회, 1989: 209).

이처럼 1970년대 중반 이후가 되면 도입기술의 내용이 변화할 뿐만 아니라, 일부 기업의 경우에는 기존의 일괄수주방식에 의한 설비도입단계에서 벗어나 독자적인 공정설계에 기반하여 기술용역회사를 통하여 필요한 기술을 선택적으로 도입하는 단계로 이행하는 단초를 보이기도 하였다. 삼양사의 사례는 이러한 사실을 확인시켜 준다.

삼양사는 1976년 1월 상공부로부터 설치허가를 받은 일산 30톤 규모의 폴리에스테르F사 제조시설 설치와 관련하여 1978년 10월 정부에 「기술도입계약인가신청서」를 제출하였다. 그 내용은, 폴리에스테르DTY 제조기술 및 품질관리기술을, 미국의 기술용역회사인 MLM Yarns, Inc.으

생산된 다음, 3~4배로 延伸(Drawing)·假撚(Texturing)하여 가공사로 제조된다. 또 폴리에스테르섬유는 방사속도에 따라 방사속도가 1,800m/min 미만인 저배향사(LOY: Low Oriented Yarn), 방사속도가 2,800~4,000m/min인 부분배향사(POY: Partially or Pre-Oriented Yarn), 그리고 방사속도가 4,300m/min이상인 고배향사(HOY: Highly Oriented Yarn)로 구분된다. 부분배향사(POY)는 저배향사에 비해 상대적으로 장기간 보존가능하고(저배향사의 경우 보존가능 기간은 15일에 불과하지만 부분배향사는 60~90일에 이름), 안정된 가연이 가능하다는 특성을 가진다. 물론 고배향사의 경우에는 방사속도가 6,000m/min 이상이 되면 따로 연신공정을 거치지 않고도 방사만으로도 연신사가 제조되지만 이 정도의 고속방사기술은 선진국의 경우에도 1980년대에나 가능해진 기술이다. 한편 기존에 분리되어 있던 연신·가연공정을 결합한 Draw-Texturing공법에 의해 폴리에스테르 섬유(Draw Textured Yarn)를 제조하게 되면, 공정의 단축뿐만 아니라, 포장단위를 대형화함으로써 원가를 절감할 수 있게 된다. 따라서 POY-DTY란, 기존의 저배향사 제조 속도보다 훨씬 빠른 속도로 부분배향사(POY)를 제조하고, 연신(Drawing) 및 가연(Texturing)공정을 동시에 수행하는 폴리에스테르 紡絲기술을 의미한다(김상용(金相溶), 1995: 180-185; 한국섬유공학회(편), 1994: 346-362 참조).

로부터 1년을 계약기간으로 하여 총 6만 달러를 지불하고 도입한다는 것이었다(주식회사 삼양사, 1978). 그렇지만 삼양사의 「사업계획서」에는 이미 1978년 6월에 시설이 완공된 것으로 기록되어 있었다. 그렇다면 왜 추가적인 기술도입이 필요하였을까? 삼양사는 기술도입의 필요성을 다음과 같이 설명하고 있다.

상기 시설은 다년간 축적된 폐사의 기술진에 의하여 순수한 자체기술로서 원가절감으로 인한 국제경쟁력을 강화코저 세계 최신공법인 POY-DTY를 채택하여 시설완공을 보게 되었음……그러나 기시설은 정교한 장치가 요구되는 기술집약적인 산업일 뿐 아니라 폐사가 채택한 공법은 많은 기술훈련과 노련한 관리가 필요하며 또한 고도의 운전기술이 요하는 바임……폐사는 합섬업계에서 세계적으로 유명한 미국 UNIFI의 자회사인 MLM사와 기술계약을 체결하여 기계보전, 기술자료, 품질관리 및 운전기술 등 전분야에 대한 기술습득을 목적으로 본 기술도입을 추진코저 하며, 본 기술이 토착화되면 더 양질의 원자재를 공급하게 됨

즉, 자체기술로 POY-DTY공법에 의한 폴리에스테르 제조설비를 설치하고자 하였으나, 공정 및 품질관리상의 미비점을 극복하기 위해 기계보전 및 운전기술에 관한 노하우, 그리고 품질관리에 필요한 기술을 도입할 필요성이 대두되었고, 이에 따라 기술도입계약을 체결하게 되었다는 것이다.

삼양사의 기술도입계약인가신청서를 검토한 상공부에 따르면, 한국에서는 이미 대한화섬이 일본 東洋紡으로부터 POY-DTY기술을 도입하였으며, 동양폴리에스텔은 일본 旭化成과의 합작투자 그리고 코오롱은 일본 토레이와의 합작투자를 통하여 이미 POY-DTY기술을 전수받고 있었다. 상공부는 삼양사의 기술도입으로 인해 원가절감이 이루어져 국제경

쟁력이 강화되며 기술향상으로 이후 플랜트수출도 기대될 것으로 판단하였고, 이에 기술도입계약을 인가하였던 것이다(상공부, 1978).

그렇지만 이 기간 동안 모든 기업들이 자체기술개발로써 선진기술의 도입을 대체해 나가고 있었다고 볼 수는 없다. 대부분의 기업들은 여전히 선진국의 기술을 필요로 하였으며, 실제 상당한 기술이 이전과 유사한 방식으로 도입되고 있었다. 또 자체기술개발을 시도했지만 결국 실패하여, 기술을 도입하지 않을 수 없었던 사례도 있었다. 동양나이론은 1978년 6월 정부에 「기술도입계약인가신청서」를 제출하였는데, 그 내용은 일본의 카네보 주식회사(Kanebo Ltd.)로부터 30만불의 기술료를 지불하고 저수축나일론사 제조기술을 도입하는 것으로 되어 있었다. 동양나이론(주)은 기술도입을 하게 된 경위를 다음과 같이 설명하고 있다.

……폐사는 기 보유의 Draw Winder를 사용하여 나이론 저수축사의 생산을 위해 자체기술개발코자 노력하였으나 고도화, 정밀화를 요하는 본생산기술확립에 장기간을 소비하였으며 선진외국의 고급품질 제품에 비해 미흡한 실정인 바 현재 다량수입(1977년 3,300톤)되고 있는 저수축사 수요를 충족시키기 위하여 본 생산기술을 도입코자 하는 것임……(상공부, 1978-1979).

결국 섬유제품의 해외수요변화에 따라 다양한 종류의 특수규격사 제조의 필요성이 대두되었으므로, 기업들은 한편으로는 기존의 기술도입방식을 이용하였고 다른 한편으로는 필요한 기술수요를 충족시키려는 자체의 기술개발노력을 기울였음을 알 수 있다. 특히 후자와 관련하여, 일부 기업들이 자체개발을 시도하였고, 비록 부분적이지만 성공할 수 있었던 이유는 무엇일까? 기업이 새로운 제품을 개발하기 위해서는 기존의 공정에 관한 이해가 필요하며, 연구개발에 대한 기업 내부의 노력이 부가 되어야 한다. 이하에서는 1970년대 전반에 걸쳐 전개되었던 공정혁신 노력과 더불어 특히 1970년대 중반 이후의 연구개발노력을 살펴보고 기술개량의 성과를 확인해 보자.

(2) 품질관리분임조 활동의 전개와 연구개발조직의 정비

기업들은 일찍부터 기술도입선인 일본기업으로부터 기술지도를 받으면서, 일본의 품질관리분임조 활동(QC서클 활동)을 도입하였다. 한국나이론은 이미 1969년 6월부터 품질관리분임조를 운용하기 시작하였으며, 1970년에는 품질관리분임조 활동을 전공장으로 확대하였다. 한국나이론 대구공장에서 결성된 품질관리위원회는 공장장을 위원장으로 각 부장을 위원으로 하여 구성되어 공장전체의 품질관리업무를 관장하였으며, 생산부장을 위원장으로 하고 각 과장을 위원으로 하는 QC서클추진위원회가 조직되어 품질관리분임조 활동을 추진하였다. 태광산업 역시 1971년부터 품질관리분임조를 구성하여 생산비용의 절감을 꾀했다. 동양나이론은 인수한 한일나이론 안양공장의 정상운영을 위해 1972년 품질관리분임조를 조직하였으며, 연말에는 울산공장에서도 부장 및 과장의 주도 아래 품질관리 분임조 활동 도입에 필요한 교육을 실시하였다.

그렇지만 선경합섬, 한일합섬, 그리고 삼양사 등 여타 기업들의 품질관리분임조 활동은 이들 기업이 정부로부터 품질관리지정업체로 지정받은 1975년에야 본격적으로 실시되었다. 정부는 1974년 상공부고시 제10,561호로 품질관리실시대상업체를 선정하고, 이들 기업의 품질관리실시를 의무화함으로써 정부주도하의 품질관리의 범산업적 확산을 도모하였다.

결국 화학섬유 제조회사들은 정부에 의해 품질관리분임조 활동이 본격적으로 보급되기 이전부터 기술도입선인 일본을 통해 이에 관한 지식을 접하였고 일부 회사들은 이미 일찍부터 이를 회사 내에서 운영하고 있었다. 그렇지만 정부의 정책에 앞서 이를 실시한 회사들의 경우에도 품질관리분임조 활동은 불황대책이나 인수회사의 경영정상화 차원에서, 그것도 부수적으로 실시되었다. 더욱이 일본적 품질관리 활동의 특징이라고 지적되는 사원들의 자주성이 이 활동을 주도한 것은 더더욱 아니었다. 기업들은 품질관리분임조 활동을 공장장을 정점으로 하는 공장 내 위계를 통한 관리라는 형태로 기존의 공장운영방식을 그대로 복제하여 도입하였으며, 1975년 이후에는 정부라는 또 하나의 상부조직을 매개로 하여 더욱 위계적 형태로 그리고 더욱 강제적 방식으로 확대 실시하였던 것이다.

한편 기업들은 기존의 분산되어 있던 공장 내 기술부서들을 재조직화함으로써 연구부서를 설치하였다. 일찌기 동양나이론은 1971년 국내최초로 민간기업 부설연구소를 설립하였으며, 다른 기업들도 자체적으로 연구개발조직을 확충하였다. 즉, 이 기간 동안 기업들 내부에서 전개된 연구개발조직의 정비과정이란, 기업 스스로 기술능력을 확충하려는 필요에 따라 다양한 연구개발 전담부서가 조직되고 여러 차례의 시행착오를 거치면서 그 규모가 커지고 또 그 기능이 집중됨에 따라 기업부설연구소라는 형태로 발전해 나간 과정이었다. 즉, 기존에 현업부서에서 수행되던 공정개선업무가 공장 내에 설치된 개발실, 연구실, 기술실 등으로 이전되면서 그 업무내용도 초기에 일괄수주방식으로 도입된 생산설비의 효율적인 운전으로부터 제품이나 공정의 변경 및 개선과 관련된 활동을 수행하는 것으로 변경되었다. 그러다가 소폭적인 개선으로부터 나아가 독자적인 자체개발활동을 수행해야 할 필요성이 대두함에 따라, 개별 제품이나 공정과는 독립된 연구소형태를 갖추어 나갔다. 정부 역시 민간기업의 연구개발전담부서 설립노력을 제도적으로 뒷받침하였다. 특히 1977년 개정된 「기술개발촉진법」은 기술개발준비금의 적립대상을 외국으로부터 기술을 도입한 자뿐만 아니라 중요 전략산업분야의 사업자로 확대하고, 정부의 장기자금 지원대상자도 신기술 또는 도입기술의 소화개량에 의하여 국내에서 최초로 기업화하는 자 및 시험연구용의 물품구입과 연구시설의 건설을 하려는 자로 확대하였다. 특히 정부는 1978년 11월 민간연구소 설립대상업체로 연간 매출액 300억 원 이상인 52개 업체를 지정함으로써, 이들 기업의 연구소 설립을 독려하였다. 이에 따라 1978년 8월에는 코오롱이, 1979년에는 삼양사 및 선경합섬이, 그리고 1980년에는 제일합섬이 각각 연구소를 설립하게 된다.

⑶ 기술개량의 성과 ─ 기술의 흡수와 제조원단위의 저하

이제 좀더 직접적으로 기술개량의 구체적인 성과를 살펴보자. 〈그림 8-3〉에는 선경합섬의 폴리에스테르F사 및 폴리에스테르SF의 제조원단위가 제시되어 있다. 이 그림에서의 제조원단위는 수원공장(폴리에스테르F사 제조공장) 및 울산공장(폴리에스테르SF 제조공장)에서 생산되는

〈그림 8-3〉 선경합섬의 폴리에스테르칩 제조원단위 추이

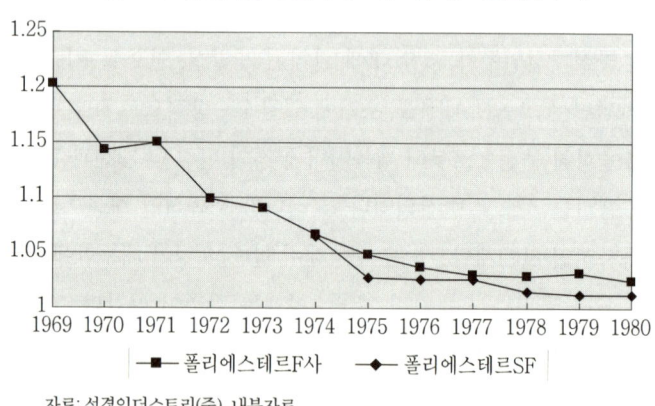

자료: 선경인더스트리(주), 내부자료.

폴리에스테르F사 및 폴리에스테르SF의 원료인 폴리애스테르칩의 제조 원단위이다. 따라서 이때의 제조원단위란, 폴리에스테르칩 1톤을 생산하는 데 소요된 주원료인 디메틸테레프탈산(DMT)의 양을 의미한다. 일반적으로 제조원단위는 시설규모와는 무관한, 해당 공정의 효율성을 나타내 주는 지표로 사용된다. 그러므로 우리는, 만약 폴리에스테르칩 제조원단위가 하락했다면, 중합공정의 효율성이 증대되었다고 판단할 수 있다.

〈그림 8-3〉에서 알 수 있듯이 선경합섬의 제조원단위는 공장설립 이후 계속 하락하는 경향을 나타내었다. 이를 통해 우리는 해당 시기 전반에 걸쳐 중합공정의 효율을 높이려는 기술노력이 꾸준히 전개되어 왔다는 사실을 확인할 수 있다.

비록 전체 기업의 전체 제조공정을 대상으로 한 분석결과가 아니고 특정 기업의 중합공정에 국한된 분석결과에 불과하지만, 이러한 사실은 화학섬유 제조회사들이 시설도입 초기 그리고 수출산업화기간을 거치면서 도입시설 및 공정에 관한 이해를 심화시키고 이에 기반하여 공정개선을 위한 기술노력을 기울였으며 나아가 이러한 기술노력이 실제 상당한 성과를 거두었다는 것을 보여주는 것이다.

6. 결론

부족한 자본과 낮은 기술수준은 이후 진행된 산업화과정의 성격 자체를 규정짓는 중요한 초기조건이었다. 자본시장의 발달이 미약한 상황 아래에서 자기자본이 부족한 기업들은 파일럿 플랜트 규모의 공장건설 과정에 있어서조차 자금조달의 어려움에 직면하였다. 또 국내의 낮은 기술수준으로 인해 생산설비는 일괄수주방식으로 도입하지 않을 수 없었다.

외화 및 원화자금의 조달과정에 국가가 체계적으로 개입할 수 있는 계기는 바로 이러한 배경 아래에서 마련될 수 있었다. 더욱이 도입된 생산설비에 체화된 기술은 규모의 하방경직성을 갖는 표준화된 기술이었다. 이에 더하여 산업화 초기의 협소한 국내시장은 수입대체만으로는 효율적인 생산이 이루어질 수 없게끔 하는 또 다른 제약조건이었다. 효율적인 생산을 위해서는 규모를 확장해야 하고 규모를 확장하기 위해서는 새로운 시장을 개척해야만 했으므로, 수입대체를 목적으로 건설된 화학섬유산업은 조기에 수출산업으로 전환하도록 강제되었다. 그러나 화학섬유산업의 수출산업으로의 전환이 기업들의 능동적인 대응에 의해 이루어지지는 않았다. 기업들은 오히려 보호된 내수시장에서 자신의 독과점적 지위를 더욱더 공고히 하기 위해 노력하였던 것이다. 국제경쟁력을 갖출 수 있는 규모로 확장하는 과정에서 국내 기업들을 육성하는 동시에 국내시장에서의 가격횡포를 막는다는 이중의 과제를 해결하는 과정에서, 국내시장에서의 가격메커니즘은 철저하게 정부에 의한 통제로 대체되었다. 그렇지만 효율성을 강제하는 시장의 규율이 완전히 사라진 것은 아니었다. 정부가 부과한 수출의무를 달성하기 위해 노력하는 과정에서, 기업들은 결과적으로 해외시장으로부터의 경쟁에 직면하게 되었다. 이는 비효율적으로 운영되고 국내시장에서 안주하였을지도 모를 기업들에게 기술노력을 경주하도록 압력을 가했던 것이다.

| 참고문헌 |

경제기획원, 1961-1966, 『외자도입촉진위원회 회의록』, 행정자치부정부기록보
　　　존소.

경제기획원, 1966-1974, 『외자도입심의위원회 회의록』, 행정자치부정부기록보
　　　존소.

국가재건최고회의종합경제재건기획위원회, 1961, 『종합경제재건계획(안)해
　　　설』.

기획조정실, 1967, 『제1차 경제개발5개년계획 평가보고서』.

김광석, 1984, 『한국공업화패턴과 그 요인』, 한국개발연구원.

김달현 편, 1962, 『5개년경제계획의 해설-내용 · 해설 · 논평』, 진명문화사.

김상용, 1995, 『섬유형성공학』, 서울대학교출판부.

김상조, 1993, 「설비자금의 동원 및 배분체계에 관한 연구」, 서울대학교 경제학
　　　과 박사학위 논문.

김유택, 1977, 『회상육십오년』, 소파기념회.

대한민국정부, 1961-1979, 『관보』.

「매일경제신문」 각호.

박성양, 1987-1992, 「소모방30년사와 나 (1)-(56)」, 『섬유저널』.

상공부, 1971-1979, 『섬유원료기술도입』, 행정자치부정부기록보존소.

상공부 · 한국섬유산업연합회, 1989, 『섬유산업구조개선7개년계획』.

「서울경제신문」 각호.

오원철, 1995, 『한국형경제건설-엔지니어링어프로치』 제1권, 기아경제연구소.

이제민, 1996, 「후발산업화의 역사적 유형과 한국 산업화의 이해」, 『주요국의 경
　　　제발전경험- 발전모형의 평가와 비교』, 한국경제발전학회.

천병규, 1988, 『천마 초원에 놀다-동백천병규고희자전』, 동백천병규고희자전간
　　　행위원회.

한국무역협회, 1961-1979, 『무역연감』.

한국산업기술진흥협회, 1986, 『기술도입계약현황(1962-85)』.

한국섬유공학회 편, 1994, 『인조섬유』, 형설출판사.

한국섬유단체연합회, 1961-1979, 『섬유연보』.

한국화섬협회, 1970-1977, 『이사회회의록』.

한국화섬협회, 1969-1979, 『화섬』.

小宮隆太郎·奧野正寬·鈴村興太郎 編, 1984, 『日本の産業政策』, 東京大學出版會.

日本纖維新聞社 編, 1975-1980, 『纖維年鑑』.

日本統計協會, 1988, 『日本長期統計總覽』第3卷.

Amsden, Alice H., 1989, *Asia's Next Giant - South Korea and Late Industrializaton*, Oxford University Press(이근달 역, 1990, 『아시아의 다음 거인』, 시사영어사).

Amsden, Alice H., 1994, "Why Isn't the Whole World Experimenting with the East Asia Model to Develop?: Review of The East Asian Miracle", *World Development* vol. 22 no. 4.

Amsden, Alice H. and Takashi Hikino, 1993, "Borrowing Technology or Innovating: An Exploration of the Two Path to Industrial Development", In Ross Thomson ed., *Learning and Technological Change*, St. Martin's Press.

Balassa, Bela, 1981, *The Newly Industrializing Countries in the World Economy*, Pergamon Press.

Bhagwati, J., 1978, *Foreign Trade Regimes and Economic Development*, Ballinger.

Gerschenkron, Alexander, 1966, *Economic Backwardness in Historical Perspective*, Harvard University Press.

Harley, C. Knick, 1991, "Substitution for Prerequisites: Endogenous Institutions and Comparative Economic History", In Richard Sylla and Gianni

Toniolo eds., *Patterns of European Industrialization: the Nineteenth Century*, Routledge.

Johnson, Chalmers, 1984, "The Industrial Policy Debate Re-examined", *California Management Review* vol. 27 no. 1.

Krueger, A. O., 1978, *The Developmental Role of Foreign Sector and Aid*, Harvard Council on East Asian Studies(전영학 역, 1984, 『무역·외원과 경제개발』, 한국개발연구원).

Nelson, Richard R. and Sidney G. Winter, 1982, *An Evolutionary Theory of Economic Change*, Harvard University Press.

Wade, Robert, 1990, *Governing the Market - Economic Theory and the Role of Government in East Asian Industrialization*, Princeton University Press.

Westphal, Larry E., 1990, "Industrial Policy in an Export-Propelled Economy: Lessons from South Korea's Experience", *Journal of Economic Perspectives* vol. 4 no. 3.

World Bank, 1993, *The East Asian Miracle: Economic Growth and Public Policy*, Oxford University Press, World Bank.

제9장
박정희 시대의 안보정치
—1970년대 방위산업 육성정책을 중심으로

신정완

1. 들어가는 말

한국경제의 발전에 관한 국내외 비교경제발전론 차원에서의 연구는 대부분 박정희 시대에 집중되어 있다. 박정희 시대는 한국경제의 이륙(take-off)이 이루어진 시기일 뿐 아니라 한국경제 특유의 구조와 발전패턴이 확립된 시기이기 때문이다. 그런데 박정희 시대는 급속한 경제발전이 추진된 시기일 뿐 아니라, 분단 이후 최초로 방위산업 육성정책이라는 형태로 자주국방이 추구된 시기이기도 하다. 박정희 정권이 추구한 핵심 정책과제는 경제발전과 자주국방이었고, 이에 상응하여 박정희 시대의 핵심 지배담론은 발전 담론과 안보 담론이었다.

경제발전 프로젝트와 자주국방 프로젝트는 물론 상호의존적인 것이었다. 경제발전이 이루어져야 자주국방을 달성하기 위한 물적 조건이 확보되며, 또 역으로 어느 정도의 국방능력이 있어야 안정적인 경제발전을 기할 수 있는 것이다. 양자의 상호의존성은 박정희 정권에 의해 심각하

게 의식되었을 뿐 아니라 국민 동원 차원에서 정치적으로 매우 강조되기도 하였다.[1]

그런데 경제발전 프로젝트와 자주국방 프로젝트는 착수 시기에서 10년 정도 차이날 뿐 아니라 박정희 정권 붕괴 이후의 계승이라는 측면에서도 큰 차이를 보인다. 한국 현대사에서 박정희 시대만큼 경제발전이 강조된 시기는 달리 없겠으나, 경제발전은 박정희 정권 이후에도 역대 정권이 가장 주력해온 국가 프로젝트였으며 발전 담론은 21세기를 맞은 현재에까지도 줄곧 핵심 지배담론으로서 기능해왔다. 반면에 자주국방 프로젝트는 박정희 사후 전두환 정권이 들어서면서 사실상 소멸되었다. 전두환 정권 이후 병기(兵器) 조달의 대미 의존은 갈수록 심화되어왔고 이를 시정하려는 진지한 노력은 어느 정권에서도 추진된 바 없다. 최근 햇볕정책과 북핵문제를 둘러싸고 전개된 남북 간, 한미 간, 북미 간 갈등의 양상은 북한을 포용할 수 있으리만큼 성장한 남한의 우월한 경제력을 반영하는 동시에, 군사안보적 차원에서는 미국에 여전히 근본적으로 의존적, 예속적일 수밖에 없는 남한 국가의 불균형한 성취를 잘 보여준다.

1970년대에 정력적으로 추진된 방위산업 육성정책은 북한의 군사적 위협으로부터 남한을 보위하려는 방위력 증강정책일 뿐 아니라, 남한 국민과 미국을 상대로 구사된 고도로 정치적인 성격의 정책이기도 했다. 중화학공업화 정책과 연동된 방위산업 육성정책은 유신독재의 정당성을 확보하기 위해 정치적으로 설정된 거대 국민적 의제(grand national agenda)로서의 성격도 띠었으며, 미군 철수를 지렛대로 하여 미국 카터 행정부가 박정희 정권의 독재에 대해 행사한 정치적 압력에 대한 대응이라는 성격도 띠고 있었다.

박정희 정권이 추진한 방위산업 육성정책은 분단 이후 남한 역대 정권

---

[1] 박정희는 1970년 연두기자회견에서 "국방 이퀄(equal) 경제 건설, 경제 건설 이퀄 국방이다. 즉, 국방과 건설은 동의어"라고 이야기한다.

이 의존해온 안보정치의 연장선상에 있었지만, 박정희 시대의 안보정치는 이전 정권의 안보정치와는 상당히 성격이 다른 측면도 있다. 1공화국과 2공화국 시대의 안보정치가 북한의 군사적 위협을 강조하며 정치적 민주주의의 진전을 억압하는 소극적, 방어적 성격의 '배제정치'의 성격만을 가진 데 반해, 박정희 시대의 안보정치는 이러한 배제정치적 성격을 더욱 강화하면서도, 1960년대의 수출주도 공업화 정책의 추진과 베트남전 파병이 연동되고, 특히 1970년대의 중화학공업화 정책과 방위산업 육성정책이 유기적으로 결합되면서, 객관적 성과에 기초한 '헤게모니 정치'로서의 성격도 띠었다는 점이 중요하다.

1970년대에 추진되어 매우 단기간에 괄목할 성취를 보인 방위산업 육성정책은 남한 발전국가(developmental state)의 높은 자원동원능력과 조직능력의 절정을 보여주는 사례인 동시에 남한 발전국가의 중요한 한계를 명료히 보여주기도 한다. 첫 번째 한계는 군사안보적 차원에서 남한 안보-발전국가의 근원적 대미 의존성이다. 방위산업 육성정책은 기술 소스(source)의 측면에서 미국의 기술 지원에 절대적으로 의존하여 추진되었을 뿐 아니라, 한국의 방위산업 성장이 예상 이상으로 빠르게 전개되자 미국은 군사기술 이전에 소극적인 태도를 취했을 뿐 아니라 한국의 방위산업 성장을 견제하는 데 주력했다. 박정희와 카터(J. Carter) 사이의 갈등의 뿌리에는 유신독재뿐 아니라 방위산업 육성정책이 가로놓여 있었다. 두 번째 한계는 국민의 지지 동원 능력의 한계이다. 방위산업 육성정책은 상당히 높은 수준의 성과를 보였으나, 이것이 유신체제라는 고강도 독재체제에 대한 국민의 불만을 보상할 수는 없었고 박정희 시대는 결국 민주주의를 열망하는 국민의 저항에 의해 종료되었다.

이 글은 1970년대에 추진된 방위산업 육성정책을 남한 안보-발전국가의 헤게모니 프로젝트로서의 역할과 한계라는 측면에서 조명하는 것을 주된 과제로 삼는다. 특히 경제발전 수준이 높지 않은 상태에서 방위산업 육성이라는 어려운 과제를 달성하기 위해 박정희 정권이 선택한 육성 전략의 특징을 살펴보고 이러한 전략의 장점과 더불어 약점을 확인하고, 당시 방위산업 육성정책이 처했던 국내외 정치상황이 제공한 제약을 확인함으로써, 박정희 시대의 안보-발전국가가 넘어설 수 없었던 한계가 무엇이었나를 확인할 것이다.

2. 1970년대 이전의 안보정치

분단과 한국전쟁을 겪은 이후 남북한 현대사는 남과 북 모두에서 상대를 제압하기 위해 총력을 기울이는 총체적 체제경쟁의 역사로 일관해왔다. 전쟁의 가능성은 상존하였으며, 경제개발은 평화적 형태로 수행되는 또 하나의 전쟁이었다. 남한에게 있어서 북한은 절대적 타자, 절대적 외부로서 내부의 경계를 확정지을 뿐 아니라 내부의 지향과 구조를 결정하는 '구성적 외부'였다. 북한의 입장에서는 역으로 남한과 미국이 구성적 외부였다. 남한과 북한은 상대방의 군사적 위협으로부터 스스로를 방어하는 동시에 자신의 군사적 능력을 높여 장기적으로는 상대방을 제압할 수 있는 능력을 배양하는 것을 최우선적 과제로 삼는 안보국가적 성격을 강하게 띠게 되었다.

사회적 축적구조론(theory of social structures of accumulation)[2]의 분석틀을 빌어 표현하자면 남한에서 반공주의는 사회적 축적구조의 핵심적 구성요소로 작용하였다고 할 수 있다. 가장 기저적 차원에서는 남한 민중의 심성(mentality)과 습속(habitus) 차원에서 반공주의가 탈정치화된 경제주체로서의 개인의 형성에 기여하였다. 대북 피해의식과 더불어

---

[2] 사회적 축적구조론에 대한 소개로는 정운영(1995) 참조.

반공을 빌미로 한 남한 국가의 항시적 억압가능성에 동시에 짓눌린 고립되고 취약한 개인으로서, 개인적 또는 가족적 차원에서의 노력을 통한 경제적 지위 개선 외에는 사회적 지위 개선의 가능성, 출로가 차단된 개인이 형성된 것이다. 집단적, 정치적 발언을 통한 영향력 행사(voice influence)는 흔히 용공조작의 희생물이 되기 일쑤였기 때문에 국가권력에 대한 국민의 순응과 시장에 의한 자본주의적 규율 작동이 극대화될 수 있는 기초조건이 형성되었다.[3] 이러한 조건은 박정희 정권이 경제발전 프로젝트에 본격적으로 착수하면서부터 충분히 활용되게 된다.

이러한 상황은 자본주의 초기 서구 민중이 처했던 상황과 유사하다고 볼 수 있을 것이다. 그러나 자본주의 초기 서구의 경우에는 절차적 민주주의가 형성되기 이전 상황이었으나 해방 이후의 남한에서는 적어도 법적, 제도적으로는 절차적 민주주의가 거의 온전히 수용되고 난 상황이었다는 차이가 있다. 반공주의는 법적, 제도적 차원의 민주주의를 실질적으로 형해화하여 민중의 실질적 무권리 상태를 조성하는 데 결정적으로 기여하였다. 제도적 차원에서는 국가보안법과 같은 억압적 법률과 여타 사회 부문에 비해 비대하게 성장한 군대, 경찰 등 물리적 억압장치가 반공주의의 작동을 지지해주었다.

남한에서의 반공주의와 북한에서의 반미주의는 모두 국가가 설정한 목표에 대중을 효과적으로 동원해내는 동원 이데올로기로 기능하였고, 남북한 모두에서 안보정치는 정치적 지배집단의 정치적 자원을 극대화해주는 기능을 수행하였다. 그러나 안보정치의 국민통합효과 수준의 측면에서 남과 북은 사정이 달랐다. 북한의 경우 민족해방투쟁의 영웅으로서 김일성의 위광에 더하여 한국전쟁에서 세계 최강국인 미국을 적으로 삼아 싸웠다는 점, 또 1960년대까지 남한에 대한 북한의 군사적, 경제적

---

3) 이러한 상황을 조희연(1998)은 '반공규율사회'(anti-communist regimented society)로 개념화한다.

우위 등에 기초하여 안보정치가 민족주의적 열정과 쉽게 결합되는 헤게모니 프로젝트로서의 성격을 강하게 가질 수 있었다. 반면에 주한 미군에 절대적으로 의존해야 하고 북한에 비해 군사적, 경제적으로 열세에 있었던 남한에서는 안보정치가 방어적 배제정치의 성격은 강하게 띠었으되 국민을 적극적으로 동원해내는 헤게모니 프로젝트로서 기능하기는 어려웠고 민족주의적 열정과도 쉽게 결합되기 어려웠다. 남한의 대북 콤플렉스는 국민 수준뿐 아니라 국가 수준에서도 분명히 존재하였다.

남한의 대미 의존은 안보 문제에서 가장 뚜렷하였다. 휴전 이후 남한에 대한 미국의 원조의 핵심은 군사원조였다. 1950년에서 1975년까지 미국의 대한(對韓) 군사원조액은 65억 달러에 달했는데, 이는 이 기간에 남미와 아프리카 두 대륙이 받은 원조 총액 32억 달러의 두 배가 넘은 막대한 액수였다(정성진, 2000: 126). 이승만 정권에서 경제정책의 핵심이 미국으로부터 경제원조 획득의 극대화였듯이 국방정책의 핵심도 미국으로부터 군사원조 획득의 극대화였다. 이승만 정권은 가능한 한 많은 수의 병력을 유지하는 것이 군사원조를 많이 얻는 데 유리하다고 판단하여 휴전 후에도 70만 명 가량의 대규모 병력을 유지하였다. 한편 한반도에 핵무기를 배치한 미국은 한국군의 군사력 증대에는 큰 관심을 보이지 않고 주한 미군 중심의 방위력 확보에만 관심을 기울였다.

이러한 일방적 후견인-피보호자 관계는 베트남전에 한국 군대를 파병하면서 변화된다. 쿠데타 이후 미국으로부터의 정권 승인을 갈구하던 박정희는 베트남에 한국군을 파병할 것을 먼저 제안하였고[4] 1965년부터 파병이 실행되었다. 베트남전 파병은 박정희 정권의 안정화에 결정적으로 기여하였을 뿐 아니라, 수출주도 경제발전에 필수적으로 요구되는 외화 획득에도 크게 기여하였다. 우선 파병군인의 송금, 미군의 물자조달

---

4) 한홍구(2003)는 통념과는 달리 베트남 파병이 미국의 강력한 요구에 의해 박정희가 마지못해 결정한 것이 아니라 박정희가 먼저 제안한 것이라는 점을 강조한다.

등으로 1965~1972년 누계 10억 2,200만 달러의 수입을 얻었다(정성진, 2000: 133). 베트남전 특수가 한국경제의 성장에 어느 정도 기여하였는지는 ⟨표 9-1⟩을 보면 잘 알 수 있다.

나아가 동아시아 방위정책과 관련하여 한미 간에 노동-자본, 노동-기술 분업관계가 형성되어 후견인-피보호자 관계에서 상위 파트너-하위 파트너 관계로 한국의 지위가 크게 격상되었다.

베트남전 파병은 한국군의 방위력 증강에도 기여하였다. 남한 군대는 한국전쟁 이후 최초로 장기간 대규모 실전경험을 쌓게 되었을 뿐 아니라, 미군이 사용하는 최신식 병기를 이용할 수 있었다. 미국은 1966~1973년 기간에 군사지원용역기금(MASF)을 통해 베트남에 파병된 남한군의 모든 비용을 지원하였다. 또 미국은 베트남전 파병으로 한반도 내의 한국군 방위력이 약화된 것을 보강하기 위한 조치로 한국군 1개 예비사단을 현역화하고 대신 새로운 예비사단을 창설하고, 한국군의 장비를 현대화하며, 한국측이 운영유지비를 책임지도록 요구했던 대외군사원조이관계획을 중단하는 데 동의했다(함택영, 1998: 170).

박정희 정권은 이렇듯 베트남전 파병을 통해 한국군의 방위력을 상당히 증강할 수 있었으나 1960년대에는 독자적인 방위산업 육성정책을 추

⟨표 9-1⟩ 베트남전 특수와 한국의 경제성장 (단위: 100만 달러)

연도	특수 총액 (A)	GNP (B)	수출 총액 (C)	외환 보유고(D)	무역외 수지(E)	A/B (%)	A/C (%)	A/D (%)	A/E (%)
1965년	19.5	3,006	175	138	125.8	0.6	11.1	14.1	15.5
1966년	61.1	3,671	250	236	238.4	1.7	24.4	25.9	25.6
1967년	151.3	4,274	320	347	375.2	3.5	47.3	43.6	40.3
1968년	168.6	5,226	455	388	424.5	3.2	37.0	43.5	39.7
1969년	200.4	6,625	623	550	497.1	3.0	32.2	36.5	40.3
1970년	204.6	7,834	835	584	490.7	2.6	24.5	35.1	41.7
1971년	133.3	9,145	1,068	535	486.6	1.5	12.5	24.9	27.4
1972년	83.2	10,254	1,624	694	579.2	0.8	5.1	12.0	14.4

자료: 정성진(2000: 134).

진하지는 않았다. 경제적, 기술적 자원이 부족하였던 것이다. 박정희 정권은 미국의 동아시아 방위정책에 협조함으로써 미국으로부터 군사원조 확보를 극대화하는 데 주력하였다. 〈표 9-2〉는 1966~1972년 기간에 한국의 국방비와 미국의 군사원조액수를 나타내고 있는데, 이 기간 내내 한국의 국방비 규모보다 미국의 군사원조 규모가 컸음을 보여준다.

<표 9-2> 한국의 국방비와 미국의 군사원조 　　　　(단위: 억 원)

년도	1966	1967	1968	1969	1970	1971	1972
세출총액(A)	1,409	1,809	2,621	3,709	4,413	5,463	7,011
국방비(B)	405	496	647	844	1,023	1,347	1,739
미국 군사원조(C)	569	729	1,095	1,461	1,044	2,076	2,122
B/A (%)	28.7	27.4	24.7	22.8	23.2	24.7	24.8
C/A (%)	40.4	40.3	41.8	39.4	23.7	38.0	30.3

자료: 〈표 9-1〉과 동일.

3. 1970년대 방위산업 육성정책

1) 배경

1970년대는 분단 이후 처음으로 한국에서 방위산업 육성이 추진된 시기이다. 방위산업이라고 할 만한 것이 아예 존재하지 않았던 1960년대까지의 시기와 구별될 뿐 아니라, 미국으로부터의 병기(兵器) 수입에 거의 전적으로 의존하는 선택으로 인해 방위산업이 크게 쇠퇴한 1980년대 이후 시기와도 확연하게 구별되는 독특한 시기이다. 또 이 시기의 방위산업 육성정책은 그 추진 속도의 급속성, 추진방식에서의 국가주도성 및 체계적 계획성, 일반적 경제정책과의 깊은 연계, 정치적 효과의 고려 등 여러 모로 각별한 특징이 확인된다. 박정희 정권이 이 시기에 방위산업을 적극적으로 육성하게 된 배경으로는 다음과 같은 점을 들 수 있다.

첫째, 1960년대 말 이후 북한의 공세적 군사도발이 급증했다는 점이다. 1968년 1월 21일의 무장간첩 서울 침투사건, 1968년 2월의 미국 정찰선 푸에블로호의 납북사건, 1968년 겨울의 울진, 삼척 지구 게릴라 침투사건, 1970년 6월 22일 북한 공작원에 의한 국립묘지 현충문 폭파사건 등이 그 대표적 사례이다.

이 시기에 북한의 군사도발이 급증한 이유로는 다음과 같은 점을 들수 있다. 우선 북한의 국방능력의 신장을 들 수 있다. 북한은 휴전 이후 1970년대 중반까지 방위산업과 직결되는 중화학공업에 전체 공업투자액의 80%를 투자할 정도로 방위산업의 육성에 주력했고, 그 결과 1960년대 후반에는 방사포, 평사포, 곡사포 등 육군 사단급 부대의 무기와 고속경비정 등 해군 연안 부대가 사용할 수 있는 무기를 자체 생산할 수 있게 되었다(최성빈, 1992: 108). 따라서 이렇게 급성장한 군사능력을 시험해보자 하는 동기가 강하게 발동되었을 것이다. 또 미국이 베트남전에 묶여 있는 상황을 활용하고자 했을 것이다. 또 1960년대에 들어 북한 지도부 내에서 빨치산 출신 및 그 유가족, 군부 지도자 등 군사세력의 약진이이루어졌다. 북한은 이러한 상황에서 간헐적인 군사도발을 통해 한국군과 미군의 방위능력을 시험해보고, 베트남전으로 인해 미국 내에 확산되어가던 염전(厭戰) 분위기를 더욱 강화하고 싶었을 것이다. 또한 남한의급속한 경제발전으로 인해 남한에 대한 군사적 침공이 가능한 시기가 곧종료될 것이라는 초조감도 작용하였을 것이다.

둘째, 가장 결정적인 요인으로는 미국의 세계 군사전략이 변화하였고구체적으로는 주한 미군의 부분 철수가 이루어졌다는 점을 들 수 있다. 미국은 방위비 지출 급증 문제를 해소하기 위해 1969년의 괌(Guam) 독트린과 1970년의 닉슨(R. Nixon) 독트린을 통해, 미군의 해외 지상파병을 줄이고 해당 당사국의 방위비 지출을 증가시키는 쪽으로 정책을 전환하겠다고 선언하였다. 또 군사원조정책의 기조를 무상원조 중심에서 유상거래 형태인 대외 군사판매(FMS: foreign military sales)차관으로 전환하였다(김형균, 1997: 92-93). 이는 저비용-고효율 방위전략을 채택함으로써 미국의 방위비 부담을 완화시키는 한편 군수품 수출을 증대하려는 의도의 산물이었다.

특히 미 부통령 애그뉴(S. Agnew)가 1970년 8월에 방한한 후 귀국 비행기 내의 기자회견에서 주한 미군 단계적 감축 계획을 발표하였는데, 이것이 박정희 정권에게 큰 충격으로 다가왔다. 1971년에는 미군 감축계획에 따라 미 7사단이 철수하였고, 휴전선 전체의 방어를 한국군이 담당하게 되었다. 이에 따라 박정희 정권은 추가로 진행될 개연성이 높은 주한 미군 철수에 대비해야 할 상황에 처한 것이다.

셋째, 1960년대에 추진된 공업화정책의 성과에 대한 자신감을 들 수 있다. 1960년대에 강력히 추진된 수출주도 공업화정책은 큰 성공을 거두었고, 이에 따라 방위산업의 육성을 위한 경제적, 기술적, 행정적 기초 조건이 어느 정도 마련되었다고 판단한 것이다.

넷째, 중화학공업화 정책의 필요성을 들 수 있다. 1960년대 말에 들어 경공업 위주의 수출주도 공업화정책은 위기에 봉착했다. 생산재 산업의 미비로 인해 수출의 수입유발계수가 매우 높아 무역수지 적자가 해소되지 않았고, 섬유제품 등에 대한 미국의 수입장벽이 높아져 수출에 애로가 발생하고, 외자기업들의 부실화 등이 발생하는 등 종래의 경공업 위주의 수출주도 정책을 장기간 지속시킬 수 없다는 조짐이 온 것이다. 방위산업은 중화학공업의 기초 위에서만 발전할 수 있는 산업이므로, 어차피 중화학공업화를 추진할 바에야 방위산업 육성과 연계시켜 조속히 추진하는 것이 상책이라 판단하게 된 것이다.

다섯째, 정치적 동기를 들 수 있다. 박정희 정권은 3선 개헌이라는 정치적 무리수를 두었으며 장기집권에 대한 염증이 국민 사이에 확산되어 있었다. 또 경제발전과정에 적극적으로 참여하였으나 성과의 배분에선 상대적으로 소외된 노동자, 도시빈민 등 기층민중을 중심으로 반정부 운동이 전개되었다. 특히 1971년에 김대중 후보와의 접전은 박정희 정권을 형식화된 절차적 민주주의까지 포기하는 선택으로 이끌었다. 1972년에 등장한 유신체제라는 초유의 반민주적 억압체제를 정당화하기 위해서는 새로운 거대 국민적 의제를 제시할 필요가 있었는데, 중화학공업화 정책과 더불어 자주국방 체제 수립이라는 의제가 효과적일 것으로 판단한 것이다.

2) 추진

1970년에 경제기획원 주도로 '4대 핵공장' 설립계획이 입안된 바 있는데 이때 이미 방위산업의 육성이라는 정책적 목표가 설정된 바 있다. 4대 핵공장이란 주물선(鑄物銑)공장, 특수강공장, 조선소공장, 중기계종합공장을 지칭하는 것인데, 이미 건설 중에 있던 포항종합제철소와 더불어 산업구조 고도화와 방위산업 육성을 위해 핵심적 역할을 할 수 있는 공장이라는 점에서 '핵공장'이라는 이름이 붙은 것이다. 그러나 핵공장 건설계획은 건설에 소요될 외자유치에 실패하여 수포로 돌아갔다.

1970년대에 추진된 방위산업 육성정책의 골간을 수립하고 추진과정을 총괄적으로 관리한 인물은 오원철이었다. 당시 상공부 광공전(鑛工電) 차관보였던 오원철은 핵공장 건설계획이 실패한 후 1971년 11월 10일 박정희와의 면담에서 방위산업 육성정책의 기본 구상을 제시하고 이것이 박정희에 의해 수용되어, 이 구상에 따라 방위산업 육성정책이 추진되었다. 오원철의 구상의 핵심은 다음과 같았다.

첫째, 무기생산을 전문으로 하는 군공창(軍工廠)을 설립할 경우, 무기 수요 부족시 가동률이 저하되는 등 경제적 비효율을 낳을 수 있으므로 민간기업에서 무기의 부품을 생산하고 군공창에서는 부품을 조립하는 방식으로 역할을 분담한다. 둘째, 무기 생산에 참여하는 민간기업의 경우에도 무기만을 전담하여 생산할 것이 아니라 민수품과 무기 등 군수품을 병행하여 생산하게 함으로써 수요 변동에 유연하게 적응할 수 있도록 한다. 셋째, 중화학공업화 정책과 연계하여 방위산업 육성정책을 추진한다. 넷째, 무기제조시설뿐 아니라 기술자, 기능공의 양성에도 힘쓴다(오원철, 1996: 24-25; 김정렴, 1990: 322-324).

이 구상의 핵심적 문제의식은 방위산업의 육성이 민수산업의 발전에 대해 갖는 대체효과(displacement effect)를 극소화하고 지원(支援)효과를 극대화한다는 것이었다고 해석할 수 있다. 방위산업의 육성은 민수산업에 투입될 자원의 이전(移轉)을 의미하고 따라서 그만큼 민수산업의 위축을 가져올 수 있다. 만일 당시 군부가 원했던 바와 같이 무기 생산을 전문으로 하는 군공창에 주로 의존하여 방위산업을 육성할 경우, 민수부문 가용자원의 대폭 축소가 불가피하며, 군수품 수요가 작은 시기에는 생산시설의 유휴화 문제도 발생하게 된다. 따라서 민간기업에서 군수품과 민수품을 동시에 생산하고, 수요 변동에 따라 군수품/민수품의 생산비율을 적절히 조절함으로써 자원 낭비를 막을 수 있다는 것이다. 또 이렇게 민간기업이 군수품과 민수품을 병행 생산할 경우에는 방위산업의 발전을 통해 확보한 기술개발 성과를 민수품 생산에 원활하게 활용하는 스핀오프(spin-off) 효과도 극대화할 수 있다는 것이다. 즉, 외부경제(external economies)를 크게 누릴 수 있다는 것이다. 또한 어차피 추진해야 할 중화학공업화 정책에 참여할 민간기업들로 하여금 군수품 생산도 담당하게 함으로써 중화학공업화 정책을 좀더 효율적으로 추진할 수 있게 한다는 것이다.

이러한 구상은 방위산업 육성에 소요될 재원과 기술이 모두 부족한 당시 상황에 비추어볼 때 매우 적절한 구상이었다고 평가할 수 있다. 박정희는 이 구상을 채택하였고, 방위산업 육성정책을 청와대에서 총괄하기 위해 청와대 내에 경제제2수석비서관직을 신설하고 오원철을 그 자리에 임명하였다. 이후 방위산업에 참여할 기업들을 선정하였는데 부품별로 복수의 기업을 선정하였다. 이는 기업들 간의 경쟁을 유도하는 효과를 기하는 한편, 유사시 방위산업체 일부가 가동할 수 없는 상황에 대비하기 위한 것이었다.

이후 방위산업 육성정책은 급속히 추진되었다. 우선적으로 착수한 것이 소총, 탄약 등 기본 화기의 개발이었다. 병기 개발은 주로 정부 연구소인 국방과학연구소(ADD)가 담당하였다. 병기 개발의 경험이 전무하고 병기의 도면도 없는 상태에서 병기 개발은 주로 역(逆)엔지니어링(reverse engineering) 방식으로 이루어졌다. 즉, 기존 병기를 분해하여 병기의 구조를 파악하고 이를 모방하여 병기를 제작하는 것이다. '번개작전'이라 불린 병기개발작업은 매우 신속하게 추진되었으나 이를 통해 제작된 시제품(試製品)은 실전에서 사용하기에는 결함이 많은 것이었다. 또한 비교적 높은 수준의 기술이 요구되는 병기 생산의 경우에는 이러한 역엔지니어링 방식으로는 접근 자체가 어려웠다. 이 문제는 미국이 군사기술을 제공해줌에 따라 해결되었다.

미국은 초기에 박정희 정권의 병기 국산화 시도가 남북 간 본격적 군비확충 경쟁체제로의 돌입을 야기할 수 있다는 점에서 부정적인 태도를 보였고 특히 국무부가 이러한 입장을 취했다. 그러나 미 국방부는 다음과 같은 논리로 한국의 병기 국산화 시도를 지지하였다. 첫째, 한국에서 사용하고 있는 미군 병기는 모두 구식 병기여서 부품 공급도 중단된 상태이므로 한국군 사용 미군 병기는 장기적으로 한국군 스스로 수리(修理)할 수밖에 없다. 둘째, 이러한 구식 병기는 저개발국들에서 사용하고 있는데 수리용 부품 공급을 누군가 해야 하므로 이 기회에 한국으로 하여금 이러한 역할을 담당하도록 하는 것이 미국에도 유리하다. 셋째, 한국의 군수품 국산화는 미국의 대한 군사원조비를 경감해준다. 넷째, 한국의 방위산업체를 장차 미국 방위산업체의 하청기업 형태로 이끌어 가면 미국 방위산업체에 대한 피해도 없을 것이다. 다섯째, 한국의 방위산업의 범위를 방어 목적의 병기 개발·생산으로만 한정한다면 미 국무부의 의도에도 배치되지 않을 것이다(오원철, 1996: 49). 이러한 미 국방부의 논리는 국제적 수준에서의 미국 중심의 군사포디즘(military Fordism) 체제 내에 한국을 하청기지로 편입시킨다는 구상이었다.

이러한 국방부의 입장이 채택되어 1972년 1월에 미 국방부 기술연구처(ARPA: Advanced Research Projects Agency) 소속 하딘(Hadin)을 단장으로 하는 기술지원팀이 1972년에 한국에 파견되었다. 하딘 팀은 국방과학연구소에 상주하면서 병기 설계도면 제공과 기술 자문 등을 통해 군수품 국산화에 결정적으로 기여하였다(오원철, 1996: 49-51). 이후 1971년도부터 1987년까지 881건의 군수기술 자료철(TDP: Technical Data Package)을 제공받았다.

〈표 9-3〉 년도별 TDP 도입 현황

년도	1971	72	73	74	75	76	77	78	79	80	81	82	83	84	85	86	합계
건수	1	18	12	122	89	24	61	60	138	143	85	56	22	13	7	2	853

자료: 김형균(1997: 107).

그러나 이렇게 미국의 기술 지원에 절대적으로 의존하여 병기 국산화가 이루어졌다는 것은 병기 국산화 성취의 의미를 상당히 제한적으로 이해해야 한다는 것을 의미한다. 실제로 1970년대 말 이후 미국이 군사기술 이전에 소극적으로 변하면서 방위산업 발전에 큰 애로가 생기게 된다. 또 미국 군수기술 자료철 중심의 방위산업 육성은 1980년대 이후 한국 병기공급 체계의 미국 의존이 더욱 심화되는 데 중요한 계기로 작용하기도 했다.

국방과학연구소가 개발한 생산기술에 기초하여 병기 등 군수품을 양산(量産)하는 역할은 방위산업체에 맡겨졌다. 방위산업에 참여할 기업을 선정함에 있어, 이미 높은 수준의 기술을 확보하고 양산능력이 확인된 기업을 중심으로 선정이 이루어졌다. 방위산업의 경우 시행착오를 용인할 여유가 별로 없었던 것이다. 1972년 10월에 제1차 방위산업 지정업체 29개 업체가 결정되었는데 그 내용은 다음과 같다.

韓國機械, 東洋워나, 東洋精密, 大同工業, 東優精機, 統一産業, 三善工業, 大韓光學, 大韓電線, 大韓重機, 起亞産業, 韓國化成, 韓國베아링, 韓國火藥, 大圓鋼業, 金星社, 오리엔탈, 國安産業, 現代洋行, 豊山金屬, 韓逸鍛造, 東洋鐵鋼, 順興金屬, 南鮮알미늄, 내쇼날플라스틱, 드레스精密, 韓國特殊金屬, 進亞産業, 國際電光.

이 기업들은 대체로 당시 중화학공업 분야에서 굴지의 대기업들이었으며 이후 삼성전자, 현대정공, 현대중공업, 대우중공업 등 재벌기업들의 대부분이 방위산업에 참여하였다.

방위산업체가 공급하는 군수품에 대한 가격책정은 원가계산제도에 기초하여 정부에서 계산한 원가에 일정 비율의 이익을 추가하는 방식으로 결정되었다. 그런데 당시 방위산업에 참여하게 된 기업들의 입장에서는 미지의 영역인 방위산업에 뛰어든다는 것이 위험성도 큰 데다 높은 수준의 이윤이 보장되는 것도 아니었으므로, 방위산업에의 참여는 사실 정부의 지시에 의한 것이었다. 예컨대 삼성 그룹의 경우에는 끝까지 버티다 정부의 강압적 요구에 마지못해 방위산업에 참여하였다. 따라서 정부는 방위산업에 참여한 기업들에게 유인(incentives)을 제공해야 했다. 한정된 국방예산으로 인해 제품 가격을 높게 책정해줄 수 없었기 때문에 주로 투입비용을 경감시켜주는 방식으로 방위산업체를 지원해주었다.

1973년에 「군수조달에 관한 특별조치법」[5]을 제정하여 다양한 지원책을 제공하였다. 세제면에서는 소득세 및 법인세의 특별감면, 원자재, 시설재 및 시험용품과 견본품에 대한 관세 면제, 국내 구입이 어려운 원자재의 경우 특별소비세 면제 등의 지원책을 제공하였다. 또 금융면에서는 방위산업체들은 각종 정책금융의 우선 수혜대상이 되었고, 시중금리보다 4%p나 낮게 책정된 우대금리를 적용받았다. 또 공장부지의 무상 증여 등 국유재산의 양도나 유·무상 대부 지원을 받았고, 수주계약시 계약금의 90%까지 선수금으로 지급하는 등 특례계약을 적용받았다. 또 방위산업 종사자의 경우엔 노동쟁의가 금지되었고, 병역특례법에 따라 방위산업 종사 기술 및 기능인력은 병역을 면제받았다(구상회, 1998: 40; 김형균, 1997: 127). 또 방위산업에 참여한 기업에게 수익성 높은 민수사업에 우선적으로 참여할 수 있도록 하는 등 포괄적인 보상체계를 마련하였다. 예컨대 현대 그룹은 탱크 생산에 참여하는 대가로 기관차 생산 사업권을 따냈다(오원철, 1996: 342).

방위산업의 육성을 위해서는 방위산업 분야에 종사할 우수한 기능인력을 양성하는 일도 중요하다고 판단하여 금오(金烏)공고를 기술하사관 양성학교로 활용하고 금오공업전문대학(이후 금오공과대학으로 개편)을 설립하여 기술장교를 양성하는 한편, 방산품의 품질검사를 위해 국방과학연구소 산하에 품질보증부를 설치하고 품질검사인력을 양성하였다. 또 해외 거주 과학자들을 좋은 조건으로 초빙하여 병기 개발에 참여하게 하였다.

한편 방위산업의 육성을 위해서는 국방비 증액이 필요한데 이에 소요되는 재원은 방위성금과 방위세에 의해 조달되었다. 1975년 7월에 신설

---

5) 1983년에 「방위산업에 관한 특별조치법」으로 개정되었다.

된 방위세는 소득세 및 법인세 등 본세(本稅)에 대한 부가세 형태로 징수되어, 이후 '율곡사업'이라는 이름으로 추진된 전력증강사업의 재원으로 활용되었다. 주로 무기 도입, 군사품 제조비, 연구개발비 등에 자금이 사용되었다. 또 방위세 신설에 크게 힘입어 1976년부터 국방비 지출액에서 남한이 북한을 능가하게 되었다(함택영, 1998: 179).

3) 성과

이렇게 다양한 방식의 지원을 통해 이루어진 방위산업 육성정책의 성과는 괄목할 만했다. 매우 짧은 기간에 재래식 기본 병기의 국산화를 달성한 것이 가장 큰 성과였다. 총포분야에서는 20밀리 발칸포, 박격포, 대전차 로켓포, 무반동총, 곡사포 등 거의 모든 화포가 모방(copy) 개발되었다. 여기에서 모방 개발이란 미국이 제공하는 도면 등 군수기술 자료철의 내용을 그대로 따라 개발하는 것을 의미한다. 모방 개발은 독자적 연구를 통한 개발과는 달리 종합적인 기술능력 향상 효과가 그리 크지는 않지만 적어도 제조기술의 향상을 낳는다. 또 개인용 소총이나 기관총 등 소화기류는 독자 개발을 달성하였고 외국에 수출까지 하게 되었다. 또 탄약, 군수차량과 같은 기동장비, 또 통신, 전자, 광학(光學), 함정(艦艇) 등 다양한 분야에서 모방 개발과 독자 개발이 이루어졌다. 가장 극적인 성과는 1978년에 핵탄두를 탑재할 수 있는 유도탄을 개발한 것이다. 미국 정부의 반대에도 불구하고 다양한 기술 공급 루트를 개척하여 달성해낸 유도탄 개발은 방위산업 육성정책의 성과를 극적으로 보여준 한편 한국의 방위산업 육성정책에 대한 미국의 경계심을 강화시켜 한미 갈등의 주요 요인으로도 작용하게 되었다.

재래식 기본 병기의 국산화와 일부 첨단 병기의 개발로 인해 남한의 국방능력은 급격히 증대되었다. 1970년대 말이 되면 국방비 지출에서도 남한이 북한을 크게 앞서게 되어[6], 설령 미군이 완전 철수한다 해도 북한의 남침이 쉽지 않은 상태에 이르게 되었다. 그런 점에서 방위산업 육성정책은 이미 1970년대 말에 최소 목표는 달성했다고 볼 수 있다. 병기의 국산화는 미국으로부터의 병기 수입을 대체하는 수입대체효과도 가져올 수 있었다. 방위력 증강 목표 수준이 제고됨에 따라 미국으로부터의 병기 수입 절대액은 계속 증가하였지만, 이는 주로 첨단 병기 수입을 위한 것이고 재래식 병기는 대부분 자급이 가능하게 되었다. 일부 군수품의 경우에는 수출까지 이루어졌다. 군복, 소총, 통신장비, 낙하산 등 비교적 기술집약도가 낮은 품목이 주종을 이루긴 했으나 함정, 장갑차 등 중위 수준 기술이 요구되는 품목의 수출도 이루어졌다. 그리하여 1979~1982년 기간에 전체 개발도상국 중에서 군수품 수출액 기준 5위를 기록하였다.

방위산업 육성정책의 또 하나의 성과는 방위산업 육성을 통해 습득된 기술을 민수부문으로 이전시키는 spin-off 효과를 상당히 볼 수 있었다는 점이다. 이는 특히 방위산업의 주체가 민수품을 병행 생산하는 민간기업이었다는 점으로 인해 더욱 촉진될 수 있었다. 방위산업 육성은 특히 기계공업 및 전자공업의 발전에 크게 기여하였다. 기계공업의 경우 군수품 생산에 요구되는 정밀성, 내구성 기준을 충족시켜 가는 과정에서 체계결합, 정밀가공, 정밀주조, 품질관리 능력 등이 크게 향상되었다(구상회, 1998: 64).

그러나 당시의 제한된 기술능력을 반영하여 첨단 병기는 거의 전적으

〈표 9-4〉 한국의 주요 무기 수출 현황 (1975~1982)   (단위: 백만 달러)

년도	1975	1976	1977	1978	1979	1980	1981	1982	합계	비중	순위
규모	5	5	110	70	190	250	250	400	1,280	8.86	5

자료: 김형균(1997: 161).
주: 여기에서 비중과 순위는 개발도상국 중 무기 수출 비중과 수출 순위를 의미함.

---

6) 남북한 군비지출 규모에 대한 심층적 연구로는 함택영(1998) 제5장 참조.

로 수입에 의존하였고 재래식 병기의 경우에도 높은 기술 수준이 요구되는 부품은 주로 수입에 의존하였다. 또 병기의 설계 능력에도 한계가 있었다. 그리하여 병기 수입액과 기술사용료(royalty) 지급액이 꾸준히 증가하였다.

4. 방위산업 육성정책과 국내외 정치 변동

앞에서 언급한 바와 같이 방위산업 육성정책은 단지 방위력 증강정책으로서의 성격만을 가진 것은 아니었고, 한국 국민과 미국 정부를 상대로 박정희 정권이 구사한 고도로 정치적인 성격의 프로젝트이기도 했다. 3선 개헌 이후 더 이상 합헌적 방식으로 정권을 유지할 수 있는 길이 봉쇄된 박정희는 1972년에 유신이라는 초헌법적 궁정 쿠데타를 단행하였다. 유신체제 수립의 정당화 논리는 주로 북한의 군사적 위협의 증대와 미-중 화해 등 국제정치질서의 변동으로 인한 한반도 정세의 불확실성의 증대라는 차원에서 제시되었지만, 박정희 정권은 가시적 성과를 통해 국민의 지지를 적극적으로 동원해낼 수 있는 거대 국민적 의제를 필요로 했다. 이를 위해 중화학공업화 정책과 이와 연계된 자주국방 프로젝트가 동원되었다.

중화학공업화 정책의 필요성은 순수히 경제적인 이유에서도 이미 1960년대 말부터 제기된 것이었다. 그러나 경제기획원이 입안한 중화학공업화 계획은 경제 여건의 변화에 적응하여 점진적으로 중화학공업의 발전을 추진한다는 매우 산문적(散文的)인 성격을 띤 전형적인 기술관료적 구상이었다. 또 재계에서도 중화학공업화 정책의 추진을 요구하는 목소리가 나온 것도 아니었다. 1970년대 초의 불황에 직면하여 전경련에서는 국유기업의 사유화와 민간주도 경제운용으로의 정책 전환을 해결책으로 제시하였지 중화학공업화 정책의 추진을 요구하지는 않았다(이재희, 1999: 108-109).

그러나 박정희는 중화학공업화 정책을 국가 주도로 강력히 추진할 것을 결정하는 동시에 이것의 정치적 효과를 극대화하기 위해 중화학공업화 정책을 극화(劇化)시키는(dramatize) 전략을 선택한다. 그리하여 박정희는 1973년 1월 12일 연두기자회견의 형태로 「중화학공업화 선언」을 발표한다. 1980년대 초 수출 목표 100억 달러, 수출상품 중 중화학제품 비율 50% 이상이라는 구체적 수치 목표가 제시된 선언을 통해 박정희는 온 국민을 동원해내는 새로운 국가 목표를 제시하였다. 또 중화학공업화 정책의 추진을 위해 범정부적 기구로 '중화학공업추진위원회'를 구성하고 실질적 관장기구로 위원회 산하에 '중화학공업기획단'을 설치하여 방위산업 육성정책의 기획자인 오원철 청와대 경제제2수석비서관을 기획단장으로 임명했다. 이는 중화학공업화 정책을 경제기획원이 아닌 청와대가 관장하며 방위산업 육성정책과 연계시켜 추진한다는 박정희의 의도의 산물이다. 이렇게 박정희는 중화학공업화 정책을 최대의 국가정책과제로 극화시키는 한편 이를 자신의 개인적 이미지와 강하게 중첩시키는, 정책의 인격화(personification)를 도모한다.

비슷한 시기에 추진된 새마을 운동과 더불어 중화학공업화 정책 및 방위산업 육성정책은 박정희가 1970년대에 추진한 대표적인 '헤게모니 프로젝트'이자 박정희 개인의 장기집권을 위해 적극적으로 상징조작해낸 '인격화된 프로젝트'이기도 했다. 박정희 정권은 안보 문제, 정치 문제, 경제 문제에 대해 문제별로 분리 접근하지 않고 정치전략적으로 3자를 혼화(混和)하는 통합주의적 접근을 선택하였다. 이는 유신 독재라는 인기 없는 정치체제를 정당화하기 위해서는 모든 국가적 의제를 결합시켜 거대 국민적 의제, 그것도 매우 긴박한 의제로 극화시켜야 할 필요를 느낀 데 기인한다.

방위산업 육성정책을 추진해 간 기간에 박정희는 '전(全)사회의 병영화'에 착수했다. 민방위대를 창설하고, 고등학교 및 대학교에서 교련교육을 강화하고, 초중등 교과서에서 유신체제를 홍보하는 내용을 강화하고 이순신 추모사업을 통해 이순신의 이미지와 박정희의 이미지를 중첩시키는 상징조작을 시도하였다. 또한 국군의 날 행사의 퍼레이드에서 국산화된 병기를 선보이고, 국산무기 화력 시험대회를 TV로 방영하여 방위산업 육성정책의 성과를 국민에게 과시하였다(오원철, 1996: 404).

방위산업 육성정책의 최대의 장애는 미국의 견제였다. 미국은 한국의 방위산업 육성정책을 기술적으로 지원하는 쪽으로 입장을 정하였지만 한국의 방위산업 발전이 예상 외로 빠르게 진전되자 이를 경계하고 견제하는 쪽으로 입장을 바꾸었다. 이러한 태도는 이미 방위산업 육성 초기 국면에서부터 확인되는데, 한국의 병기 개발을 지원하기 위해 미국 정부가 보낸 하딘(Hardin) 팀이 한국에 기술자료를 너무 많이 제공해준다고 판단하자 미국 정부는 1974년에 하딘 팀을 미국으로 소환하였다. 또 비교적 높은 기술수준이 요구되는 병기를 한국이 개발하려고 할 경우 미국은 주한 미대사관 등을 통해 병기 개발을 중단하고 미국 병기를 수입하여 활용할 것을 강권하곤 했다.

한국의 방위산업 발전을 미국이 견제한 것은 두 가지 이유에서였다. 하나는 경제적 이유였다. 한국의 방위산업이 급속히 발전하여 미국으로부터 수입해오던 병기의 국산화가 이루어지면 미국의 대한 병기 수출이 감소하게 되고, 더 나아가 한국 병기의 수출이 이루어질 경우 국제 병기 시장에서 미국의 수출비중이 감소하게 되므로 이를 차단하고자 한 것이다. 다른 하나는 군사안보적 이유였다. 호전적 성격을 띤 박정희 정권이 미국의 지원 없이 단독으로 북한과 맞설 수 있을 정도로 방위력 증강에 성공할 경우 한반도에서 전쟁이 발생할 가능성이 높아지고, 한반도 안보 상황에 대한 미국의 통제력이 약화될 것을 두려워한 것이다.

특히 1976년에 카터 행정부가 들어서면서 한미 간 긴장이 한층 더 심화되었다. 카터와 박정희 사이의 갈등의 근저에는 '인권외교'를 천명한 카터가 박정희 정권의 독재와 인권탄압에 대해 가진 혐오감이 가로 놓여 있었지만 군사안보적 차원의 갈등도 그에 못지않게 심각하였다. 카터 행정부는 닉슨 독트린의 정신을 계승하여 한반도에 대한 미국의 군사 개입의 수준을 낮추어가려 했을 뿐 아니라 주한 미군의 완전 철수를 고려하였다. 또 박정희 정권이 추진하는 방위산업 육성정책의 급속한 성취를 경계하였다. 카터 행정부는 한편으로는 미군 철수를 계획하고 그 공백을 한국 정부의 방위비 증액으로 채울 것을 한국 정부에 요구하면서도, 한국군의 전력이 미국의 통제를 넘어서는 수준으로 발전하는 것은 견제하는 이중적인 입장을 취했다.

반면에 박정희 정권은 미군 철수를 막는 데 주력하는 한편, 미군 철수에 대비하여 한국의 방위력을 급속히 제고하는 데 힘썼다. 특히 미군 철수에 대비하여 핵무기 개발을 시도하였다. 핵무기 개발은 미군 철수가 실제로 이루어질 경우에 대한 대비책이기도 했지만, 남한의 독자적 방위 능력의 완성을 경계하는 미국으로 하여금 미군 철수를 포기하게 하는 협상카드로 이용할 수 있는 측면도 있었다. 한국이 핵무기 개발을 시도하게 되자 한미 간의 갈등은 절정에 달했다.[7] 미국은 한편으로는 평화적 목적의 원자력 개발을 미국이 적극 지원하겠다는 당근을 제공하는 한편, 한국의 핵무기 개발을 차단하기 위해 경제적 지원을 축소하고 핵무기 개발에 필요한 기술 소스를 차단하고자 하였다. 한국 정부는 이를 우회하기 위해 프랑스와 플루토늄 제조용 재처리공장의 건설을 협의하고 비밀 핵무기 개발팀을 가동시켰다. 미국은 이를 심각히 여겨 카터가 프랑스 지스카르 데스탱 대통령과 직접 담판하여 프랑스의 기술 지원을 포기시

7) 주한 미군 철수와 한국의 핵무기 개발을 둘러싼 한미 갈등에 대한 자세한 설명으로는 김명섭(1999) 참조.

켰다(김명섭, 1999: 60-61). 그럼에도 불구하고 한국 정부는 핵무기 개발을 포기하지 않고 다각도로 기술 수입 및 기술 개발에 힘쓰다가 1978년에 핵 탑재가 가능한 국산 장거리 유도탄 개발에 성공하였다. 카터 행정부의 입장에서 볼 때 박정희 정권은 점점 더 통제하기가 어려워지는 정권으로 인식되었고 이로 인한 한미 간의 긴장은 한국내 민주화운동세력에게 더욱 힘을 실어주어 박정희 정권의 권력기반을 더욱 약화시켰다.

박정희 정권은 결국 국민의 저항에 대한 대응방식을 둘러싸고 발생한 집권세력 최상층부의 내분으로 인해 박정희가 살해되면서 붕괴되었다. 박정희를 살해한 김재규가 미국의 사주를 받지 않았는가 하는 것이 세간의 관심거리였는데, 당시 주한 미대사를 지낸 글라이스틴은 회고록에서 김재규의 행동이 박정희 정권에 대한 미국의 반감에 고무되었을 가능성은 있다고 언급하였다(Glyesteen, 1999).

5. 박정희 정권 붕괴 이후 방위산업의 침체

박정희 정권 붕괴 이후 방위산업 육성정책은 사실상 중단되었다. 전두환의 5공화국 정권은 취약한 정치적 정당성을 보완하기 위해 친미 일변도의 정책 노선을 채택하였다. 미국 정부로부터 정권 승인을 받는 것을 초미의 과제로 삼았던 전두환 정권은 미국의 요구에 전적으로 협조하는 쪽으로 국방정책의 틀을 짰다. 한국의 방위산업 육성정책을 못마땅하게 생각했던 미국의 입장을 고려하여 국산 병기 개발의 주역이었던 국방과학연구소의 조직과 인원을 대폭 감축하였다. 총 연구인력의 1/3 가량을 감축하였고 특히 미국의 불만을 산 유도탄 개발을 담당했던 유도탄 연구팀을 완전히 해체했다. 또 방위산업 육성정책의 주역이었던 오원철을 부정축재자로 숙청(肅淸)했고, 청와대 제2경제수석비서관직도 없앴다. 또

각 정부 부처에서 방위산업과 관련된 부서의 위상과 규모를 하향 조정했다. 방위력 증강은 주로 미국으로부터 첨단 병기를 수입하는 방식으로 달성하였다.

이러한 국방정책 기조의 변화는 무엇보다도 미국의 환심을 사려는 동기에 의해 이루어진 것이지만 그 외에도 다양한 요인이 작용하였다. 우선 1970년대 방위산업 육성정책에 대해 군부는 호의적이지 않았다. 방위력의 급속한 증강에 최우선적 관심을 갖는 군부의 입장에서는 미국으로부터 최첨단 병기를 충분히 수입하는 것이 국산 병기를 개발·생산하는 것보다 나은 정책이었다. 국산 병기를 개발·생산하는 데 시간도 오래 걸릴 뿐 아니라 국산 병기의 품질이 상대적으로 낮다는 점도 불만이었다(구상회, 1998: 43). 그러나 박정희의 강력한 의지에 의해 추진된 방위산업 육성정책에 불만을 제기할 수 없었다. 그러다 전두환 정권이 성립되자 병기의 소비자로서의 군부의 이해관계를 적극 관철시키고자 한 것이다.

또한 이미 박정희 시대에도 군부는 미국 방위산업체의 병기 판매 로비의 대상이었다. 방위산업 육성에 주력했던 박정희 정권은 군수품 조달 관련 비리를 차단하기 위해 다양한 감독장치를 마련하였지만 박정희 사후 이러한 감독장치가 크게 이완되었고 그 과정에서 군 고위지도자들은 미국 병기의 구매를 통해 구매 수수료 취득 등 사적 이익을 추구하게 되었다. 군부는 '88 올림픽에 대비하여 방위력을 조속히 증강시키기 위해서는 첨단 병기의 수입이 불가결하다는 논리로 병기수입정책을 정당화했다.

방위산업 육성정책에 대한 군부의 불만은 의사결정과정에서 군부가 소외되었다는 점에도 기인했다. 앞에서 설명한 바와 같이 박정희 시대의 방위산업 육성정책은 철저히 청와대 주도로 추진되었다. 박정희-오원철-국방과학연구소 소장으로 이루어지는 지극히 폐쇄적인 의사결정구조가 형성되었다(김형균, 1997: 98-101). 방위산업 주무 부처인 국방부와 상공부는 주로 집행기관으로만 기능했을 뿐이다. 방위산업 육성정책의 주역인 오원철이 숙청된 데에는 이러한 과거에 대한 신군부의 구원(舊怨)이 크게 작용하였다.

또한 1970년대에 추진된 중화학공업화 정책이 1970년대 말에는 과잉 중복투자의 문제를 야기하여 전두환 정권이 들어선 직후 중화학공업 투자조정정책을 시행해야 했고 그 과정에서 방위산업체들도 통폐합되거나 투자규모의 축소 조정을 겪어야 했다.

박정희 사후 방위산업 육성정책이 포기됨에 따라 방위산업체들은 큰 어려움을 겪었다. 우선 가동률이 크게 떨어져 1970년대에는 90%에 달하던 가동률이 1990년대에는 50%대로 떨어졌다(구상회, 1998: 71). 이는 1970년대의 방위산업 육성정책을 통해 재래식 병기의 국산화가 거의 완료된 데다, 1980년대 이후 병기 수입 위주로 방위력 증강정책이 추진된 데 기인한다.

5공화국 정권의 자주국방 포기와 전면적 대미 의존정책은 안 그래도 정치적 정당성이 취약했던 5공화국 정권에게 헤게모니 프로젝트를 전혀 갖지 못한 정권, 따라서 강권적 억압에 의해서만 지탱되는 정권으로서의 성격을 부여했다. 3공화국 정권은 경제개발이라는 형태로 어느 정도 국민적 설득력을 갖는 헤게모니 프로젝트를 가진 정권이었다. 4공화국 정권은 중화학공업화 정책, 방위산업 육성정책, 새마을 운동 등 거대 헤게모니 프로젝트를 다수 추진한 정권이었으나 유신체제라는 고강도 독재 체제로 인해 국민으로부터의 지지를 크게 잃은 정권이었다. 이에 비해 5공화국 정권은 '88 올림픽 개최를 유일한 헤게모니 프로젝트로 갖는 희화적 모습을 보인 정권이었다.

6. 1970년대 방위산업 육성정책에 대한 평가

1970년대에 추진된 방위산업 육성정책은 정책 과제 설정이나 정책 추진 시기의 설정에 있어 모두 적절한 것이었다고 판단된다. 사실 적절성 여부를 판단하는 것이 불필요하게 느껴질 정도로 당시 상황에서는 별다른 대안이 없었던 것이 사실이다. 일정 수준의 자주국방 능력의 배양은 모든 근대국가가 감당해야 하는 기본 과제이다. 미군의 주둔과 경제력의 미약성이라는 조건으로 인해 자주국방 프로젝트는 1960년대 말까지 보류되었지만 미군의 부분 철수가 단행되고 북한의 군사적 도발이 빈번해진 상황에서 자주국방 프로젝트는 더 이상 미루기 어려운 정책 과제였다. 또한 자주국방 프로젝트에 도전해볼 만한 경제적, 기술적, 행정적 자원이 어느 정도 축적되어 있는 상황이었다.

남한 군사정권이 추진한 자주국방 프로젝트가 남북한 분단구조를 더 강화시키는 데 기여했다고 보는 시각도 있을 수 있겠으나, 남한에서 자주국방이 어느 정도 달성되어야 좀더 유연하고 합리적인 남북관계의 형성도 가능해질 수 있었다고 보아야 할 것이다. 군사력에서 남한이 북한에 절대적 열세에 있었던 이승만 정권 시기에 남한에 편만하였던 맹목적 반북주의를 생각해보면 될 것이다.

방위산업 육성 추진 방식에 대해서도 대체로 긍정적 평가가 가능하다. 방위산업 육성정책은 중화학공업화 정책 전반이 그러했듯이 국가의 강력한 주도하에 국가와 민간기업이 역할 분담하는 형태로 추진되었다. 국가가 수요자인 데다 기밀 유지가 중요한 방위산업의 특성상 방위산업 육성정책에서 국가주도성은 더욱 두드러졌다. 국가는 개발 품목과 개발 시기, 참여 방위산업체를 지정하였으며 방위산업체에 참여 유인을 제공하기 위해 다양한 지원책을 제공하였다. 또 기술 개발은 주로 정부 연구소인 국방과학연구소에서 이루어졌다. 국가는 기술 소스에의 접근, 기술개발, 군수부문과 민수부문의 유기적 연계, 인력공급, 품질 보증 등 모든 영역에서 대체로 정합적이고 완결적인 계획하에 방위산업 육성을 추진하였다.

특히 군수품 생산의 주체를 군공창이 아니라 민간기업으로 삼고 민간기업으로 하여금 군수품과 민수품을 병행 생산하도록 한 것은 경제적으로 매우 효율적인 정책이었다. 재래식 기본 병기의 국산화가 완료된 1970년대 말 이후 방위산업체의 가동률이 급격히 저하되었는데, 만일 군공창이 대부분의 병기를 생산하도록 했더라면 군공창의 가동률은 밑바닥 수준에 머물렀을 것이고 이로 인한 자원 낭비는 극심했었을 것이다. 또한 민간기업이 군수품과 민수품을 병행 생산하게 함으로써 군수품 생산에서 습득한 기술을 민수품 생산에 활용하고(spin-off), 역으로 민수품 생산에서 습득한 기술을 군수품 생산에 활용하게(spin-on) 함으로써 '외부경제의 내부화'(internalization of external economies)를 도모할 수 있었다.

그런데 민간기업에서 부품을 생산하고 군공창에서 병기를 조립하는 방식은 잘못하면 큰 낭패를 볼 수도 있는 생산방식이다. 민간기업에서 생산하는 부품이 규격이나 품질면에서 수준 이하일 경우에는 이러한 생산방식은 최악의 결과를 가져올 수도 있는 것이다. 초기에 군부가 군공창에서 부품생산과 조립을 모두 담당하는 방식을 선호한 것은 군부의 집단이기주의 외에도 민간기업의 부품생산 능력을 신뢰하지 못한 데에도 기인하였을 것으로 짐작된다. 결국 민간기업이 생산하는 부품의 품질을 유지하는 것도 국가가 담당해야 할 몫이었다. 국가는 부품별로 방위산업체를 복수 지정함으로써 방위산업체 간의 경쟁을 유도하는 한편 엄격한 품질보증 절차를 마련하여 부품의 품질을 유지하였다.

행정적 측면에서도 1970년대의 방위산업 육성정책은 매우 효율적으로 추진되었다고 평가할 수 있다. 대통령의 통괄 하에 청와대가 주도하고 경제기획원, 국방부, 상공부, 과학기술처 등 관련 부처 모두를 아우르는 방위산업 육성 행정체계는 의사결정 및 정책추진의 신속성과 일관성을 담보해주었다. 당시 이미 대통령에게 권력이 고도로 집중된 상황에서 대규모 국가 프로젝트를 가장 효율적으로 수행해내는 길은 대통령이 직접 점검하는 길이었는데, 방위산업 육성정책은 대통령의 의지가 결정적으로 강하게 각인된 프로젝트였다. 방위산업 육성정책은 1960년대 이래 경제개발정책을 통해 남한의 발전국가가 축적해온 자원동원능력과 조직능력을 유감없이 발휘한 사례라고 평가할 수 있다.

그러나 이러한 방위산업 육성정책 추진방식은 부작용과 한계를 보이기도 했다. 첫째, 방위산업 육성정책은 지나치게 인격화된(personified) 정책이었다. 방위산업 육성정책은 박정희 대통령의 강한 의지에 의해 착수되고 대통령이 일일이 점검함으로써 신속하게 추진된 정책이었다. 방위산업 육성정책의 의사결정구조는 지나치게 폐쇄적이어서 박정희-오원철이 핵심적 의사결정을 전담하고 주요 정부부처들은 주로 집행기능만을 담당하는 구조였다. 이는 신속한 의사결정과 기밀 유지에는 매우 유리한 의사결정구조이지만 관련 부처들에게 소외감을 주고 부처 간 진정한 목표 공유도 어렵게 할 수 있는 구조였다. 따라서 대통령이 바뀌면 프로젝트의 지속성 자체가 불확실해지는 구조이기도 했다.

박정희 사후 신군부가 집권한 후 방위산업 육성정책 자체가 포기된 것은 미국의 압력이라는 가장 중요한 요인 외에도 군부의 누적된 소외감에도 기인한 것이었다. 1970년대에 박정희가 추진한 또 하나의 고도로 인격화된 국가 프로젝트였던 새마을 운동도 유사한 귀결을 보였다. 그런데 새마을 운동의 쇠퇴는 공업 중심-도시 중심의 경제사회발전과정의 자연스런 결과로 파악할 수 있는 측면도 크지만, 방위산업 육성정책의 경우에는 박정희 사후에 정책의 객관적 필요성 자체가 소멸되었다고 볼 수는 없다는 차이점이 있다. 최고지도자에게 의사결정이 고도로 집중되고 최고지도자의 이미지와 강하게 중첩된 인격화된 프로젝트의 경우엔 정부 내에 진정한 목표 공유 수준을 낮춤으로써 오히려 프로젝트의 지속성이 훼손되기 쉬운 것이다. 방위산업 육성정책은 대통령의 주도성이 너무 강하게 각인된 관계로 정책 의사결정 및 추진의 시스템화(systematization), 제도화에는 실패한 것이다.

둘째, 방위산업 육성정책은 중화학공업화 정책 전반이 그러했듯이 정부와 민간기업 간의 협력-지원의 경로가 지나치게 폭 넓었고 이로 인해 민간기업에 대한 규율 부여가 점차 어려워진 측면이 있다고 판단된다. 방위산업체는 국가의 지정에 의해 사실상 강제적으로 방위산업을 떠맡게 된 것이고, 높은 제품 가격 보장을 통해 방위산업체의 수익성을 충분히 보장해줄 수 없었던 국가는 다양한 경로로 방위산업체를 지원해주었다. 재정, 금융, 사회간접자본, 인력공급 등 거의 모든 영역에서 경비절감을 위한 지원이 이루어졌을 뿐 아니라 방위산업에 참여한 일부 업체에게는 수익성 높은 신규 사업 참여권이 배정되기도 하였다. 이렇게 범위의 한계가 모호할 정도로 포괄적인 유인책으로 인해 중화학공업화 정책과 방위산업 육성정책이 무르익은 1970년대 말에는 중화학공업과 방위산업에 기업들이 너나없이 진출하려 하게 되었고 이로 인해 과잉 중복 투자가 발생하였다. 더욱이 방위산업 육성정책의 경우 대통령에게 의사결정권이 집중되어 있었는데, 대통령의 경우 기술관료적 효율성뿐 아니라 정치적 합리성을 고려하여 의사결정하게 되는 경우가 많기 때문에 민간기업에 대한 제도화된 규율 부여 메카니즘이 정착되기 어려운 측면이 있었다.[8]

---

8) 이병천(1998: 62-63)은 이를 '권위주의적 재량주의'라 표현한다. 최장집(2002: 80)은 박정희 정권에서 "대통령의 정치적 목표와 비전, 그의 이해관계와 정권유지를 위한 전략 전술들이 경제관료의 자율성 및 전문성보다 결정적인 것이었다"고 평가한다.

한편 미국 정부와 한국 국민을 상대로 구사된 정치적인 프로젝트로서의 방위산업 육성정책은 박정희 정권의 의도와는 달리 실패로 끝났다. 방위산업 육성정책이 지속될 수 없었던 가장 중요한 요인은 물론 미국의 압력이었다. 미국은 한국이 독자적으로 군사행동을 할 수 있을 정도로 한국의 국방력이 성장하는 것을 원하지 않았으며 특히 핵무기 개발을 적극 저지하려 했다. 전쟁가능성이 높은 한반도에서 미국의 군사적 통제력이 이완되는 것을 원하지 않았을 뿐 아니라 미국 병기의 광대한 수출시장인 한국에서 병기의 수입대체가 진전되기를 바라지 않았다. 박정희는 이러한 미국의 압력에 정면으로 맞섰고 이로 인해 한미 간 갈등이 고조되었다. 이는 유신독재로 인해 정치적 정당성을 크게 상실한 박정희 정권의 권력기반을 더욱 약화시키는 요인으로 작용하였고 결국 박정희 정권의 붕괴로 귀결되었다.

만약 박정희가 핵무기 개발을 포기하고 독재와 인권탄압의 정도를 완화시키며 정권이양 계획을 제시하였다면, 한국의 자주국방 프로젝트에 대한 미국의 용인 수준이 높아졌을까 하는 질문을 던져 볼 수 있다. 아마 그래도 미국의 용인 수준이 그리 높아지지는 않았을 것이다. 전쟁 발발 가능성이 높은 한반도에서 미국의 군사적 통제권을 확고히 유지하려는 미국의 의지는 단호하였고, 또 미국 병기의 수출시장인 한국에서 미국 병기의 점유율을 높은 수준에서 유지하려는 미국의 이해관계도 강력한 것이었다. 그런 점에서 박정희 사후 자주국방 프로젝트가 중단된 것은 남한 안보-발전국가의 근원적 한계, 즉 대외적 자율성의 한계를 드러내 주는 대표적 사례라 할 수 있다.

박정희의 방위산업 육성정책은 미국의 강력한 견제에 부딪쳤을 뿐 아니라, 한국 국민을 상대로 한 헤게모니 프로젝트로서도 실패하였다. 남한 안보-발전국가의 역량을 총동원해내고 공들여 상징조작과 결합해냈음에도 불구하고 박정희 정권의 자주국방 프로젝트는 국민의 정치적 지지를 유도하는 데 역부족이었다.

  박정희 정권이 붕괴된 것은 궁극적으로는 경제발전과 자주국방 영역에서 박정희 정권이 성취한 괄목할 만한 성과에도 불구하고 독재와 인권탄압을 더 이상 감내하지 않으려 한 민주화운동 세력의 저항에 기인하였다. 1970년 후반은 이미 국민이 보릿고개로 고생해야 하는 시기도 아니었고 1960년대 이래의 고도 경제성장에 국민 대부분이 익숙해져 있었던 시기였다. 또 한국의 경제력과 군사력 증대는 북한의 군사적 침공 가능성에 대한 국민의 우려 수준을 낮추어주었다. 그런 점에서 박정희 정권의 붕괴는 경제 및 국방 영역에서 박정희 정권이 달성한 성공의 결과인 측면도 있다.

  특히 방위산업 육성정책이라는 형태로 추진된 자주국방 프로젝트는 국민의 지지를 동원해내는 '헤게모니 프로젝트'로서 기능하기에는 큰 한계를 가진 측면이 있었다. 첫째, 자주국방 프로젝트의 성과는 평화시에는 경제발전에 비해 국민의 체감 정도가 크게 낮을 수밖에 없다. 둘째, 자주국방의 일정 정도의 성취는 국민의 대북 위협의식을 약화시키고 민주화운동 세력의 운신의 폭을 넓힌다. 박정희 정권의 입장에서는 일종의 '성공의 딜레마' 상황이 조성되는 것이다. 셋째, 박정희 정권은 이전 정권들과 마찬가지로 정권 유지를 위해 북한의 남침 가능성을 늘 강조했는데, 이러한 프로퍼갠더가 거듭될수록 프로파간다의 '한계설득효과'(marginal persuasion effect)[9]는 체감할 수밖에 없다. 넷째, 대북 군사적 억지력의 핵심이 여전히 주한 미군인 상황에서 자주국방 프로젝트는 북한에서와는 달리 본격적인 민족주의적 열정과 결합되기 어려웠다.[10]

---

  9) '한계설득효과'는 필자가 이 글에서 새로 고안해본 용어이다.
 10) 박정희가 미국과 일정 정도 대립하면서 고취시킨 '우익적 민족주의'는 1980년대 이후 군부에 의해서조차 계승되지 않았다. 이는 박정희 정권의 말로를 경험한 신군부가 얻은 정치적 '학습효과'에도 기인하겠으나, 그 밖에도 일제(日帝) 교육을 받은 박정희와

사실 이 시기에 박정희 정권은 정권 이양을 하지 않는 한 그 어떤 그럴 듯한 국가 프로젝트를 제시한다 하더라도 국민의 광범위한 동의를 이끌어내기 어려운 상황에 처해 있었다. 박정희 정권은 경제발전의 성취라는 헤게모니 프로젝트의 성공을 통해 민주주의와 인권 문제에 더욱 민감해지고 안보 위협으로부터 더 자유로워진 잘 교육받은 각성된 국민을 창출하였고, 이러한 국민의 요구에 부응하여 정권을 이양하고 추가적인 국가 프로젝트를 다음 정권에 넘기는 선택을 하지 않음으로써 결국 몰락하게 된 것이다.[11]

7. 맺는 말

1970년대에 추진된 방위산업 육성정책은 북한의 군사적 도발의 증대와 닉슨 독트린 이후 미군의 부분 철수 등 당시 조성된 객관적인 안보위기에 대응하여 남한의 자주국방 능력을 제고하기 위해 추진된 프로젝트였다. 1960년대의 성공적 경제발전에 기초하여 어느 정도 확보된 경제적, 기술적, 행정적 기반을 최대한 효율적으로 활용하여 박정희 정권은 불과 몇 년 내에 재래식 기본 병기의 대부분을 국산화하는 큰 성과를 보였다. 그런 점에서 방위산업 육성정책은 남한 안보-발전국가의 자원동력 능력과 조직능력을 절정에서 보여준 사례이자 남한 안보-발전국가의 국가 프로젝트 수행방식의 특징을 여실히 보여준 사례라 할 수 있다.

는 달리 정규 육사 출신의 신군부는 미국식 군사교육을 받은 세대인 데다 미군과의 잦은 접촉 등을 통해 친미주의를 내면화한 데에도 기인할 것이다. 오히려 민족주의는 1980년 광주학살을 경험하면서 좌파적 이념과 결합되었다.
11) 최장집(2002)은 박정희 정권이 경제발전의 '성공'과 권위주의의 제도화의 '실패'를 통해 민주주의로의 탈출경로를 열어주었다고 평가한다.

1976년 이후에는 국방비 지출액에서도 남한이 북한을 능가하여 박정희 정권 말기에는 미군이 완전 철수한다 해도 북한이 남한을 선제공격하기 어려운 상황에 이르게 되었다. 그런 점에서 박정희가 간헐적으로 보여준 호전적 제스처에도 불구하고, 박정희 정권은 한반도에서 전쟁 발발 가능성을 감소시키는 데 기여한 정권으로 평가될 수 있을 것이다.

또한 방위산업 육성정책은 가용자원이 충분하지 않은 어려운 상황에서 경제적으로 매우 효율적인 방식으로 추진되었고 적어도 단기적으로는 행정적으로도 효율적인 집행체계를 갖추고 추진되었다. 그러나 박정희 개인의 의지에 좌우된 과도하게 인격화된 프로젝트였다는 점으로 인해 정부부처 간 진정한 목표의 공유를 어렵게 하고 군부 등 핵심 관련 당사자를 핵심 의사결정에서 소외시킴으로써 박정희 사후 방위산업 육성정책 자체가 중단되는 데 일조한 측면도 있다. 또한 방위산업체에 대해 범위의 한계가 모호할 정도로 포괄적인 유인책을 제공한 결과 방위산업 영역에서 과잉 중복투자를 야기하는 등 방위산업체에 대한 제도화된 규율 부여 메카니즘의 정착을 어렵게 만든 측면도 있었던 것으로 판단된다.

방위산업 육성정책은 객관적으로 존재하는 안보위기에 대응하여 방위력을 증강한 정책으로서의 성격만 가지는 것이 아니라, 박정희 정권이 유신독재체제의 유지를 위해 한국 국민과 미국 정부를 상대로 구사한 고도로 정치적인 성격의 프로젝트였다는 측면도 갖고 있었고, 이것이 방위산업 육성정책의 어두운 측면이라 할 수 있을 것이다. 그러나 한국 국민은 박정희 정권이 경제와 국방 영역에서 달성한 성취에도 불구하고, 그리고 어떤 면에서는 그 성취에 힘입어 독재와 인권탄압을 더 이상 감내하지 않으려는 선택을 하였고, 이후 민주화로 나아가는 역동적 운동이 전개되었다. 그리하여 현재에는 적어도 절차적 민주주의 차원에서는 한국도 '한국적 예외성'으로부터 벗어나게 되었다. 후후발 추격국가(catch-up state)로서의 한국은 이제 경제발전뿐 아니라 민주주의의 측면에서도 선진국 추격에 상당 정도 성공한 것이다.

그러나 민주주의의 진전과정이 보여준 역동적이고 비가역적인 발전에 비해, 한미 간 군사안보적 불평등관계는 별로 시정된 바 없다. 한국은 여전히 군사안보적으로 미국에 예속적인 지위에 머물러 있으며 북핵위기를 둘러싼 최근의 안보위기가 이를 여실히 보여준다. 이는 남한 국가의 가장 근본적인 특징의 하나가 미국에 대한 군사안보적 예속성이라는 점을 드러내주며, 그런 점에서 자주국방 프로젝트가 시효 만료된 프로젝트가 아니라는 점을 보여준다. 한반도에서 평화 정착을 이루고 평화통일로 나아가기 위해서는 남한 국가의 군사안보적 자주성이 현재보다 크게 제고되어야 할 것이다. 군 전시통제권도 환수해야 하고 병기 조달의 자급률도 높여야 하며, 통합적인 군사전략 입안 및 집행능력도 갖추어야 한다. 장기적으로는 주한 미군의 철수에 대비할 뿐 아니라 주한 미군의 철수가 가능해지는 조건을 적극적으로 조성하고 주한 미군의 철수를 유도해내는 정책을 추진해야 할 것이다.

이러한 자주국방 프로젝트는 일단 동족 국가인 북한을 가상적으로 삼는 것인데다 국방비의 증액을 필요로 할 가능성이 크다는 점에서 상당히 위험한 프로젝트로 보일 수도 있을 것이다. 그러나 북핵위기를 둘러싼 최근의 국제정세는 한반도 군사안보전략의 통제권이 미국이 아니라 남한 정부에 의해 장악될 때 전쟁 발생 가능성이 낮아질 것이라는 점을 강하게 시사한다. 한반도에서 평화 정착과 평화통일은 평화주의나 민족지상주의적 통일관만으로 달성될 수는 없는 것이고, 전쟁 발발 가능성을 억제할 수 있는 방위력과 치밀한 전략에 의해 뒷받침될 때에야 안정적으로 진전될 수 있을 것이다.

안보문제를 둘러싸고 미 카터 행정부와 조성된 갈등상황에서 박정희는 분단국가의 특수 상황을 내세워 민주주의와 인권이라는 보편적 가치를 무시하는 뒤틀린 행태를 보였다. 그러나 미국에 대한 박정희 정권의 저항에는 군사안보 문제에 대한 주도권을 외국에 떠맡겨야 하는 약소국의 울분 표출이라는 측면도 발견된다. 박정희 정권은 분단 이후 남한에서 처음으로 자주국방 프로젝트에 착수한 정권이자 이 문제를 둘러싸고 미국에 맞서 일정 수준의 자주권을 강하게 요구해 본 유일한 정권이었다. 박정희 정권 이후 역대 정권에서는 군사안보적 자주권 제고를 위한 노력이 거의 발견되지 않는다.

자주국방 프로젝트를 추진하되 박정희 시대와는 다른 방식으로, 즉 국민의 광범위한 동의에 기초하고 남북 간 평화 정착을 위한 진지한 노력과 병행하여 추진하는 것이 우리 시대의 주요 과제의 하나일 것이다. 그리고 이는 민주주의를 한층 더 진전시키는 과제와 더불어, 박정희 시대의 성과를 딛고 서되 박정희 시대의 부정적 유산을 제대로 청산하기 위해 감당해야 할 중요한 과제이기도 할 것이다.

| 참고문헌 |

강정구, 1997, 「박정희 정권의 대북정책과 통일정책」, 『역사비평』 1997년 가을호, 212-240쪽.

구상회, 1998, 『한국의 방위산업: 전망과 대책』, 세종연구소.

김동규 · 신용도, 2001, 『국가경제와 방위산업』, 국방대학교.

김명섭, 1999, 「1970년대 후반기의 국제환경변화와 한미관계」, 김명섭 · 이재희 · 김호기 · 김용호 · 마인섭, 『1970년대 후반기의 정치사회변동』, 한국정신문화연구원 편, 백산서당, 11-91쪽.

김명섭 · 이재희 · 김호기 · 김용호 · 마인섭, 1999, 『1970년대 후반기의 정치사회변동』, 한국정신문화연구원 편, 백산서당.

김정렴, 1990, 『한국경제정책 30년사』, 중앙일보사 · 중앙경제신문.

김형균, 1997, 『군수산업의 사회학』, 세종출판사.

김혜진, 1992, 「박정희 정권기 반공이데올로기의 정치경제적 기능」, 『역사비평』 1992년 봄호, 151-161쪽.

오원철, 1996, 『한국형 경제건설: 엔지니어링 어프로치』 제5권, 기아경제연구소.

오원철, 1999, 『한국형 경제건설: 엔지니어링 어프로치』 제7권, 한국형경제정책연구소.

이병천, 1998, 「발전국가 자본주의와 발전 딜레마」, 이병천 · 김균 편, 『위기, 그리고 대전환』, 당대, 44-71쪽.

이재희, 1999, 「1970년대 후반기의 경제정책과 산업구조의 변화」, 김명섭 · 이재희 · 김호기 · 김용호 · 마인섭 저, 『1970년대 후반기의 정치사회변동』, 한국정신문화연구원 편, 백산서당, 93-153쪽.

이호재 편, 1989, 『한반도군축론』, 법문사.

전재호, 2000, 『반동적 근대주의자 박정희』, 책세상.

정성진, 2000, 「한국전쟁, 베트남전쟁, 연구군비경제」, 『경제와 사회』 제46호, 114-141쪽.

정운영, 1995, 「사회적 축적구조 이론」, 『이론』 1995년 겨울호, 36-63쪽.

조형제 외, 1988,『오늘의 한국자본주의와 국가』, 한길사.

조희연, 1998,『한국의 국가 · 민주주의 · 정치변동』, 당대.

최성빈, 1992,「북한의 방위산업 현황」,『북한연구』, 1992년 가을호, 108-124쪽.

최장집, 1995,「박정희 정권과 한국 현대사」,『대화』1995년 여름호, 142-157쪽.

최장집, 2002,『민주화 이후의 민주주의』, 후마니타스.

하영선, 1988,『한반도 군비경쟁의 재인식: 전쟁에서 평화로』, 인간사랑.

한홍구, 2003,「박정희 정권의 베트남 파병과 병영국가화」,『역사비평』2003년
      봄호, 120- 139쪽.

함택영, 1998,『국가안보의 정치경제학』, 법문사.

현대사회연구소, 1990,『한국의 중화학공업정책: 추진배경과 투자조정과정』.

Gleysteen, W. H., 1999, *Massive Entanglement, Marginal Influence: Carter and
      Korea in Crisis*, The Brookings Institution(황정일 역, 1999,『알려지지
      않은 역사』, 중앙 M&B).

제10장
농촌근대화전략과 새마을운동

오유석

1. 머리말

새마을운동은 1970년대 농촌사회를 크게 변화시킨 가장 중요한 정부 정책 중 하나였다. 특히 그것은 정부정책이면서도 박정희 대통령(이하 박정희로 칭함)이 비상한 관심을 갖고 전개한 것이기 때문에 다른 정부 정책과는 다른 의미를 부여받아 왔다. 그것은 박정희의 착상에 의해 시 작되었고 스스로 그 운동을 상징하는 새마을 노래를 지었으며[1] 매월 식 접 실시상황을 주시하였고[2] 새마을연차대회뿐 아니라 농촌활동에 직접 나섬으로써[3] 농민들을 고무, 격려하였다. 새마을운동은 박정희의 최고

---

1) 박진환의 회고에 의하면 1973년 11월 제1차 전국새마을지도자대회에 참가한 후 서울 로 돌아오는 길에 새마을노래 4절이 박정희에 의해 추가로 작사되었다고 한다(박진환, 1994: 207-211).

2) 자료에 의하면 박정희는 1971년 6월부터 1979년 9월까지 134회에 걸쳐 월간 경제동향 보고회에서 새마을 성공사례를 새마을지도자가 직접 보고하도록 했다.

3) 이러한 박정희의 이미지는 국민들에게 '밀짚모자'를 쓰고 모내는 농부로, '막걸리' 대

지배담론이었던 조국근대화와 쌍벽을 이루는 것으로 결코 그와 분리해서 생각할 수 없을 정도로 인격화(personification)되어 있었다. 따라서 박정희의 죽음과 함께 새마을운동이 끝나는 것으로 생각한 사람도 없지 않았고(이만갑, 1984: 371) 강력한 추진체로서 박정희의 물리적 제거와 더불어 새마을운동이 급속하게 침체되었던 것도 일면 사실이라 할 수 있다.

이렇듯 최고 권력자의 강한 의지의 발현으로 진행된 새마을운동은 농촌에서 많은 가시적 성과를 거두었는데 한국의 "정치사회적 특성과 시대적 조건에 대한 현실적 인식과 그 창조적 활용을 위한 경제적 발전이고 또한 근대화 전략"이라는 한 평가에서 잘 드러나듯이 1970년대의 농촌새마을운동에 대한 기존의 대다수 연구들은 근대화 전략으로서 농촌새마을운동의 성공적인 성과와 역사적 의의를 적극적으로 평가하고 있다(대표적으로 내무부, 1980). 그리고 새마을운동의 부정적 측면이나 결과(도농격차, 이촌향도, 농가부채, 전통의 파괴, 공동체 붕괴 등)에 대해서는 근대화 과정에서 불가피하게 수반되는 부수적 부작용 정도로 언급하고 있다.[4] 물론 이러한 평가의 부당성을 제기한 주목할 만한 연구들도 많지만(브란트, 1981; 박진도 · 한도현, 1999; 김일철, 1991; 김병태, 1992 등) 그럼에도 불구하고 그러한 상반된 평가와 관계없이 농촌새마을운동이 한국 사회의 근대화 전략으로서 중요한 위상을 차지하고 있다는 점에서는 대체로 동의하고 있음을 알 수 있다. 즉, 긍정적인 측면에서든 부정적인 측면에서든, 강제적이든 자발적이든 새마을운동이 위로부터의 국민동원에 의한 '성공적인 농촌 근대화 전략'이었다는 점이 강조되고 있는 것이다.

그러나 이러한 평가를 액면 그대로 받아들인다고 한다면, 1960년대 전

통령으로 기억되기도 한다(황병주, 2000).
4) 그러면서도 1980년대 이후 새마을운동에 관해서는 거의 예외 없이 질적 전환과 새로운 방향모색을 언급하고 있다.

반에 농촌인구 100명 가운데 1.3명이 '헌 마을'을 떠났는데 1970년대 후반에는 왜 해마다 3.7명이 '새마을'이 된 농촌을 떠났는지 설명할 수 없게 된다(신동아, 1979년 7월호). 새마을운동의 주창자가 늘 강조했던 새마을운동=잘살기 운동의 결과가 농촌을 떠나는 사람이 점점 늘어난 것이라면 그것이 어떤 '근대화 전략'이었는지 그 내용과 성격이 충분히 설명될 필요가 있다. 다시 말해서 농촌사회의 근대화 전략으로 평가받고 있는 새마을운동의 구체적인 유효성이 여러 측면에서 고려될 필요가 있다는 뜻이며 특히 시공간적 제약을 넘는 박정희 식 '근대화'에 대한 평가는 온당하지 못하다는 것을 뜻하는 것이기도 하다. 이러한 문제의식에서 이 연구는 박정희 식 근대화 전략으로서 농촌새마을운동의 유효성을 1960년대부터 1970년 초에 이루어진 농업발전정책과 농촌현실에서 찾아보고자 한다.

2. 1960년대 농촌발전정책 : 중농정책에서 공업우선주의 정책으로

1948년 정부 수립 이후 한국 사회에서는 농업이 사회적 재생산 과정에서 차지하는 상대적 중요성과 1인 1표를 기본으로 하는 보통선거를 제도적으로 수행할 수밖에 없는 상황에서 어느 정권 담당자에게나 농민층의 수적 우세를 무시할 수 없었다. 따라서 농업발전정책은 상당히 중요한 문제였고 대체로 당시까지 '중농정책'은 한국농업정책의 공통의 방향이었다. 1960년대 농정 또한 예외가 아니었다. 군사 정부가 실시한 대표적인 중농주의적 개혁조치라고 할 수 있는 첫 번째 것은 농어촌고리채정리였다. 군사쿠데타의 주체들은 쿠데타 10일 만에 '혁명적 조치'를 취하게 되었는데 그것은 이미 1950년대 후반부터 사회적으로 쟁점이 되었던 것이 농촌의 빈곤과 부채문제였기 때문이었다는 점, 당시가 4.19의 커다란 변혁을 거친 시기였기 때문에 그 영향을 받아 무언가 새로운 것을 추구하지 않을 수 없었다는 점, 그러나 무엇보다도 5.16 담당자들이 주로 농촌출신이고 사회적으로 중간층의 성격을 지닌 집단이었다는 데서 그 구체성이 규정되었다. 그러나 그것은 너무 소박하면서도 관념적인 것이었다.[5] 그 결과는 당초 예상했던 만큼의 성과를 거두지 못했을 뿐 아니라 종국에는 4.19 혁명에도 불구하고 굳건히 그 기초를 보존한 자본가들의 경제논리와 1963년부터 시작된 공업위주의 경제개발 논리 앞에 농촌문제를 내맡기는 결과를 가져왔다. 그러나 그렇다고 곧 중농정책이 포기된 것은 아니었고 그것은 다음과 같은 몇 개의 단계를 거쳐 변화되어 갔다.

첫 번째 단계는 중농정책의 내용이 (소농)자작농유지 및 창제의 범주에 맴돌던 1963년 이전 시기로 볼 수 있다. 이 시기는 자립 '안정농가' 의 조성에서 농업구조의 미래상을 발견했던 시기라고 할 수 있다. 농어촌고리채정리법, 농촌진흥법 등 일련의 입법과정을 통해 농촌문제를 해결하고자 노력했지만 결국 소기의 성과를 거두지 못하고 말았다.

두 번째 단계는 영세소농구조의 농업구조개선을 위한 '농업구조정책심의회' 가 만들어지고 여기에서 제시된 '협업에 의한 자본주의에로의 농민적 진화' 를 시도했던 1965년까지의 시기라고 할 수 있다. 이것은 자본주의적 발전의 필연성이라는 역사적 인식에 기초하여 농업혁명의 한 길로서 기업농 및 자립 안정농가와 더불어 협업농에서 농업구조개량의 가능성을 제시한 것이다. 이를 위해 5개의 시범산지협업농장 설치, 개간촉진법개정, 민간협업운동을 '약간' 적극적으로 조장했다. 그러나 협업

---

5) 이러한 결과에 대해 박현채(1970)는 다음과 같이 평가한 바 있다. "1960년대 농정방향을 규정한 농정담당자 및 정권담당자들은 농민층의 주체적 힘의 미성숙이라는 조건 속에서 뚜렷한 역사의식 없이 자신이 농촌출신이라는 것의 반영으로 이제는 희미해진 지난날의 기억 속에서 농정의 방향을 잡았다고 평가할 수 있다."

을 주축으로 한 농정의 방향은 그 과정에서 산지의 개간이라는 것, 경험 부족에서 오는 시범농장의 부진, 그리고 무엇보다도 '협업'이라는 경제 제도에 대한 인식의 차이에서 오는 위험시 경향과 농업의 자본주의적 발전에 있어서 협업농에 대한 농민층의 이해결여(농협중앙회, 1969), 반대 세력의 대두라는 제 조건이 복합하게 얽혀 결국 벽에 부딪히고 말았다. 그 후 농업정책에서 협업농업을 조성하기 위한 후속정책은 없었다. 따라서 이 정책은 이후 한국농업정책의 방향과는 상당히 다른 경험이었다고 평가할 수 있는데 이를 기점으로 4.19혁명~1960년대 쿠데타 직후 당초 농정이 소박한 것이기는 하였지만 그나마 지녀왔던 '농업중심적' 발전이라는 중농정책의 이상은 퇴색되기 시작했다.

세 번째 단계는 1965년 이후 국민경제적 필요라는 명목 밑에 이루어진 농지세의 물납화와 식량자급 7개년계획 추구로서 이는 현실적인 자본의 요구에 농업정책이 추종하는 것을 의미하는 것이었다. 이때부터 농업발전정책도 '농업근대화'라는 명명으로 적극적으로 등장하기 시작했으며 그것의 내용은 '기업농, 기계농, 상업농'을 육성하는 것으로 나타났다. 그와 함께 기업농과 기계농, 상업농에 걸맞은 '근대적' 농민이 거론되고 그 바탕에는 물질적 근대화 못지않게 아래 인용문에 나타나 있는 정신적, 생활적 근대화가 중요하다는 논리와 시장으로서의 농촌, 공업화를 위한 농업이라는 논리가 짙게 깔려 있었다.

"우리 농촌의 문제는 농업구조가 근대화되지 못한 데 있다. 아직도 반봉건적인 사고방식과 생활인습을 탈피하지 못한 우매한 농민들이 영세한 농토 위에서 호미괭이 같은 연장을 쓰고, 가족노동을 중심으로 한 영농작업은 과잉인구를 감싸주고 있으며, 가계와 경영이 분리되지 못하고 있는 경영형태는 농업의 기업화 내지 상업화를 가로막고 있다. 무엇보다도 봉건적인 사상과 사대주의적인 사고방식을 뿌리 채 뽑아버리고 우리의 모든 생활주변을

과학화하는 정신적인 혁신운동이 선행되어야 한다. 주체인 인간의 개조 내지 체질개선이 없이는 참다운 의미에 있어서 근대화를 기대할 수 없기 때문이다(원용석, 1966)."

"서구사회 역시 사상적 혁명의 기반 위에서 비로소 이루어질 수 있었다. 미국도 인간의 자유와 평등을 찾아 신대륙에 이주하여 그네들 조상인 청교도들의 피눈물 나는 개척정신의 발로가 그 받침이 되어 있다는 것을 결코 간과해서는 안 된다. …… 그러므로 우리들 스스로의 주체적인 일대 정신혁명 없이는 경제의 민주화나 경영계획의 합리화니 하는 것을 외쳐도 그것은 허울 좋은 구호밖에 될 것이 없다. 이런 정신혁명과 생활의 과학화를 토대로 하여 펼쳐나가야 할 과제가 농업구조의 기계화와 기업화다. 생산수단의 기계화는 농업부문만 필요한 것이 아니라 모든 산업을 현대화하는 데 있어 가장 유효한 불가결의 방편인 것이며 산업혁명과 그 후 세계경제의 팽창이 모두 기계도입의 기술혁신에 있었음이 주지의 사실임으로 농촌기계화의 필요성이 있다. 제품을 팔아먹을 수 있는 시장이 결국 국민경제의 절대적인 부분을 차지하고 있는 농촌에 있다. …… 농촌경제의 근대화가 농업 그 자체의 개발을 위해서 뿐 아니라 공업화의 터전을 닦기 위한 것이다(위와 동일)."

결국 이러한 단계적 변화를 거친 후 1960년대 후반 농업정책은 공업화 우선 정책과 더불어 시장과 경쟁 논리에 입각한 '자본'의 논리와 자본이 지배하는 합리적이고 개인주의적인 인간개조의 방식으로 그 정책방향이 변환되었다고 할 수 있다.

3. 1960년대 농촌/농업/농민의 실상

1960년대 국민경제의 현상적 특징은 경제의 고도성장이라고 할 수 있다. 1960년대에는 사실상 연평균 8.5%의 성장을 이룩했고 이는 1970년대 산업화 및 산업구조변화를 예고하는 것이었다. 앞서 살펴본 대로 1960년대 박정희 정권 초기 농업발전정책의 핵심은 중농정책이라고 표방되었지만 실제 농민들은 중농정책의 혜택을 받지 못했고 곡가 앙등과 각종 잡부금 등에 시달려 생산비에도 못 미치는 농업을 유지하면서 농촌은 빈곤에 시달렸다. 반면에 도시는 1965년을 기점으로 도시근로자의 소득이 농가소득을 능가하면서 성장의 혜택이 나타나기 시작했다.

〈표 10-1〉 농가 대 비농가의 소득격차지수

년도/내용	전 산업 1인당	농가 1인당	비농가 1인당	농가 대비 농가의 격차지수
1960	100.0	100.0	100.0	100.0
1961	101.3	100.3	92.7	78.9
1962	101.9	98.2	104.2	108.9
1963	108.1	103.4	110.1	115.4
1964	113.8	118.2	108.5	100.9
1965	119.2	114.2	118.9	121.9
1966	132.7	126.4	132.2	136.6
1967	141.8	116.9	152.4	180.2
1968	156.7	115.4	175.9	223.1

자료 : 경제기획원, 유인호(1969).
주 : 1965년 불변가격 GNP 기준

<표 10-2> 전국 도시근로자 대 농가의 소득 비교　　(단위 : 원)

년도/내용	전국 도시근로자 가구당(A)	농가호당(B)	상대비 (%)
1963	80.1	93.1	116.2
1964	97.2	125.6	129.3
1965	112.5	112.2	99.7
1966	161.5	130.1	80.6
1967	248.6	149.4	60.1
1968	289.0	178.9	62.6

자료 : 경제기획원 및 농림부.
주 : 1962년까지의 근로자소득조사는 서울시에 한한 것임.

<표 10-3> 산업별 성장(실적과 계획)

	1차 산업		2차 산업	
	계획	실적	계획	실적
1962	5.3	-6.0	11.1	15.7
1963	5.5	7.2	13.0	16.5
1964	5.5	16.2	16.1	5.4
1965	5.7	-0.9	16.5	21.1
1966	6.2	11.0	15.8	15.2
1967	5.0	-6.0	10.7	22.5
1968	7.2	0.3	22.0	26.2
평균	5.8	3.1	15.0	17.5

자료 : 조용범(1969: 111)에서 인용.

〈표 10-1〉, 〈표 10-2〉에서 볼 수 있듯이 1965년을 전후로 농가소득은 비농가소득과의 격차지수에서 보나 도시노동자소득과의 비교에서 보나 상대적으로 낙후되어 가고 있었다.

이러한 농업의 상대적 정체는 중농정책의 표방에도 불구하고 사실상 내용적으로 실효성을 갖고 있지 못했던 정책 때문에 초래된 것이었다.

그것은 〈표 10-3〉에서 볼 수 있듯이 1960년대 내내 농업에의 투자는 실적치가 계획치보다 거의 항상 밑돌았던 것으로부터 쉽게 알 수 있다. 이러한 투자의 불균형은, 부족한 재원의 집중과 선택이 요구되는 산업화 과정에서 나타나는 일반적인 현상으로 이해하기에는 그 문제가 매우 심각한 수준이었다. 무엇보다도 농업인구가 절대적으로 많고[6] 식량자급도가 1962년 93.4%에서 거의 지속적으로 감소하고 있는 실정에서(〈표 10-4〉)[7] 농촌과 도시의 지역 간 격차에 따른 불균등문제는 전근대적 농업으로부터 근대적 농업으로의 이동 논자들에게도 우려스러운 일로 여겨졌다.

그러므로 1960년대 후반 농촌의 실상은 농사를 싫어하게 된 농민, 수지가 안 맞는 농업생산(농가의 교역조건이란 단적으로 말해 농민들은 자기들의 생산물은 싸게 팔고, 남의 물건은 비싸게 산다는 것이다), 도시가 고도성장의 나팔을 불면서 부익부를 과시하는 것에 비해 농산물 생산자는 생산비 이하의 가격으로 농산물을 판매하지 않으면 안 되는 속에서 상대적 낙후가 심화되는 가난한 농촌의 되풀이라고 말할 수 있다. 이러한 농업/농촌이 어떤 상태에 있는가를 단적으로 보여 주는 것이 농가경제의 제 지표의 결론이라 할 수 있는 부채의 증감현상이다. 농가경제가

---

[6] 농가가구와 농가인구는 모두 1967년까지도 증가추세에 있었다. 1967년 최고치를 기록하고 그 다음해인 1968년부터 절대 숫자 면에서 줄기 시삭했나. 1969년 말 현새 전체 국민 가운데 농가인구가 차지하는 비중은 49.6%로 변했고 총가구수 가운데 농가호수의 비중은 47.0%로 변했다. 경제성장에 따른 인구구조의 변화가 농촌부문에 나타나기 시작한 것은 1970년대를 앞둔 시점이었던 것이다. 더구나 농가인구가 감소한다고 해서 농업취업자도 곧 감소하는 것은 아니었다. 농가인구가 1967년을 기점으로 감소하는 데 비해 농업취업자 수는 1970년대 초까지는 증가하다가 1972년을 정점으로 1973년부터 감소추세로 돌아섰다(황수철, 1996: 89-91).

[7] 당시 정부기관마저도 잉여농산물 도입에 대해 다음과 같이 비판적으로 분석하고 있다. "잉여농산물의 다량 도입으로 국내농산물가격은 매년 저수준을 유지함으로써 물가안정에는 기여했다 하더라도 농민들의 생산의욕을 감퇴시킴으로써 식량자급의 길을 멀게 하는 결과를 초래했다(한도현, 1999: 114에서 인용)."

<표 10-4> 외곡도입량(1962~1970)

년도	자급률(%)	외곡수입량(1,000톤)
1962	93.4	499
1963	71.7	1,318
1964	85.2	916
1965	-	669
1966	93.1	525
1967	81.7	1,100
1968	-	1,497
1969	78.8	2,336

자료 : 농업중앙회, 『농업연감』 각 년도; 농수산부, 『농림통계연보』 각 년도.

좋아지고 있는가, 나빠지고 있는가를 그들의 부채가 어떠한 변동을 나타내고 있는가를 봄으로써 알 수 있다. 자료에 의하면 농가호당 평균부채는 1962년 4751원, 1963년 6,669원, 1964년 7,575원, 1965년 1만 570원, 1966년 9,986원, 1967년 1만 1,432원, 1968년 1만 3,996원, 1969년 1만 2,518원으로 지속적으로 증대하고 있었다(농수산부, 1970: 280).

결과적으로 인구와 생산의 절반 이상을 차자하고 있던 이러한 농촌의 빈곤과 농업생산의 침체는 국민경제에 여러 가지 부작용을 낳았다. 식량의 만성적 부족, 도시 소비재공업품에 대한 구매력 감퇴, 농업인구의 비계획적 유출 등을 유발하고 이것은 언제든지 공업성장의 걸림돌이 되기에 충분한 것이었다. 그리고 그것은 곧 가시적으로 나타났다. 1960년대 말 미국의 식량원조가 무상에서 유상으로 바뀌면서 식량구입을 위한 외환부담이 가중되었고 중동지역이 또 하나의 분쟁지역으로 등장하면서 한국의 수출주도형 경제는 심각한 위기를 맞았다. 더구나 미국과 중공의 화해정책은 한반도의 정치상황을 더욱 복잡하게 만들었으며 이러한 상황에서 자립하고 자위하는 능력이 시급히 요청되었다(새마을 10년: 115). 이에 대한 대응책으로 강구된 것이

1968년 이후의 고미가정책이라고 할 수 있는데 사실상 이 정책은 한편으로
는 그것을 전경련에서 건의하였다는 것에서도 알 수 있듯이 농가경제의 정
상화를 위한 것이라기보다는 직접적으로는 수출활로가 막힌 국내 자본가들
의 소비재생산품의 판로개발에 목적이 있었다(『신동아』 1969년 11월호).

"수천 년 이래 내려오는 농촌의 초가지붕을 기와로 개조하려면 시멘트공
장을 세우면 된다는 것이 아니라 시멘트가 생산원가로 농민에게 공급될 수
있고 농민이 이를 받아들일 구매력이 있는지가 문제다(이대선, 『세대』 1966
년 4월호)."

또 다른 한편으로는 농업희생을 통한 공업발전을 추구하는 개발도상
국에서 농업생산의 제고문제가 강조될 수밖에 없는 다음과 같은 이유 때
문이기도 했다.

"개발도상국가에서 농업생산의 제고문제가 강조되는 이유는 (1) 농업부문
에 종사하는 농민들로 하여금 생계를 유지할 수 있도록 그들의 생활수준을
향상시키며, (2) 값싼 식량을 공업부문에 제공함으로써 개발과정에서의 일
익을 담당하는 역할을 할 수 있으며, (3) 경제개발계획을 수립하는 계획관들
에 의해 간과되기 쉬운 농업부문에서의 수출의 증대요인을 개발하여야 한다
는 사실이다. …… 일본의 경우도 공업화 과정에서 농민의 희생으로 이루어
졌다. 그들은 농민으로부터 얻은 이익을 산업자본화한 것도 사실이다. 한국
의 농업정책은 농업의 생산성을 증가시키고 특히 농업부문으로부터 국내저
축자원을 염출해 낼 수 있도록 했어야 했다. 다행히 한국의 국민저축의 상승
률이 매우 소망스러운 상태에 이르고 있으며 국내저축률의 제고도 이제야말
로 진정으로 비약단계에 들어선 감이 있다. 앞으로 농업생산성을 더욱 제고
시켜야 할 것이다. 그러나 한국은 이미 공업부문에 역점을 두어 수출진흥을

서두르고 있기 때문에 오히려 공업부문에 값싼 식량을 대어줄 수 있는 농업의 생산성제고를 기하면 되리라고 믿는다(콜린 크라크, 『사상계』 1970년 1월호)."

즉, 1970년대 중반까지 유지되었던 고미가정책의 진정한 목적은 비약단계[8]에 들어선 한국 공업화의 원활한 추진을 위하여 생산농가의 증산의욕을 높이기 위한 것이었다고 할 수 있다. 실제로 고미가정책은 통일벼 보급과 함께 농민들의 생산의욕을 고취했을 뿐 아니라 이 정책이 유지되는 동안 농촌경제가 외형적으로 나아졌다는 평가를 받는다. 그렇다면 성공적인 '농촌' 근대화 전략이었다고 평가되는 새마을운동은 왜 필요했으며 새마을운동의 유효성은 어디에 있는 것일까?

4. 1970년대 농촌과 새마을운동

1) 새마을운동의 추진

새마을운동은 1970년 4월 전국지방장관회의의 유시에서 '새마을가꾸기운동'으로 제창되었다(대통령 비서실, 1979). 이 운동은 1970년 11월부터 다음해 3월까지 농한기에 전국 3만 5,000마을에 300여 포대의 시멘트를 나누어주는 것으로 시작되었다(이것은 세대 당 4포, 당시 시가로 4,000원에 상당하는 금액). 그런데 1만 6,000마을에서 기대한 것보다 월등한 성과가 나타났다. 투자에 비해 엄청난 무상의 노동력이 투입됨으로써 많은 농촌마을의 숙원사업이 이루어졌던 것이다. 2차년도에는 1만

---

8) 196년 한국을 내방한 로스토우 조차 "한국경제는 이미 도약단계"라고 평가했다. 서울대 『대학신문』 1965년 5월 10일자.

6,000마을에 시멘트 500포대와 철근 1톤씩 배분해 주었다. 그 결과 1972년 전국 마을의 65%에 해당하는 2만 2,700마을에서 마을 주변의 도로를 바로잡고 폭을 넓히는 일을 하게 되었다. 그것이 총 7,400킬로미터 달하였으며 마을당 평균 320미터에 상당하는 것이었다. 이 모든 사업에서 정부로부터 토지보상금은 전혀 지불되지 않았는데 이것은 정부가 1, 2차 경제개발계획에서 '유상'으로 쏟아 부은 기간산업 및 사회간접자본 비용과 비교할 때 아래로부터의 참여를 통해 '무상'의 사회간접자본을 동원해 낸 획기적인 결과였다. 즉, 박정희는 농업과 농촌에 대한 투자의 획기적 증대나 불균형 성장전략의 수정 없이 농업·농민을 '무상'으로 총력 동원하는 새마을운동과 같은 대중동원방식을 통해 정부의 부담을 최소화하면서 그 투자 효과를 극대화하는 전략을 시도한 것이며, 이것이 1971~1972년의 '우연한' 성공적인 시험을 거쳐 '새마을운동'이라는 이름으로 정착된 것이다.

2) 새마을운동의 추진실태

정부 당국의 설명에 따르면 1970년대 새마을운동의 발전 과정은 다음과 같이 전개되었다. 우선, 1971년의 '시험단계'를 거쳐 1972년부터 전국적 범위에서 농촌새마을운동이 본격적으로 추진되었다. 이때 농촌새마을운동의 목표는 기반조성단계로부터 출발하여 자조발전단계를 거쳐 자립완성단계로 설정되었다. 1971~1973년까지는 전국의 3만 4,655 마을의 생활환경 및 생산조건의 기반이 조성되었고 1974부터는 관에서 점화하고 자극하던 단계를 벗어나 자율적인 참여범위가 확대됨으로써 자조발전의 단계로 들어서게 되어 자립단계에 들어서는 1976년까지 계속되었다(내무부, 1980: 205).

이 과정에서 실제 정부가 농촌을 위해 직접 재원을 투자한 것은 초기

기반조성단계가 전부였다. 왜냐하면 위에서 이미 지적한 시멘트 무상지원을 제외하고 농촌새마을사업 관련 투자 재원들은 대개 새롭게 책정된 것이라기보다는 기존에 지속되고 있던 각종 농촌사업들을 '새마을' 사업 속으로 종합한 것이었기 때문이다. 이것을 좀더 자세히 살펴보도록 하자.

1971년 불변가격 기준으로 1971~1978년 동안 농촌새마을사업 관련 투자재원 중에서 정부부담액은 약 12배로 증가한 것처럼 보이지만 사실상 주민부담액은 약 20배로 증가했다(황인정, 1980: 44). 따라서 1970년대 새마을운동 전과정을 통해 실제 농민들의 부담(주로 무상 노력동원 비용)은 계속 가중되었고 결과적으로 이러한 농민들의 무상 노력동원에 의해 창출된 농업부문 잉여는 정부를 매개로 하여 국내외 독점자본에게 이전된 측면이 강한 것이다(한도현, 1989).

그러므로 농촌새마을운동에 대한 공식적인 설명에 따르면, 1970년대의 '농촌개발'과 그 성과가 예외 없이 정부투자에 의한 새마을운동의 산물로 나타나고 있지만, 사실상 농촌새마을사업[9]이 대단히 포괄적으로 이루어져 왔다고 할지라도, 이런 해석은 새마을사업의 성과라고 볼 수 없는 사업까지도 모두 새마을사업의 성과에 포함시킴으로써 그 성과를 자의적으로 확대하거나 과장하고 있다.[10]

---

9) 정부의 새마을사업을 지원방식을 기준으로 유형화해 보면 주민자력사업(정부나 지방자치단체의 지원 없이 주민자력만으로 추진해야 하는 퇴비증산, 시한영농, 마을기금 조성사업 등), 기본지원사업(시멘트와 철근 등 자재일부를 지원하여 추진하는 마을 안길 정비, 하수구, 소규모 수리시설 사업 등), 특별지원사업(정부 주관부처의 주도하에 추진하는 농경지 정리사업, 농어촌 전화사업, 마을 공동소득사업 등)으로 나누어진다(내무부, 1989: 219). 또 구체적인 사업내역을 부문별로 구분할 경우에는 환경개선사업(농로개설, 확장, 마을진입로 정비, 지붕개량, 교량가설, 부락환경미화 등), 소득 및 생산성증대사업(집단재배, 퇴비증산, 영농시한제, 병충해 방제 등의 생산협동사업, 공동구매, 판매사업 등), 후생복지사업(농어촌 전화사업, 농촌표준주택 건설, 마을회관 등의 공동복지시설 건축사업 등)으로 나누어질 수 있다(내무부, 1980: 110). 사업부문별 성과의 구체적인 내역에 관해서는 황인정(1980: 27-64) 참조.
10) 한 연구자는 한국 농촌개발의 결정적인 계기를 1970년대 농촌새마을운동에서 구하는

<표 10-5> 새마을운동의 추이, 1971~1978

	1971	1972	1973	1974	1975	1976	1977	1978
참여인원 (백만 명)	72 (72)	320 (320)	693 (675)	1,069 (373)	1,169 (489)	1,175 (351)	1,372 (451)	2,709 (1,336)
사업건수 (천 건)	385 (385)	320 (320)	1,093 (1,093)	1,099 (415)	1,598 (696)	887 (630)	2,463 (2,200)	2,667 (-)
투자규모 (억 원)	122 (122)	313 (313)	984 (984)	1,328 (1,222)	2,959 (2,863)	3,226 (3,175)	4,665 (4,391)	6,342 (6,305)

자료 : 내무부(1973~1978), 황인정(1979: 44-45)에서 재인용.
주 : ( )는 농촌새마을운동 해당분임.

<표 10-6> 새마을운동 투자재원의 내역   [단위 : 억 원, (%)]

년도	주민부담	정부지원	여타지원	계
1971	81(66.4)	41(33.6)	-	122(100.0)
1972	273(83.7)	36(11.0)	17(3.2)	326(100.0)
1973	769(80.0)	171(17.8)	21(2.2)	961(100.0)
1974	840(63.3)	308(23.1)	180(13.6)	1,328(100.0)
1975	1,288(43.5)	1,653(55.9)	18(0.6)	2,959(100.0)
1976	1,504(46.6)	1,651(51.2)	71(2.2)	3,227(100.0)
1977	2,171(46.5)	1,808(88.8)	686(14.7)	4,665(100.0)
1978	2,951(46.5)	2,329(36.7)	1,061(16.7)	6,342(100.0)
1979	3,282(43.3)	2,268(29.9)	2,032(26.8)	7,582(100.0)

자료 : 김일철(1990: 155)에서 재인용.
주 : 1) 여타지원에는 관련기관이나 민간단체들의 지원(융자, 보조)과 성금.
    2) 투자재원에는 현금뿐 아니라 노동력, 자재 및 토지투자도 포함.

정부 당국의 공식적인 해석을 무비판적으로 수용하여 농촌새마을운동을 분석하려고 하는 '근시안적 태도'를 비판하면서 농촌새마을운동의 좀더 엄밀한 인과론적 분석의 필요성을 제기하고 있다(홍동식, 1986: 225-226). 이런 문제제기는 일면 매우 타당하다. 그러면서도 이 연구자도 언급하고 있듯이 실제 작업에서 농촌새마을사업 자체만의 성과를 구분해 내는 일은 현실적으로 용이하지만은 않다고 하겠다. 그렇지만 농촌새마을운동의 성과를 평가하는 문제와 관련하여 정부 당국과 마찬가지로 새마을사업의 가시적·물량적 성과를 토대로 한 간접적 지표를 추출하여 이를 가지고 비물질적 성과를 평가하려는 기존의 지배적인 연구 경향에 대한 이 연구자의 비판은 전적으로 적확하다고 할 수 있다. 예컨대 질적 조사연구를 배제한 채 계량적인 사업 실적을 주민들의 가치관 변화, 참여도, 통합도의 지표로 간주하거나 마을 발전단계를 농촌발전의 절대적 지표로 간주하는 경향은 이런 연구들이 지니고 있는 한계를 여실히 드러내는 것이라고 할 수 있다(홍동식, 1986: 227-228).

예컨대 1968년부터 실시되어 왔던 농어민소득증대사업이 1975년부터 새마을사업의 일환으로 흡수되어 새마을소득증대특별사업으로 전환되어 추진된 것이라든지, 농어촌 전화사업이라든지, 정부의 공식 설명에서는 1970년대의 새마을사업의 중요한 성과로 간주하고 있는 상당 부분의 사업들이 사실상 정부의 통상적인 농업, 농촌정책으로 계속 추진되어 왔거나 농민들이 오래 전부터 추진해 왔던 사업들이라는 것이다(내무부, 1980: 195-196).

또 새마을사업의 획기적인 농촌개발성과로 평가되고 있는 벼 집단재배사업과 미곡증산 실적(내무부, 1980: 426-427)도 새마을사업의 성과로만 간주하기에는 모호한 점이 있다. 미곡 신품종개발사업은 정부가 이미 1960년대 후반부터 추진한 미곡증산계획상의 역점사업 중의 하나였기 때문이다(이만갑, 1984: 50). 따라서 농어촌 전화사업, 메탄가스 시설사업, 무교환면 해소사업(행정용전화기 설치사업), 벼 집단재배사업 등은 모두 정부가 농촌새마을운동을 추진하기 이전부터 추진해 온 사업들로 "1972년부터 새마을운동의 일환으로 실시하게" 된 사업들이라고 보는 것이 일면 타당하다(이만갑, 1984: 82-87).

3) 새마을운동의 제한적 성과

그러므로 새마을운동의 성과로 높이 평가되고 있는 물질적 측면에서의 공동생산사업이나 소득증대사업이 사실상 기존의 공식적인 사례연구들에서 상정하고 있는 것과는 사뭇 다른 운동의 전개 과정을 거쳤다는 점을 지적하지 않을 수 없다. 즉, 정부의 농업구조개선을 위한 정책의 일환으로서 농업/농촌에 대한 투자와 정책이 이루어진 것이 아니고 요란한 구호와 일선 말단 공무원을 통한 강압에 의한 여러 형태의 농민부담 및 무상노력동원이 정부의 정책과 지원보다 더 중요한 역할을 했던 것이다.

이런 사업의 예로 통일벼 사업을 빼놓을 수 없는데, 통일벼 사업은 정부가 미곡증산을 위해 '강압적'으로 추진한 대표적인 새마을 소득증대사업이었다. 그러나 통일벼는 미질이 떨어지고 자연재해로부터도 매우 취약했기 때문에 생산자로서 농민들의 시장경쟁력을 높이고, 이것이 농업소득개선을 일으키고, 나아가 농촌사회의 구조적 문제를 해결할 수 있는 대안이 될 수 없었다. 그럼에도 불구하고 박정희는 한편으로는 (이중곡가제를 통한)가격지지정책을 다른 한편으로는 새마을운동을 통해 농민을 식량증산에 대거 동원했는데 그 이면에는 도시 공업노동자들의 안정과 식량안보 확보를 통한 성공적인 공업화전략이 놓여 있었다. 그러므로 실제 농민들은 정부의 감시, 감독이나 유인이 없다면 사실상 통일벼 사업을 기피했는데[11] 왜냐하면 농가들의 개별적인 이익 추구로 이어지지 않는 한 정부가 강제적으로 조직하고자 했던 협동적인 생산·소득증대 사업이라는 것이 실질적으로 구속력을 지닐 수 없었기 때문이었다. 따라서 '성공적인' 새마을운동에도 불구하고 정부의 가격지지정책이 후퇴하는 순간 농업/농촌의 쇠퇴는 가속화될 수밖에 없었다.

따라서 정부에서 1970년대 농촌새마을운동의 주된 성과로 제시하고 있는 물질적 측면에서의 소득증대와 문화적 생활수준의 향상, 비물질적 측면에서 근대적인 '책임의식과 협동의식의 고취'를 액면 그대로 받아들이는 데에는 문제가 있다(내무부, 1980: 제5장). 실제 새마을사업 추진 실태와 성과에 비춰볼 때 이런 유의 해석은 사실과 별로 부합되지 않는 것이 많기 때문이다.

이런 점들에 비춰본다면 1970년대 농촌새마을운동은 농가의 소득증대

---

11) 따라서 이장이나 새마을지도자 등 몇몇을 제외하고는 '다들 기피했기' 때문에, 농가별로 의무적으로 식부면적을 할당했다. 그러나 실제 주민들은 "정책사업에 쫓아갔을 뿐이지 소득증대를 별로 없었다"로 말하고 있다(정신문화연구원편, 2001: 88-89).

나 문화적 생활수준의 향상이라는 공식적 평가와는 거리가 먼 '환경개선'과 관련된 공동사업에서 '제한적'으로 성과를 거두었다고 할 수 있다. 그 성과가 '제한적인' 이유는 영세 소농층 위주의 농촌마을이 새마을운동 덕분에 개별 농가 단위로 도시 시장권 상품경제에 본격적으로 편입·통합되어감에 따라 절대적인 빈곤 상태를 탈피하게 되었고, 농로확장사업을 비롯하여 공동의 마을숙원 사업을 추진하는 과정에서 개발의욕(자조의지)이 형성된 측면이 있기 때문이다.

그러나 이해에 밝은 농민들에게 실리가 없는 공동생산사업이나 소득증대사업들은 요란한 구호일 뿐 시간이 지남에 따라 농촌 근대화의 유효성이라는 점에서는 점차 소멸되었다. 특히 새마을운동이 비판받을 수밖에 없는 가장 큰 문제는 새마을운동 기간에 새마을사업에 동원될 수 없거나 새마을사업을 통해 이득을 얻기 어려운 소농 및 빈농의 경우에는 아예 농촌을 떠날 수밖에 없게 되었다는 것이다. 즉, '이농을 강요한 농촌 근대화 정책'(박현채, 1973)이라는 말이나 1970년대 말 늘어 난 농가부채에서 알 수 있듯이 새마을운동의 제한적 성과에도 불구하고 1970년대 농촌의 구조적 문제는 해결되지 않았고 오히려 더 심화되었다. 저 농산물가격 정책, 외국농산물의 수입, 농공 간 불균등 발전, 농가부채, 비민주적 농정 등은 질적인 투자가 이루어지지 않는 새마을운동, 즉, 국민적 대중동원운동으로 해결될 수 없는 구조적 문제였기 때문이다. 그래서 1970년대에도 이촌향도의 물결이 그치지 않았고 새마을운동이 전시행정(展示行政)으로서 농촌의 외화내빈만을 가져왔다고 비판받는 이유도 여기에 있다.

좀더 근본적으로는 새마을운동을 '잘살기 운동'이라고 규정했던, 박정희식 잘살기 운동으로서의 경제개발이라는 이념 자체에 문제가 있었다. 즉, 경제개발과 경제성장이 동의어가 아님에도 불구하고 운동 주체들은 경제적인 차원의 잘살기 운동에 치중하여 경제개발을 통한 국민생활의 질적인 개선이라는 '변화'의 의미를 제대로 인식하지 못한 것이다. 그 결과 농촌사회의 농민복지 및 농민의 문화생활 향상, 농업의식 향상 등에는 큰 관심을 기울이지 못하였다. 이 때문에 새마을운동의 제한적인 물질적 성과에도 불구하고 교육, 의료, 문화생활 등에서 도농격차는 확대되고 이에 부족을 느낀 젊고 유능한 농촌인구의 도시 유출은 더욱 가속화되었다(박진도 · 한도현, 1999: 77-78). 1960년대 도시와 산업부문에서 이룩한 성과를 농촌에서도 이룰 수 있다고 했지만 구체적인 농업정책도 없는 단기적인 고미가정책과 시멘트라는 유인만으로 그것은 역부족이었다.

그러므로 새마을운동의 필요성과 그 유효성은 이러한 역부족을 새마을운동이라는 상징과 대중동원을 통해 해결하고자 했던 그것도 농촌의 근대화'가 아니라 1968년부터 가속화된 '산업화(공업화)'를 위해 농촌을 체계적으로 동원하고자 했던 동원이데올로기의 연장선에서 이해되어야 한다.

5. 맺음말 : 농촌/농민동원체제로서 새마을운동

1960년대 제 1, 2차 경제개발계획의 양적 성장에도 불구하고 1971년 박정희는 대통령선거에서 간신히 당선되었을 뿐 아니라 국회의원 선거에서도 집권당인 공화당의 의석이 14%나 하락했다. 1970년 '광주대단지사건'과 '전태일분신사건'을 비롯한 사회문제들의 폭발, 지식인, 학생 그리고 야당을 중심으로 한 강력한 도시 저항세력의 등장뿐 아니라 강원도와 제주도를 제외한 모든 농촌지역에서도 박정희의 지지율이 하락하고 있었다. 그러므로 박정희가 계속 집권하기 위해서는 무엇보다도 집권여당의 주요 정치기반이 되어 왔던 농촌의 지지율을 높일 필요가 있었고 저항세력에 대한 강도 높은 탄압을 모색하지 않을 수 없었다. 그것이 1971년 10월 유신이라는 강압적 억압적 통치체제의 구축으로 나타났고 박정희는 한편으로는 저항세력에 대한 폭력적 탄압으로 다른 한편으로는 대중에게 직접 호소하는 방식으로 자신의 장기집권과 일인독재체제를 구축하였다. 이 과정에서 새마을운동은 '유신체제의 구심'이라는 말이 표현하듯이, 1972년 유신체제의 등장과 결합되면서 1973년부터는 더 이상 '농촌근대화'가 아니라 '조국 근대화'를 위한 국민대중의 사회, 경제, 인간개조운동으로 본격 추진되었다. 그러므로 1972년부터 새마을운동은 사실상 '유신'이라는 박정희 체제와 분리될 수 없다. 이 운동의 표방된 목표와 내용은 농업근대화가 조국 근대화의 결실에 있어 관건이 된다는 것이었으나 사실은 농촌문제 해결에 필요한 자원을 농민에게 제공하기 위한 근대화 전략이라기보다는 농민과 농촌으로부터 경제적 자원을 동원하고 공업근대화에 맞도록 농민과 농촌을 재조직하여 종국적으로는 정치적 안정을 꾀하고자 한 것이다. 즉, 새마을운동은 1960년대 이후 공업 중심의 조국 근대화라는 '국가의 발전전략'에서 부차적으로 다루어져 왔던 농촌을 발전 전략의 일선에 동원하여 국민의 역량을 구조적으로 정비하고자 하는 것이었다. 그러므로 새마을운동의 3대 정신 중 하나로 '협동'을 내세웠지만 사실 그것은 허울 좋은 구호에 그칠 뿐 실제로는 주민들의 자유권 행사가 거부되고 창조적인 진취성을 기대할 수 없는 군대에서나 볼 수 있는 강요된 협동이었다. 집단적인 노력동원에 기초한 생산과 소득증대를 추동하기는 하였으나 이 과정을 가능케 하는 것으로 부락공동체의 배타적인 정신풍토 내지 집단심리를 이용하고 마을 간 경쟁을 부추김으로써 농민들 간, 마을 간의 전통적인 횡적 유대관계와 상호 대등한 관계에 기초한 협동은 끊어졌다. 그 자리를 국가와 농민(또는 국민)이라는 수직적 관계가 대신하게 되었고 횡적 관계를 잃은 수직관계는 모든 농민을 '국가와 조국 근대화를 향해 나란히' 정렬하도록 집체화되었다. 그리고 이러한 집체화 과정에서 반드시 생기게 마련인 중간 매개의 통제집단으로 새마을지도자와 통일주체국민회의라는 것을 구성하여 새롭게 재편된 수직관계의 체계화를 이어주고 지탱해 주는 말단 '끄나풀'로 이용하였다. 우리는 이것을 체계적인 군대식 '집체형' 동원이라고 부를 수 있다. 거기에서는 '근대화'가 합리적 개인을 추구할 수밖에 없고 그 결과 합리주의와 개인주의의 성장 및 이익추구로 귀결되었던 서구에서와 같은 결과는 찾아보기 어렵다. 그러므로 새마을운동은 농촌근대화전략이라기보다는 농촌과 농민총동원을 통한 정치적 안정이라는 면에서 그 유효성을 찾을 수 있다. 그러나 그 또한 성공적이지 못했다는 것을 1979년 박정희의 죽음을 통해 우리는 너무도 잘 알고 있다.

| 참고문헌 |

고영복 외, 1979, 「왜 농민은 농촌을 떠나는가」, 『신동아』 1979년 7월호.

김광억, 1984, 「농민의 전통성과 합리성」, 새마을운동 중앙본부 지역개발조사연
　　　구단, 『새마을운동 이론체계 정립』.

김일철, 1991, 「1970년대 새마을운동의 전개 과정과 농촌사회의 변화」, 한국정신
　　　문화연구원, 『해방 후 도시성장과 지역사회의 변화』.

김정렴, 1990, 『한국경제정책 30년사—김정렴회고록』, 중앙일보사.

김주원, 1996, 「韓國農協에 대한 國家 코포라티즘적 分析」, 상지대학교 행정학과
　　　행정학박사학위논문.

김철기 외, 1983, 「새마을運動의 理念이 지니는 精神文化的 특성에 관한 硏究」,
　　　忠北大, 『새마을硏究論 文集』.

김태일, 1989, 「한국농촌부락의 지배구조 : 국가 끄나불 조직의 지배」, 한국농어
　　　촌사회연구소, 『한국농업·농민문제 Ⅱ』, 연구사.

내무부 새마을지도과, 1978~1984, 『榮光의 발자취 : 마을單位 새마을運動 推進
　　　史』, 第1-7輯, 서울 : 새마을新聞社.

내무부, 1980, 『새마을運動 10年史 : 자료편』.

농협중앙회, 1980, 『농협연감』.

박섭·이행, 1997, 「근현대 한국의 국가와 농민 : 새마을운동의 정치사회적 조
　　　건」, 『한국정치학회보』 제31권 3호.

박진환, 1987, 『經濟發展과 農村經濟』, 博英社.

박현채, 1970, 「중농정책과 농공병진정책의 환상과 한계」, 『사상계』 1970년 1월호.

빈센트 S. R. 브란트, 1981, 「가치관 및 태도의 변화와 새마을운동」, 서울대 새마
　　　을운동종합연구소, 『새마을운동의 이념과 실제』.

새마을운동중앙협의회, 1990, 『韓國人과 새마을運動』, 새마을運動中央協議會.

서울대학교 새마을운동종합연구소, 1981, 『새마을운동의 이념과 실제』, 서울대
　　　학교.

─────────────────, 1982, 「새마을 文獻目錄」, 서울대학교, 『새

마을運動綜合研究』.

_____, 1986, *The Rural Development Scheme and Problems in Zaire; The Need to Learn Successful Experiences from Korea*.

여영부, 1995, 『韓國農村社會研究』, 裕豊出版社.

원용석, 1966, 「농민은 왜 가난한가」, 『세대』 1966년 2월호.

유인호, 1969, 「농민은 왜 못사는가」, 『신동아』 1969년 11월호.

이대선, 1966, 「농촌 근대화의 당면과제」, 『세대』 1966년 4월호.

이만갑, 1984, 『工業發展과 韓國農村』, 서울大學校 出版部.

이용훈, 1972, 「새마을운동과 농촌재건의 의지－박정희 대통령의 농촌관」, 『세대』 1972년 4월호, 72쪽.

임경택, 1991, 「한국권위주의체제의 동원과 통제에 대한 연구 : 새마을운동을 중심으로」, 고려대학교 박사학위논문.

조영빈 · 이종록, 1985, 「새마을運動의 實態分析」, 全北大學校, 『새마을研究』.

조용범, 1969, 「부패경제하의 고도성장가면극」, 『사상계』 1969년 12월호, 111쪽.

최양부, 1978, 「농촌새마을운동 연구의 사회과학적 접근」, 『農村經濟』.

최양부 · 정기환, 1984, 『마을 종합개발의 계획적 접근』, 한국농촌경제연구원.

최재석, 1988, 『韓國 農村社會 變動研究』, 一志社.

_____, 1975, 『한국농촌사회연구』, 일지사.

한국개발사회연구소, 1973, 「韓國農村의 近代化와 새마을 運動」, 『韓國開發社會研究叢書』 第3輯, 慶熙大學校出版局.

한국농촌경제연구원, 1989, 『농촌주민의 의식, 가치관』.

한국정신문화연구원 편, 2001, 유병용 · 최봉대 · 오유석, 『근대화 전략과 새마을운동』, 백산서당.

한도현, 1989, 「국가권력의 농민통제와 동원정책-새마을운동을 중심으로」, 한국농어촌사회연구소 편, 『한국농업농민문제연구 II』, 연구사.

_____, 1999, 「1960년대 농촌사회의 구조와 변화」, 정신문화연구원 편, 『1960년대 사회변화연구』.

한병진, 1995, 「1970년대 국가와 농민관계에 관한 연구 : 새마을운동이 농민의
　　　정치적 태도에 미친 영향을 중심으로」, 서울대학교 석사학위논문.
홍동식, 1986, 「농촌새마을운동 연구의 사회과학적 과제」, 『현대사회』 1986년 겨
　　　울호.
황병주, 2000, 「박정희 시대와 국가와 민중」, 삼인, 『당대비평』 2000년 가을호.
황인정, 1979, 「1980年代 農村 새마을운동의 課題와 發展方向」, 『農村經濟』.
KREI, 1970~1979, 『한국의 농촌개발』.

Y. H. Kim et al. eds., 1981, *Samaul Undong; Determination and Capability of
　　　the Koreans*, Seoul: Institute of Samaul Studies.

제11장
'민족경제론'의 재검토
민족경제론의 형성, 발전과 한국민족주의

정건화

1. 머리말

진정으로 민족적인 것은 민중적인 것이요, 민중적인 것은 민족적인 것이다.

고 박현채 선생 묘비명에 적힌 말이다. 박현채 선생이 돌아가시고 1년
후 나는 당시 병상에 있던 고인의 회갑기념논문집을 준비하던 모임에서
심부름을 했던 인연으로 몇 분 선생님들로부터 박현채 선생의 묘비에 새
길 만한, 박 선생의 생각과 실천을 압축적으로 담은 짧은 글귀를 고인이
생전에 쓴 글 중에서 찾아보라는 요청을 받았다. 순간 가장 먼저 떠오른
것은 고인의 책 여기저기에서 약간씩 표현을 달리해서 나오는 이 말이었
다. 그 말은 한국현대사의 온갖 굴곡을 '혼신의 힘'으로 살며 생각하며
글로 써낸 고 박현채 선생의 삶을 간결하면서도 압축적으로 대변하는 것
같이 생각되었다. 그러나 당시 그 말이 지닌 진정한 깊이를 이해하고 있
었는지에 대해서는 자신이 없다. 아니 지금 이 순간에도 1980년대 중반

진보적인 학계와 사회운동권을 중심으로 치열하게 전개되었던 백가쟁명, 백화제방의 논쟁이었던 이른바 '한국사회 성격논쟁'에 대한 기억도 떠오른다. 관련되는 각종 논의와 주장들을 편집해 두 권의 책으로 내면서 조희연 교수는 1989년 발간된 책의 서문에서, 1980년대 사회구성체 논쟁에서 쟁점이 되고 있는 내용은 '제국주의적 규정성과 한국자본주의의 특수성의 통일적 파악'이며, 이는 '계급해방과 민족해방이 통일되어 있는 식민지 종속형 자본주의 사회의 변혁의 특수성'을 해명하는 문제라고 했다. 그것은 당시의 논객 이진경의 말을 인용하면 '제국주의의 신식민지로서의 한국과 자본주의적 사회구성체로서의 한국사회를 어떻게 통일적으로 이해할 것인가'의 문제였다.

민족과 민중, 민족문제와 계급문제, '종속상황'과 '자본주의 발전'이라는 두 개의 거대한 문제군(群)은 곧 우리 현대사가 짊어지고 왔던 구체적인 현실이었다. 또 그 두 문제군의 연관과 상호작용 방식은 적어도 1980년대 말까지 실천적 혹은 비판적 사회과학자라면 누구라도 붙잡고 씨름하지 않을 수 없는 화두이기도 했다. 그리고 가혹한 비판과 반비판을 통해 진행된 사회구성체 논쟁의 와중에서 1960년대 이래 박정희 체제에 대한 비판이론이자 대항담론으로서 뚜렷하게 자기역할을 해왔던 민족경제론은 '1960년대 소시민적 민주화운동, 1970년대의 포퓰리즘적 민중운동단계를 대변하는 이론(조희연, 1989)'으로 규정되는 등 1980년대의 변혁적 사회운동의 권위 앞에 위축되고 용도 폐기되는 듯했고 이후 사회구성체 논쟁 자체의 소멸과 함께 연구자들의 관심에서조차 사라져버렸다.

그로부터 10여 년 후. 이제는 새로운 밀레니엄 21세기의 문턱을 넘어섰다. 글로벌리제이션과 신자유주의가 풍미하는 가운데 한국사회는 단군 이래 최대의 심각한 경제위기를 겪는가 하면 그로부터 빠른 회복을 보이는 등 특유의 템포 빠른 변화의 능선을 계속 오르내리고 있다. 10여

년 전에 비해 달라진 점은 현실을 주도하는 힘과 세력에 대해 각론적으로 비판하고 총론적으로 대안을 제시할 대항담론이 뚜렷하게 존재하지 않는다는 점이다. 아이러니컬하게도 '외채위기론'을 강조하고 '경제잉여의 대외유출'을 경계한 민족경제론이나 한국경제의 구조적 모순과 그에 따른 기층민중들의 '생존권 위기'를 제기하던 정치경제학적 분석이 사라진 후 한국경제는 진짜로 외채위기와 민중 생존권 위기를 맞았던 것이다. 그러나 그 위기가 이들 이론들에게 과거와 같은 대항담론의 지위를 되찾아 주지는 않았다.

이후 글로벌리제이션이 만들어내는 급속한 변화의 와중에서 우리는 그저 롤러코스터에 올라탄 사람들처럼 현기증 나는 변화를 무기력하게 받아들여 오지 않았나 의문이 든다. 한 사회의 진정한 위기는 '전망의 부재', '대안의 부재'로부터 오는 것일 수도 있다는 불길한 생각도 든다. 대안은 필요하지 않은가? 언제나 대항담론은 활발히 논의되어야 하지 않는가? 세상은 상상하고 기원하는 방향으로 변화한다고 하지 않았던가? 비록 매우 느리고 천천히일지라도 말이다. 대안을 꿈꾸지 않는 사회는 과연 어떤 사회일까?

이런 현실에서 최근 낡은 이론으로 평가받던 민족경제론의 재평가작업이 비교적 활발하게 수행된 것은 어쩌면 의외의 일이다. 그것은 우리 현대사에서 거의 유일하게 이론과 실천 두 영역에 모두 걸쳐 거인(巨人)으로 평가받는 고 박현채 선생에 대한 추모라는 다분히 감성적인 동기에 기인하는 것이기도 하지만 그건 중요하지 않다.

비판 한국경제론의 역사에서 과연 박현채만큼 풍부한 비판적 글쓰기의 유산을 남겨준 인물이 있을까. 그럼으로써 또 후학들에게 그만큼 풍부한 공부 거리와 새로운 연구과제를 던져준 사람이 또 있을까. 이에 대해 이견을 달 사람은 별로 많지 않을 것이다(이병천, 2000: 43).

제 민족과 가난한 자에 대한 충만한 사랑에 복종하는 도덕성. 이론의 명령
을 그대로 실천에 옮기는 지적 도덕성. 이러한 도덕성을 삶 전체에 걸쳐 일
관되게 견지하는 더 큰 도덕성. 우리는 이것이 박현채 삶의 본질이라고 생각
한다. 해방 후 한국현대사에서 이만한 크기의 도덕성을 사회과학자 중에서
발견하기는 쉽지 않다(박순성 · 김균, 2000: 80).

필자는 민족경제론에 대한 재평가작업은 두 가지 중요한 의의를 가질
수 있다고 생각한다.

하나는 민족경제론이 박정희 모델에 대한 대항담론으로서 역사적 존
재 근거를 가졌으므로 민족경제론에 대한 재평가는 우리 사회의 지난 반
세기 동안의 급속한 경제성장의 '신화'를 만들어낸 이른바 '박정희 모
델'에 대한 평가와 맞물려 있는 사실과 관련된다. 세계사적으로 주목되
는 동아시아의 급속한 경제성장이 이제는 하나의 '기정사실'이 되었는
데 그 모델을 정면으로 비판하고 그 성과에 대해서 비관적이었던 민족경
제론은 과연 그 '기정사실' 앞에서 어떤 평가를 받아야 하고 또 어떤 정
정이 필요한 것인가에 대한 논의는 '현실과 이론이 빚어내는 긴장'을 생
생하게 드러내며, '역사적 현실'을 통해 '역사적 이론'을 검증하게 해주
는 귀중한 체험을 제공할 것이다.

민족경제론 재평가작업의 두 번째 의의는 '거의 호흡이 정지된' 대항
담론과 비판 사회과학의 '소생'이 있으려면 반드시 필요한 작업이라고
생각되는, 새로운 대항담론의 준거와 쟁점을 정리하는 의의를 가질 수
있을 것이다. 민족경제론에 대한 사회구성체 논쟁 과정에서의 평가나 비
판은 정당했는가, 21세기 새로운 대항담론의 형성을 위해서는 민족경제
론의 어떤 논점이 교정되거나 정정되고 어떤 논점이 계승, 혁신되어야
하는가, 나아가 사회의 변화를 주체적이고 목적의식적으로 만들어내려
는 사회운동적 실천과 비판적 사회과학 이론의 관계는 어떻게 새롭게 정

립되어야 하는가 등등이 이 문제와 관련된 주제일 것이다. 첫 번째 작업이 지배담론과 대항담론간의 '한판승부'라고 한다면 두 번째 작업은 대항담론의 '자기혁신'이라고 할 수 있다.

물론 이 글에서 이와 관련되는 모든 쟁점들을 다 다룰 수는 없다. 그것은 지면의 한계 이전에 능력의 한계에 기인한다. 그러므로 이 글은 매우 제한된 의미에서 민족경제론에 대한 검토를 수행하고자 한다. 즉, 이 글의 논의는 민족경제론의 '민족주의'에 주목하고, 그리고 민족주의 문제와 연관시키는 방식을 통해 진행될 것이다. 그 이유는 민족경제론에 대해 제기되는 여러 가지 현실적, 이론적 문제점들이 궁극적으로 민족경제론의 '민족문제' 인식과 '민족운동'과의 연관에 기인하는 것으로 이해할 수 있기 때문이다.

검토의 대상이 되는 논문들은 1995년 고 박현채 교수의 회갑기념논문집에 실렸던 논문들과 이후 2000년과 2001년 들어 연속적으로 발표된 바 있는 민족경제론에 대한 재평가 논문들이다. 과거 사회구성체 논쟁 당시의 민족경제론에 대한 평가와 달리 최근의 논문들은 민족경제론의 형성, 핵심 개념이나 논점 등에 대해 총론적으로는 균형 잡히고 각론적으로는 좀더 엄밀하게 분석하고 있다고 생각되며 따라서 이 작업은 21세기 대항담론의 모색에 도움이 되는 풍부한 생각거리들을 제공할 수 있을 것이다. 이 과정에서 직접적으로 민족경제론을 다루고 있지는 않지만 관련 쟁점을 공유하는 논의들, 예를 들면 민족주의의 문제를 검토하는 논의들, 그리고 한국경제의 현실을 분석한 논문이나 동아시아 경제성장을 다룬 논의들을 필요한 범위 내에서 제한적으로 검토함으로써 지배담론, 즉 박정희 모델에 대한 재평가의 논점도 함께 세울 것이다.

이후 글의 순서는 다음과 같다.

제2절에서는 민족경제론 범주와 민족경제론의 대항담론 및 토착담론으로서의 역할과 의의와 관련한 쟁점들을 간략히 정리한다. 민족경제론

은 과연 어떻게 정의되며 범위는 어떻게 확정되는가, 그리고 1960~1970
년대 한국현대사에서 민족경제론이 담당했던 이론적, 운동사적 역할은
무엇이었는가를 살펴볼 것이다.

　제3절에서는 민족경제론에 대해 제기될 수 있는 대표적인 비판의 논
점들을 검토한다. 어떤 이론체계에 대한 비판이든 그 이론의 '외적=현실
적합성'과 '내적=이론적 정합성' 양자에 걸쳐 이루어진다. 민족경제론
에 대한 비판 역시 그러하다. 특징적인 것은 민족경제론의 '현실 적합
성'에 대한 문제제기가 주로 진보적 사회과학 이론 자체의 존재의의에
대한 근본적 비판을 통해 민족경제론적 사고틀의 오류와 한계를 지적하
는 것이라면, '이론적 정합성'에 대한 비판은 '내재적 비판'으로서 라카
토스의 표현을 빌면 이른바 코어 부분의 합리적 핵심을 계승하고 보호대
(protection belt)를 정정하려는 경향을 지닌다. 이 절에서는 민족경제론
에 대한 두 영역에서의 비판에 대해 민족경제론적 입장에서의 가능한 대
응을 살펴보는데 그것은 비판에 대한 반박이나 수용 혹은 해결책의 모색
등 다양한 방향으로 이루어질 것이다. 제4절에서는 민족경제론의 현재
적 의의와 과제에 대해 검토한다. 먼저 최근 역사학 방법론을 중심으로
제기된 민족주의 비판에 대해 살펴본 후, 글로벌리제이션하에서 새롭게
제기되는 민족주의, 민족경제의 문제에 초점을 맞춰 민족경제론의 새로
운 대항담론으로서의 재구성 작업이 갖는 의의를 확인한다.

2. 민족경제론의 범주와 역할

1) 민족경제론의 세 범주

민족경제론은 과연 어떤 이론이며 그 내포와 외연은 어디까지인가에 대해서는 논의가 다양할 수 있지만 크게 보아 민족경제론은 논자에 따라 세 범주로 이해되고 있다. 우선 넓은 의미의 민족경제론은 1960년대 중반의 외자의존형 산업화 과정에서 대두된 '자립경제를 중시하는 비판경제학의 흐름'을 총칭하며, 두 번째로 좀더 좁은 의미로는 "'민중적 민족주의' 혹은 '급진적 민족주의'를 지향하며 정치경제학적 분석과 대안제시를 시도한, 1960~1970년대 고 박현채 교수로 대표되는 일군의 경제학자들의 이론 및 연구활동의 성과"로 규정할 수 있고, 세 번째 가장 좁은 의미로는 1978년 발간된 민족경제론으로 대표되는 고 박현채 교수의 이론 혹은 사상체계라 할 수 있다.

그러면 민족경제론의 범주를 어떻게 구분, 확정하는지가 민족경제론의 평가와 관련되는 어떤 쟁점들과 관련되는지에 대해 살펴보자.

먼저, 최근 민족경제론를 재평가하는 여러 논문들 중에서 조석곤의 논의는 가장 넓은 의미의 민족경제론 정의에 기초해서 민족경제론적 지향은 "4.19 이후 경제자립화의 요구가 강화되고 경제개발을 통한 자립적 경제구조의 확립을 전사회적 요구로 결집되어 갔던 상황에서 당시 어떤 집단에 의해서도 현실적인 대안이자 목표로 상정되었음"을 강조한다. 그에 따르면 "민족경제론이 제시한 주장이 당시의 경제현실과 유리된 것이 아니며 오히려 성장제일주의자들의 주장이 민족경제론적 전통에서 점차 멀어져 간 것이 되며, 실제로 5.16으로 정권을 잡은 군사 정부 역시 초기에는 민족경제론적 입장을 견지했다(조석곤, 2001: 22-23)"는 것이다. 실제로 자립경제는 박 정권의 경제정책에서 가장 중심적인 슬로건이었고 그 성공 여부야말로 쿠데타의 정당성을 입증하는 하나의 근거였다(전철환, 1995: 33). 박태균(2000)은 미국의 압력에 따라 '제1차 경제개발 5개년계획의 보완계획'이 마련되면서 박정희 정권은 외자의존적 성장전략을 채택하게 되는 과정을 상세히 분석하였다.

박순성·김균(2001)은 민족경제론의 범위를 좀더 좁혀 잡는다. 이들은 1960년대의 자립화 논의는 다양한 이론적 입장에 근거하고 있기 때문에 주류경제학과 대외의존적 경제성장에 대한 일종의 '비판의 연대'로 파악해야 한다면서 좀더 좁은 의미에서 하나의 신념체계와 이론틀을 공유한 단일학파적 성격을 갖는 '민족경제론' 범주를 설정한다.

가장 좁은 의미에서의 민족경제론은 고 박현채 교수의 이론 혹은 사상체계로서의 민족경제론이라 할 수 있는데, 이병천은 '박현채의 민족경제론'이 갖는 방법론적 특성을 '민족문제를 정치경제학의 이론체계 속에 통합(이병천, 2001: 45)'시킨 것에서 찾고 '박현채의 민족경제론'은 처음부터 민중적 민족주의를 제창함으로써 당시까지 비판경제학의 주류였던 '소시민적 민족주의' 지향의 자립경제론의 한계를 뛰어넘었다(이병천, 2001: 45)고 평가하면서, '민중적 민족주의의' 입장에서 오오츠카의 국민경제론의 성과를 비판적으로 영유함으로써 독특한 한국적 국민경제의 정치경제학으로 성립한 것이 박현채의 민족경제론이라고 규정한다(이병천, 2001: 46). 한편 장상환(2001)은 고 박현채 교수는 계급해방의 입장을 철저하게 견지하는 것을 기초로 민족문제에 접근하고 민족경제론을 정립하였다는 점에서 그의 실천적 입장은 민족주의자가 아니라 사회주의자였으며 맑스주의자, 사회주의자와 대립되는 의미에서의 민족경제론자가 아니었다(장상환, 2001a: 18)거나 박현채는 본질적으로 맑스주의 경제학자이고 사회주의자였으되 현상으로서는 민족주의자의 면모를 보였다(장상환, 2001a: 22)고 하면서 민족주의(자)와 맑스주의(자) 혹은 사회주의(자)를 대립시키고 박현채 교수와 그의 이론을 후자 쪽에 분명하게 위치시킨다.

　민족경제론의 민족주의적 지향과 관련해서 조석곤(2001)이 소시민적 민족주의 지향까지를 포함시키는 넓은 의미의 민족경제론을 박정희식 성장주의와 대립시키는 데 반해(외연의 확대), 박순성·김균(2001)은 신고전파 경제학의 방법론을 비판하고 자립경제를 강조하며 비주류 비판 경제학자들의 학파적 구성에 주목하였으며, 이병천(2001) 민족경제론이 지닌 민중적 민족주의 진영의 이론적 도구로서의 성격을 강조한다. 한편 장상환(2001)에서는 민족주의의 외양과 형식에 너무 집착해서는 안 된다고 하면서 민족경제론의 의의는 궁극적으로 맑스주의 경제학적 방법을 후진국 경제의 분석에 적용한 데서 찾아야 한다고 주장한다.

　이렇게 본다면 민족경제론의 구성 핵심은 정치경제학적 접근에 기초하고 민중 민족주의적 지향을 갖는, 박현채 교수에 의해 체계화된 이론 체계라 할 수 있지만, 외연을 확대할수록 자립경제론과 같은 일반 민족주의적 성향을 갖거나 박정희식 외자의존 성장 방식에 비판적인 다양한 비주류 경제학적 접근까지를 포함함으로써, 박현채 교수의 표현을 빌면 '동심원적 구성'을 갖는 것으로 이해할 수 있다.

　그리고 이러한 민족경제론의 내포와 외연은 결국 한국사회에서의 민족주의와 민족운동의 성격에 대한 이해와 밀접한 관련을 가지며, 이후 1980년대 후반 사회구성체 논쟁에서 제기된 민족경제론 비판과도 연관된다. 예를 들면 사회구성체 논쟁 당시 비판은 민족경제론을 단순히 자립경제를 추구하는 민족주의 지향 일반과 동일한 것으로 평가하는 견해(양우진, 1994)나 자본주의적 생산양식 테두리 안에 머무른 개량주의 이론(정성진, 1986)이라는 비판은 당시 급진적 민족주의 혹은 민중적 민족주의적 지향과 그에 기초한 사회운동의 역사에 대한 평가와 분리될 수 없는 문제다. 그러나 이들 비판이 과연 이러한 측면에 대한 고려 위에서 이루어진 것이었는지에 대해서는 회의적이다.

2) 민족경제론의 역할

민족경제론[1]은 한국사회에서 토착담론이자 대항담론으로서 뚜렷한 자기역할을 수행했다. 토착담론[2]적 성격이란 두 측면에서 볼 수 있는데 하나는 민족경제론이 1960년대 이후 30여 년에 걸쳐 한국경제 분석의 틀로서 그 위치를 유지해 오면서, 외국이론이나 모델을 단순히 도입, 적용한 것이 아니라 토착화되고 실천운동과 결합됨으로써 고유의 내용을 갖춘 이론체계라는 점에서 주어지며, 다른 하나는 당시 사회현실에서 대중적 의식으로나 지식인들의 사상에서나 강력한 경향으로 존재하던 경제적 민족주의를 반영해서 성립된 이론체계라는 점에서 그러하다.

먼저 토착담론으로서의 역할과 관련해서 정윤형(1995)과 이병천 (2001)과 박순성·김균(2001)은 민족경제론의 '학파적 형성'을 높이 평가하고 있다. 정윤형은 우리의 경제문제를 우리 나름대로 분석하려는 시도는 오래 전으로 거슬러 올라가지만 그것이 독자적 이론체계를 갖추게 된 것은 아마 민족경제론이 처음이라고 해도 지나친 말은 아닐 것(정윤형, 1995: 11)이라며 민족경제론은 1960년대 이래 한국산업화 과정에서 형성된 독특한 한국적 정치경제학으로서 한국경제사상사에 자리매김될 것으로 평가한다(정윤형, 1995: 30). 이병천도 "앞선 세대의 비판 한국경제론의 흐름 속에는 족히 민족경제론 학파라고 부름직한 뚜렷한 조류가 존재하고 있었다(이병천, 2001: 43)"고 했으며, 박순성·김균은 그러한

---

1) 앞으로 우리가 사용하는 민족경제론은 특별한 언급이 없는 한 세 번째 혹은 경우에 따라 두 번째 범주로서의 민족경제론 규정이다.

2) 해방 이후 한국의 토착 사회과학 이론지형에는 일본의 마르크시즘, 네오 마르크시즘, 종속이론, 조절이론, 발전국가론 등의 다양한 이론과 개념들이 소개, 도입되었다. 그 과정에서 이들 이론들의 영향을 받으면서 토착화된 '이론틀' 혹은 '담론'이라 할 만한 것이 두 번 만들어졌는데, 한번은 이 글에서 검토하는 민족경제론이고 다른 하나는 1980년대 후반의 이른바 '사회구성체 논쟁'이라고 할 수 있다.

학파적 통일성을 대안적 근대화 프로젝트의 구상이나 신고전파 경제학에 대한 비판, 정치경제학적 방법론의 부분적 적용, 인적 유대와 정치적 입장, 일본경제학의 영향 등의 측면에서 발견했다(박순성 · 김균, 2001: 81-82).

그리고 그 토착담론은 당시 한국사회에서 대중적으로나 지식인 사회에서 강력하게 제기되던 민족주의적 열망을 수렴한 것이었다. 민족경제론은 1960년대 4.19 혁명과 한일회담 반대투쟁으로 이어지는 민족주의 운동의 흐름 속에서 '경제이론의 명칭이기에 앞서 하나의 시대적 선언, 사회변혁의 구호'로서 출현했고 1970년대를 거쳐 1980년대 초반에 이르면 경제현실에 대한 비판과 대안적 경제발전이론의 모색을 넘어서서 사회변혁을 위한 포괄적인 현실비판과 사회이론 체계로 발전했다. 그런 점에서 박순성 · 김균은 "문학, 예술, 역사가 아닌 사회과학 분야에서 민족경제론을 제외하고 한국민족주의를 위한 이론 · 사상체계가 존재하였는가라는 질문에 적극적으로 답하기란 쉽지 않다(박순성 · 김균, 2001: 86)"고 했으며 타카자와 히데키 역시 "내가 본 민족경제론이란 무엇보다 한국민족주의에 본래 있음직한 것을 경제차원에서 표현한 것이다. 민족경제론은 민족사학이나 민족문학과 같은 차원에서 한국민족주의의 진보적 조류 속에서 생긴 사상적이고 이론적 영위임을 아주 자연스럽게 이해하게 되었다(타카자와 히데키, 1995: 70)"고 술회한다.

조석곤(2001) 역시 민족경제론이 4.19 이후 봇물처럼 제기되고 확산된 경제자립화의 요구와 경제개발전략 수립에 대한 대중적 요구에 부응한 것으로 이해하며, 민족경제론의 내용을 구성하는 내포적 공업화론, 균형성장론, 내자동원에 의한 민족자본의 육성, 인플레이션 억제 대신 성장 중시, 농업부문의 발전 강조, 그리고 균형성장론의 적극적인 도입 등이 당시 광범위하게 제기되었던 경제개발론들이 공유하였던 특성이었음을 강조한다.

한편 민족경제론은 냉전적 분단체제 유지와 박정희 군사정권의 외향적 성장정책에 대항하는 대항담론으로서의 역할을 수행했다. 해방 이후 1960~1970년대까지 두 개의 상호대립적 국민경제 형성 프로그램이 존재하였다고 할 때 현실을 주도하는 길이 발전국가 모델, 동아시아 모델 등으로 일컬어지는 수출지향적 국가주도형 발전전략이었다면 다른 하나는 자립경제 형성을 목표로 하는 민족경제론 발전전략이었고, 후자는 특히 박정희 발전모형에 대한 비판 속에서 구체화되었다는 점에서 박정희 모델에 대한 대항담론이라 할 수 있는 것이다.

이와 관련해서 조석곤(2001)은 민족경제론적 지향은 적어도 1960년대까지는 주류적인 관점이었으며 5.16으로 정권을 잡은 군사 정부 역시 초기에는 이러한 입장을 그대로 견지했다는 사실로부터, 민족경제론이 제시한 주장이 당시의 경제현실과 유리된 것이 아니며 경제개발계획의 추진 과정에서 성장제일주의자들이 민족경제론적 전통에서 점차 멀어져 간 것이라는 흥미로운 주장을 한다. 즉, 해방 이후의 국가형성 프로그램의 하나로 제기되었던 민족경제론적 지향이 1960년대까지도 지속되다가 박정희 정권이 미국의 압력으로 외자의존형 성장전략을 선택하면서 그에 대한 비판으로 전면에 등장하였다는 것이다. 이로부터 그는 박정희 모델과 민족경제론이 동일한 자립경제 형성이라는 목표를 서로 다른 전략, 즉 외세의존형과 민족주의형, 외자중심의 전략과 내자중심의 전략, 그리고 불균형성장론과 균형성장론을 통해 추구하는 대항담론적 위치에 마주 세운다.

그런데 박정희 모델은 한국경제의 고도성장을 만들어냄으로써 국내외적으로 주목을 받았다. IMF 외환 위기 이후에도 빠른 회복과 외채의 조기상환, 그리고 반도체, 자동차 등 주력 중화학업종의 경쟁력과 최근의 정보통신 관련 산업의 발달로 다시 관심과 주목의 대상이 되면서 박정희 모델에 대한 긍정적 평가는 지속되고 있다. 이런 현실은 박정희 모델 혹

은 근대화 담론에 대한 강력한 '비판이론'이었던 민족경제론의 현실 적
합성에 대한 문제제기를 낳았다.[3]

　민족경제론이 가진 대항담론적 성격에 기인하는 것이지만 한국경제의
고도성장과 박정희 모델에 대한 긍정적 평가는 바로 민족경제론이 지닌
분석틀에 대한 부정적 평가로 연결된다. 즉, 한국경제의 고도성장이 국
제적, 국내적으로 확인되는 1980년대 후반 이후부터 한국경제를 설명하
는 이론틀로서 민족경제론의 유용성이나 과학성에 대한 의문이 제기되
었고 이후 민족경제론은 급속히 관심 밖으로 멀어졌다.

　더욱이 최근 들어 안병직(2002)이나 이대근(2002) 등은 이른바 '경제
성장사의 관점'에서 민족경제론적 관점에 대해 직선적인 비판을 제기하
였는데 이는 이른바 진보학계 내에서의 혹은 민족경제론 진영 내부에서
의 자기부정과 비판이란 점에서 주목의 대상이 되고 있다. 이제 절을 달
리하여 이들에 의해 제기된 비판을 포함하여 민족경제론에 대해 제기되
는 비판적 논점들을 검토해 보자.

3. 민족경제론 비판의 논점들

1) 민족경제론의 현실 적합성 비판에 대하여

　박정희 모델에 대한 대항담론으로서 민족경제론의 중대한 오류로 지
적되는 점들이 몇 가지 있다. 즉, (1) 대외지향 = 외자의존적 성장전략에
대한 과소평가, (2) '비자본주의적 발전의 길'에 대한 집착, (3) 붕괴론,

---

3) 이 문제는 민족경제론이 1960년대 이후 한국사회운동의 이념으로서 혹은 이론적 기반
　으로서 역할을 했다는 점에서 우리 사회의 민족민주운동의 이념과 이론의 과학성, 현
　실성에 대한 문제제기로 이어졌다.

정체론적 사고 등이 그것이다.

이하에서는 특히 과거 진보적인 연구자들에, 사회과학 영역에 속했던 연구자들에 의해 제기된 비판을 소개하고 '민족경제론을 위한 변명'이나 '민족경제론 재구성을 위한 논점의 정리' 수준에서 간략히 코멘트하기로 한다.

(1) 대외지향=외자의존적 성장전략에 대한 과소평가

민족경제론이 지닌 대항담론적 성격으로 인해 민족경제론은 이른바 박정희 모델의 성공 자체에 의해 그 정당성과 현실성이 약화되었다. 정작 박정희 모델이란 과연 어떤 특징을 지니고 있고 박정희 모델에서 어떤 요인들이 성공을 결과했는지에 대한 분석은 빈약하지만 그럼에도 민족경제론이 대외지향적 성장전략에 대한 비판을 그 핵심내용으로 한다는 점에서 한국경제가 외자의존형 경제정책을 통해 고도성장을 이룩했다는 사실은 민족경제론의 '현실 적합성'에 결정적인 의문을 제기하게 되는 것이다.

> 1980년대 중반 3저 호황을 통해 한국경제의 큰 짐으로 남아 있던 외채문제가 해결되면서 한국경제의 종속 · 자립 논쟁은 논의의 중심에서 밀려났는데, 이 시기를 강한 자립경제적 지향을 가진 민족경제론의 종점으로 파악하고자 한다(조석곤, 2001: 12).

더욱이 최근에는 과거 민족경제론 진영 내부에 속하던 연구자들로부터의 '사상적 전향'에 가까운 민족경제론에 대한 정면비판이 제기된 바 있다. 안병직(2002)과 이대근(2002a; 2002b) 등이 그것이다.

우리의 근대는 자생적으로 발전해 온 게 아니라 기본적으로 외부에서 주어진 것이다. 근대화를 추진하기 위해선 일차적으로 외국문물에 심취해야 한다. 그래서 근대화 세력은 최소한 조금이라도 친일적이거나 친미적이었다. 우리 몸을 다 도려내기 전에는 친일, 친미적 요소를 없앨 수 없다. 그렇다면 한국사회가 해체될 것이다(안병직, 2002).

비판적 지식인들은 박 대통령이 외국 자본과 시장에 의존하는 외향적 개발전략을 통해서 경제개발을 추진한 것을 비판했지만, 그런 주장은 현실적으로 오류라는 게 드러났다. 인도와 파키스탄, 북한 등은 자립경제를 추구하다가 실패한 것 아니냐(이대근, 2002b).

이대근(2002b)은 해방 직후 미 군정은 물론 이후 미국의 역할에 대해서도 적극적으로 평가한다. 미 군정은 한국경제를 일찍부터 '외향적 발전의 길'로 나가도록 틀을 잡았고, 1950년대 말까지 30억 달러 이상의 무상원조를 통해 경제 재건에 앞장서면서 한국경제의 도약을 가능케 한 '국제적 계기'로 작용했다는 것이다.

이들과 달리 민족경제론에 대한 내재적 비판론자라 할 수 있는 이병천도 민족경제론이 가졌던 '대외지향적 성장'에 대한 '강한 반대'에 곤혹스러워하며 국민경제측의 내적 요인과 세계체제측의 외적 요인의 효과적 결합 방식에 따라 탈주변화의 길이 개척될 수 있는 가능성이 있다는 점을 간과했다고 지적한다(이병천, 2001: 68-69).

역사적으로 중국, 북한과 같은, 자립적 민족경제의 사회주의적 경험 그리고 인도와 같은 자립적 민족경제의 자본주의적 경험은 많은 부분 박현채가 그리고 있는 중공업 우선—국내자원과 국내시장 중심 모델의 성격을 공유하고 있는데 이 경험이 어떠한 어려움과 고통을 동반했는지 그래서 왜 진로전환을 해야만 했는지는 잘 알려져 있는 바와 같다. 따라서 박현채는 외국자본 도입과 국제분업에 소극적인 후발 산업화 국가가 어떻게 산업화에 성공할 수 있을 것인지, 또 설사 성공한다고 하더라도 얼마나 큰 어려움과 고통을 동반하게 될 것인지, 그리고 그것이 얼마나 지속 가능할 것인지에 대한 고려가 부족하다고 말할 수 있다(이병천, 2001: 68-69).

(2) '비자본주의적 발전의 길'에 대한 집착

안병직(2002)과 이대근(2002b)은 현실 사회주의권의 붕괴는 자급자족적 성장전략을 대안으로 생각했던 자립경제 모델이 비현실적인 것이었으며 결과적으로 민족경제론 혹은 진보적 사회과학적 담론이 역사적으로 잘못된 것임을 증명했다고 주장한다.

(민주화 세력은) 한국사의 기본흐름을 잘못 인식하고 있었다는 것은 인정해야 한다. 친일, 친미적인 남한은 이만큼의 경제발전과 민주화를 이뤘으나 민족 주체를 강조한 북한은 수백만의 국민을 굶겨 죽이는, 대단히 비인간적이고 살육적인 사회를 만들지 않았는가? 현실 속에서 자본주의 이외에 다른 발전의 길은 없다. 어떻게 인간적 자본주의를 만들 것인가를 고민할 수 있을 뿐이다(안병직, 2002).

지금 미국식 구조조정 모델만 강요하는 것도 문제이지만, 그때나 지금이나 '민족경제'를 운운하는 것은 실체 없는 허구를 좇는 것이에요. 4.19가 준 중요한 교훈은 국제적 시각에서 한국을 봐야 한다는 것이었습니다(이대근, 2002b).

대외지향적 성장정책에 대한 비판은 민족경제론이 상정한 대안이 '자립경제'였기 때문이다. 즉, 민족경제론의 핵심에는 외형적·외향적 성장론 비판과 자립경제론 두 내용이 들어 있는데 외형적·외향적 성장론에 대한 체계적인 비판은 그 대안인 자립경제론의 잣대에 입각하여 행해질 수밖에 없으므로 이론이 체계화될수록 이 둘은 더욱더 동전의 양면과 같은 관계가 된다. 그러므로 이론적 논리 차원에서 이 둘은 이론적 쌍둥이로 취급할 수 있다(박순성·김균, 2001: 90).

이때 민족경제론은 자본주의 세계체제로의 편입에 따른 불이익의 측면만을 일방적으로 강조하고 그것이 제공하는 기회의 측면을 무시하는 경향이 있고 그럼으로써 아무리 상대적이라고 단서를 붙인다 해도 과도하게 자급자족 경제로 경사하는 경향이 있음을 부인할 수 없다(이병천, 2001: 68-69).

박현채가 상정한 자율적 재생산구조가 결코 아우타르키를 의미하는 것은 아니고 국민경제 재생산이 기본적으로 국내시장에 기반을 두는 것을 의미하는 것이라는 주장은 적극적 해명이 되지 못한다. 그렇지만 자립적 국민경제를 건설하기 위해서는 무역의존을 최소한으로 줄여 그것이 재생산의 중요한 조건이 되지 않도록 해야 하고 외국자본의 국내시장 지배를 막아 재생산조건을 국내자본이 장악해야 한다는 것은 지금의 관점에서도 건강한 국민경제를 위해 중요한 조건이 된다고 할 수 있으며, 하물며 현실 사회주의권과의 체제경쟁이 아직 자본주의의 승리로 기울어지지 않았던 역사적 조건에서는 더욱 그러했을 것이라는 점은 고려되어야 할 것이다.

탈종속의 대안제시에서 국가자본주의 또는 국가사회주의라는 인식에서 자유롭지 못했던 민족경제론의 한계는 그런 점에서 '역사적인 인식지평의 한계'에 기인한 것이라고도 할 수 있다. 박현채(1982)에 따르면 계획경제, 국영기업을 수단으로 한 국가의 적극적 경제개입 역시 민족자본과의 연합을 통해 국내 매판적 제 세력에 대항하기 위한 유효한 수단으로 선택되는 것이었다(박현채, 1982: 309).

이 외에도 민족경제론의 중요한 한계로 후발 산업화 국가가 처음부터 선진자본주의적인 자립적 국민경제, 나아가 민주적인 국민경제를 대안으로 상정했다는 점에서 후발 산업화 성공의 논리와 그 역사적 경험에 대한 천착이 부족했다(이병천, 2001: 74)는 점을 들 수 있다. 그것은 당시 민족경제론의 주된 역할이 지배담론이었던 박정희 모델에 대한 대항담론에 주어졌으며 이론적 논의와 실증적 작업에 기초한 엄밀한 분석이 부족했음을 말해 주는 것도 사실이다.

그렇다면 민족경제론은 왜 자립경제론에 집착한 것인가? 그에 대한 해답 역시 민족경제론의 '민족주의 문제'에 닿아 있다.[4]

(3) 붕괴론, 정체론적 사고

민족경제론에 대한 비판은 주로 '박정희 모델이 망한다고 했는데 잘 되지 않았냐'고 하는 결과론적 해석에 근거하고 있다.

> 1986년에 한국의 국제수지가 적자에서 흑자로 돌아섰다. 나도 종속이론의 영향을 받았기 때문에 한국이 외채누적 때문에 붕괴한다고 생각했다. 생각이 너무 단순했다는 것을 반성하고 역사를 새로 봐야 한다는 인식에 도달했다(안병직, 2002).

'종속이론'과 '주변부 자본주의론'에 입각, 한국경제를 비판적으로 보다가 생각을 바꾼 계기는 뭔가? "1977년부터 2년간 미국유학을 하면서 한국역

---

4) 민족주의 문제에 대해서는 이 절의 2)의 (2)에서 좀더 자세히 다룬다.

사나 경제를 다시 봐야 한다는 생각을 하기 시작했다. 귀국 후 미 군정기와 1950년대 경제를 연구하면서 자료를 통해 그 시대의 성과를 확인하면서, 이념적 편견을 극복할 수 있었다. 여기에 1980년대 중반 무역수지가 흑자로 반전되면서 후진국이 외자도입을 통해 자본축적을 할 수 있다는 가능성을 확인했다(이대근, 2002b)."

원래 1970년대 말이면 한국자본주의가 붕괴한다고 믿었다. 경제성장이 이뤄질수록 모순이 더 축적돼 폭발할 것이라고 생각했기 때문이다. 박정희 정권 말기에는 한국사회의 발전전망에 대해 자신 있는 사람이 별로 없었다. 그런데 박정희가 죽고 난 다음, 그 무도한 전두환이 권력을 잡았는데 자본주의가 다시 살아났다. 한국사회에 대한 인식을 고쳐야 되지 않겠는가 하고 생각했다(안병직, 2002).

우리나라에선 근대국가의 최대공신은 박정희다. 기술과 자본 없는 국가가 발전하려면 외부에서 끌어다 쓸 수밖에 없었다. 박정희는 산업화로 재정독립을 이뤘고 국민군을 갖췄다. 박정희가 주도한 군사독재 체제가 아니면 근대화는 불가능했을 것이다. 다양한 계층, 계급의 이해를 독재가 아니고는 통합할 수 없기 때문이다. 군사독재 체제는 엄청나게 가혹했으나 그런 체제가 없었으면 근대화는 불가능했다. 가치평가를 하는 게 아니라 역사적 사실을 얘기하는 것이다(안병직, 2002).

동구 사회주의권 붕괴의 교훈은 보수와 진보를 가르는 기준을 바꿨다는 점이다. 예전에는 생산관계를 기준으로 보수·진보를 갈랐지만, 지금은 생산력을 기준으로 구분한다. 경제성장을 이룬 근대화 세력이 진보이고, 오히려 그것을 막고 생산관계 변화를 앞세운 세력이 보수로 자리매김돼야 한다. 식민지 경험을 가진 나라에선 민족주의 세력이 진보로, 국제주의·개방주의 세력이 보수로 간주되는데, 이 또한 바뀌어야 한다. 현재의 남북한 위상을 비교해 보면 어느 쪽이 보수고, 어느 쪽이 진보인지 자명하다(이대근, 2002b).

그러나 이러한 결과론적 비판은 이데올로기적 수준을 벗어나지 못하며 정작 한국경제의 고도성장이란 결과에 집착하여 한국경제의 구조적 특성과 문제까지를 고려한 균형 있고 체계적인 설명에 도달하지 못한다. 동아시아 모델에 대한 연구성과에 기초해서 한국경제의 고도성장이 가능했던 요인들을 들면 국가와 시장의 협력, 수입대체와 수출대체의 결합, 그리고 세계시장에의 규제된, 전략적·선별적 개방 등을 들 수 있다.

한국을 비롯한 동아시아 국가들의 발전국가 모델 또는 국가─시장 협력모델은 예외적으로 유리한 국제적 조건에 힘입으면서 내외 요인의 효과적인 결합과 국가와 시장의 협력에 의해 탈주변화의 오솔길을 걸은 경우에 속한다. 허쉬만과 암스덴이 지적한 바와 같이, 제2차 대전 이후 '후후발 산업화'는 19세기 후발 산업화와 달리 '신기술의 이점이 없는 산업화', '학습을 통한 산업화'라는 중요한 특징을 가지고 있었고 국가와 시장의 협력, 수입대체와 수출대체의 결합, 그리고 세계시장에의 규제된, 전략적·선별적 개방에 의해 주변부로부터의 탈출에 성공할 수 있었던 것이다(이병천, 2001: 71).

이병천(2001)의 설명에서도 나타나지만 박정희 모델의 성공을 단순히 대외지향적 개방정책의 성과로만 보는 것은 적절치 않다. 동아시아 경제성장에 관한 이론적 논의를 잘 정리한 전병유(2002)의 논의에 따르면 한국경제, 동아시아 경제의 성공은 전적으로 '개방'의 성과라기보다는 성공적인 국가에 의한 규율의 결과다. 그리고 위기 역시 이러한 규율시스템의 붕괴에서 주어진다.

동아시아의 경제성장은 정부의 신용할당(금융억압)을 정책 수단으로 하고, 대외지향(수출주도)을 규율의 수단으로 하여 국가 주도의 투자 조절(선별적 산업정책)을 통해 고도성장을 달성하는 메커니즘으로 요약할 수 있다. 금융억압, 수출주도, 선별적 산업정책은 하나의 일괄 프로그램(package)으로 서로를 보완하고 규율하는 긍정적인 상호작용이 이루어질 때 고도성장을 보장한다. 이러한 긍정적 상호작용이 보장되기 위해서는 이러한 시스템을 조절하는 메커니즘이 잘 확립되어 있어야 한다. 동아시아에서 이러한 조절 메커니즘은 시장을 활용한 조절 메커니즘과 국가 주도의 중앙집권적 조절 메커니즘이 결합되어 전개되었다. 그러나 이러한 조절 메커니즘은 기본적으로 시장을 활용하는 것 자체가 사후적인 조절이며, 국가 개입도 사후적 조절에 많이 의존하였기 때문에 내부적으로 불안전성을 항상 가지게 된다(전병유, 2002).

한국이 수출지향적 정책으로 전환할 수 있었던 것은 당시 제3세계주의의 지도적 위치와 거리가 멀었기 때문이라는 분석도 있다(이제민, 1995). 이제민(1995)에 따르면 제3세계주의는 미국 및 소련과 독자적인 행보를 하고자 하는 신생독립국가군이 다수였고 이들 나라에서는 민족주의적 성향이 매우 강해서 수입대체적 공업화가 주류를 이루었던 반면, 미국의 상한 영향력하에서 제3세계주의에 포섭되지 않고 수출지향형 공업화의 길을 선택한 한국은 결과적으로 소수의 후후발 공업화가 가능하게 되었다는 것이다. 그래서 만일 모든 제3세계 국가가 수출지향형 공업화를 선택하였으면 구성의 오류가 발생하였을 것임을 지적하여 한국의 성공이 매우 예외적인 것임을 강조하고 있다.

그러므로 '박정희 모델과 한국경제의 고도성장' 을 제대로 설명하려면 먼저 박정희 모델 자체를 시기별(1960년대, 1970년대, 1980년대)로 나누어 좀더 엄밀하게 그 시스템적 특징을 분석, 해명해야 한다. 그런 점에서 아직까지 박정희 모델은 일종의 블랙박스와 같다고 할 수 있다. 박정희 모델에 대한 분석에서 기본이 되어야 할 관점은 비용 · 편익 분석의 관점이다. 시행착오의 모델이 일면 성공적인 결과를 이끌어낸 측면에 대해 인정, 긍정이 필요한 것도 사실이지만 그 시행착오의 비용을 생각할 때 긍정만 할 수는 없는 모델임은 분명하기 때문이다. 더욱이 대안적 모델에 대한 관심은 바로 그런 시행착오를 줄이기 위한 목적에서 비롯되는 것이라 할 때 '우연적 결과의 총합'으로서의 박정희 모델을 '결과론적 관점'에서만 평가하는 것은 올바른 평가라 할 수 없다. 참고할 만한 또 하나의 관점은 박정희 모델을 '시행착오나 우여곡절을 거치며 학습해 간 모델(장하원, 1999)'로 이해하는 것이다.

1960년대의 발전전략은 경제정책의 시행착오적 진화 과정에 의해 형성되었다. 자유시장론이 주장하듯이 극적인 발전전략의 전환도 없었고 국가론이 주장하듯 새로운 권위주의 국가에 의해 시행된 경제정책이 성장률의 갑작스러운 상승을 초래한 것도 아니라는 것이다. 5.16 정권 초기에 실시한 경제정책들은 강력한 정권의 의지에도 불구하고 몇 가지 분야를 제외하고는 시행착오의 연속이었으며 유효한 경제정책들은 값비싼 대가를 치르고 배운 학습효과에 의해 정착되었다. 더욱이 한국산업화에서 가장 중요한 요인인 수출에 대한 지원정책은 거의 우연한 계기로 수출잠재력을 확인함으로써 1960년대 후반에야 그 중요성이 부각되었다(장하원, 1999: 82).

이런 관점에서 서면 박정희 모델에 대한 결과론적 평가의 한계는 분명해진다. 실제로 1960년대 초 경제개발계획안의 마련과 시행, 그리고 1960년대 말~1970년대 초의 차관기업의 심각한 부실화에 따른 경제위기와 이어지는 유신체제의 등장 등의 과정은 이러한 가설에 기초해서 좀 더 잘 설명될 수 있을 것이다.

박정희 시대 전체를 미화하는 결과론적 평가의 오류에서 벗어나 좀더 세부적으로 박정희 모델=발전국가의 내부 메커니즘을 유형화하고 분석하는 작업과 관련해서, 발전국가의 성공요인으로서 ① 투자를 위한 자원의 동원 메커니즘과 ② 동원된 자원이 효과적으로 발전의 동력이 될 수 있게 하는 정치적·사회적·제도적 메커니즘, ③ 그리고 이러한 정책과 제도가 집행될 수 있는 대외적 경제환경을 드는 전병유의 논의는 참고할 만하다. 그는 이들 메커니즘 중 특히 중요한 것은 두 번째 요인, 즉 '독재에 의한 동원이든 민주적 동원이든 동원 그 자체보다는 동원된 자원을 경제합리성에 따라서 활용하는 능력이야말로 지속적인 성장의 동력'이라고 보았는데 그 능력의 내용은 정치, 사회적으로는 국가가 자율성을 가지고 이해집단을 통제하고 동원하는 것을 핵심으로 한다(전병유, 2002).

물론 박정희 모델에 대한 민족경제론적 관점에서 이루어진 비판의 한계와 오류에 대한 정확한 수정이 필요한 것도 부인할 수 없다. 그중 중요한 하나는 바로 박정희 모델이 지닌 시행착오 과정을 통한 자기교정 메커니즘(self-correcting mechanism)에 대한 과소평가/근시안적 평가라 할 수 있다.[5] 이 점은 민족경제론의 재평가와 정정을 위해서 매우 중요하게 검토되어야 할 것이다. 시행착오를 통한 규율시스템 마련의 중요한 예를 들면 1960년대 말의 경제위기와 8·3 조치를 들 수 있다고 생각된다. 8·3조치는 1960년대 중반 이후 맹목적으로 추구해 온 차관중심의 수출지향적 공업화 과정의 결과인 경제위기(차관기업의 부실화)와 그에 따른 금융부실화에 대한 비상한 대책이자 장기적/궁극적으로 기업의 재무구

---

5) 예를 들면 8·3 조치를 분석한 민족경제론적 관점의 논문들은 8·3 조치를 대외지향적 정책 자체의 한계에 기인하는 위기의 결과로 이해하는 데 강조점을 두었을 뿐 이 조치가 이후 한국경제에서 기업금융구조의 개선과 자본시장의 발달에 미치는 영향과 효과에 대한 분석과 그 함의에 대한 관심은 부족했다.

조 변화를 통한 기업금융 건전화/정상화의 기점이었다. 이를 통해 기업의 직접금융과 회사채 발행의 활성화가 가능케 되며, 한국경제의 성장시스템은 본 궤도에 오르게 되었던 것이다.

2) 민족경제론의 이론적 정합성 비판

이미 언급했지만 민족경제론의 이론체계 내에서의 정합성 부재에 대한 비판은 주로 민족경제론에 대한 내재적 비판으로 제기되며 민족경제론의 재구성을 위한 과제로 연결된다. 민족경제론의 내재적 비판으로 중요하게 제기되는 두 가지가 있는데 하나는 최근 이병천(2001)과 박순성·김균(2001)에 의해 제기된 '이론적 단절'에 관한 것이고 다른 하나는 예로부터 제기되어 왔던 '국민경제와 분리된 민족경제 개념'이나 '민족적 생활양식' 개념을 둘러싼 이론적 문제와 그 개념의 현실성, 유용성에 대한 것이다.[6]

(1) '이론적 단절' 문제에 대하여

민족경제론에 대한 내재적 비판에서 민족경제론 내에서의 '이론적 단절'의 문제를 제기한 것은 이병천(2001)과 박순성·김균(2001)이었다.

우리는 그의 연구활동을 대략 세 기간으로 구분한다. 1기는 1965년 이후 1978년 민족경제론 출간까지, 2기는 박현채와 민족경제론이 동일시되던 1970년대 말부터 한국사회 성격논쟁이 개시된 1985년까지, 그리고 3기는

---

6) 물론 그 밖에도 1980년대 중반 사회구성체 논쟁을 거치며 이른바 '신식민지 국가독점 자본주의론'과 '민족경제론'의 결합에 따른 '일반이론화' 문제도 제기될 수 있지만 이 글에서 본격적으로 다루지는 않기로 한다.

1985년 이후 기간으로 나눌 수 있다. 1기는 민족경제론의 전사(前史)에 해당
된다. 2기와 3기의 구분은 박현채의 학문이력에서 결정적 의미를 갖는다. 달
리 말해 2기의 민족경제론(이하 민족경제론1)과 3기의 민족경제론(이하 민
족경제론2)은 엄격히 구분된다. 민족경제론1이 1960년대 이래의 다양한 자
립화 논의의 체계화라면, 민족경제론2는 맑스주의 정치경제학 패러다임에
따라 재구축된 민족경제론이다. 민족경제론2는 한국사회 성격논쟁의 맥락
과 분리해서 평가할 수 없다(박순성 · 김균, 2001: 82-83).

박현채의 민족경제론은 1980년대 초, 중엽을 전환점으로 하여 크게 전기
와 후기로 구분될 수 있다고 생각한다. 전기 박현채의 민족경제론은 동시에
자본주의 국민경제의 유형론 및 그것을 향한 이행의 유형론 또는 경제발전
의 유형론, 그리고 자본주의체제의 한계 안에서 가능한 개혁이라는 성격을
갖고 있었다. 후기 박현채는 전기와는 실로 큰 변화를 보였다. 이러한 변화
는 광주민중항쟁을 분수령으로 하는 1980년대 이후의 시대적 격변에 상응하
는 것으로 볼 수 있을 것인데 우리는 두 기간 사이에 일종의 이론적 단절이
존재한다고 생각한다. 먼저, 후기 박현채는 오오츠카의 국민경제론과의 분
리, 정립을 구상하고 독자적인 체계화를 시도했다. 둘째, 후기 박현채는 전
기와는 달리, 전전뿐만 아니라 전후 시기에 대해서도 탈식민지 경제의 종속
적 성격을 크게 상조하고 있다(이병천, 2001: 47).

이러한 '이론적 단절'의 계기로 1980년대 광주민중항쟁 이후의 시대
상황과 사회구성체 논쟁 등을 들면서 박순성 · 김균과 이병천은 '후기의
민족경제론' 혹은 '민족경제론 2'의 성과에 대해서는 비판적이다. 즉,
자체의 이론구조만을 놓고 볼 때 박현채의 시도는 체계의 내적 일관성을
획득하는 데에 실패(박순성 · 김균, 2001: 82-83)하였거나 후기 박현채가
전기에 비해 잃은 것이 더 많고 후퇴한 측면이 더 많다(이병천, 2001: 48)

제11장 '민족경제론'의 재검토 441

는 것이다. 한마디로 민족경제론의 일반이론화 시도나 근본적 변혁이론으로서의 정립시도에서 성공적이지 못했다는 것이다.

민족경제론의 일반이론화가 성공적이지 못했다는 점에 대해서는 민족경제론자로 분류되는 연구자들 스스로 인정한다. 즉, 정윤형은 "국가독점자본주의론을 제기한 후 민족경제론과의 이론적 통합을 시도해 왔으나 아직은 형식적 통합의 범위를 넘어서지 못한 것으로 판단(정윤형, 1995: 29)"했으며 전철환은 "과학성을 요구하는 사회과학으로 정착하기까지에는 아직도 출발점에 서 있는(전철환, 1995: 52-53)" 것으로 평가한다. 정치경제학적 분석틀로서의 민족경제론을 강조하는 장상환 역시 후진국 경제론의 체계화를 시도하여 민족경제론을 제시하였지만 세계 후진국에 일반적으로 적용될 수 있는 후진국 특수이론으로 정립하는 데 성공을 거두지는 못한 것(장상환, 2001a: 22)으로 보았다.

민족경제론의 일반이론체계로서의 완성도에 대해서는 비판적 견해가 다수인 것이 사실이지만 이병천(2001)이나 박순성·김균(2001)이 주장하는 것처럼 박현채의 민족경제론에 '이론적 단절'이 존재하는가는 별개의 문제로서 이에 대해서는 다른 의견들이 존재한다.

'이론적 단절'에 비판적인 입장의 근거로는 먼저 '상황참작론'을 들 수 있다. 민족경제론이 1985년을 계기로 전기와 후기로 나눠지고 전, 후기 사이에 단절이 존재하였다는 진단은 박현채가 처한 개인적 조건과 시대적 상황을 충분히 고려하지 않은 일면적 판단이라는 것이다. 즉, (1) 학문과 사상의 자유가 극도로 억압되었던 형편, (2) 자본주의적 구조가 형성 과정에 있어서 자본주의적 모순이 심화되지 않았던 사회적 상황(장상환, 2001b), 그리고 (3) 인혁당사건에 연루되었던 개인적 전력(정윤형, 1995), (4) 박현채 자신이 단순한 이론가가 아니라 끊임없이 이론과 실천의 결합을 도모한 인물이었다는 점(류동민, 2001) 등을 참작해야 한다는 것이다. 그래서 이 시기 박현채의 글은 '징후적으로 독해될 필요'가 있으며 '텍스트분석만으로 전기와 후기의 단절을 주장하는 것은 피상적인 파악'일 위험이 있다고 경고한다(류동민, 2001: 3).

두 번째로는 단순히 이런 상황참작론을 넘어서서 박현채의 민족문제 혹은 민족주의 인식의 문제와 관련시킨 설명이다. 이는 정윤형(1995)에서 잘 드러난다. 즉, 박현채는 초기에는 계급문제를 민족문제의 해결을 통해서 해결할 수 있고 또 그렇게 해결해야 한다고 생각했지만 민족모순의 밑바탕을 이루는 것은 계급모순이며 따라서 계급모순의 해결 없이 민족모순이 궁극적으로 해결될 수 있다고 생각한 것은 아니었기 때문에 '이론적 단절'을 얘기할 수는 없다는 것이다. 그러므로 정윤형은 "박현채의 경제문제에 대한 접근은 경우에 따라서는, 특히 초기에는 흔히 좁은 의미의 단순한 정책대안이라는 형식을 띠고 있어 자본주의체제를 전제로 하는 개혁을 추구한 것처럼 보이기도 했지만 그 밑바탕에 자본주의체제의 근본적 개혁이라는 실천적 관점이 깔려 있었던 것은 의심할 나위가 없다(정윤형, 1995: 28)"고 본다.

류동민(2001)은 민족경제론의 형성은 4.19 공간에서부터 이어져 온 진보적 민족주의 운동의 연장선상에서 이해되어야 한다는 점을 지적하는데 이는 민족경제론이 그 형성부터 당시 한국사회를 지배했던 민족주의 흐름의 가장 급진적인 부분에서 가지고 있던 문제의식이 그대로 계승되어 나타났으며, 따라서 처음부터 민족경제론은 근본적인 사회변혁을 염두에 두고 구상된 이론이라는 것이며 1980년대 이후 급격하게 좌경화, 일반이론화되면서 전기와 후기간에 단절이 발생하였다는 견해는 일면적이라 지적한다(류동민, 2001: 3). 결국 박현채의 글만이 아니라 글로 표현되지 않은 생각과 전반적 관점까지를 고려한다면 민족경제론 내에서의 '이론적 단절'을 강조하기는 어려울 것으로 생각된다.

앞의 민족경제론 세 가지 범주구분에서나 민족경제론 내의 이론적 단절에 대한 논의에서 중요한 변수로 제기되는 것은 민족경제론의 민족주의를 어떻게 이해할 것인가의 문제라 할 수 있다. 이 글을 시작하며 인용했던 진정으로 민족적인 것이 민중적인 것이요, 민중적인 것은 민족적인 것이라는 알듯 말듯 한 말의 진정한 내용, '민중적 민족주의', '민족적인 것의 계급적 프리즘을 통한 표현' 등과 같은 민중과 민족, 혹은 계급문제와 민족문제를 통일적, 유기적으로 연관시키는 박현채식 담론에 대한 좀 더 엄밀한 분석을 통해서 이에 대한 해결의 실마리를 찾아야 할 것이다.

(2) '민족경제', '민족적 생활양식' 개념의 현실성, 유용성 문제에 대하여

민족경제론의 적극적 의의를 인정하는 논자들조차 민족경제론에서 가장 기본적인 민족경제 개념, 특히 '존재로서의 민족경제'와 '당위로서의 민족경제'의 구분, '민족적 생활양식' 등의 개념에 대해 그다지 호의적이지는 않다. 그 이유를 논자들의 표현을 통해 직접 들어보자.

민족경제라는 개념부터가 문제다. …… 왜 굳이 국민경제 개념과 별도의 민족경제라는 개념을 제기해야 하는가? 제국주의 경제권과 구분되어 실존한다고 하는 '존재로서의 민족경제'는 어떤 실체적 내용을 갖고 있는 것인가? 그것은 가공의 경제권이 아닌가. 그리고 설사 식민지 경제 아래서 그 어떤 실체를 추출할 수 있다 하더라도 그것이 과연 민족의 자주자립을 지향하는 운동의 물질적 기반이 된다고 할 수 있을까? '당위로서의 민족경제'는 어떻게 실현될 수 있는 것인가. 그리고 설령 실현된다고 하더라도 그것은 성공적으로 지속 가능한 작동원리를 내장하고 있는 것인가(이병천, 2001: 48-49).

민족경제라는 개념이 지닌 이론적 · 실천적 유용성에도 불구하고, 민족경제라는 개념은 궁극적으로 국민경제라는 개념과 분석적으로 구분 가능한가라는 비판으로부터 자유롭지 못하다. 이 비판은 두 측면에서 제기될 수 있다. 하나는 민족경제 영역을 실증적으로 국민경제 전체로부터 분리시킬 수 있는가 하는 것이며, 다른 하나는 완결된 또는 자립화된 민족경제가 국민경제가 아닌 다른 어떤 경제인가 하는 것이다. 이는 자립적 민족경제 건설의 기반이 '존재로서의 민족경제' 로부터 형성될 수 있는가라는 질문으로 연결된다. 아마 박현채에게 있어서 이러한 비판은 인지되지 않았을 가능성이 높다. 바로 이 점 때문에, 박현채는 박정희에 의해 달성된 남한 경제의 양적 증대에 대해 (자신의 비판에도 불구하고) 자립적 민족경제의 최소한의 물적 기반이 확보되었다는 매우 애매한 평가를 내리지 않을 수 없었을 것이다. ……여기서 민족경제론은 '존재로서의 민족경제' 와 '당위로서의 민족경제' 를 이론적으로 결합해야만 하는 과제에 직면하게 된다(박순성·김균, 2001: 105-106).

왜 민족경제론은 '민족경제' 라는 개념에 집착하는가? 민족경제론의 이 문제는 다른 모든 민족주의적 담론, 또 지배담론에 대항하는 모든 대항담론들에서도 찾아지는 문제라 할 수 있다. 예를 들면 배성준(2000)은 왜 식민지나 종속국의 경험이 있는 사회에서 민족주의적 문제의식의 과잉이 나타나는지 설명한다.

수탈론은 이민족의 지배라는 조건으로 인하여 내재적 발전론의 민족주의적 인식을 극단적인 형태로 보여 준다. 민족적 가치가 모든 것을 규정하는 최상위의 가치가 되기 때문에 식민지의 모든 대상은 민족적 구분에 따라 나누어진다. 즉, 일본인의 영역과 분리된 독립적이고 자율적인 한국인의 영역이 존재하게 되며 일본인의 영역 속에는 침략정책사가 속하고 한국인의 영역 속에는 독립운동사가 속하게 된다. 그리고 경제영역도 제국주의 경제와 민족경제가 분리되어 일본자본은 제국주의 경제 속에서 움직이고 민족자본은 민족경제 속에서 움직이게 된다(배성준, 2000: 163).

그렇다면 민족경제론은 해방 후 한국사회를 여전히 식민지적 상황으로 이해했다는 말인가? 일제하의 식민지 상황과 해방 후의 상황을 동일한 것으로 본 것은 아니지만 해방 후의 상황은 '종속'이나 '반식민지' 적 상태에 있는 것으로 본 것도 사실이다. 박현채 자신의 표현을 빌면 민족경제론은 "식민지 종속형에서 비롯된 한국자본주의의 지난날의 식민지 상황과 오늘의 반식민지 상황을, 한국민족주의의 역사적 과제의 실현이라는 사회적 실천상의 요구 위에서 설명하고 그것에 답하기 위한 노력에서 제기"(박현채, 1989: 458)되었다. 그리고 민족경제론은 바로 그러한 종속사회에서의 자본주의 발전의 특수성을 해명하려는 목적에서 성립한 것이다. 정윤형에 따르면, 민족경제론은 당시 한국사회가 당면하고 있는 사회문제의 근원을 일제 식민지 경험과 이후 미국과 일본에 대한 종속적 상황하에서 한국자본주의가 숙명적으로 가질 수밖에 없었던 왜곡된 구조에서 기인하는 것으로 이해하고 설명했다(정윤형, 1995: 28). 따라서 민족경제론이 당시 이미 앞서 제기되고 있던 여타의 경제자립화론과 다른 점은 한국자본주의를 분석하는 종속적 자본주의라는 이론적 틀을 갖추었다는 점이며[7] 일단 그 틀이 마련되자 이론적 추상화의 고양과 분석대상 및 범위의 확대가 이루어져서 하나의 이론체계로까지 발전했다(정윤형, 1995: 19-20).

한국경제의 구조적 불균형의 일 단면인 지역적 불균형을 일제 식민지 지배에 의한 종속적 자본주의 발전이 가져온 구조적 파행성과 관련하여 해명하고자 했다는 점에서 이 논의는 다른 자립화론들과 다름이 없지만 그 구조적 파행성의 국민경제적 함의를 시장권 또는 재생산구조와 관련시키고 있을 뿐만 아니라 그것을 토대로 자립적 재생산권의 형성이라는 바람직한 국민경제

---

7) 정윤형 교수는 그 계기가 되는 중요한 논문으로 "지역적 편재와 불균형 발전의 요인 분석"(1967), "계층조화의 조건"(1969)을 든다.

의 모습을 총체적으로 제시하고 있다는 점에서 다르다(정윤형, 1995: 17-18).

민족경제론의 출현이 통일된 민족국가의 확립을 지향하는 사회적 열망을 배경으로 하고 특히 4.19 이후 고양된 급진적 민족주의 운동이 5.16 이후 좌절된 현실을 고려하면 당시 상황을 '종속'이나 '반식민지'로 규정하게 되는 맥락을 이해할 수 있다. 사실 신식민지나 종속의 관점은 그로부터 30년 가까이가 지난 1980년대 후반의 사회구성체 논쟁에서도 핫이슈였다.

이런 역사적 맥락을 고려하면 정황적으로 '왜 그런 개념과 접근방법론이 출현하게 되었는가'에 대한 이해는 쉬워지지만 그렇다고 민족경제론의 이론적 난점과 개념적 혼란이 해결되는 것은 아니다. 그런 점에서 타키자와 히데키는 '민족문학, 민족사학, 민족경제 등의 형태로 전개돼 온 한국민족주의의 진보적 조류는 식민지 지배나 분단체제로 인하여 민족의 존립기반 자체가 위태로워진 것을 근거로 해서 성립한 지적 실천의 결과물로 이해하지만' 민족경제는 민족문학이나 민족사학과 동일한 차원에서 성립되는 것은 아니기 때문에 민족경제론이 논리적으로 가질 수밖에 없는 문제들이 나타나게 되므로 사상으로서의 민족경제론이 가지는 의미를 강조하는 쪽으로 문제해결의 출구를 열어놓는다(타키자와 히데키, 1995: 75).

그러나 '민족경제' 개념이나 '존재'와 '당위'의 구분 등이 전혀 이론적 근거를 갖지 못하는 것은 아니다. 이에 대한 중요한 논거를 제공하는 사람은 역시 타키자와 히데키다. 그는 사회과학적 분석틀로서의 민족경제론의 입지를 좀더 고려해 주는 설명방식으로 "민족경제가 특정한 생산양식이 갖는 역사적 존재양식으로부터는 일단 자유로운 역사관통적인 개념이라고 하면, 그것은 무엇보다 먼저 이론적인 시각, 즉 방법인 것이며, 그것 자체를 반드시 특정한 모습을 가진 실체로서 생각해야 하는 것은 아닐 것이다(타키자와 히데키, 1995: 80)"고 했다.

만약에 민족경제권을 그 자체가 실체로서 존재하는 일정한 상대적으로 자립된 재생산권으로 이해한다면, 민족해방투쟁에서의 어떤 해방구 같은 것을 상정한다면 몰라도 자본주의적 세계시장 안으로 편입된 조건에서 그와 같은 실체를 파악하는 것은 여간 어려운 일이 아닐 것이다. 자본주의 경제에서 상품 일반을 보더라도 어떤 형태를 가진 상품으로부터 필요노동 부분을 분리시킬 수는 없다. 그와 마찬가지로 국민경제의 재생산구조 속에서 민족경제권을 분리된 것으로 검출하는 것은 거의 불가능하리라 생각한다. 그러나 그렇다고 해서 필요노동과 잉여노동, 맹아적 이윤이라는 개념이 의미를 잃지는 않는 것과 마찬가지로 민족의 자주, 자립을 위한 기반으로서 민족경제를 설정하는 것이 그 유효성을 주장할 수 있지 않을까. 그러나 이 점에 대하여는 민족경제론 자체가 오해를 낳을 소지를 가지고 있었던 것 같다(타키자와 히데키, 1995: 81).

여기서 내가 민족경제란 실체가 없는 추상적 개념이라고 주장하는 것은 아니다. 상품가치를 구성하는 필요노동 부분을 사용가치 속에서 분리시켜서 보여 주는 것이 불가능함은 사실이지만 그것 또한 실체로서 상품 그 자체를 구성하는 것이다. 비유적으로 말해서 우리는 민족경제론에 의하여 자본주의적 국민경제에 내재하는 민족경제의 영역을 알게 되었다고 할 수 있을지도 모른다(타키자와 히데키, 1995: 81-82).

박순성·김균(2001)도 존재하는 현실에 대한 비판이론의 공통적 속성이 현실과 구분되는 이상, 즉 현실 속에 잠재되어 있으나 실현 자체는 역사의 실질적 진행과정에서만 확인되는 가능태로서의 이상에 대한 과학적 인식이라는 점을 들고 이로부터 '존재로서의 민족경제'와 '당위로서의 민족경제' 사이의 구분의 근거를 찾을 수 있다는 설명을 조심스럽게 제시한다.

'민족적 생활양식' 개념에 대해서도 많은 평가자들은 비판적이지만 (양우진, 1994; 이병천, 2001; 박순성·김균, 2001) 이 개념 역시 류동민은 적극적 해석의 여지를 제공한다. 민족적 생활양식 개념은 민족주의에 대한 초비판에서 상정하는 것처럼 관념적인 성격을 갖는 개념이 아니라 (신)식민지체제에서 민중이 직면하는 모순적 현실의 유물론적 기초를 해명하기 위한 개념이라는 것이다(류동민, 2001: 23).

김봉춘과 김영춘의 논문에는 공통적으로 민족에 대한 개념규정과 (민족적) 생활양식에 대한 논의가 포함되어 있다. 사실 박현채의 석사학위논문에서도 비록 인용구이기는 하지만, 농민분해를 설명하는 과정에서 생활양식 개념은 등장한다. "계층조화의 조건"(1969년)에서도 생활양식에 대한 논의가 포함되어 있다. 민족적 생활양식 개념은 이미 1960년대 진보적 지식인들이 계급적 문제가 민족적 차원의 문제로 나타나는 현실의 모순을 포착하기 위한 개념으로 사용하기 시작한 개념이다. 이는 1960년대 말~1970년대 초반 박현채에 의해, 자본운동의 범세계성이라는 생산력적 측면에 대구를 이루는 생산관계적 측면을 지칭하는 개념으로 정리되기 시작한다. 즉, (신)식민지체제에서 민중이 생산관계상의 모순, 즉 계급문제를 인식하는 물질적 기반을 강조한 개념인 셈이다(류동민, 2001: 23).

이제 1960년대 당시 한국사회현실과 관련해서 왜 민족경제론은 국민경제에 대신하는 '민족경제' 개념을 제시하고 '존재'와 구분되는 '당위'로서의 민족경제를 설정하게 되었는가를 좀더 적극적으로 이해해 보자. 한마디로 그것은 한국사회에서 민족주의와 민족운동의 궁극적 과제가 다름아닌 '분단'과 '통일'이었다는 사실과 관련된다고 할 수 있다.

이 시기는 4.19, 5.16, 한일회담과 '6.3 사태'로 이어지는 숨가쁜 정치적 격변의 시기였으며 그런 속에서 '외적으로는 공존의 정착이라는 냉전체제의 변동이 있었고 내부적으로는 4.19 이후 사회 민주화와 민족통일을 요구하는 대중적 역량이 결집'되고 있었다. 따라서 '보수든 진보든 현실의 변화에 적응하여 나름대로 이전과는 다른 변화를 겪을 수밖에 없었다. 보수집권층은 반공주의라는 기본틀에는 변함이 없지만 과거의 극단적인 냉전논리가 아닌 근대화론 같은 새로운 지배이데올로기를 창출하고 있었다. 민주당 정권은 경제개발 5개년계획의 작성과 국토개발사업에서 보여지듯 경제제일주의로 표현되는 근대화론을 집권의 명분으로 내세웠다. 혁신계 활동도 그 내부를 자세히 살펴보면 해방공간부터 이어져 내려오던 변혁운동의 흐름이 한편으로 그대로 복귀하지만 다른 한편에서는 이것과는 성향을 달리하는 집단이 또한 성장하고 있었다(홍석률 · 정창현, 2000).'

여기서 새로운 변혁운동의 흐름이란 냉전체제의 고착과 중소 간 이념분쟁, 그리고 남북분단이라는 새로운 세계사적 조건 속에서 분단의 성격을 정확하게 이해하고 분단된 현실 속에서 한국(남한) 차원에서의 변혁운동의 조건을 새로이 모색하는 움직임을 의미한다.[8] 당시 현실에서 분단된 한반도의 '평화적 통일'의 문제를 검토하고 이를 위한 남한 차원에서의 '자립적 민족경제'의 확립조건을 모색하는 논의는 좌나 우 어느 입장에서도 결코 지금 우리가 생각하듯 자연스럽고 익숙한 것은 아니었다.[9] 그러므로 우리는 이러한 과제를 붙잡고 씨름한 1960년대 당시의 사회운

---

8) 이러한 새로운 운동적 흐름은 이른바 '제1차 인혁당사건'으로 알려진 5.16 이후 최초의 변혁지향적 조직운동으로 구체화되었다.

9) 재일교포 소설가 이회성의 소설, 『금단의 땅』에서는 4.19 전후 남한 내의 혁명적 지식인(박현채를 연상시키는 박채호라는 이름의 고대강사)과 북에서 내려온 당 간부가 남한 내에서의 민족통일과 사회변혁의 길과 방법을 둘러싸고 열띤 논쟁을 벌이는데 그 쟁점들이 상당히 설득력 있게 다루어지고 있다.

동의 언어(이념과 쟁점)에 대해 좀더 많은 관심을 기울일 필요가 있다.

류동민(2001)은 5.16 이후의 급진 민족주의적 변혁운동의 흐름 속에서 『영남일보』에 실린 당시 기사와 기고문들을 분석하면서 이 같은 결론에 도달하였다.

> 당위로서의 민족경제 또는 국민경제와 민족경제의 일치는 근본적 변혁의 전제조건으로서의 통일을 염두에 둔 개념이다. 도예종 · 김봉춘 · 김영춘의 논문을 통해 검토한 바와 같이, 이러한 인식은 진보적 민족주의운동 중 가장 급진적인 분파의 인식이었다. 이들은 식민지성과 예속성의 원인을 자본주의 생산양식 그 자체의 모순에서 찾았으며, 『자본론』의 분석을 원용하거나 국가 소멸론을 명시적으로 주장하는 등의 특징을 나타내었다(류동민, 2001: 23).

타키자와 히데키도 민족주의적 색채가 짙은 민족경제론이 출현하게 된 가장 근본적인 이유는 한국이 분단국가이고 한민족이 분단민족이라는 사실 자체에 기인한다고 하며 국민경제라는 개념 대신 민족경제라는 개념을 제시한 것도 민족적 과제로서의 민족통일과 통일된 전체 민족의 생존기반을 고려하여, 자본주의로서의 남한과 사회주의 북한을 아우르는 체제관통적인, 즉 특정한 생산양식과 분리된 '민족경제'를 상정한 데 따른 것으로 해석한다(타키자와 히데키, 1995: 79-80).

결국 민족경제론은 '분단'과 '통일'이라는 한국민족주의의 과제를 한국사회의 사회과학적 분석의 전제이자 목적으로 설정하여 성립한 이론 체계이며, 바로 그 이유에서 '존재'와 '당위'로서의 국민경제나 '민족적 생활양식' 개념은 비록 현실에서 그 실체를 가진 개념은 아닐지라도 역사유물론과 정치경제학의 방법론에 기초한 '관계 개념'의 수준에서 제시된 민족경제론의 핵심 개념이라는 평가도 가능해진다. 이병천(2001)

이 민족경제론을 "민족문제를 정치경제학의 이론체계 속에 통합시킴으로써 식민지 종속형 한국경제의 문제를 민중적 민족주의라는 역사적 과제의 실현이라는 관점에서 설명하고 그 해법을 제시하려 한 이론체계"라고 정의 내렸을 때의 '민중적 민족주의의 역사적 과제'도 바로 그것이 아닐까?

그렇다면 민족경제론이 분단된 반쪽, 즉 한국사회에서의 자본제적 발전과 성장을 해명하는 것은 중요한 과제이기는 하지만 궁극적인 관심은 결국 분단된 남북경제의 통합과 그에 기초한 한반도 전체 차원에서의 재생산조건의 확보를 목표로 상정하지 않을 수 없는 것으로 될 것이다. 또 거기서 자립적 재생산구조에 대한 강조나 외자의존형 성장정책에 대한 비판의 필요성이 절실하게 주어졌을 것이다. 민족경제론이 대외지향적이고 외자의존적 성장정책을 축으로 하는 박정희식 근대화 담론에 대항하여 끝까지 '다른 길'을 제시하지 않을 수 없었던 것은 민족경제론이 민족문제, 다시 말해 분단상황과 그 극복이라는 과제에 '발목 잡혀 있었기 때문'이라고 볼 수 있지 않을까?

4. 민족경제론의 현재적 의의와 과제

글로벌리제이션의 바람이 거세게 불고 있고 북한사회조차 개혁과 개방의 급물살을 타는 현실에서 과연 민족주의는 여전히 유효할 것인가? 또 최근 인문·사회과학계에서 민족주의에 대한 비판이 거세게 불고 있는 상황에서 과연 민족문제를 최우선적 과제로 삼는 민족경제론은 대안적 담론이 될 수 있을 것인가?

우선 민족주의 일반에 대해 제기되는 비판부터 검토해 보자.

윤해동은 민족주의라는 프리즘만으로는 걸러지지 않는 광범위한 회색

지대의 존재를 지목한다.

해방 후 분단국가의 민족주의와 열정적인 민족의식은 민족주의적 인식을 통한 실천행위를 당위로 간주하고 일종의 규범으로서의 역사학을 만들어나 간다. 전후 민족주의 역사학은 다양한 스펙트럼을 가지지만 대부분 근대적 인 민족국가의 수립을 향한 도정으로 한국근대사를 해석하며 이러한 근대 민족국가의 수립과정으로서의 한국근대사는 분단국가의 통일에 의해 완성 되는 것으로 간주한다. 민족주의라는 프리즘이나 근대화라는 프리즘만으로 는 걸러지지 않는 광범위한 회색지대를 이해하기 위하여 우리는 새로운 프 리즘을 사용할 필요가 있다(윤해동, 2000: 137-139).

최근 포스트 근대화론이나 포스트 식민주의론에서 이루어지는 민족주 의 비판은 마르크스주의적 접근에 대해서도 가차없이 적용되고 있다. 김 택현의 논의를 인용해 본다.

마르크스주의 역사학도 민족주의 역사학처럼 유럽의 역사를 복사하고 있 으며 식민주의 역사학의 메타 내러티브에 감염되어 있다고 할 수 있다. 근대 의 출생지로서의 유럽은 일정한 권력관계 안에서 비유럽지역의 역사담론을 지배하게 되었다(김택현, 2000: 213).

포스트 근대주의나 포스트 식민주의는 제3세계의 관점에서 근대라는 관념이 비서구사회에서 보편적인 지위를 점하게 되는 과정을 문제삼고 그 속에서 비서구적 담론과 가치가 폭력적으로 배제되고 억압되는 과정 을 드러내고자 한다. 이러한 인식은 민족주의에 대한 비판으로 연결되는 데 식민지에서 유럽 중심적인 근대적 가치에 대항했던 민족주의 역시 근 대를 모방함으로써 제국주의와 공모한 것(배성준, 2000: 174)에 불과하게 된다.

　그 연장선에서 우리 근대역사학의 성립과 발전이란 것도 일본제국주의 지배하에서 이식된 일본의 근대역사학의 우산 속에서 이루어진 것이고 일본의 근대역사학이 사실상 유럽역사학의 방법론을 되풀이하고 역사해석에서 유럽사의 지배를 받았다(김택현, 2000)는 평가가 제출된다. 이 논의에서는 박현채의 민족경제론에 이론적 자원을 제공한 오오츠카(大塚), 다카하시(高橋) 등 좌파 경제사학자들의 연구도 예외가 아니다(김택현, 2000: 213). 포스트 식민주의의 입장에서 김택현은 다시 "민족주의 문제를 이런 민족주의에 대해 저런 민족주의로 비판하는 것 혹은 이러저러한 민족주의에 대해 이러저러한 국제주의로 비판하는 것은 서구의 근대 정치사의 산물인 민족국가 권력을 전제로 하는 비판이며, 전통적인 마르크스주의 역사학에 대한 포스트 식민주의적인 비판은 그 민족국가 권력 자체를 문제화하고 민족국가 권력을 낳은 유럽의 근대 자체를 문제화할 것을 요구하고 있다(김택현, 2000: 218)"고 하여 민족경제론에 내장된 마르크스주의적 혹은 민중적 민족주의에 대해서도 부정적이다.

　민족주의에의 '시선집중'이 만들어낸 역사 및 사회 분석틀이 갖는 시야의 한정성에 대한 지적은 수긍할 만한 측면이 있다. 그 점이 '민족문제'에 의해서 민족경제론이 '발목 잡힌' 측면이라고 볼 수 있기 때문이다. 그러나 민족주의 문제들의 협애성에 대한 비판이 자본주의, 민족국가, 식민지 혹은 근대라는 개념 일반을 폐기하고, 자본주의 세계경제의 역사라는 시각에서 각국의 근현대사를 해석하는 접근 자체를 부정하는 시도에는 동의하기 어렵다.

　근대의 출생지는 하나의 지방에 불과한 유럽이며, 따라서 민족국가, 자본주의, 시민사회, 합리성 등의 분절로 구성되는 근대란 말하자면 유럽이라는 지방의 한 방언임에도 불구하고 그것이 어떻게 유럽 이외의 세계의 모든 지역에서 사용하는 강요된 방언 혹은 표준어가 되어왔는가? 그 과정에서 유럽에 의해 비유럽지역에 가해진 근대의 식민주의적 폭력과 그에 대한 비유럽의 공모는 어떻게 이루어졌는가(김택현, 2000: 218)?

자본주의가 작동하는 구체적이고 역사적인 장으로서의 세계경제를 고려한다면 유럽을 단지 세계를 구성하는 수많은 지리적 지역 중에 하나의 지방에 불과하고 자본주의, 민족국가, 시민사회, 식민지 등을 단지 이 지방의 방언으로 보는 '극단적인 인식의 평등주의'로부터 얻어질 수 있는 것은 많지 않다. 우리가 '근대'라고 부르는 역사상의 특정 시기에 시작되고 점점 더 강화되고 있는, 현실세계를 움직이고 있는 지배적 힘으로서의 자본주의와 그에 포섭된 세계적 차원에서의 상호 연결관계의 존재를 외면하는 대신 주관적이고 관념적인 차원에서의 자유와 독립뿐이 아닐까?

세계경제의 역사를 자본주의의 역사로 보는 것이 정당하다면 필연적으로 마주치게 되는 것이 민족형성과 민족주의의 문제다. 왜냐하면 민족은 세계경제의 중심부에서 형성되기 시작해서 전쟁과 식민지를 통해 주변부로 파급되었고 20세기 들어 민족국가는 중심부에서는 주변부에 대한 지배수단으로, 그리고 주변부에서는 중심부의 지배에 대응하기 위한 가장 보편적인 수단으로 자리 잡았기 때문이다(베네딕트 엔더슨, 1991).

또 오늘날 우리가 '공상주의자들이 아닌 한 여전히 장구한 세월을 국민국가의 땅을 딛고 살아야 하며 민족주의는 여전히 인간의 자유와 평등을 실현하는 필연적 중간항(이병천, 2001: 67)이 될 수밖에 없으며, 자본주의 세계경제의 성립 이래 국가의 경계를 넘어서는 경향이 있는 자본과 노동력의 흐름에 대해 일정한 귀속성을 부여하고 사회적 갈등을 조절하는 역할을 수행하는 데 가장 적합한 것은 여전히 국민국가라 생각되기 때문'이다(배성준, 2000).

더욱이 현실에서 이미 불가역적인 역사적 경향이 된 글로벌리제이션 경향(정태인, 1995: 260)의 현 단계는 자본, 특히 금융자본의 이동이 유례없이 자유화되고 있는 단계다(정태인, 1998). 따라서 글로벌리제이션에 대응하는 새로운 경제시스템, 그리고 그것을 구성하는 제도들의 구성이 중요한 과제로 제기되는데 그러한 과제가 실현되는 기본단위가 국민국가다. 바로 이런 이유에서 민족경제는 글로벌 시대에도 재정립되어야 할 충분한 이유가 있다.

그렇다면 이제 글로벌 시대의 민족경제론은 과거 박정희 모델의 대항담론으로서 지녔던 역사적 의의, 동시에 그것과 동전의 양면인 역사적 한계를 극복하고 어떻게 재구성되어야 할 것인가의 문제로 돌아갈 차례다. 안병직(2002)이나 이대근(2002a; 2002b)과 같은 논의를 제외하고 민족경제론의 역사적 의의를 적극적으로 평가하는 논자들 대다수도 과거 이론체계로서의 민족경제론의 수명은 다한 것으로 평가한다. 조석곤은 "정도의 차이는 있겠지만 자급경제론적 관점에 입각한 민족경제론의 경제분석은 이제 시의성을 상실한 것이 분명하다(조석곤, 2001: 38)"고 했고 이병천은 "많은 사람들이 공공연히 민족경제론의 죽음에 대해 말하고 있고 우리 역시 민족경제론의 많은 부분은 죽었다고 생각한다(이병천, 2001: 74)"고 했으며 박순성·김균은 "그의 정치경제학으로는 21세기 한국자본주의의 요동을 이해할 수 없고 감히 말하건대 그의 이론은 자체로는 수명을 다했다(박순성·김균, 2001: 79)"고 선언했다. 박현채 민족경제론에 대한 가장 적극적 옹호자인 정태인조차 "오늘날의 민족경제론이 박현채의 민족경제론의 내용을 그대로 되살리는 것이 될 수는 없다."고 말한다.

대신 이들은 외향적 경제성장전략의 결과로 형성된 한국경제의 위기가 다시 민족경제론에 대한 적극적 재검토의 필요성을 만들었으며 민족경제론으로부터 계승해야 하는 것은 무엇보다도 새로운 대안적 담론의 출발점이 되는 기본적 문제의식이라는 데 공감한다. 예컨대 민족경제론에 담겨 있는 진보진영의 묵계적인 공통의 문제의식, 공통의 언어, 그리고 이는 민족과 민중에 대한 애정이야말로 여전히 대항적 진영이 이어받아야 할 민족경제론의 유산(박순성·김균, 2001: 100)이라는 견해나 "박현채 민족경제론의 최대 장점은 바로 실천성에 있으므로 민족경제론은 글로벌 시대의 흐름에 맞는 현실주의적인 대외정책과 효율성 및 평등성을 동시에 제고하는 경제정책의 모색을 통해 새로운 이론으로 재구성될 수 있고 그렇게 해내야 한다"고 보는 정태인(1999)의 견해가 그 대표적인 예다.

같은 맥락에서 박영호(1995)는 민족경제론은 '역사 앞에 열린 이론' 이어야 함을 경제학설사적 고찰을 통해 강조한다. 박영호에 따르면 경제학의 역사에서 각국의 국민경제론(즉, 민족경제론)은 각국의 경제발전 수준에 따라 '세계경제에서 자국의 경제발전을 도모하기 위해 추진해 온 독자적이고 다양한 경제정책과 경제이론을 전부 아우르는 포괄적인 개념' 이었다고 해석하면서 시장과 무역자유화를 통해서 민족경제가 받는 피해가 이득보다 크다면 보호무역주의 경제이론이, 반대로 민족경제의 활로가 무역자유화에 있다고 판단될 경우에는 자유무역론이, 그리고 제국주의 침략에 대해서는 반제국수의적 경제이론이, 경제적 종속화가 심화되고 있는 경제사회에서는 탈종속의 경제이론으로 나타났다고 해석한다(박영호, 1995: 67).

다음으로 민족경제론으로부터 계승해야 할 이론적 요소들로는 어떤 것들을 들 수 있을까? 그것은 민족주의적 요구의 실현조건을 정치경제학적 방법론에 기초한 국민경제학적 분석으로부터 제시하는 민족경제론의 이론틀 자체의 특성을 들 수 있다. 이병천은 민족경제론 체계 내에서 보존되어야 할 합리적 핵심으로는 정치경제학과 국민경제론의 접목, 그

리고 내포적, 민주적 국민경제론을 들었다(이병천, 2001: 74).[10]

글로벌리제이션하에서 오히려 민족경제나 민족적 생활양식 개념이 지니는 의의를 적극적으로 재평가하는 움직임도 나타났다. 박순성·김균은 신자유주의 글로벌리제이션에 따라 국민경제의 분열이 지속되고 세계경제의 위계적 다층화가 심화되는 현실에서 세계경제의 변방에 있는 국민경제가 당면하는 과제를 국민경제와 민족경제의 괴리로 다루는 설명방식은 적극적으로 평가되어야 한다고 말한다(박순성·김균, 2001: 102). 또 이들은 국민경제와 민족경제의 괴리를 민중적 민족운동을 통해 극복하고 자립적 민족경제를 건설함으로써 민족국가 간의 새로운 관계를 설정한다는 비전을 제시하는 민족경제론은 중요한 현재적 의의를 지닌다고 평가한다(박순성·김균, 2001: 106). 정태인(1999)도 생활양식이라는 말이 그 자체로 사적 유물론 체계 내에서 논란이 많지만 글로벌리제이션이라는 역사적 조건에서 더욱 빛을 발한다며 이동성의 제약이 민족적 생활양식이 성립되도록 하는 기초가 되는데, 새처럼 자유롭게 국경을 넘나드는 금융자본이나 다소 더디게 움직이는 생산자본을 한 곳에 머물게 하는 것은 그 땅과 사람의 생산성뿐으로서 모든 국민국가의 정책은 땅과 그 위에서 사는 사람들에게 맞추어져야 하며 그것을 민족적 생활양식 개념으로 해석할 수 있다고 생각한다. 이일영 역시 "국민국가적 시장이 전지구적 시장으로 이행하면서 자본이 국민국가를 공격하고 노동과 직접 상대하려고 하는 시점에서 민족경제론의 합리적 핵심이라고 할 수 있는 국민경제의 의미는 새롭게 규정될 수 있다."고 평가한다(이일영, 2002: 9).

민족경제론이 지녔던 민주주의와 통일지향성에 초점을 맞추어 민족경

---

10) 대신 민족경제론의 재생을 위해서는 그 죽은 것과의 확연한 단절과 그것을 감싸고 있는 무리, 난점, 모순, 공백 등이 극복되어야 한다며 그 대표적인 것으로 '낡은 폐쇄적 국가사회주의 지향'을 꼽았다.

제론의 혁신을 모색하는 논의도 있다. 조석곤은 민족경제론을 특징짓는 요소들로서 자립경제, 민주주의, 통일지향성 중에서 앞으로는 참여와 민주주의, 그리고 통일문제에 초점을 두는 논의의 진전이 있어야 한다고 주장하며 '민족경제론의 현재적 유용성은 바로 동원 메커니즘을 민주적으로 만들어내는 이론'이라는 데 있다고 주장한다(조석곤, 2001: 38-39). 이일영(2002)은 남북한을 아우르는 한반도 전체, 나아가 동북아시아권을 고려하면서 좀더 현실적인 의미에서 박현채의 민족경제론의 다음과 같은 언명이 오늘날의 대안적 담론의 핵심 메시지가 될 수 있다고 제안한다.

> 남북 간의 비교우위에 기초하여 경제교류를 점차 확대하고 이것을 구조화하면서 상호의존관계를 심화시켜 남북경제의 민족공동체 안에서의 수렴으로 한반도 범위에서 자립적 민족경제의 확립을 추구해야 한다(박현채, 1989: 384).

이일영은 분단극복과 통일문제를 과거 민족경제론 당시로부터 지속되고 있는 과제, 즉 '당위'로서보다는 변화된 현실을 고려한 상황에서 주어지는 '현재적 필요'에서 찾을 수 있음을 보여 준다. 즉, 남북한의 분단은 한국경제가 국민경제로서 존재하는 데 매우 위협적인 교란요소로서 그에 따른 기회비용은 누적적으로 증대하고 있고 남북한 모두 안정적인 내수시장을 확보하기에는 작은 경제규모를 가지고 있으므로 남북한 경제의 공존과 분업연관의 회복을 통해 발전의 안정성과 가능성을 확대할 수 있다는 것이다. 그런 점에서 민족경제의 형성은 시장교란 요인의 제거와 내수시장 확대라는 이중의 효과를 거둘 수 있다는 것이다(이일영, 2001: 9-12).

남한에서도 북한에서도 경험한 바이지만, 민족경제가 형성되지 못한 상태에서 국민경제가 불안정해지면 인간의 일상적 생활도 파괴된다. 민족적 생활양식을 보전하기 위해서는 일정 수준의 구매력을 갖춘 인구 1억 정도의 경제권이 필수적이다(이일영, 2001: 9).

이때의 민족경제는 '아직 현존하지는 않지만 머지 않은 장래에 존재할 수 있는 것이며', '18세기 이래의 국민경제, 1945년 이후의 국민경제에 머무르지 않고 세계시장과 교통하는 국민경제, 민족경제로 외연을 확대하려고 하면서 지역경제의 내포를 충실히 하려는 경제(이일영, 2002: 9)'다.[11]

5. 결론에 대신하여

식민지 경험과 전쟁, 그리고 분단상황이라는 최악의 조건을 맞은 20세기 한국 사회에서 국민경제의 형성과 국민국가의 확립, 그리고 분단의 극복은 누구도 부인할 수 없었던 민족주의적 과제였다. 그리고 민족경제론은 이 과제에 충실하고자 했고 그 역할의 역사적 정당성을 부정할 수 있는 명분과 논리를 가진 사람은 아무도 없다.

당시 '국민경제 형성의 또 다른 길'을 선택했던 박정희 개발독재 모델이 결과적으로 민족경제론자들이 생각한 것보다 더 강력한 적수(이병천, 2001: 71)였던 것은 분명하지만 또 한 가지 분명한 사실은 박정희 모델로 상징되는 한국경제는 발전국가의 기존 시스템이 글로벌화 경향 속에서

---

11) 단, 이일영(2002)은 그 전제로서 과거 민족경제론에서 암묵적으로 전제된 것처럼 재생산권의 범위를 한반도만으로 제한함으로써 발전의 안정성과 가능성을 축소하지 않아야 한다는 점을 든다.

붕괴했다는 점이다.

따라서 지금 필요한 과제는 글로벌 시대를 맞아 붕괴된 박정희 모델을 개혁하고 새로운 시스템을 구축해 내는 일이다. 그리고 글로벌리제이션 경향이 세계경제의 주된 흐름이지만 여전히 국민국가의 역할과 능력은 중요하게 작용하며 여기에 글로벌 시대의 새로운 국민경제론으로서 민족경제론의 의의와 새로운 역할이 주어진다.

21세기 현 단계의 민족경제론은 20세기 과제인 한반도의 통일과 직접적 생산자 대중의 사회적 참여와 생활조건의 개선 등을 미완의 과제로 계승하지만 동시에 지속적인 성장과 효율적인 자원배분을 위한 내부동력과 메커니즘을 제시하는 것이어야 한다는 점에서 '대안의 담론'으로 완성되어야 한다. 이는 특히 1980년대 사구체 논쟁 이후 우리 사회의 대안적 발전 전망을 둘러싼 토착담론이 부재한 현실에서 매우 절실히 요청되는 작업임이 틀림없다.

지금까지 이 글에서 시도한 민족경제론의 재검토 작업의 궁극적 목적은 지금은 앙상하게 문제의식으로만 또는 군데군데 파편화된 요소로만 살아남은 민족경제론의 유산을 기반으로 새로이 우리 현실에서 주어지는 역사적 과제에 부응하는 토착적인 '대안담론' 마련을 위한 조건을 찾아보기 위한 것이었다.

| 참고문헌 |

김낙년, 1999, 「1960년대 한국의 공업화와 그 특징」, 『1960년대 한국의 공업화와 경제구조』, 백산서당.

김은희 · 함한희 · 윤택림, 1999, 『문화에 발목 잡힌 한국경제』, 현민.

김정렴, 1995, 『한국경제정책 30년사』, 중앙일보사.

김택현, 2000, 「식민지 근대사의 새로운 인식: 서발턴의 시각」, 『당대비평』 2000년 겨울호.

류동민, 2001, 「민족경제론의 형성 과정」, 한국사회경제학회 학술대회 발표문.

박순성 · 김균, 2001, 「정치경제학자 박현채와 민족경제론—한국경제학사의 관점에서」, 『동향과 전망』 48호, 박영률출판사.

박영호, 1995, 「역사적 맥락에서 본 민족경제론」, 『민족경제론과 한국경제』, 창작과 비평사.

박현채 · 조희연 편, 1989, 『한국사회구성체논쟁(I)』, 죽산.

박현채, 1961, 「자본주의와 소농경제」, 서울대학교 경제학과 석사학위논문.

_____, 1978a, 『민족경제론』, 한길사.

_____, 1978b, 『민중과 경제』, 정우사.

_____, 1982, 『한국경제의 구조와 논리』, 풀빛.

_____, 1985, 「한국사회의 성격과 발전단계에 관한 연구(I)」, 『창작과 비평』 57호.

_____, 1986, 『한국경제구조론』, 일월서각.

_____, 1989, 『민족경제론의 기초이론』, 돌베개.

배성준, 2000, 「식민지근대화 논쟁의 한계지점에 서서」, 『당대비평』 2000년 겨울호.

베네딕트 엔더슨, 1991, 『민족주의의 기원과 전파(Imagined Communities: Reflections on the Origins and Spread of Nationalism)』, 윤형숙 역, 사회비평사.

신형기, 2000, 「민족이야기를 넘어서서」, 『당대비평』 2000년 겨울호.

안병직 편, 2001, 『한국경제성장사』, 서울대학교출판부.

안병직, 2002, 「한국현대사의 진보와 보수」, 『월간조선』 2002년 5월호.

양우진, 1994, 「현대 한국자본주의 발전 과정 연구: 국가자본주의 국면의 형성과
　　　해체의 관점에서」, 서울대학교 경제학과 박사학위논문.

오원철, 1995, 『한국형 경제건설: 엔지니어링 어프로치 1권』, 기아경제연구소.

윤해동, 2000, 「식민지 인식의 '회색지대': 일제하의 공공성과 규율권력」, 『당대
　　　비평』 2000년 겨울호.

이대근, 1984, 「차관경제의 전개」, 『한국경제론』, 까치.

_____, 2002a, 『해방 후 · 1950년대의 경제─공업화의 사적 배경 연구』, 삼성경
　　　제연구소.

_____, 2002b, 「인터뷰: 80년대 '종속이론'의 주역 이대근 교수」, 『조선일보』
　　　2002년 5월 26일자.

이미숙, 1995, 「병상에 누운 민족경제론─한국 정치경제학의 개척자 박현채」, 박
　　　현채선생회갑기념논문집 『민족경제론과 한국경제』, 창작과 비평사.

이민철, 1986, 「국가독점자본주의론과 민족경제론」, 『녹두서평 I』, 녹두.

이병천, 2001, 「다시 민족경제론을 생각한다」, 『동향과 전망』 48호, 박영률출판사.

이일영, 2002, 「개방화 속의 국민경제 · 민족경제 · 지역경제」, 『창작과 비평』
　　　2002년 봄호.

이제민, 1995, 『전후 세계체제와 한국의 수출지향적 산업화, 한국경제: 쟁점과 전
　　　망』, 지식산업사.

임지현, 1999, 『민족주의는 반역이다』, 소나무.

정성환, 2001a, 「박현채 경제학의 재평가」, 한국사회경제학회 발표문.

_____, 2001b, 「맑스주의자 박현채를 말한다─박현채 민족경제론에 대한 최근
　　　의 주장들과 그 비판」, 『이론과 실천』 2001년 8월호.

장하원, 1999, 「1960년대 한국의 개발전략과 산업정책의 형성」, 『1960년대 한국
　　　의 공업화와 경제구조』, 백산서당.

전병유, 2002, 「외환위기 이후 국가-자본관계의 변화: 발전국가의 잔재와 새로운
　　　시스템의 모색」, 『동향과 전망』, 2002년 여름호, 박영률출판사.

전용덕 · 김영용 · 정기화, 1997, 『한국경제의 성장과 제도변화』, 한국경제연구원.

전철환, 1995, 「민족경제론의 구조와 의의」, 『민족경제론과 한국경제』, 창작과

비평사.

정건화, 1989, 「식민지 종속형 자본주의 발전과 '민족경제론'」, 박현채·조희연 편, 『한국사회구성체논쟁(I)』, 죽산.

정민, 1987, 「대담 : 민족경제론 — 민족민주운동의 경제적 기초를 해명한다」, 『현 단계』 제1집, 한울.

정윤형, 1987, 「유신체제와 8.3조치의 성격」, 『한국경제론』, 까치.

_____, 1998, 「글로벌 시대의 한국경제」, 『경제와 사회』, 40호.

정태인, 1995, 「글로벌리제이션과 국민경제」, 박현채선생회갑기념논문집 『민족경제론과 한국경제』, 창작과 비평사.

_____, 1999, 「글로벌 시대의 민족경제론 서설」, 『동향과 전망』, 녹두.

조석곤, 2001, 「민족경제론 형성의 사회경제적 배경과 그 이론화 과정」, 『동향과 전망』 48호, 박영률출판사.

조용범, 1973, 『후진국경제론』, 박영사.

타카자와 히데키, 1985, 『현대한국민족주의론』, 김용관 역, 미래사.

타카자와 히데키, 1995, 「한 일본인이 본 민족경제론」, 박현채선생회갑기념논문집 『민족경제론과 한국경제』, 창작과 비평사.

홍석률·정창현, 2000, 「4월 민중항쟁 연구의 쟁점과 과제」, 『4.19와 남북관계』, 민연.

한국역사연구회 4월민중항쟁연구반, 2000, 『4.19와 남북관계』, 민연.

대안을 꿈꾸지 않는 사회는 어떤 사회일까?

유철규

"글로벌라이제이션이 만들어내는 급속한 변화의 와중에서 우리는 그저 롤러코스터에 올라탄 사람들처럼 현기증 나는 변화를 무기력하게 받아들여오지 않았나 의문이 든다. 한 사회의 진정한 위기는 '전망의 부재', '대안의 부재'로부터 오는 것일 수도 있다는 불길한 생각도 든다. 대안은 필요하지 않은가? 언제나 대항담론은 활발히 논의되어야 하지 않는가? 세상은 상상하고 기원하는 방향으로 변화한다고 하지 않았던가? 비록 매우 느리고 천천히일지라도 말이다. 대안을 꿈꾸지 않는 사회는 과연 어떤 사회일까?"

이 책의 11장에서 정건화가 한 말이다. 이 문장들은 한국자본주의 연구팀이 처음 연구과제에 마주 섰을 때 함께 가지고 있었던 답답함과 절박함을 잘 표현하고 있다. 글로벌라이제이션과 무한 경쟁의 논리가 일방적으로 국민 대중의 정신과 삶을 피폐화시켜가는 위기의 시기에, 정작 대안과 대항담론이 필요한 이 시기에, "대안 없음"이 대안이 되는 답답함이며, 지식인으로서 자기반성의 절박함이다.

서로 다른 분야에서 서로 다른 생각을 가지고 활동하는 많은 연구자들이 함께 만났던 길다면 긴 연구시간들은 순탄하지 않았다. 아니 순탄할 리가 없다. 그래도 갈등의 시간과 힘겨운 논쟁의 시간들을 넘어 올 수 있었던 힘은 여전히 풀리지 않는 답답함과 절박함이었을 것이다.

이제 "글로벌라이제이션은 우리 사회의 발전 전략이 될 수 있는가?"라는 질문에 대해 몇 가지 논의를 제기함으로써 책을 마무리 짓고자 한다.

미국 정부와 국제금융기구들, 초국적 기업들이 경제성장을 통해 더 나은 삶을 얻기 원하는 세계 각국에 전하는 조언은 경제적, 정치적, 군사적인 현실의 힘을 바탕으로 하기 때문에 대단히 위력적이다. 그 조언들은 원칙적으로는 일치하고 있는데, 그것은 곧 세계 경제로의 통합 혹은 지속적인 시장 개방이 '각 국가들의 성장을 위한 최선의 길이다'라는 것으로 요약할 수 있다. 서구 투자가들을 불편하게 하지 말라. 그렇게 하면 그 국가에 대한 투자가 줄어들 것이며, 이는 성장을 어렵게 할 것이다! 그러나 최근 『빈곤과 발전에 관한 세계개발보고서(World Development Report)』(세계은행, 2001)에서도 시사하고 있듯이 세계의 많은 국가들에서 투자가를 위한 제도의 개선과 투자유치 경쟁이 빈곤 문제의 해결이나 삶의 질을 개선하는 데 곧바로 기여하지는 않는 것도 사실이다. 글로벌라이제이션이 초래할 제도적 통합성의 붕괴에 대해 대비책이 없는 채로 자본시장의 적극적인 개방에 매달렸던 많은 국가들에서 그 구성원들의 삶의 터전이 붕괴되는 현실을 경험했거나 하고 있다. 국민경제를 이윤추구의 공간적 대상으로 보는가 아니면 그 구성원의 삶의 터전이라는 점을 우선시하는가에 따라, 이러한 사실들을 이해하는 방식이 현격하게 차이나며, 그에 따라 이론적·정책적 입장도 달라진다. 1980년대 이래 급진적한 작금의 글로벌라이제이션은 개방의 대상이 되는 국민경제를 이윤추구의 새로운 공간으로만 주로 바라보는 경향이 있다. 이 때문에 '멋진 신세계'를 가져 오리라던 글로벌라이제이션과 정보화의 약속과 예언은 파탄이 나고, 빈발하는 경제위기로 얼룩지고 말았다.

페레스트로이카 이후 급진적 시장자유화의 길을 걸은 러시아의 잃어버린 10년과, 외채위기를 향해 달려간 남미 국가들의 급진적 시장주의 구조조정 사례가 보여주는 것은 시장이데올로기는 국민경제의 안정성을 뒷받침하는 제도적 안정성을 대체하기가 극히 어렵다는 점이다. 글로벌라이제이션은 국민국가 단위로 분리되어 있었던 정치적·경제적 공간이 세계적 단위로 옮겨가고 있다는 것을 의미하지만, 그것을 관리하고 운용할 제도적 장치, 더 나아가 사회통합 및 동원의 정치나 이념을 발견하지 못한 상태에서 생기는 혼란은 필연적이라고 할 수 있다. 국민국가 내부와 달리 세계적 차원의 자원 배분을 결정할 정치적 과정과 절차는 존재하지 않기 때문에, 빈곤의 문제, 환경의 문제, 지역 간 국가 간 불균형의 문제, 세계적 차원의 소득 분배의 문제를 해결할 길이 없다. 더구나 이 혼란의 비용은 누가 치르는가?

한편 개방이데올로기는 금융자본의 이동을 전세계적으로 보장하라는 금융자본의 이데올로기(혹은 요구)에 부응하는 후진국의 산물이다. 모든 시장을 개방하지 않은 나라는 영원히 뒤쳐질 수밖에 없으므로 하루 대한 통합이 국민경제의 발전 전략과 같은 말로 사용되고 속히 모든 문을 열어제쳐야 한다는 것이 이 이데올로기의 핵심이다. 점점 더 많은 국가들에서 세계시장에 대한 통합이 국민경제의 발전전략과 같은 말로 사용되고 있다. 시장의 힘이 최선의 결과를 가져온다는 앞서의 조언이 그 이외의 대안적 발전 전략을 압도하면서 영향력을 확대하고 있는 것이다.

우리의 관점에서 이러한 주장에 쉽사리 동의할 수 없는 가장 기본직인 이유는 사회 발전의 개념과 관련이 깊다. 인간 사회가 발전해 간다라고 할 때, 거기에 담겨 있는 한가지 핵심적인 내용은 이전에는 사적인 문제이던 것이 사회적인 문제로 바뀌어 간다는 것, 그리고 사회적 문제를 그 구성원의 '의지' 혹은 '의사' 에 의해 해소하거나 최소한 약화시킬 수 있다는 것, 그리고 사회적 문제를 항거할 수 없는 자연 법칙의 결과로 이해하지 않고, 바로 그 사회 내부의 운동에서 발생된 것이라는 점을 다수의 사회 구성원들이 받아들이는 것이 아닐까 싶다. 자본주의 사회의 역사와 함께 진행되는 생산력의 사회화는 바로 이 사회 발전의 가능성을 확대시키는 객관적 조건이다.

이데올로기로서 시장주의의 확산은 이런 의미의 사회 발전을 억압하는 힘으로 작용하기 쉽다. 이것이 세계시장의 힘에 복속하는 것을 발전 전략으로 삼을 때 나타나기 쉬운 가장 부정적인 부작용이다. '시장의 법칙'이 모든 사회적 가치보다 우위에 서게 되면, 사회적 불평등이나 공황과 같은 '사회적' 재앙이 초래되어도, 최소한 시장 원리에 의해 그것들이 나타난 것으로 받아들여지게 되면 '어쩔 수 없는 일, 즉 자연 재해'가 되어 버린다. 빈곤과 소득분배의 악화, 경기변동폭의 확대와 경제적 삶의 불안정, 실업과 불완전 고용의 확대 등 많은 사회적 재앙들이 개인이 감당해야 할 '어쩔 수 없는 일'로 치부된다.

재앙을 사회적인 것으로 인정하는 것이야말로 그 재앙에 적극적으로 대처할 수 있게 하며, 그 사회가 발전해 나가는 출발점이 된다. 실제로 2차 세계대전 이후 서구사회에서 민주주의가 확대되면서, 빈곤의 문제와 소득분배의 문제, 경기순환의 문제 등에 적극적으로 대처해 나가는 과정에서 등장한 이른바 '복지국가'는 그 이전의 서구사회에 비해서 이들 문제를 '개인의 문제'가 아닌 '사회적 문제'라고 인식하는 정도가 크게 높아졌다. 우리의 관점에서 보면 분명 발전이요, 진보이다.

세계시장의 힘이 어쩔 수 없는 것이라고 강조하는 논리는 주어진 조건을 바꾸고 스스로 삶의 조건을 개선해 가려는 적극적인 노력들을 막을 위험이 있다. 이는 국내적 질서이든 세계경제의 질서이든 간에 기성질서의 옹호에 기여한다. 현실을 받아들여라. 그것이 최선이다!

우리가 한국의 산업화 경험에서 관심을 두는 중요한 이유 가운데 하나가 이와 관련이 있다. 한국 국민이 세계경제가 부여한 조건을 거부하고 바꾸려는 과정으로 산업화 과정을 보려는 것이었다. 세계시장의 논리로

만 보면 농업국이었던 한국이 세계철강생산의 30% 이상을 담당해야 할 하등의 이유가 없다. 어쩌면 한국에 철강공장을 세우는 일 자체가 무의미할 수 있다. 이러한 한국의 경험을 산업구조에 대한 의도적인 선택의 경험으로 이해하고, 그것이 어떻게 유지될 수 있었으며 성과를 낼 수 있었는가를 탐구할 만한 가치가 있는 역사라고 보았다. 이미 70년대 이후 서구의 국제 개발 기구들이 개발도상국을 유도했던 개발 전략은 비교 우위와 시장 활성화에 초점이 맞춰져 있다. 비교 우위 자체를 국민 국가의 정치적 의지에 의해 바꾸어 내거나 의도적으로 창출하는 행위는 반드시 국제적 분업 관계를 교란시킬 것이며, 기존 국제 경제 질서에 대한 위협 요인이 될 수 있다. 한국이 세계철강산업에서 조선업에서 엄청난 비중을 차지하는 과정에서 서구의 관련산업에 일어난 일을 상상해 보라.

세계경제의 통합은 자동적으로 전세계의 경제성장을 가져오지 않는다. 많은 연구에도 불구하고 투자와 교역의 자유화가 성장을 가져온다는 믿을 만한 확실한 증거는 아직도 없다. 그럼에도 불구하고 개발도상국과 후발 산업화국가들에게 개방을 위한 제도개혁과 구조조정이 끊임없이 강요되고 있다. 이 압력은 해당국가와 사회의 발전, 즉 그 사회의 문제해결을 목표로 하기보다는 세계시장에 대한 통합 자체를 목적으로 하고 있다. 즉, 개방자체가 개방의 목적이 되며, 외사유지 자체가 외자를 유치하는 이유가 되어버린다.

무엇을 위한 시장이며, 무엇을 위해 글로벌라이제이션을 추구하는가가 끊임없이 질문되어야 하며, 목적과 수단이 바뀌지 말아야 한다. 우리가 나누어 진 답답함과 절박함을 그래도 조금씩 덜어가기 위해서는 잊지 말아야 하는 원칙이라고 생각한다.

글쓴이

유철규<yoocg@mail.skhu.ac.kr>

성공회대학교 사회과학부 조교수(경제학 전공)

학력 · 경력: 경제학 박사(1996. 서울대학교 대학원)

　　　　　1997. 4 - 1999. 4 영국 런던대학교(SOAS) 및 옥스퍼드대

　　　　　학교(St Antony' s College) 객원연구원

　　　　　1988. 5 -1998. 6 장기신용은행 및 장은경제연구소 근무

연구분야: 금융제도론, 기술경제학, 한국경제론

논저: 『구조조정의 정치경제학과 21세기 한국경제』(편저), 2000 외.

송홍선<dna0214@kdic.or.kr>

예금보험공사 전문위원(경제학 전공)

학력 · 경력: 경제학 박사(2000. 서울대학교 대학원)

　　　　　1994. 1 - 1997. 6 쌍용경제연구원 선임연구원

　　　　　1997-1999 숙명여대, 경원대, 한성대 강사

　　　　　2000. 6 - 현재 예금보험공사

연구분야: 금융경제학, 기업경제학, 금융제도론

논저: 『구조조정의 정치경제학과 21세기 한국경제』, 2000 외.

김기원(kwkim@knou.ac.kr)

한국방송통신대학교 경제학과 교수(경제학 전공)

학력 · 경력: 경제학 박사(1989. 서울대학교 대학원)

　　　　　1993. 4 - 1994. 3 일본 동경대학교 사회과학연구소 객원

　　　　　연구원

　　　　　2002. 8 - 2003. 7 미국 유타대학교 경제학과 객원연구원

연구분야: 기업이론, 한국현대사

저서: 『미군정기의 한국경제』, 1990.

　　　『현대자본주의론』, 1990.

　　　『한국산업의 이해』, (공저), 2002.

　　　『재벌개혁은 끝났는가』, 2002.

김상조 \<sjkim4059@hansung.ac.kr\>

한성대학교 경상학부 부교수(경제학 전공)

학력 · 경력: 경제학 박사(1993. 서울대학교 대학원)

　　　　　1998. 7 - 1999. 6 노사정위원회 책임전문위원

　　　　　2000. 9 - 2001. 8 영국 University of Cambridge 초빙교수

　　　　　2001. 9 - 현재 참여연대 경제개혁센터 소장

연구분야: 화폐금융론, 한국경제론

논저: 『재벌과 금융-그 진정한 개혁을 위하여』, 대한발전전략연구원,

　　　2000 외.

김태승 \<todang@korea.com\>

성공회대 사회문화연구소 연구교수

학력 · 경력: 경제학 박사(1999. 서울대학교 대학원)

　　　　　국토연구원 연구위원(경제학 전공)

연구분야: 물류시스템, 토지자본

전병유 \<bycheon@kli.re.kr\>

한국노동연구원 연구위원(경제학 전공)

학력 · 경력: 경제학 박사(1994. 서울대학교 대학원)

　　　　　1991. 12 - 1996. 2 현대경제연구원 연구위원

　　　　　1996. 3 - 1997. 6 UC Berkeley, Institute of Industrial

　　　　　Relations 연구원

연구분야: 노동경제학, 한국경제론

저서: 『개방화 속의 동아시아』, 2002.
『동아시아 경제변화와 국가의 역할 전환』, 2003.

박태균<tgpark@snu.ac.kr>

서울대학교 국제대학원 교수(한국학 전공)

학력 · 경력: 문학 박사(2000. 서울대학교 대학원)

1997. 7 - 1999. 2 하버드대학교 엔칭연구소 초빙연구원

2000. 8 - 2002 서울대학교 국제지역원 초빙교수

연구분야: 동북아 국제관계사, 현대사상사

저서: 『조봉암 연구』, 1995.

『한국현대사 강의』(공저), 1998.

정건화<gunna@hanshin.ac.kr>

한신대학교 사회과학부 부교수(경제학 전공)

학력 · 경력: 경제학 박사(1993. 서울대학교 대학원)

조석곤<sgcho@sangji.ac.kr>

상지대학교 경제학과 부교수(경제학 전공)

학력 · 경력: 경제학 박사(1995. 서울대학교 대학원)

연구분야: 한국경제사

논저: 『조선토지조사사업의 연구』, 1997.

『한국자본주의발전모델의 형성과 해체』(공저), 2001.

이상철<sclee1031@hanmail.net>

성공회대학교 강사(경제학 전공)

학력 · 경력: 경제학 박사(1997. 서울대학교 대학원)

1997. 9 - 1998. 7 미국 UCLA 객원연구원

연구분야: 경제발전론, 경제사, 산업경제학

논저: 『한국경제성장사』(공저), 2001.

「1960-1970년대 한국산업정책의 전개」, 『경제와 사회』제56호,
2002.

『서울상공업사』, 서울역사총서 제4권, 서울시사편찬위원회,
2003.

신정완<jeongwans@mail.skhu.ac.kr>

성공회대 사회과학부 교수(경제학 전공)

학력 · 경력: 경제학 박사(1998. 서울대학교 대학원)

1998. 9 - 1999. 4 노사정위원회 책임전문위원

1999. 4 - 2000. 12 한국노동연구원 실업대책 모니터링센
터 총괄조정팀장

연구분야: 노동경제학, 비교경제체제론

논저: 『임노동자기금 논쟁과 스웨덴 사회민주주의』, 2000 외.

오유석<ysoh@mail.skhu.ac.kr>

성공회대학교 연구교수(사회학 전공)

학력 · 경력: 사회학 박사(1997. 이화여자대학교 대학원)

한세정책연구원 책임연구원

전남대 지역발전연구소 연구원

1992 - 1993 미국 메릴랜드대학교 객원연구원

논저: 『근대화전략과 새마을운동』(공저), 2001.

『20세기 서울 현대사』(공저), 2000.

『1950년대 서울의 자본가』(공저), 1999.

공동연구원

황덕순 한국노동연구원 부연구원(경제학)

주 현 산업연구원(KIET) 연구위원(경제학)

한국 자본주의 발전모델의 형성과 해체

김진업 편

이 책은 한국 자본주의 발전의 역사를 다루는 연구 결과물이다. 산업화 과정의 역사적 검토를 통해 한국자본주의의 연구방법과 관점을 세우는 일이 이 책이 기울인 노력이다. 연구자들은 신고전파 발전이론을 중심으로 한 국제적 논쟁과 국내 정치경제학계의 사회구성체 논쟁을 검토하면서 새로 얻어진 방법론을 잠정적으로 '역사제도주의'(historical institutionalism)라고 명명했다. 역사제도주의는 발전의 동학과 동시에 위기와 모순의 동학을 함께 설명하려는 시도이다. 그 결과 현재 한국 경제의 위기를 이 책에서는 잠정적이지만 결론적으로 국가동원체제가 재벌체제로 전화되는 과정에서 발생한 경제체제내부 모순과 국제경제적 조건(환경)의 변화가 결합된 것으로 이해되었다. 각 부문내부의 모순뿐 아니라 각 부문간 상호보완성의 파괴가 한국 경제의 문제라고 인식하고 있다. 그리하여 '시민사회의 눈'으로 '국민대중의 눈으로' 그리고 '노동자의 눈'으로 '아래로부터' 문제에 접근하려는 시도가 필요하다고 보고 이를 근거로 다양한 분석을 시도하였다.

한국 민주주의와 사회운동의 동학

조희연 편

21세기 한국 민주주의의 확산과 심화를 위한 구체적인 과제의 제시

지나온 현대사에 대한 역사적 반추를 통해 21세기 한국 민주주의의 확산과 심화를 위한 구체적인 과제를 제시한 것이 이 연구의 특징이라고 할 수 있다. 따라서 이 책의 민주주의를 단순히 국가를 중심으로 한 제도정치적 과정으로 보려는 자유주의적 관점을 넘어서면서, 민주주의를 복합적·다원적인 사회적 투쟁의 과정이자 결과로 파악하고자 하였다. 나아가 이런 관점을 한국 현대사에 확장하여, 한국 현대 민주주의의 발전과정을 제도정치와 운동정치의 역동적인 상호작용으로 파악하고자 하였다.

복합적·다원적인 사회적 투쟁의 과정이자 결과로서의 민주주의, 분석틀로서의 국가-제도정치-운동정치, '금단-배제-선택적 포섭'의 정치로 한국 현대사의 거시적 흐름을 분석하면서 이 책은 운동정치와 제도정치의 역동적인 상호관계의 프레임으로 해방 이후 한국 민주주의의 '숨겨진 동학'을 해명해보고자 하고 있다. 즉, 제도정치와 운동정치의 역동적인 상호관계 속에서 한국 민주주의의 발전을 보다 구체적으로 분석하기 위하여, '금단의 정치', '배제의 정치', '선택적 포섭의 정치'라는 개념을 사용하여 각 시대별, 각 시기별 특징을 분석하고 있다.

한국 시민사회의 변동과 사회문제

이영환 편

성장신화를 뒷받침할 사회통합의 과제는 무엇인가

해방 이후 지난 반세기 동안 한국 사회의 변화는 그 폭과 깊이 그리고 속도 면에서 손쉽게 다른 예를 찾아보기 힘들 정도이다. 경제성장을 위해 사회 전체가 동원되었으나 성장의 열매를 고르고 공정하게 배분하는 일은 뒷전에 밀려 있고 삶의 질은 뒷걸음질쳤다. 불평등과 사회적 위험(social risks)이 확대되었고, 성차별, 소수집단의 소외, 문화적 억압 등 다종다양한 문제들이 누적되었다. 결국 다양한 민중과 소수자 집단의 희생과 소외를 대가로 외형적 성장을 성취해온 것이 그간 우리 사회 성장신화의 실상이었다. 이 책은 이러한 사회문제의 해결이 절실한 과제임을 인식하고 이 부분에 대한 다양한 접근을 통한 분석과 해석, 문제해결을 시도한다.

즉, 이 책은 한국 사회의 문제점들을 가장 잘 보여줄 수 있는 대표적인 사례집단으로 노동자, 여성, 가족 및 소수자집단을, 그리고 대표적인 문제영역으로 '복지', '대중문화' 및 '언론'을 선택하여 지난 반세기 동안 경제적, 정치적 변화의 이면에서 누적된 문제들, 그리고 그를 해결하기 위한 사회적 노력과 국가의 정책적 대응의 전개과정을 심층적으로 분석하고 있다. 한국 사회의 성격과 구조적 변동에 대한 구체적 이해 증진이라는 목적을 공유하는 이 책이 가진 중요한 특징은 한국 사회 사회문제의 역사적 전개과정을 보다 긴 호흡으로 되돌아보면서, 그리고 한국 사회의 독특한 문화 및 역사적 요인들을 중시하면서, 그리고 고통받고 있는 민중의 대응에 주안점을 두고 살펴보려고 한 점이다.

국가폭력, 민주주의 투쟁, 그리고 희생

조희연 편

혼돈의 시대를 정리하는 한국민주주의의 탐색

이 책은 '국가폭력과 민주주의 투쟁의 상호작용' 속에서 발생한 '희생'(sacrifice)이라는 프리즘으로 한국 현대사를 재조명하려는 시도이다. 이 연구는 국가폭력-민주주의 투쟁-희생의 상관성, 그 속에서 나타나는 희생의 통계화와 그 구체적 양태에 주목하고 있고, 다양한 영역과 차원에서 나타난 희생을 입체적으로 드러내고 분석하고자 하였다. 일차적으로는 희생의 '양적' 규모(희생의 통계학) 및 구체적 양태를 각종 자료를 통해서 서술하고 그것의 구조적 배경 및 성격을 분석하고자 하였다. 분석적인 목표는 국가폭력과 희생에 대한 가능한 수준에서의 통계적 계량화와 사례를 통한 폭력과 희생의 구체화, 그리고 그 구체적 양태의 유형화이다.

또한 희생을 다루면서 자연스럽게 '가해'를 설명하기 위하여 국가폭력을 논의하였다. 그런 점에서 이 책은 '피해'로서의 역사적 희생과 가해로서의 국가폭력을 주요한 화두로 하고 있다. 그리고 1987년 이후에도 그 이전과 똑같은 수준의 국가폭력, 투쟁, 희생은 아니지만 여전히 폭력이 존재함을 확인했다. 국가권력 담당층이 '위기'라고 인식하는 국면(89년 공안정국 등)에서 과거와 동일한 수준─때로는 더 높은 수준─의 국가폭력과 억압이 재발휘됨으로써 구속 등의 희생이 크게 나타났던 사실을 강조하는 것이다. 이로 인해 몇 가지 한국 민주화의 특성도 확인해 볼 수 있다.

성공회대학교 사회문화연구소 소개

　성공회대학교 사회문화연구소는 학문 간 교류와 학제 간 연구를 통해 종합적인 시각으로 사회문제를 접근하고 실천적 대안을 모색하는 인문사회과학 종합연구소이다.

　1996년 3월에 설립된 본 연구소는, 1999년에 '노인복지연구소' 와 '인권평화연구소' 를 통합하여 오늘에 이르고 있다. 현재 사회문화연구소는 2003년 내에 5소 1관 체제의 사회문화연구원으로의 개편을 추진하고 있다. 〈민주주의와 사회운동연구소〉, 〈사회복지연구소〉, 〈노인복지연구소〉, 〈노동사연구소〉, 〈동북아연구소〉의 5개 연구소와 〈민주자료관〉이 그것이다.

　본 연구소는 1999년 말 이래 한국학술진흥재단의 중점 지원을 받는 연구소로 선정되어 '자본주의 발전과 사회구성의 변화: 자본주의, 민주주의, 시민사회의 구조변화' 연구를 수행하고 있다. 이 연구는 6년에 걸친 장기 연구로 기획되어 있으며, 현재 2단계 연구를 마무리하는 과정에 있다.

　본 연구소의 또 하나의 주요 연구과제인 노동사 연구는 2002년 8월부터 한국학술진흥재단 기초학문지원 중형과제(3개년)로 선정되어 현재 '1970년대 한국 산업노동자의 형성과 생활세계연구' 가 진행 중에 있다. 이 연구는 노동관계 문헌 아카이브와 데이터베이스 구축, 구술사 정리 등을 주요내용으로 한다.

　그 밖에 본 연구소는 지난 1997년부터 인하대, 가톨릭대 등 경인지구의 대학연구소와 공동 콜로키엄을 개최하는 등 대학 간 협력 네트워크 구축을 위한 기반 조성에 노력하고 있다. 그리고 구로 지역사회의 공동체적 발전을 모색하기 위해 지역사회와 대학사회의 열린 소통의 공간을 마련, 자유로운 포럼 형식의 모임을 2003년부터 진행하고 있다. 지역사회에서는 구로구청 관련 공무원들과 구로구 기초의회 의원들이, 대학사회에서는 성공회대 경제학, 사회학, 사회복지학, 정치학, 유통정보학, 신학과 등 다양한 학문의 관련 교수들이 참여하고 있다.

또한 매년 '노인복지연구소'가 주관하는 세계노인의 날 기념세미나와 동북아연구소가 주관하는 '동북아포럼' 및 국제학술대회를 개최하여 우리 사회의 중요한 사회문제에 대한 학술적 토론을 통해 사회발전의 대안적 전망을 모색하는 데 기여하고자 하고 있다. 특히 동북아연구소는 향후 한반도문제를 연구하는 주요거점 연구소로 성장하기 위한 토대를 구축하는 데 필요한 동북아 인적 연대와 연구를 진행 중에 있다.

주요 연구 실적

『산업구조 전환과 구로공단의 재구조화』, 김진업, 양기호, 박경태, 이영환, 한국
  학술진흥재단 1996년도 대학부설연구소 총괄과제 '산업구조전환과 지
  역사회변동에 관한 연구' 제1세부과제 연구결과보고서, 1998. 5. 30.
『구로공단 지역의 생활세계』, 이가옥, 문진영, 권진관, 정원오, 이혜원, 김명환,
  김창남, 한국학술진흥재단 1996년도 대학부설연구소 총괄과제 '산업
  구조전환과 지역사회변동에 관한 연구' 제2세부과제 연구결과보고서,
  1998. 5. 30.
『주거비 보조 제도 연구』, 이영환, 한국학술진흥재단.
『결식아동 중식지원사업 실태조사』, 이혜원, 성공회대학교, 1999.
『한일관계와 사회문화적 상호작용』, 사회문화연구소(편), 성공회대학교 출판부,
  1999.
『노인복지의 현황과 과제』, 이가옥, 나남출판, 1999.
『시민단체를 통한 정보문화 활성화 방안 연구』, 이종구, 정원오, 허상수, 홍은지,
  이영환, 김명철, 정보통신부 제출 연구보고서(지정종합 99-12), 2000. 3.
『세기적 대전환과 대안적 교육』, 고병헌, 이장우, 장화경, 김명철, 송순재, 한국학
  술진흥재단 제출 연구보고서, 2000. 6. 30.
『한국민주화 운동의 전개와 구조』, 조희연, 오유석, 김서중, 조현연, 허상수, 한국

학술진흥재단 제출 연구보고서, 2000. 6. 30.

『민주묘역조성 후보지 인문학적 기초조사』, 조희연, 백원담, 진영종, 전명혁, 이광일, 민주화운동관련자 명예회복 및 보상심의위원회 용역연구보고서, 2001. 6. 15 .

『중국에서 근대적 개인(주체)의 존재방식에 관한 문제』, 조경란, 학술진흥재단 학술연구과제.

『경제자유화, 사회적 신뢰, 민주주의』, 박은홍, 학술진흥재단 학술연구과제, 2002. 8-2005. 7.

『한국산업노동자의 형성과 생활세계연구-노동사 아카이브 구축과 생활사연구를 중심으로』, 이종구 외, 학술진흥재단 기초학문육성과제, 2002. 8-2005. 7.

한국 사회의 재인식 시리즈

1. 한국자본주의 발전모델의 형성과 해체, 김진업 편, 나눔의집, 2001. 8.
2. 한국민주주의와 사회변동의 동학, 조희연 편, 나눔의집, 2001. 8.
3. 한국 시민사회의 변동과 사회문제, 이영환 편, 나눔의집, 2001. 8.
4. 국가폭력, 민주주의 투쟁, 그리고 희생, 조희연 편, 함께읽는책, 2002. 11.

사회문화연구 Discussion Paper 시리즈

DP 01-1 '개발 독재기 국가 성격과 구조의 변화', 이광일, 2001. 3. 15.

DP 01-2 '일본의 공적 사회복지 공급주체로서의 NPO', 정미애, 2001. 03. 22.

DP 01-3 '시민운동을 보는 민중적 관점, 민중운동을 보는 시민적 관점', 조희연, 2001. 5. 10.

DP 01-4 '한국시민사회의 변동과 사회문제 한국의 정보 격차 추이', 심상완, 2001. 8. 25.

DP 01-5 '삶의 질과 사회복지', 이영환, 2001. 10. 04.

DP 01-6 '한국의 국가 폭력과 잊혀진 1991년 5월 투쟁', 조현연, 2001. 10. 11.

DP 01-7 '정치적 주체로서의 여성: 성적 대표성과 정치적 대표성', 오유석, 2001. 10. 18.

DP 01-8 '과거 청산과 민주주의 역사 복원의 이율배반성', 조현연, 2001. 10. 25.

DP 02-1 '정보화시대의 시민운동', 하승창, 2002 3. 19.

DP 02-2 '정책과 담론: 여성정책 연구방법론의 탐색', 황정미, 2002 3. 23.

DP 02-3 '인구고령화에 대응하는 복지 과학기술정책의 방향', 심상완, 2002 9. 27.

DP 02-4 '김대중 정부 사회복지정책의 평가: 탈빈곤과 재분배의 관점에서', 이영환, 2002. 10. 1.

DP 03-1 '구술방법론에 대하여', 김귀옥, 2003. 1. 16.

DP 03-2 '한국 장애인 복지의 전개와 장애담론의 변천', 김용득, 2003.

DP 03-3 '미 국립문서 기록관리청 소장 한국 경제 관련 자료 소개', 김점숙, 2003. 5. 2.

DP 03-4 '구로 지역사회 발전과 구로구의 주요사업 추진 상황', 이성·홍준호, 2003. 5. 23.

세계노인의 날 기념 세미나 시리즈

『한국의 노인과 세계의 노인』, 이가옥, 고양곤, 1995 9. 27. 제1회

『자원봉사와 노인의 역할』, 이가옥, 실비아 게즈, 1996 9. 30. 제2회

『경로연금의 도입과 시행방안』, 이가옥, 고철기, 1997 9. 19. 제3회

『경제위기와 고령자 고용, 소득의 대안 모색』, 이가옥, 고철기, 1998 10. 1 제4회

『장기요양보호 노인의 현황과 정책적 대안』, 이가옥, 최성재, 1999 9. 30. 제5회

『노년기 삶의 질: 지표개발과 평가』, 이가옥, 이현송, 김정석, 2000. 9. 22. 제6회

『노인 장기요양정책의 기본방향』, 한달선, 2002 9. 30. 제7회

노인복지 조사연구보고서

『공적 노후소득보장체제의 발전방안』, 1998. 6.

『구로구 노인생활실태 분석 및 정책과제』, 이가옥, 정원오, 구로구청 제출, 1998. 3.

『노인과 가족의 장기요양보호서비스 이용에 관한 태도』, 1999 6.

『지역공동체 활성화 방안』, 이가옥, 고철기, 한솔섬유, 2000.

성공회대학교 사회문화연구소

주소 : 152-716 서울 구로구 항동 1-1

전화 02) 2610-4138, 팩스 02) 2610-4296

전자메일주소 : cis@mail.skhu.ac.kr

홈페이지 : http://green.skhu.ac.kr

한국자본주의 발전모델의 역사와 위기
—산업화 이념과 재고찰과 대안의 모색(I)

초판 1쇄 인쇄 2003년 8월 25일
초판 1쇄 발행 2003년 8월 30일

저자 / 유철규 편
펴낸곳 / 함께읽는책
펴낸이 / 김영호
수소 / 서울시 관악구 신림1동 1631-19
전화 / 02-852-7845
팩스 / 02-839-7846

가격 / 20,000원
ISBN 89-90369-18-5